慕迪的一生

真实人生

THE LIFE OF DWIGHT L. MOODY

True to Life

By His Son
William R. Moody

慕迪的一生

真实人生

作者：威廉·慕迪
译者：吕平

目录

序言

二零二一年夏末秋初，我所属教会（威切斯特社区主恩堂）的沈熙弟兄邀请我一起参加翻译事工，将一些经典的基督教著作，从英文翻译成中文。负责印刷、出版这些书籍的是银月出版社（Aneko Press）。就英文而言，我移民美国三十五年，因工作和社交原因，用英文交流和阅读比用中文更为广泛，反倒觉得熟稔。然而，这是从英文翻译成中文，要做到信、达、雅的标准，仅靠阅读能力是远远不足的。需要的是中英文阅读、理解和写作的综合能力，以及对两种不同文化的深入了解。此外，还要有丰富的基督教知识和语言词汇。我因长时间没有用中文写作，且中文根基疏浅，不免有所顾虑。但这是一项圣工，义不容辞。我相信，靠着神的恩典和神的力量，纵有沟沟坎坎，定能到达目的地。就这样，怀着对神的敬畏和信心，我毅然投入了这项事工。

按出版社泽塞特先生（Mr. Jeremiah Zeiset）的建议，我翻译的第一本经典著作是慕迪的《*The Way to God*》，我把书名翻译成《天路》。之后，我又陆续翻译了慕迪的一些著作，包括《得胜的生命》、《为基督而活》、《神人但以理》、《十诫》等，共九本。我之所以着力翻译慕迪的著作，是因为他的书，文字平实，近于口语化，通俗易懂。几乎每一本书都是以他的布道演讲稿为本，经过简单的文字修饰而成。此外，书的内容里面有很多实例；这些实例进一步生动地阐明了福音的奥秘。

　　在翻译这些书籍的过程中，沈熙弟兄一直是我的审编（遗憾的是，由于工作繁忙，沈熙弟兄未能为本书担任审编）。他在基督教教义以及历史方面的知识非常深厚，对我的翻译在达到"信"方面起到了极大的作用。我在此表示由衷的感谢。

　　通过翻译，我详读了这些著作，收获颇丰，对圣经、神的旨意有了更深的理解。我想，凡阅读过这些书的读者，无论是中文版还是英文版，一定同本人一样受益匪浅。

　　同样，通过翻译，我对慕迪的敬仰更为加深。常常萦绕在我脑子里的问题是，慕迪为什么会成为十九世纪后期最杰出的福音宣教士、布道家？他的过人之处究竟何在？可惜的是，尽管慕迪在他那个时代，尤其是在基督教世界，举世闻名，但关于他人生的资料，除了一些零星的文字记载，很少有完整的总结。其中最流行的著作——依本人所见，是慕迪的忘年好友，亦是慕迪的门徒兼同工，鲁本·叩雷牧师写的一本小册子，《神为何使用慕迪》（*Why God Used D. L. Moody*）。这本书固然非常有价值，它从七个方面来解答"为什么神要使用慕迪"这个问题，充分强调了慕迪的性格特点，他的顺服，他的谦卑，以及他对神和世人的爱，他为拯救失落之人的热情，他祷告并且依靠圣灵所获得的力量。

　　叩雷的书是一块美玉，但依然有尺瑜寸瑕。叩雷著书的目的很明确，他要解答的问题是"为什么神要使用慕迪"？侧重点并不在于记载慕迪的生命传记。因此，该书缺乏的是慕迪的生平细节；诸如他的家族背景，他的出生和生长环境，以及他如何从康涅狄格州乡村的一个乡土孩子——缺乏教育，知识浅薄，语言举止粗俗，发展成为十九世纪最有影响力的宣教士兼布道家，堪与可布真、芬尼等杰出的布道家媲美。更甚之，在引领失落的人悔改归向基督这件事上，其影响之大，归正的人数量之多，远超过同时代许多杰出的布道家。

　　不仅如此，他还创办了三所神学院：慕迪圣经学院，北田女子神学院，以及黑门山学院。慕迪圣经学院创办于芝加哥市，后面两所学院则建立在他的家乡，麻萨诸塞州的北田镇。今天，这三所学校仍然朝气蓬勃，在基督教世界闻名遐迩。这三所学校的创办，弥补了慕迪终身未读大学，接受高等教育孕育的憾事。有意思的是，与传统思想和观念相悖，慕迪的一生证明，高等教育并非是先决条件，只要你依靠圣灵，认定目标，锲而不舍，同样可以为神做那美好的见证！

　　所有这些，叨雷的书没有详细记载。对于慕迪的身世，除了一些零星记载，仍然是很大的空白。

　　正如经上所说，神能照着运行在我们心里的大力，充充足足地成就一切，超过我们所求所想的。（弗3：20）就在我收集有关慕迪生平的记载时，这本由慕迪的长子威廉·慕迪所写的《慕迪的一生》（*The life of Dwight L. Moody*）一书，突然出现在电脑屏幕上。二零二四年初，银月出版社的泽塞特先生申请获得该书的出版权。不久，英文更新版由银月出版社出版。二零二四年的冬际，本人以原版为本，更新版为辅，开始翻译这本迄今为止最完整的有关慕迪生平的传记。

　　本传记内容丰富，从慕迪的祖辈和父辈——他的家庭背景，他年幼时的贫困，少年时打工接济家庭，青年时单身闯江湖经商，后因神的呼召弃商从教，从主日学到基督教男青年协会（YMCA），再从YMCA到宣教，海内外领导复兴运动，讲道办学，经福音宣教鼎盛时期，一直到他积劳成疾，去世，葬礼，追思礼拜，等等，跨越六十余年。书的篇幅宏大，共有四十八章。内容丰富，轶事生动，细节详尽。还有一百多幅珍贵的原始照片，栩栩如生地捕捉和呈现了当时的人、物和场景，给传记增添了不可多得的价值。

综上所述，不言而喻，翻译工程之浩大，绝非夸张。从二零二四年的冬季始，至今已有一年半的时间，总算完稿付梓。期间，可谓困难重重——由于全书原版通篇采用十九世纪老式的美式英文，且掺有很大成分的旧英式英文；更新版虽然有些改进，但难免式微。我虽然利用谷歌翻译功能，剑桥词典、柯林斯词典等在线版词典，遗憾的是，或者更确切地说，"庆幸"的是，这些人工智能和工具尚未达到"信、达、雅"的程度（也许，在不远的将来，人工智能如谷歌翻译能达到"信、达、雅"的境界，取代人工翻译），因此，像我这样的人工翻译必不可少。为此，我要特别感谢杰夫·卡斯特先生（Mr. Jeff Castor），一位基督徒挚友、文字匠（Wordsmith）。我凡有不解疑难之处，杰夫均以简明通俗的英语解答。对翻译精准方面帮助极大。此外，我还要感谢我的爱妻兼挚友，主内姐妹，凯瑟琳女士（中文：夏晓明女士）。她一直是我的忠实读者兼严格审稿人，在捡漏清垢方面一丝不苟，使我能在"信、达、雅"中的"达"上面得以完善。

书中涉及到许多慕迪同时代的人物。为了使读者对这些人物在慕迪的宣教生涯中所起的影响有更好的了解，凡首次出现，且有资料可寻（如维基百科），均作了脚注——包括生卒年、职业、等等。读者若对某位人物有兴趣，可以进深了解。倘若无资料可寻，脚注则标明"不详"。此外，有些特殊事件，或引用的俚语、名词、诗歌和名句，等等，也作了脚注。

翻译过程中，我努力用简单平实的语言，在不违背原意的前提下，侧重于意译。当然，因本人才疏学浅，难免有疏漏之处；读者若发现错谬，敬请联系银月出版社，给予指正。以便再版时更正。

慕迪无疑是一位杰出的福音宣教士、布道家。慕迪之所以为慕迪，按本人之见，除了叨雷牧师在《神为何使用慕迪》所总结的七大因素之外，同他的遗传基因、家族背景和年幼时的成长环境有着不可分割的联系。正如书中写道，"慕迪先生从那吃苦耐劳的血统中，继承了钢铁般的体格，顽强的体力和耐力，以及胜任艰苦、持续工作的能力。他很早就继承发展了他的新英格兰祖先的显著特征：酷爱自由，对信念的忠诚，面对困难的勇气，以及明察善断的组织能力；这些特征都是他七代清教徒祖先留下的最宝贵的遗产。"（p. 2）

不仅如此，他之所以能引领成千上万的人悔改归正，同他的信心和勇气息息相关。正如他的挚友威廉·道奇所说，"慕迪先生皈依归正基督的过程，就像圣保罗一样——明确、果断，并贯穿他的一生。从一开始，他的神学思想就非常简单明了。他的信条是：神爱世人，甚至将他的独生子赐给他们，叫一切信他的不致灭亡，反得永生（约3：16）。他毕生以全部勇气、刚毅和力量宣讲这一信息，并且如此火热，以至无论他走到哪里，那里的人都深受影响。"（p. 542）

最后，我由衷地感谢银月出版社，尤其是泽塞特弟兄，给于我这样宝贵的机会，并在翻译过程中有求必应的帮助。

译者

二零二五年八月二十五日于美国宾夕法尼亚州，石榴石谷

总有一天，你会在报纸上读到讣告，说北田东（East Northfield）的慕迪死了。你一个字都不要信！那一刻，我比我现在更有活力。我会升得更高，就这样，从这个老土屋，进入一座不朽的房子；我有一个死亡无法触及的身体，一个罪不能玷污的身体，一个像祂荣耀的躯体那样被塑造的身体。

一八三七年，我以肉体出生。一八五六年，我由圣灵而生。以肉体而生的将死去，由圣灵而生的将永远活着。

——D. L. 慕迪（1837-1899）

导言

编写我父亲的传记是一项神圣信托。一八九四年初春，一位老朋友请求父亲，在他同意下出版一本有关他的传记。父亲拒绝了，并且当场就表示，希望我在他一生工作结束后承担这项任务。当我表示反对时——因为我不具备这样的文学经验，父亲回答说："我对此一点都不在意。我想要的是，你能够纠正我一生中自己很难厘清的谬误和错误言辞。此事非你莫属。我所有的朋友都会与你抱团在一起，为你提供帮助。有很多人自以为比任何人都更了解我，觉得自己最有能力诠释我的一生，因此，如果你不做这件事，那么，将会有诸多不准确且相互矛盾的'慕迪生平'的书出现。"

我在执行这项信托时，无论怎样地缺乏自信，却始终视这件事为一项孝道义务，是值得尊重的伟大特权。我本可以选择有更多的时间来完成这项工作，但各种未经授权的传记的出现促使我必须立即付梓本卷。否则的话，我父亲的愿望就会落空。我打算在晚些日子，对他的生命有更深入的诠释，藉以满足对他的一生有更全面描述的愿望。

我由衷地感谢许多朋友的厚意，为本书提供了重要数据和例子。尤其感谢《纽约观察家》的约翰·班克罗夫特·德文斯牧师，他的厚助极大地促进了这项工作的早日完成。

父亲活着，唯独是为了神的荣耀以及传讲耶稣基督的福音。

他的家人真诚地祷告，希望在这本有关他的生涯的记录中，他的人生目标能够得以留存。

威廉·R·慕迪

一九零零年四月十日于麻萨诸塞州，北田东

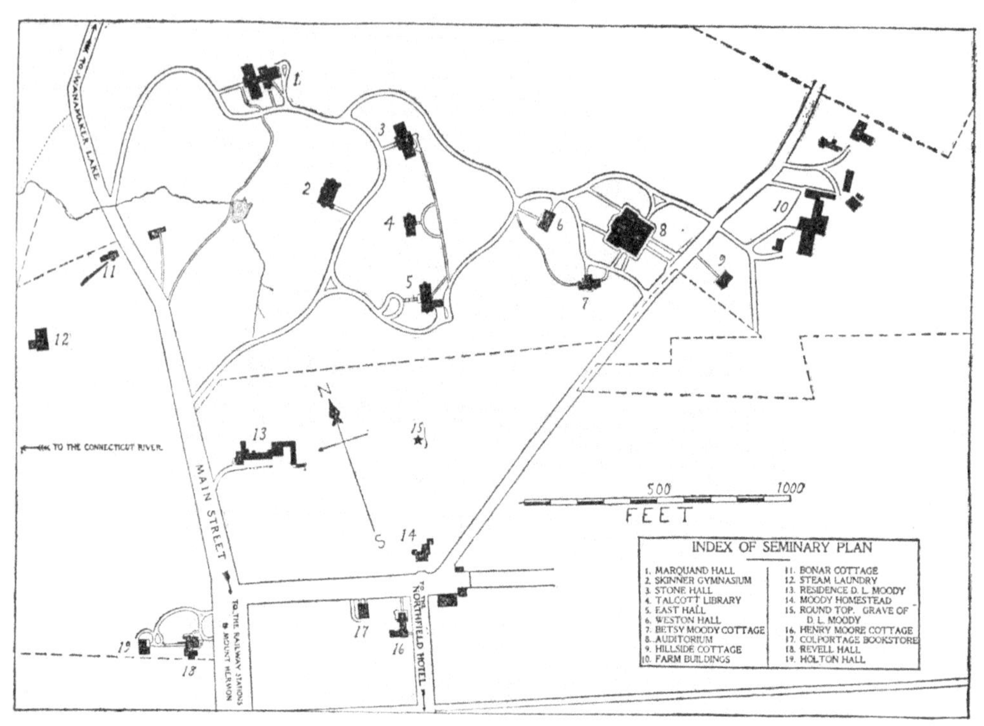

慕迪先生的永恒纪念碑：北田神学院

黑门山学院
TO NORTHFIELD
TO THE CONNECTICUT RIVER
N
S
Index to Mt. Hermon Plan
1. NORTH FARM HOUSE
2. SOUTH FARM HOUSE
3. RECITATION HALL
4. SILLIMAN SCIENCE HALL
5. CROSSLEY HALL
6. DINING HALL
7. BRICK COTTAGES
8. CHAPEL
9. OVERTOUN HALL
10. STEAM LAUNDRY
11. CANNING FACTORY
12. RESERVOIRS
13. DWIGHTS' HOME
14. STORE
15. BARNS
16. GREENHOUSE
17. OCCUPIED BY TEACHERS AND EM-
    PLOYEES
18. PRINCIPALS' HOUSE
19. ICE HOUSE
20. CARPENTER AND BLACKSMITH SHOP
21. POULTRY HOUSES
22. WOODSHED
23. ATHLETIC FIELD
500
1000
FEET.

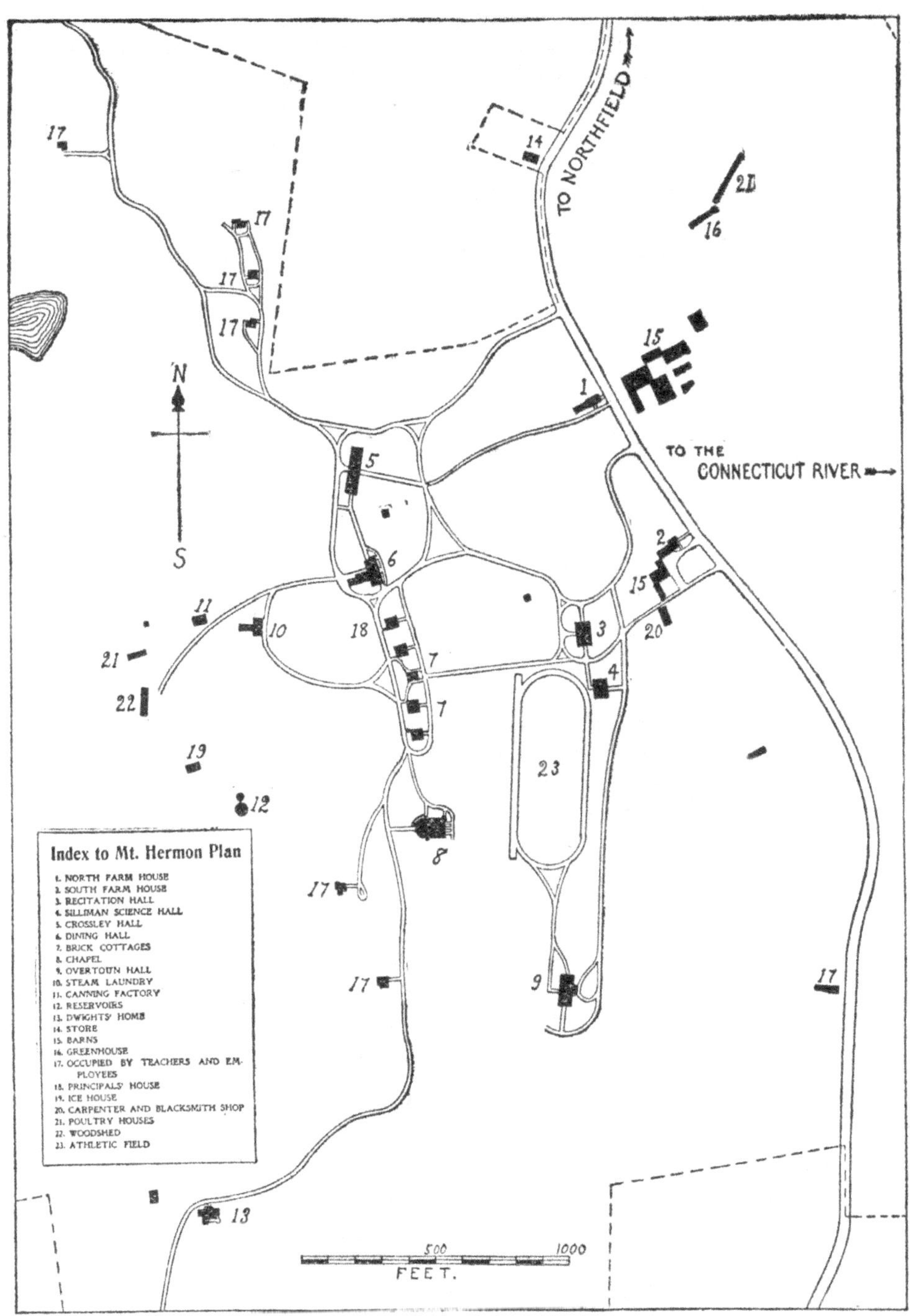

黑门山学院

慕迪的外祖母，摄于一八五六年

慕迪的母亲，摄于一八五六年

第一章

早年生活

"绝对不要在乎自己的家谱！我曾经听说过，有个人雄心勃勃，把他的家谱一直追查到五月花号（Mayflowers），结果发现祖辈是个偷马贼，因而大失所望。千万不要在意一个人的家谱！"

慕迪先生就是以这种开放精神来对待前几代人的历史——既不将他们的成就归功于自己，也不为他们的失败承担任何责任。然而，有意思的是，两百多年来，他的祖先一直在康涅狄格山谷（Connecticut Valley）那似乎与世隔绝的农舍里，过着宁静的生活。除了地方政事之外，他们很少在公共事务中抛头露面。这些人中，鲜有所谓的职业人士；然而，投身于早期争取独立的斗争中，代表慕迪家族和霍尔顿家族的，就是那些认为自己的生命不是太昂贵的人——愿意以自己生命为代价，来换取子孙后代宗教和民族自由的特权。当然，在大多数情况下，他们的职业生涯都受到有限的视野的限制；他们的每一天，以及整整一代人，都是在极其平凡的岗位上度过。

作为新大陆的开拓者，慕迪的祖先是成功的。而他祖先在这方面与众不同的性格特征，在不同的环境条件下，在他们的后代身上以更显著的程度得以体现。慕迪先生从那吃苦耐劳的血统中，继承了钢铁般的体格，顽强的体力和耐力，以及胜任艰苦、持续工作的能力。他很早就继承发展了他的新英格兰祖先的显著特征：

酷爱自由，对信念的忠诚，面对困难的勇气，以及明察善断的组织能力。这些特征都是他七代清教徒祖先留下的最宝贵的遗产。

D.L. 慕迪的祖父以塞亚·慕迪的家

　　慕迪家族在美国的最早记录，可以追溯到一六三三年约翰·慕迪（John Moody）在美洲的登陆。约翰·慕迪最先落脚在罗克斯伯里（Roxbury），后来搬迁到康涅狄格谷，在那里成为哈特福德（Hartford）最初的土地拥有者之一。最终，他从哈特福德搬到麻萨诸塞州哈德利（Hadley）。十九世纪初，以赛亚·慕迪和他的儿子们在北田（Northfield）定居。这些男孩子中，年龄最大的是埃德温（Edwin），即德怀特·L·慕迪的父亲。

　　多年来，慕迪的家族一直在北田从事泥水匠行业。早期的时候，泥水匠行业包括制砖烧砖、打地基以及造房屋和烟囱。至今为止，北田及其周边地区许多古老的农舍，依然是他们尽职尽责的见证。几年前，慕迪先生的一位家庭成员，经人介绍给邻村沃威克（Warwick）的一位百岁老农。当来访者以慕迪儿子的身份介绍给那老农时，老农发现有更令人兴奋的先容。原来，这位年青人的曾祖父和祖父在四分之三世纪前，曾为老农现在居住的房子打了地基造了烟囱。带着对上一代人一丝又嫉妒又自豪的情感，老农宣称，"这活儿做得非常好，经受住了时间的考验"。

同样，慕迪先生从他母亲的家族那里，继承了清教徒优良胆识的遗传——霍尔顿家族（Holtons）比慕迪家族早三年进入美国。他们于一六三零年在美洲登陆，是北田的首批定居者；已经在那里居住了二百多年。他们有一种天然的自豪感；因为，自英国王室最初授予其土地之日起，霍尔顿农庄一直都在家族手里，从未有过易主的记录。该农场风景优美，位于康涅狄格河西岸，距北田街一两英里，毗邻慕迪先生后来购买的高地——著名的黑门山学院就建在高地。同他们的邻居一样，慕迪家族和霍尔顿家族所经历的艰辛，都记录在哈德利镇和北田镇的早期镇志中。在黑门山学校附近的墓地里，葬有霍尔顿家族许多成员的遗骸。古老的墓碑上记录着七代以上的名字。

D. L. 慕迪出生的地方。他母亲一直住在这里，直到她九十二岁去世。

贝齐·霍尔顿（Betsy Holton）和埃德温·慕迪（Edwin Moody）于一八二八年一月三日结婚。婚礼原定在元旦举行。但康涅狄格河对这对恋人毫无情面，在突然解冻后，河水意外地高出了河岸。虽然两位年青人的家相距只有四英里，但在那个年代，河上还没有桥梁，即使对埃德温·慕迪这样意志果断的人来说，上涨的河水也是难以逾越的障碍。他只好绕道许多英里，才使结婚庆典没有延迟更长的时间。那年一月的晚上，新娘二十三岁，丈夫二十八岁，他们离开霍尔顿老家，前往北田镇安家。

这是一对真正的爱情匹配：一位率性、潇洒、豪爽的年轻人和他美丽的妻子。他们共同享受了十二年半的幸福。在此期间，神祝福他们的结合，生下七个孩子。做父亲的，靠着自己的手艺和勤奋，为家庭提供了充足的需要。

德怀特·莱曼（Dwight Lyman）是家中第六个孩子。出生于一八三七年二月五日。旧的家族记录册中有莱瑟（Ryther）这个名字。然而这个名字很早就被废弃了。在那些日子里，传统习惯是某人将自己的名字授予新生儿的同时，族上会献上一只羔羊给婴儿，用来荣耀这位婴儿的出生——作为一只无罪羔羊的献祭。遗憾的是，在德怀特出生时，这献羔羊的传统仪式给漏掉了，从而使慕迪的这对慈爱父母的感情受到伤害。就这样，"莱瑟"这个名字，登记在庞大的家族出生记录册之后，就再也没有出现过。

就埃德温·慕迪的性格来说，他完全没有对将来要有所考虑安排的概念。因此，毫不奇怪，他很少或者根本没有想过，要为他突然死亡的意外情况做好后事准备。所以，当他还很年轻，在他四十一岁那年毫无征兆倒下时，没有给他的寡妻留下任何维持生计的后续措施。农庄本身就有房贷的累赘，假如法律没有保障嫁妆权利的仁慈规定，寡妇一家甚至连栖身之所都没有。讨债的人把能取走的东西都拿走了，连杂棚房里的引火柴也不留，使得寡妇和她的七个孩子陷入绝境。正是在这个绝境之时，慕迪太太的一个兄弟，慷慨及时地为这个家庭的需要雪中送炭。当时，烧火用的木柴已经完全耗尽，孩子们只好躺在床上取暖，直到上学的时候才下床。就在此时，"赛勒斯叔叔"（Uncle Cyrus）霍尔顿前来救援，送来一车木头。这位好心的撒玛利亚人，还将木头锯开、劈开，以供立即使用。

"我记得，"慕迪先生晚年时说道，"好像就发生在昨天那样的生动清晰——我听到碎木片四处横飞的声音，就知道有人在我们的柴棚里砍柴。很快我们就能生火取暖。我永远不会忘记赛勒斯叔叔送来的那堆木头，好像是我一生中见过的最大的木堆。"正是由于这样的记忆，总是让他的心对那些需要帮助的人有一种特殊的同情。

假如没有一颗坚决勇敢的心，慕迪的寡母亲也许会因黑暗前景而崩溃。但是，那颗真诚的灵魂继承了她祖先作为新大陆开拓者的坚强力量和无畏勇气；同时，凭着对神的坚定信念，她从容面对贫困。

她的一些邻居劝其拆散这个小家庭，把孩子们安置在陌生人家中来照顾。即使是那些她原本希望从他们那里得到实际帮助的人，也强烈建议这么做。更甚之，由于没有接受这些人的建议，他们就觉得没有必要对孤儿寡母提供帮助。丈夫去世后，双胞胎的出生，使她的处境雪上加霜，增添了更多的忧虑和困难。在随后的漫长夏季里，困难之多，很多时候如牛负重，难以承受。正是在这些日子里，慕迪夫人的兄弟为她提供了帮助。与此同时，一神论（Unitarian）教会的老牧师埃弗雷特先生（Reverend Mr. Everett）也对这个家庭表示关心。

父亲去世后不久，这位好心人就来拜访这个贫困家庭，以精神咨询和物质援助来帮助他们。年长的孩子都去教会的主日学校就读。从这位牧师手中，全家人都接受了"奉父、子、圣灵之名"的受洗。慕迪家的孩子们刚刚进了主日学校，就被安排去召集其他学生。因此，从某种意义上来说，有关慕迪先生何时开始主日学宣教工作，要比通常认知的要早——因为小时候，他和他的兄弟乔治经常充当积极的家庭传教士，为村里的主日学招募新学员。

由于要独自照顾这么大的一个家庭，家里的基督教教导不完全只是教义方面的——如同今天的一些家庭。母亲教给孩子们的，是真正的内心里的基督教——即首先寻求神和祂的义。德怀特十七岁时，作为波士顿一个青年圣经班的成员，当要求翻开圣经找一个简单的经文作参考时不知所措，结果引起同学们的嬉笑。令人怀疑的是那些嬉笑他的人，是否比他有着更彻底的在神我们的父面前，那清洁没有玷污的虔诚。（雅1：27）很显然，没有人比这个热情尴尬的乡下男孩子的内心更纯洁天真了。

他个人真正的悔改归正，是在他离开家之后。然而，他那温柔的良心和开放的心，很自然地邀请福音的到来。他那已经受过爱和荣耀神的训练的灵魂，欣然接受祂所赐給的救恩。母亲的基督教教育和那善良牧师的忠诚，是他后来人生经历中的神圣回忆。他常常谈到他对埃弗雷特先生在他身上所做的圣工的感激之情。

"信靠神"是他母亲朴素的基督教信仰的简短信条。因此，孩子们从小就学会了爱神并且向神祷告——神是孤儿寡母的唯一力量。这一教导的彻底性，可以从德怀特和他的兄弟们早年经历中，获得许许多多的证明。

深秋的一个晚上，八岁的德怀特，同一位十二岁的哥哥，出发前往大约四英里外的农场。在那里，他们找到了一份收割高粱玉米的工作。像大多数男孩了那样，直到傍晚降临，他们才开始启程。结果，在他们到达康涅狄格河的旧渡口之前，天就变得很黑了。

他们手拉手穿过草地来到码头，然后对着河面喊，叫摆渡人把小船划过来。很快，他们就听到了声音，看到一盏灯笼从对岸飘来。之后，越过急流，有个声音喊叫着，说是只有一个人可以坐船过河，另一个人则要留在原地，提着灯笼指路。在浓浓的黑暗中，很快那条船就从他们的视野里消失了。接着有很长一段时间，他们再也听不到摆渡人的声音。原来，摆渡人已经被湍急的水流冲到下游很远的地方。一阵悬疑之后，他们终于听到船沿着河岸渐渐靠近，摆渡人出现在他们身边。当他们就位，船从河岸上推出时，男孩们发现摆渡老人喝醉了，根本没有能力划船送他们安全过河。

德怀特双手紧紧地抓住他哥哥。他哥哥眼睁睁地看着他们的船正在远离对岸灯笼的地方，就请求摆渡人允许他来划桨帮忙。但这位身体虚弱的老人固执地拒绝了。当水流推着船迅速顺流而下时，他们越来越惊慌。就在此时，德怀特握住他哥哥的手，鼓励他，向他保证神会照顾他们，即使他们目前处于危险之中，也会保护他们。许多身处类似情况的孩子也许只会想到人类的方法，但即使在他这么小的年纪，他就被教导要坚信神是危险时刻的真正帮助。

慕迪夫人心地善良。因此，孩子们很早就认识到，能从他们有限的物资里拿出一部分来捐赠是一种荣幸（特权）。慕迪夫人从来不会将饥饿的人拒之门外。有一次晚餐时，来了一位要饭的乞丐，桌上食物很少，结果要孩子们投票决定，是否愿意把自己的少量食物给出一部分。不出所料，孩子们决定乞丐应该得到帮助，并愿意将自己的一份拿出一部分。

她家里不容更改的家法之一，凡是对邻居或朋友的挑剔或抱怨，都是绝对不能容忍的。就是这样，母亲向孩子们培植了一种既独立又慈善的精神。比方说，即使是那些曾对这个家庭见死不救的人，也从未直接或间接听到过这个小家庭一句抱怨的话——哪怕是在极度匮乏和逆境中。

德怀特·慕迪并不是唯一一个能够将对他人的慈善与对自我的坚定独立结合起来的扬基（Yankee）男孩——这种结合是造就新英格兰人（New Englander）性格的要素。正是当时他那种条件限制，教会了这个穷男孩"敏锐"和"巧妙精明"——这些能力逐渐发展成为我们所说的执行能力，正如近乎斯巴达式（Spartan）的简单饮食和训练在良好的体质中培养出惊人的耐力一样——是许多新英格兰人的特征。

虽然母亲善良慈爱，但她却有着严格的家教。有规有矩，方能成方圆，家教中还有老式的鞭打作为惩罚。作为五花八门孩子气恶作剧的带头人，这些惩罚或多或少在德怀特身上发生过。在后来的日子里，他是这样描述这些惩罚以及他逃避惩罚的徒劳尝试：

"母亲会让我出去找一根棍子。我以为我可以唬弄她，就去拿了一根干枯的枝子。但她会把枝子折断，然后告诉我再出去拿一根。她很少着急，尤其是在鞭打我的时候。有一次，我告诉她，鞭打一点也不痛。后来我就再也没有机会跟她这么说了，因为她真得下劲儿打，这下子确实很痛。"

提起这些鞭打的事，慕迪先生一直表示非常赞同。令人高兴的是，他从未采取同样的措施来管理自己家庭。在他的家里，恩典，而不是律法，是管理的原则。对孩子最严厉的惩罚，就是让孩子知道，因孩子的任性或愚蠢，父亲的慈爱之心深感悲伤。

这位清教徒母亲还教给孩子们要遵守的一项原则，就是"承诺"具有不能落空的神圣性。在后来的岁月里，慕迪先生的一个特点，就是他讨厌自己的绝对承诺。毫无疑问，这种厌恶在某种程度上来说，是他年轻时接受严厉而有益的教诲的产物。假如孩子们想逃避某种义务，他们必须面对的问题不是"你能做吗？"

而是"你说了你会做吗？"既然做出了承诺，那就必须恪守。

曾经有一次，德怀特去找他的哥哥，要求解除他在冬天为邻居做工的合同。那时候他还在上学。这件事被提呈到他们的母亲那里。德怀特抱怨的原因是，连续十九顿饭，他唯一吃的就是玉米粉和牛奶。当他的母亲发现他有足够吃的——况且确实如此，德怀特就被送回邻居家履行他的合同。

尽管她的家教十分严格，但她对孩子却是温柔明智的。她会对孩子的需要作详尽的考虑。与现在相比，她的这种方式在当时并不常见。知道等待着孩子们的外面世界充满危险，只要她能做到，她一定会尽自己最大努力守护他们。要做到这一点，就必须让家有吸引力。在这一点上，她证明自己比许多家庭富裕的人做得更好。她不鼓励孩子们去邻居家娱乐，但欢迎孩子的朋友们来自己的小家玩耍。这些孩子生性活泼，喜欢疯狂嬉闹。在孩子们的喧闹下，屋顶像要塌下来一样，她照样安静地坐着做针线活。

安息日的休息从周六日落开始，到周日晚上的日落结束。对慕迪母亲来说，这段时间是一个非常受欢迎的休憩辰光。在家里，去教堂不是一个有争议的，而是像自然法则一样必然的事情。男孩们常常手里拿着鞋子和袜子，光着脚去教堂，直到他们看到教堂时才穿上鞋袜。年长的男孩平时外出做工，在雇主那里食宿，周六晚上才回家，次日同兄弟姐妹一起去教堂。他们带着午餐，在教堂里呆一整天，听两次布道，参加中间的主日学。然后大家又结队回家吃晚饭。年长的孩子们晚饭之后再回去打工的地方，在那里住宿。年幼的孩子们，日落时，表明休息日结束，会如释重负般疯狂地嬉闹和叫喊。尽管贫困使孩子们在周内分开，但母亲还是在七日中的一天（周日）使全家和聚。

多年后，慕迪先生回顾过去，对这种参加教堂的严格要求心存感激。在乡村教堂里度过的那些时光，尽管很乏味——他非要坐在那里听他听不懂的讲道，他把那些时光视为一种祝福，因为它们让他养成了去神的殿的习惯。

"我记得我责备母亲在安息日送我去教堂，"他曾经说道。"有一次，我睡着了，牧师不得不派人到楼台里把我叫醒。我觉得一周都在田里干活，然后周日又被迫去教堂听我听不懂的讲道，实在是很难受。我以为离开家后就不会再去教堂了。但我已经养成了去教堂的习惯，以至我无法放弃。闲荡一两个安息日之后，我又回到神的殿。在那里，我第一次找到了基督；从那以后我经常说：'母亲，我感谢你，在我不想去的时候，你让我去了神的殿。'"

周日晚上，晚饭后，冬天母亲会把孩子们聚集在老式壁炉前，夏天则在前院的一棵大糖枫树下，给他们读从主日学书房带回家的书。家庭图书馆是由三本书组成：一本很大的家庭圣经，里面有家族记录；一本基督教要理问答，以及一本灵修书，其中包括默祷和书面祈祷。每天早上，大家会聚在一起读灵修书的一部分，然后祷告——在家人开始当天的工作之前。

慕迪先生在谈到早年的物资匮乏和生活困境时，总是会亲切地提到勇敢的母亲。她的自我牺牲和奉献精神神圣地守护着托付给她照顾的家。当她九十岁，生命之旅结束，进入安息之所时，她的子女和孙子女，以及整个社区都站立称她为有福的。她确实值得赞扬，因为她明智且慎重地履行了神赋予她的职责。如今，来到她的主面前，她可以无愧地呈献一个履行其管家职责的忠实记载。要养育一个由七个结实的男孩子和两个女孩子——其中最大的十二岁——组成的家庭，需要有超凡的智慧和明智的判断力，非但如此，这位忠诚的母亲是如此慎重，以至到最后，对她的家人来说，"家"成了地球上最受喜爱的地方。同时，她教育她的孩子们，使他们成为社会的祝福。

　　在那个家庭小圈子分散很久之后，慕迪先生说道，"五十年来，我一直回北田探家。我每次回来，都很高兴。每当我到了离家不到五十英里的地方时，我会急得上下不安，在车上走来走去，好像火车永远不会到达北田似的。每当我天黑回来时，我总是抬起头来，举望母亲房间窗户里的灯光。"

第二章

离家

慕迪早期的一个特点是，他为实现自己目标的决心不会轻易被挫败。有一次，他想去拜访住在大约四英里外的外祖母霍尔顿。这段路就是对一个大孩子来说也很长。小家伙甚至还不到五岁，路好像长出好几倍。有人给了他五美分，但这点钱只够这段距离的公共马车儿童票价的一半。然而，小德怀特没有因此而丧气。他叫停路过的马车，向马车夫陈述了他的情况，问车夫是否愿意收五美分的车费。车内已经挤满了人，不过车夫同意把他当作行李，收了五美分，把他安置在马车顶上，让他坐在保护行李箱的行李架内。

他到了外祖母家——世上唯一另一个受慕迪这些孩子们欢迎的家，在古老的农场度过了一天之后，他的亲戚催促他早点出发回家——大家都以为他打算步行回北田。然而，小家伙已经打定主意，这么长的路，坐马车比走路要舒服得多。他而且已经制定了坐车回家的计划。他走到田野里，摘了一束野花和一束香菜，招手叫停马车夫，向车夫献上鲜花香菜来换取他的返程票。我们可以想象，他母亲那吃惊的样子——当看到德怀特坐在马车包厢里凯旋归来时。

正是这种精神使他成为家乡男孩子中的领袖。他带着同伴们干过的恶作剧，成为后来有趣的回忆。"乡绅"（Squire）亚历山大（其绰号是因他家距离该地区的旧红色校舍最近）常常成为这些恶作剧的受害者。据说，德怀特和伙伴们会用乡绅的旧雪橇（pung），沿着乡绅家下面的陡峭山坡滑行。这种鲁莽的冒险行为非但没有让孩子们怯退，反而增添了更大的乐趣。

还有一次，德怀特带着他的喽喽兵来到乡绅的牛棚。他们悄悄爬上空橼子，然后，突然一起发出可怕的大喊大叫，同时在松散的木板上跳来跳去。对许多小公牛来说，这种喧闹的影响难以用言语描绘；而这些牛冲过牛棚栅栏的场景，恰恰满足了年青人恶作局的口味。当然，没有人知道谁是造成这次公牛相互踩踏事件的罪魁恶首，因为在乡绅赶到牛棚之前，这群男孩子早已跑得无影无踪。而在"围捕"失散牛群时，对于这种不可原谅的恶作局，年青的德怀特则表现得最为愤慨。

地区学校的"结业操练"对于当地的年青人来说是一项非常重要的活动。对于这样的机会，德怀特绝不会放过创作某种不寻常的兴奋。有一次，他要朗诵马克·安东尼关于尤利乌斯·凯撒的悼文。为了达到戏剧性的效果，按照计划，添加了一个小盒子来代表死者的棺材。小盒子放在老师的桌子上面。当演说家马克·安东尼（慕迪）在滔滔不绝的演讲中找到以夸张的手势来加强表达的机会时，他用手把盒子的盖子撞开了，里面跳出一只受惊害怕的老公猫。接下来的场景正是"马克·安东尼"（慕迪）想要的效果——虽然罗马的石头没有活过来，[1]但房间里每一个有生命气息的人都站了起来。

哪怕是很简单的小把戏也让他感到高兴。有一次，有人要德怀特把一罐苹果酒递给一位驾着马车的农夫。当时，正在农场打工的德怀特本来就打算坐那辆马车回家。等到农夫把罐子举到嘴边

---

1 出自莎士比亚的戏剧《尤利乌斯·凯撒》（Julius Caesar）。剧中马克·安东尼（Mark Anthony）对观众说，一个杰出的演说家可以"将话刺激凯撒的每一个伤口，结果使罗马的石头都起来叛乱。"

时，德怀特故意把马给惊了一下，马突然跳起来，农夫就从座上摔下来，倒在马车的底部。这下农夫可是进退两难，他手里抱着罐子无法站起来，然而他又不愿意把罐子头从嘴里拿出来，如果他把罐子头从嘴里拿出来，那一罐苹果酒就会把他搞得全身湿透。

德怀特的手和大脑总是一刻不停地忙着。同时，他希望看到别人也同样忙碌。在那少年的日子里，他喜欢兴奋热闹的人群。有一年冬天，什么活动都没有，异常平静。而且冬天好像没完没了。他决定"必须做点什么"来打破这种沉闷。这个"做点什么"是他在没有与任何人商量的情况下安排的。甚至连他最亲密的朋友也不知道。他写了一份禁酒会议的公告，说是外地的演讲员将在禁酒会上讲话，然后将公告贴在学区校舍的门上。那天晚上，学校里来了不少人，像是一场盛大的聚会，场景温暖，灯光四照，但是演讲的人始终没有露面。德怀特和其他人一起开口骂那个恶作剧者。居然没有人发现，原来他就是那个恶作剧者。

由于这种恶作剧，他经常受到双重惩罚。先是学校老师的惩罚，之后是他母亲的惩罚。根据当时的奇怪推理，假如这个孩子在学校里太顽皮而受到惩罚，那么做母亲的也要因同样的原因惩罚孩子："不打不成器"。很显然，德怀特认为哪怕是遭打，这种乐趣也是值得的——因为他对恶作剧的偏爱从未减少过。然而，确切来说，只有当他自己要为这个恶作剧承担责任时，他才喜欢它。正如他所表达的那样，"任何人都没有权利搞恶作剧，除非他愿意承担责任。"

后来有一位新老师来到这所小学校。老师来后便推出一整套新的东西。首先，这位新老师发起祷告的操练，这给男孩子们留下了深刻的印象。后来，当老师宣布她要放弃老式鞭打的方法来管理学生时，他们更加惊讶了。不久之后，少年德怀特就违反了一项规定，并被传唤"放学后留下来"。德怀特以为会受到惯常惩罚，马上摆出一副无辜的样子。令他吃惊的是，当他们单独处在一起时，女老师开始友善地和他说话，并告诉他，她对他不听话感到有说不出的遗憾。这种处理方法比挨藤条鞭打还要厉害。德怀特并不喜欢这样。老师告诉他，当她发现他失信时，她是多么的悲伤。她接着说道：

"我已经下了决心，如果我不能用爱来治理学校，那我就放弃教学。我不会给你任何惩罚。如果你爱我，请尽量遵守规则，并在学校里帮助我。"

这番话对德怀特来说如泰山之重——在律法失败的地方，恩典却取得了彻底的胜利。

他顺顺服服地回答，"我再也不会给你带来麻烦。我会教训第一个给你带来麻烦的男孩！"次日，让他的同伴吃惊，也让老师感到惊愕，他真的动手"打"了那第一个冒犯的男孩子。

"互相交易"是扬基人（Yankees）的弱点。跟其他男孩子一样，德怀特热衷于讨价还价。在那充满青春活力的日子里，他对交易的喜爱胜过情感。比如说，他用一支折断的铅笔就收买了一个竞争对手的感情。然而，德怀特的精明突出表现在他所热衷的马匹交易中。机会一到手，他就赢得了自己的头衔。德怀特最年长的哥哥乔治，既相当於是年幼孩子们的父亲，同时又负责管理农场。有一天，乔治离家外出。这时来了一群吉普赛人。像往常一样，他们有一些马匹用来交易。当时只有十岁的德怀特，对马匹交易的生意兴致勃勃。

家里的那匹马又老又懒。德怀特觉得将那匹马拿来做交易一定合算，因为不可能有比它更糟糕的马了。于是他就去找吉普赛人交易。在家里的人不知情的情况下，他将那匹老马换了 匹新马。尽管那匹新马是一匹瘦长、骨头瘦削、断了尾的马，但实际证明这是一笔很划算的交易。意识到自己的成功，德怀特充满了自豪感。新马刚经过适当的检测，德怀特就迫不及待地将它套上马车，并拿了一个空桶当作自己的座位，准备开始碾磨一周的粮食。那新马好像善能随机应变。它轻快地跑下山，飞快地转过拐角，把木桶连同坐在里面的德怀特抛在路边。

像他兄弟那样，德怀特长大后，也在邻近的城镇找到了工作。他永远不会忘记那首次经历——首次与家人分离所带来的思乡之情给他留下了难忘的记忆。

他在谈到这一点时说，"我们共有九个孩子。对我寡居的母亲来说，想把狼拦在门外，已经很难。我的上一个哥哥在大约十三英里外的一个村庄为我找到了一个冬季打工的地方。十一月的一个清晨，我们一起开始了那令人郁闷的旅程。你知道吗，从那以后，十一月对我来说，是一个令人感到凄凉的月份！当我们过了河，爬上山谷的另一侧时，我们转身回头向家看上最后一眼。想到这一眼将成为我几周、几个月、甚至是永远的最后一眼时，我的心都几乎碎了。对于十岁的我来说，那是我走过的最长的一段路程。十三英里比世界的周长还要长。"

慕迪的父亲
肖像剪影，一八三五年（这是唯一留存的肖像）

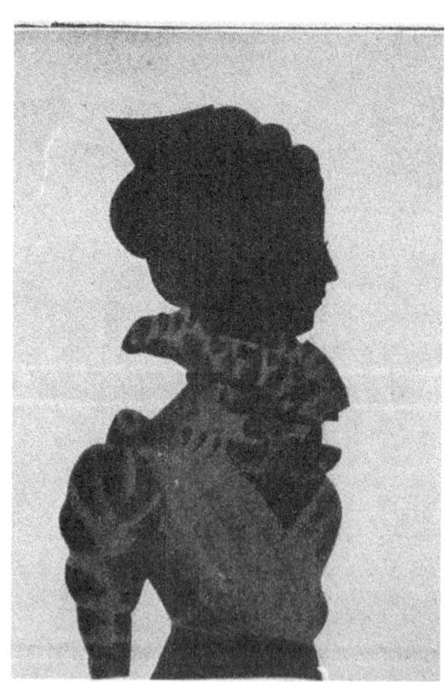

慕迪的母亲
肖像剪影，摄于她与慕迪的父亲结婚之时

"当我们最终到达小镇时，我费了好大劲才忍住泪水。我哥尽他最大的努力让我高兴起来。他突然指着街上某个人说道：'那里有个人会给你一分钱。凡新来这个镇上的男孩子，他都要给一分钱。'

"那是一个虚弱、白发苍苍的老人。我生怕他会从我身边擦边而过，就直接挡在他的路上。当他向我们走来时，我哥跟他说话。他停下来看着我。'哇哈，我以前从没见到过你。你一定是个新来的男孩。'他说。他问了我的家，然后，把他那颤抖的手放在我的头上。他告诉我说，虽然我没有地上的父亲，但我的天父爱我。然后，他给了我一枚明亮崭新的一分钱。我不记得那一分钱后来跑哪里去了，但是那位老人的祝福已经跟随了我五十多年。直到我临死的那一天，我都会感受到那只手在我头上的仁慈之力。一件爱心的事成本很小，但以基督的名义所做的，将是永恒的。"

德怀特·慕迪，摄于离家前往波士顿之时

　　几年后，慕迪去麻萨诸塞州克林顿（Clinton）找工作。之后，在一家印刷厂找了一份工作。他的头份任务是根据报纸的邮寄名单，把地址手写在报纸的外包装纸上。对于这个乡下小伙子来说，一个街道门牌或一栋房子里有好几间单独公寓的情况，他一无所知。对他来说，这些地址后面的数字毫无意义。他就把街道地址后面的数字当作下一个街道地址的数字。这当然造成了混乱。当公司发现错误出自年轻的慕迪时，就把他解雇了。他再次回家，在附近的农场干了一段时间。但是，此时他的志向已经激发了。他意识到，在更大环境里所拥有的可能性和机遇更大。一八五四年早春的一天，他同弟弟埃德温在山边砍伐和拖运木材时，突然以他特有的唐突方式大声喊道：

　　"我厌倦了这种生活！我不会再呆在这里了。我要去城里！"

　　他想去波士顿，遭到家人的强烈反对。没有人相信他有什么特殊条件，能够在波士顿这座城市获得成功的职业生涯。他们了解到，城里到处都是找工作的年青人；而在北田，他至少可以保证在农场有一份稳定的工作。但年青的慕迪已经下定决心，他要做的一件事就是去波士顿，不顾一切障碍，为自己开创一番事业。

　　在没有任何明确计划下，他告别了母亲和家人，从家里出发前往波士顿。他心里已经决定，即使走上几百英里，他也要走到波士顿。在去火车站的半路上，他遇到了哥哥乔治。乔治便问他要去哪里。德怀特说，他在去波士顿的路上，他要在波士顿找他认为最适合的行业谋生。哥哥见劝阻无效，就给了他五块钱。这钱刚好够他坐车到波士顿城里。他到了波士顿后，身无分文，他就在衣食无着的情况下找工作。

　　几天下来，年青的慕迪经历了同许多年青人在类似情况下所经历的同样的痛苦失望。尽管他有两个叔叔在城里开靴子和鞋类的零售业，他们没有给他工作。当叔叔们问他，他怎么会想到他可以在波士顿找到工作时，德怀特回答说，他很想工作，所以他估计能找到一份工作。很有可能，由于意识到自己的尴尬状况，这个乡下男孩显出一种虚假的独立性，结果他的亲戚对他产生了偏见。

很久以后，他在波士顿讲道时，感触颇深地描述了那段熬煎的日子。他说，"我记得，我如何在街上走来走去，想找一份工作。我还记得，当那些人粗鲁地拒绝我时，那种神态让我心寒齿冷。但当有人说：'我明白你的处境；我很想帮助你，但我无能为力。不过你很快就会好起来的！'我就又高兴又轻松地离开了。那人的同情心使我充满感激和希望。

"那段时间，看起来好像世界上每个人都有回旋的余地，但我却没有。两天下来，我有一种'没有人会要我'的感觉。但是，从那以后，我就再也没有这种感觉了，而且我也不想再有这种感觉。这是一种可怕的感觉。在我看来，这一定是神子在地上时的感受。他们不想要祂。祂来是为了拯救人类，而他们却不想被拯救。祂来是为了将人举起来，而他们却不想被举起来。这个世界上过去不曾有祂的容身之地，即使现在，仍然没有祂的容身之地。

"我每天去邮局两三次，看看家里有没有给我的信。我知道不会有——因为每天只有一封来自北田的邮件。我没有工作，而且非常想家，所以我就经常去邮局，心想也许寄给我的信被放错地方了。不管怎么说，最后，我还是收到了一封信。信是我最小的妹妹写给我的。这是她写给我的第一封信。我轻松愉快地打开信，以为家里有什么好消息。但是，整封信写的都是她担心的事。她听说波士顿有扒手，警告我要提防他们。我心想，我得先有点钱在手，然后我才要提防扒手！"

一周结束后，他彻底泄了气。波士顿好像没有他的落脚之处。他宣布，他要在纽约才能尝试他能做的事情。

刚开始的时候，他对叔叔们持清高的态度，坐等着他们提供给他工作。因此，当有人建议他亲自去向叔叔们求工作时，他说："他们知道我正在找工作。帮还是不帮，就请便吧。"但最终，在一种可怕的感觉之下——他正漂泊在一个似乎对他漠不关心的世界中，他的傲气渐渐瘪了下来。得知他的心态起了变化，他的一位叔叔大胆地给了他一点建议，告诉他，他的自信固然很好，但有的时候，谦卑就如勇气一样需要；并且指出，如果他能愿意让比自己年长、比自己聪明的人来作主的话，他叔叔塞缪尔·霍尔顿（Samuel Holton）毫无疑问会很高兴帮助他。德怀特不以为然，说塞缪尔叔叔非常清楚他想要什么。但这位叔叔坚持己见，以至最后，德怀特求塞缪尔叔叔在鞋店里给他一个职位。

霍尔顿先生说："德怀特，我担心是，如果你来这里，你会自说自话，自行其事。而现在，我手下的人都是按照我的标准来完成他们的工作。假如你想到这里来干活，你就要尽你所能，将活儿做得精益求精。如果你答应不知便问；答应去教会和主日学校；不去任何你不想让你妈妈知道的地方，那就看看我们如何一起相处。你可以在周一之前考虑一下，然后答复给我。"

德怀特立即回应，"我不用到周一。我现在就答应。"

年青慕迪不谙都市生活方式和礼仪。不过，很快就显明，他天生机智聪明，是最优秀的推销员之一。凭借敏锐的洞察力和高涨的干劲，他的工作取得了非同一般的成功。

他不满意普通推销员的推销方法。他像旧时的商贩一样，在店门前叫卖自己的商品，甚至还跑到街上去劝说路人来购买。没有什么比这种方法取得的成功更让他高兴的了，正因为这样，他有很多业绩也就不足为奇了。

他的新职业，非但没有减少，反而让他更加热衷于搞笑。他总是在找搞笑的对象。结果，店里的一位鞋匠成了他的猎物。有一天，趁鞋匠不在的时候，年青慕迪用一把锋利的小刀，在鞋匠工具箱的皮座垫上划了一道干净的口子。然后，他拿了一盘水，把它放在皮垫下面；这样，鞋匠在皮垫上坐下来时，他的重量就会使皮垫与水接触，水就会从切口渗出来。开玩笑者设下陷阱，就等着结果。不久，鞋匠进来坐下。结果可想而知。受害人一坐下，就急忙跳起来；但他的重量一离开皮垫，皮垫上的口子就闭合了；擦干皮垫座后，他又坐下来，水就又渗出来。这样反反复复，直到第三次、第四次他才发现原因。当然啰，慕迪赶紧仓皇逃走。

这是一个十七岁精神活泼男孩子的胡闹。然而，就是从爱好这种无伤大雅的调皮捣蛋中，生长成为成熟男子的那种快乐和善。这种幽默感，这种对滑稽搞笑的健康性欣赏，正是极佳气质的精髓所在——这样的人，无论多么认真热切，永远不会是狂热分子。这一点，普通民众——街上的普通人——立刻就能感受到。

第三章

悔改归正

按照他跟叔叔定的协议——他能在叔叔的店里有一份工作，慕迪常常参加弗农山（Mount Vernon）公理会教会的主日崇拜。该教会的牧师是著名的爱德华·柯克博士[2]（Dr. Edward N Kirk）。慕迪还注册成为主日学校的一名学生，分配到由爱德华·金波先生[3]（Edward Kimball）负责的青年圣经班。

对于这位主日学校的新生来说，圣经并不是他熟悉的一本书。因为，在他的家里，尽管他一直生活在真正的基督教氛围中，但只有一本圣经，一本很厚重的家庭圣经。这本圣经，对于好奇的年幼孩子来说，显得格外神圣；对于年长的孩子来说，它那巨大的外观则太不吸引人了。因此，当提到《约翰福音》中的某一章时，慕迪反倒拼命地查考旧约；要不是老师的善意——很快就意识到慕迪的难处，并把自己的新约圣经给了慕迪。不然的话，慕迪会陷入令人难堪的窘境。

由于不遗巨细，慕迪很快对学习圣经有了浓厚的兴趣。随着年龄的增长，兴趣就逐渐发展成一种虔诚的热爱。许多年后，他希望给他的第一个孙女一个具有特殊价值的信物，就寄了一本精美的圣经，扉页上有这样的题词：

---

2 爱德华·柯克（Edward N Kirk，1802-1874），美国基督教传道人、牧师、教师、作家。
3 爱德华·金波（Edward Kimball，1823-1901），美国基督教主日学老师，并以帮助教会募捐清债而出名。

"过去的四十年里，对我来说，圣经一直是地球上最珍贵的东西。现在，我将一本圣经作为我的首份礼物，赠送给我的第一个孙女艾琳·慕迪；并祈祷圣经可以成为她一生的伴侣，引导她最终去到基督已经去为地上那些爱祂、事奉祂的人所预备的广厦。——D. L. 慕迪。"

意识到自己不太熟悉圣经内容，刚开始时，慕迪在课堂上不是很活跃。不过，有的时候，他对圣经的关注会使他情不自禁地活跃起来。他会提出一个问题，表明他对课题颇得要领。有一次，老师把摩西描绘成一个具有伟大天赋、自制力很强、具有政治家般远见和智慧的人。慕迪这位年轻店员的脑子里只有一个词，而这个词足以形容这样的人物。带着一种天真的热忱，他喊道：

"我说吧，金波先生，摩西这个人一定很精明。""精明"这个词，是这位新英格兰小伙子对伟大天赋和智力禀赋——而不是人所唾弃的狡猾——的理解。

所谓的宗教人士和虔诚的基督徒之间，存在着巨大的差异。作为一个事实，大数的扫罗和使徒保罗就有这样显著的区别。前者的生活，在一定程度上受到外部权威的调节——"你应该如此"和"你不应该如此"；而后者，新的爱赋予生命本身，使其与神的旨意和谐一致，外在律法的诫律融入到对神和人的爱的更伟大法则中。前者冷冰冰，毫无热情，不宽容，往往在强烈的诱惑下无能为力，常常表现为形式主义和法利赛主义。后者是一种生命的力量，诱惑反而使灵魂变得更坚强，通过无私地为他人服务，在整个社会放射出爱和喜乐。

由于从小就受基督教教育，慕迪先生是虔诚的；但是，他从未经历过，因明确接受基督，由圣灵洗的重生。从理论上讲，他知道屈服于暴躁脾气是错误的；但依他的自我意志，他发现很难克制。"他需要的不是更多的行为准则，而是更大的动力。"在弗农山主日学校，他的圣经班老师一直在逐渐引导这个年青人更全面地了解神的救赎计划，接下去，只需要一次个人面谈就可以让他决志——他必须决定是否愿意接受或者拒绝神的供应来战胜罪，并且与牠同在。金波先生的这次拜访面谈并非偶然，而是他精心思考、祷告寻求的结果。为此，金波先生讲了德怀特·慕迪归正的故事：

"我决定和他谈谈基督，谈谈他的灵魂。然后，我就去了霍尔顿鞋店。当我快到那里时，我开始考虑是否应该在上班时间进去谈。我想到我的访问也许会让这位男孩子感到尴尬。当我离开时，其他职员会问他我是谁，他们也许会嘲讽他，说我要让他成为一个好孩子。想着想着，我就走过了那家店。当我发现了，我就决定冲进去找他谈，当即把这件事给解决了。我在店的后面发现慕迪正在包装鞋子。我立刻走到他跟前，把手放在他的肩上，为基督做了我自己后来觉得非常微弱的恳求。我不知道我到底说了些什么话。慕迪先生也说不上来。我只是告诉他，基督对他的爱以及基督想要回报的爱。讲的就是这些了。看来，这个年青人正准备好迎接那突然降临在他身上的曙光。就在那里，波士顿那家鞋店的后面，他将自己和生命献给了基督。"

从慕迪接受基督的那一刻起，他的整个生命都改变了。受道德法则限制、纯粹被动的宗教生活，突然变成了喜乐的服事生活。参加教堂礼拜曾经只是因为是一种义务，但从那时起，近五十年来，他在侍奉神中找到了最大的喜乐。

正如他自己所说，"在我归正之前，我是朝着十字架工作，但从那以后，我是因着十字架而工作。以前，我事工是为了得救；现在，我事工是因为我得救了。"

四十年后，在波士顿传教时，他是这样描述他的归正对他生命的影响：

"从特雷蒙特神殿（Tremont Temple），我几乎可以把一块石头扔到四十多年前我找到神的地方。我希望我能做点什么，来带领你们中的一些年轻人归向同一位神。祂给我的恩典，比我对他的回报，要好上一百万倍。

"我记得我第一次归信基督后的那个早晨。走出房间，我觉得那古老的太阳比以往任何时候都明亮。我以为它单单对我微笑。当我走到波士顿公园，听到鸟儿在树上唱歌时，我以为它们都在对我歌唱。你知道吗，我爱上了鸟。我以前从来不关心它们。我好像爱上了所有的被创造物。我对任何人都没有怨恨。我已经准备好把所有的人都放在心里。人若心里没有神的爱浇灌，那么他从未有过重生。如果你看到一个人在祷告会中站起来，开始对每个人批评挑剔，你会怀疑他是否真正悔改了；悔改可能是假冒的。这不是正确的立约，因为一个悔改归正的灵魂的脉动是爱，而不是站起来抱怨挑剔别人。"

撒在水面上的粮食得到了回报，[4]十七年后，这位圣经班老师的家人也得到祝福——他的儿子悔改归正。当时，金波先生的长子正在麻萨诸塞州伍斯特市拜访一位叔叔。而慕迪先生正在该城市宣教事工。一次布道结束后，年青金波向慕迪先生自我介绍，说他是慕迪早年圣经班老师的儿子。

"你是波士顿爱德华·金波先生的儿子？你叫什么名字？"

"亨利。"

"亨利，我很高兴见到你。你是基督徒吗？"

"不是，先生；我不是。"

"你今年多大？"

"我十七岁。"

"亨利，当我十七岁的时候，那时你还是躺在婴儿床里的小

---

4 参见《传道书》十一章1节。

婴儿，你父亲来找我，把手放在我的肩上，要求我成为一名基督徒。他是唯一一个来找我、和我谈话的人，因为他爱我的灵魂。现在，我希望你，我的孩子，成为一名基督徒。亨利，你难道不想成为基督徒吗？"

"是的，先生，我想成为基督徒，"男孩回答。

他们一起坐下来。然后，慕迪先生打开他的圣经，男孩聚精会神地听着，那些话对他的作用越来越深刻，直到最后，把他引领到慕迪先生很久以前被引领到的地方。

青年慕迪皈依归正之后，如他经商时一样，对神国的利益，他充满活力且雄心勃勃。对他这种旺盛、压不住的精神，教会的一些年长成员甚至感到怀疑。在他最初体验成为基督徒的喜乐中，他渴望有一个渠道，可以将他的精力投入其中，参与推进神国的发展。也许，这是一个错误，因为这个年轻的归正者尚未装备好，亦未被引导如何以他独特的方式来进行最有效的服侍。但是，保守的教会执事们不可能知道，他们所面对的，在他们看来不必要的热忱，可以在其他方面产生的实际结果。这是他们做梦也没有想到过的。因此，他们的态度就自然有点压制。

一八五五年五月，年青的慕迪申请加入弗农山教堂，当时的面试记录如下：

"No.1079。德怀特·L·慕迪。住处：法院街43号。已受洗。第一次觉醒是在五月十六日。开始为自己着急。看到自己是一个罪人；罪现在看来是可恨的；向往圣洁。自己认为已经悔改；已立志抛弃罪恶；感到需要基督的宽恕。喜爱圣经。祷告。渴望成为有用的人。受过基督教教育。进城一年了。来自本州北田。不以宣称基督徒为耻。十八岁。"

然而，在这次审查中，审查人感到申请人尚未充分了解基督教教义，因而不能成为教会会员。当问到这个问题："基督为你，以及我们所有的人做了什么，使祂特别有资格得到我们的爱和顺服？"年青的慕迪回答说："我认为，祂为我们所有人做了很多事情，但我不知道祂做了什么特别的事情。"

结果这次审查，没有得到在当时被认为是令人满意的归正证据。在这种情况下，委员会推迟推荐他加入教会；但指定其中三人来处理他的情况，向他更完美地解释神的道路。

审查委员会拒绝接纳青年慕迪入会的决定受到了其他人的批评，但慕迪先生本人始终感受到这一决定的明智。他在以后的岁月里非常重视年轻的皈依者是否作好准备，为其心中的盼望给出一个充分的理由。在第二次面试后，他被推荐为教会会员；以下为面试记录：

"No.1131。一八五六年三月十二日。慕迪先生认为，自从他之前来到这里以后，他已经取得一些进步。至少在知识方面。一直保持着祷告和读经的习惯。相信神会聆听他的祈祷；并常常阅读圣经。彻底决定永远坚持基督的事业。觉得如果自己加入教会，然后又掉头回走的话，那就非常糟糕。为了基督的缘故，必须悔改并请求宽恕。无论是否能加入教会，他都不会放弃希望，或减少对基督的爱。他的宗旨是把他的意志交给神。"

柯克博士在谈到慕迪的归正时写道，"几天之内，慕迪就成为生命之道的探询者之一。他很快就宣称自己是教会成员的候选人；别无其他，他唯一表现出来的就是他的真诚；渴望了解圣经有关基督徒品格和生活的教导。更有可能的是，他的例子表明我们这些审查他的人，太受惯例束缚，缺乏主的同情——主当时正在那人的灵魂中奠定神的殿的根基。我们未能尽心尽责地向教会推荐他。他固然失望，但并不气馁。又等待了一两个考察期。最后，我们看到了一些微弱的归正的证据，所以我们有理由向教会推荐他入会。"

起初，慕迪先生质疑他的新生活将会对他的商业前景所产生的结果。因此从一开始，他就以他特有的精力投入到自己的商业职责中。三个月内，他售出的商品比任何一位同事都多。他起初以为，诚实也许会成为他成功的障碍。但他很快发现，基督教原则对于成功的商业生涯来说，是帮助而非障碍。顾客们发现，他们可以放心依赖他的话。他们更愿意与他打交道，他在他们中间的受欢迎程度稳步上升。

就这样，他继续在波士顿干了两年。与此同时，他开始感觉到，也许更大的商业范围有更多的机遇等待他。他在叔叔店里的职位，看来没有什么未来希望。原因是，他的叔叔采取极其保守的方法，没有感受到青年慕迪所具有的那种热情。恰在此时，芝加哥这座西部大草原的新城，正吸引着东部各州的年轻人。同其他人一样，慕迪也感受到它的吸引力。没有向任何人透露他的意向，慕迪决定将自己的命运投注给新西部。

第四章

芝加哥经商

慕迪先生曾经对作者说，"我一直是个当机立断的人。我一生中，几乎所有的成功都是基于当机立断；我想，当我预备好死去时，我会立即起来离开。"在去西部寻求机遇的时候，他就表现了这种当机立断的特性。

几个月来，他一直对他供职的商店的保守方法感到苦恼，渴望进入更大的活动范围。当他与雇主的关系最终出现危机时，看来升迁没有机会了，他决定前往芝加哥。

担心这一变动得不到家人的认可，他认为明智的做法是不去争求他们的意见。结果有关变动的消息，家里首次得知是从一封千里之外西部城市寄来的信中。这些年来，慕迪先生的母亲一直努力让她的小家庭成员靠近她；好像是，母亲们那种无缘无故的自负，使她们的爱变得非常特殊——因为它自己就是一条法则，她可以保护她的儿子们免受一切邪恶的诱惑，如同婴儿时期那样关心看护他们。对她来说，千里之外的芝加哥像是一段残酷的距离。只到很久以后，她的心才释然。在接下来的几年里，儿子走到哪里，她就为儿子在那里祷告。冬天的夜晚，当邻居们注意到"寡妇慕迪"的灯熄得很晚时，他们就知道，她正在为远方的儿子祷告。

一八五六年初秋，年轻的慕迪来到芝加哥。初到时，他在就业方面，如同在波士顿，困难重重。两年前他也曾因此考验过他的毅力。然而，两天后，他就获得了一个比他在波士顿有更多机会的职位。从一开始，他的精力和敏锐的商机判断力就得到稳步增长的回报，无论是责任担当还是收入。

在波士顿那种真诚的基督教精神，同样主导了他在芝加哥的生活。正如他的信所证明的那样，他一到芝加哥，就立即与基督徒们为友。他在一八五六年九月二十五日写给母亲的信中提道：

"一周前的晚上，我到达这座远近闻名的西部城市……昨晚，我参加了一个祷告会；当我介绍完自己的身份，我马上就有了足够多的朋友。祷告会后，他们就来与我见面，似乎很高兴见到我，就好像我是他们的亲兄弟一样。神在这里同在波士顿一样，我可以在祂里面找到平安。"

慕迪将弗农山教堂的荐信转交给普利茅斯教堂（J. E. 罗伊牧师是当时的牧师）。之后，他就想方设法要找一些明确具体的基督教服务事工。也许他还记得，童年时他作为北田主日学校的招聘人所取得的成功，他认为自己在这件事上有特殊的才能，便立即包租了教会的一条座椅（pew）。[5]然后每个主日他都努力做到座无虚席。一到主日，他会在街头巷角招呼小青年，或者拜访他们的寄宿处，甚至把他们从酒吧里叫出来，跟着他来上主日学。是否因慕迪新奇的邀请方式，还是他不可抗拒的真诚和热情，结果有大量的孩子来参加主日学。不管怎么说，他的目的达到了。不久之后，他就租了四条座椅；每个主日，这些座椅都挤满了形形色色的街头小青年。

一八五六年，席卷全国的基督教大复兴运动，已经波及芝加哥。年青的慕迪由衷地享受它带来的机遇和祝福。一八五七年一月六日，他写信给母亲，引用当时流行的短语，他的信中流露出

---

5 十九世纪，教会租赁座椅（pew）的现象十分普遍。

对唤醒（Awakening）的极大喜悦。

他说"这个城市除了基督教的伟大复兴之外，我没有其他可写的东西能让您感兴趣。我每天晚上都去参加聚会。真的，我多么享受这些聚会！神仿佛就在我们中间。对了，妈妈，请为我们祷告。祈求这项事工能够继续下去，直到万民都跪拜在主面前，悔改归正。我真希望北田也能有复兴；这样，有许多人可以被带入基督的怀抱。还有，妈妈，让家人远离通灵主义者（Spiritualists）的聚会，因为我担心，他们可能会误入歧途。

"您是怎么度过圣诞节和新年的？哦，妈妈，我祈祷今年是您一生中最幸福的一年。就我而言，一切进展顺利。希望能继续如此。卡尔文叔叔曾催我圣诞节或新年去看他，但我放不下正事。好吧，妈妈，请原谅这封信写得很短。盼望您尽快回信。"

这封信有一个很有意思的附言，显示出这个还不到二十岁的青年人，很快就掌握了芝加哥这个地方的生财之道。

"妈妈，您在信中说，您很高兴听到我得到这么好的报酬。我想您没有理解我的意思。我未说我已经得到了，而是说我很快就能做到。比方说，我在这里造一栋房子，需要花费一百美元，我可以以每年七十五美元的租金将它出租。您知道，那就是赚钱；也就是说，只要我能做到的话。"

在他进入威斯沃尔（Wiswall）靴鞋厂不久，公司又增加了一个销售渠道，即可以把大量的鞋子卖给某些人，让这些人再卖到其它城镇。这给了他更多展示才华的机会。他会仔细查看车站和酒店的登记簿，找到来自邻近城镇的潜在顾客。与此同时，他因比同事有更大的销售额而感到自豪。他此时的志向是拥有十万美元的财产——这在当时是一笔很大的财富。早期的磨练使他惯于吃苦，并教会了他克勤克俭。看起来，他应该能在较短的时间内实现他的目标。

作为一名城市商店推销员，他的业绩受到雇主的褒扬。很快，老板就差派他代表公司，担任商务旅行推销员。任职期间，他有许多令人兴奋的经历。有一次，为了去到一个新开发的西部小镇，因交通不便，慕迪先生只好雇了两匹马来赶路。开始路上都还顺利，直到驶下一个陡峭山坡时，发现马车和马之间的紧固带太松驰，马车的轮子撞到了马的脚后跟。两匹马顿时发飙，开始狂奔起来。一时难以驾驭。如果他能控制它们跑在道上，一切都还好。但当两匹马冲出道路，跑进一片刚刚清理完茂密树林的空地时，那就非得有超人的精神胆量和体力才能安全引导它们。多年后，慕迪先生在讲这个故事时常常说，这是他经历过的最惊心动魄的旅程。

"我站在马车里，帽子吹掉了，头发也竖起来了。我只能想尽办法避开巨大的树桩子，让两匹马回到路上。最后，总算遇上一个陡峭的山坡，马的力气耗干了，才慢慢缓下步子。"

那些日子里，慕迪除了商务旅行推销员的职责之外，还附加了公司收债人的工作。每当有小道消息说某家公司有可能倒闭时，债主们就立即派出自己的代表，尽快率先收回所欠的资款。当时还没有债权人均分的做法，那是后来才实施的。有一次，慕迪在周六下午晚些时候被派往邻近的一个城镇，向一位信用出了问题的鞋商讨债。当时，这位乡镇鞋商还欠了另外一家公司的债。在火车上，慕迪发现了那家公司去讨债的代表。这时候，周日旅行是违反慕迪的基督徒原则。他原计划在途中的某个地方度过周日，然后周一清晨再出发。然而，那家公司的收债人不受此类顾虑的阻碍，因此打算周日抵达，周一一大早前去讨债，这样可以确保他的索赔。每当涉及到原则的时候，慕迪决不会模棱两可。但是，他的商业自尊心很强，他不甘看到自己的竞争对手如此轻松地获胜。他决心尽其所能来争取均衡竞争的机会。在铁路客运的早期，直达车并不常见，中途换车很频繁。在其中一次中途换车时，慕迪邀请那位老兄同他一起散步，用聊天成功吸引住那位老兄的注意力，结果使他误了火车。最终，俩人在同一天，以平等的条件，向欠债人提出了索赔。

在此时写给家里一封信中，慕迪说：

"我估计您想知道我过得如何。不瞒您说，我做得是第一流的。假如不是更早的话，夏天我会去您那里。上周，我差点就要出发了。有个人提出，如果我愿意和他一起去采购一些东西的话，就支付我的路费。但是，威斯沃尔先生急于寻求我的帮助，所以他不放过我。我想再次回湾州（即麻萨诸塞州）一趟。这里的情况与波士顿不同。许多商店在安息日照常营业。安息日在这里是一个大好的休假日。"

慕迪的小卫士们

他在另一封信中写道：

"自从我来到这里以后，我每周赚三十美元……可别让塞缪尔叔叔知道了。事实证明，我来这里是一件最好的事情。我的开支很高，但比起波士顿，我可以赚更多的钱。我会将我所租住的房子的房租单寄给您，您就可以判断我会不会饿死。"

他此时写信给他的兄弟乔治说到，"我在这里一周赚的钱，比在波士顿一个月赚的钱还要多。但这还不是全部。我发现，我生活得越好，我就越愉快，我思念神和祂的爱越多，世上的烦恼就越少。乔治，不要让任何事情阻止你充分地享受神的爱。我认为，有时我们会遇到一些事情来考验我们的信心，而神喜欢看到我们坚持下去。正如诗篇作者在某处所说，神喜欢管教祂所爱的人。（参诗 94：12）因此，让我们彼此祷告。我在祷告中把你带到神面前，我希望你也同样为我祷告。"

慕迪在芝加哥的第一班主日学学生

都市生活的诸多诱惑，对这个雄心勃勃的年轻人有着强烈的吸引力。但他充分认识到这些诱惑的毒钩，因此始终保持警惕。下面这封信，是他一八五八年春天写给母亲的，说明了他对当时处境的强烈感受：

"我有一个很好的职位，我打算利用我手中的牌，让它好上添好。到目前为止，我已经很成功了。如果不出意外的话，我会做得很好。路德（慕迪的兄弟—译者）认为我离开威斯沃尔是非常愚蠢的，但我现在的处境比在威斯沃尔时，要好过五倍。如果我身体健康，神与我同在，我会在芝加哥取得比我所想象的更大的成功。妈妈，这里四面八方到处都是诱惑，我希望您不要忘记为您在西部的儿子祷告。自从我归正以来，我从来没有在一个有这么多年轻人的地方工作过。我希望您恳求神，让我在他们面前过着始终如一的基督徒生活。我希望能在他们面前如此生活，以至我能成功地赢得他们的灵魂，归向基督。亲爱的妈妈，为我祷告吧。"

值得一提的是慕迪的女房东对他的影响。人们称她为"妈妈菲利普斯"（Mother Philips）。她出自内心的关爱，给了慕迪莫大的帮助。他对此一直心存感激。与此同时，他在她家里与许多年青人建立了友谊。像他一样，这些年青人也是刚刚在这座西部大都市开始职业生涯。这种友谊一直持续到他生命的尽头。这些人中，其中有些人的名字从那时起，逐渐变得遐迩闻名。他们不仅是芝加哥最重要的公民，而且也是本国的成功人士，包括爱德华·伊沙姆[6]（Edward Isham），诺曼·威廉姆斯[7]（Norman Williams），利维·莱特[8]（Levi Z. Leiter），乔治·史密斯将军[9]（Gen. George

---

6 爱德华·伊沙姆（Edward Isham，1836-1902），律师、政治家。曾任伊利诺伊州众议院议员。
7 生卒年不详。
8 利维·莱特（Levi Z. Leiter，1834-1904），商人、企业家。马歇尔百货公司的创始人。
9 乔治·史密斯（Gen. George V. Smith，1828-1903），军人，曾任美国联邦军队准将。

V. Smith），约翰·汤普森将军[10]（Gen. John L. Thompson）。本杰明·佩奇[11]（Benjamin B. Page）和威廉·苏厄德[12]（William H. Seward）。谈到他早年的朋友，伊沙姆先生最近说道：

"慕迪是一个非常认真、积极、强劲的人，在他的所有活动中都非常努力。但他同时也是一个心胸宽广、慷慨、充满感情的人。所有认识他的人都喜欢他。他早年如此，后来也一样。圈子里的人，无论见解有多大的不同，都自始至终喜欢他。"

其中一位朋友最近讲了以下的逸事，来作为慕迪先生不断关心朋友们精神福祉的例证：

"我最后一次见到他，是在一位共同朋友的追思礼拜上。追思礼拜结束后，他回到酒店，给我写了一封有四页纸的信；按他一贯的思路，信中有些句子还用粗线划了底线。这封信是他为了将我从恶火中拉出来所尽的努力之一。我想，他这样做，是因为他觉得我是一根正在恶火中燃烧的木棍。"

---

10 生卒年不详。
11 生卒年不详。
12 威廉·苏厄德（William H. Seward，1801-18720），政治家，曾任美国国务卿（1861-1869）。

第五章

初试基督教事工

虽然周日早上，慕迪忙于确保年轻人在普利茅斯教堂共享他租的座椅，但下午和晚上却是自由的。他精力充沛，从不气馁，似乎不需要"休息天"，只要晚上睡个好觉就足以恢复他快耗尽的体力。即使在后来的日子里，他也习惯于将不同的活动来当作休息，而不是停下来无所事事——那是他认为最令人厌倦的休息。他常常感叹道，"我实在可怜那些在避暑胜地无所事事的人！那简直会让我发疯！"

很快，慕迪加添了主日学事工来解决周日下午闲暇的问题。到了芝加哥不久，慕迪在北威尔斯街（North Wells Street）发现了一所小型教会主日学校，就去那里申请开一班课。学校告诉他，学校的教师数量已经超过了学生——教师有十六名，学生只有十二个。但是，假如他能招募自己的学生，他们对他的服事表示欢迎。这个建议正合年青慕迪的口味。在接下来的周日，他就领着他招来的十八个小"混混"到了学校。这件事的成功使他清楚地认识到自己的特殊使命，尽管他觉得自己没有足够的天赋来从事教育工作，他可以继续为其他人招募新学生来上课。

通过他坚持不懈的努力，威尔斯街主日学校的规模不断扩大，到后来座椅都不够用了。事实证明，他在威尔斯街获得的经验，包括提高主日学出勤率，以及组织和管理方面，都是非常有价值的。

与此同时，他结识了艾玛·雷维尔（Emma C. Revell）。艾玛当时是一个十五岁的女孩子，也是主日学校的一名老师。四年后，艾玛成了他妻子

一八五八年秋天，慕迪先生意识到，自己在威尔斯街教会的成功，预示着可以开启更大的事奉。他决定在城里另一处开办一所规模更大的教会学校。他的努力也同样获得成功。并且很快发现，要容纳所有参加主日学的学生，需要有一个大厅。结果，慕迪先生同朋友一起，租下了芝加哥都市市场之一的北市场大厅（North Market Hall），来作为主日学校。在这里，慕迪一行开始了主日学校的工作。后来，这里发展成为伊利诺斯街教会（Illinois Street Church）。之后又发展成为芝加哥大道教会（Chicago Avenue Church）。慕迪晚年是该教会的会员。

根据约翰·戴尔先生[13]（John T. Dale），该校早期时的教师，对这栋建筑的描述，其外观既不吸人眼球，又很脏。

"从外表看，那是一栋又大又脏、破旧的砖砌建筑。里面的大厅更是肮脏昏暗。墙壁和天花板发黑，光秃秃的毫无吸引力。但是，门口很快就挤满了对我来说完全陌生的男孩子和女孩子。他们大多是游荡街头的青少年；大胆、好动、好奇，衣着往往仅一套长裤、衬衫和背带。即使这些东西，也都已经是老旧破烂。学生们淘气十足，活力四射，着实把老师们的耐心给考验了一番。但是，他们唱歌好像是精神的喷发，我以前从未听到过这样的歌声。这些在街上卖报的小子们，有着难以形容的肺活量；余下的人似乎也不甘落后。学生大概有五六百人，要管理如此喧闹的人群并不容易，但老师们似乎对学生们很感兴趣，课堂练习热情高亢。

"放学时，慕迪先生站在门口，好像是认识每个男孩和女

13　生卒年不详。

孩。他与每个人握手，微笑着，说句愉快的话。他们沸沸扬扬地围在他周围。可以肯定，这些会面之后，他的手臂肯定酸疼了多次。很容易看出，他紧捏着那些年轻生命的命脉，这就是为什么他们会周而复始地来到这个地方。这个机构是名副其实的活动中心——几乎每天晚上都有会议，偶尔还有聚餐和社交活动，主日的布道占了一天的大部分时间。"

在这所后来普遍称之为"北市场大厅学校"，慕迪先生担任过各种职务：从清洁工到校长。他在讲到这个故事时说：

"当时，对我来说，周日是忙碌的一天。工作日期间，我作为一名靴子和鞋子的推销员出差在外；但是，我总是能在周六晚上回来。我回房休息时常常很晚；但我必须在六点钟之前起床，清理大厅，为主日学校做好准备。每个周六晚上，有个德国同乡会都会在那里举行舞会，清理大厅时，我就得把啤酒小桶拿出去，清扫灰尘，大体搞干净，然后把椅子安排好。对这件事来说，我认为在周日雇人干活是不对的；因此，有时会有一位学生来帮忙，更多的时候没有学生的帮助，我就自己做。

"通常，这要花掉大半个上午的时间。清理完后，我还得去鼓动学生和新来的男女孩子们。到了下午两点的时候，大厅里就挤满了人。接下来，当天的演讲者带领练习时，我必须维持好秩序。我们必须安排一些活动来继续保持孩子们的兴趣。放学后，我会去拜访缺课的学生，了解他们为什么不去主日学的原因；探访病人，并邀请家长参加晚间福音崇拜。当我探访完了之后，也就是晚间会议的时候。会议由我来主持。会议后，我们还有会后小结。一天下来，我已经精疲力竭。因为从清晨到深夜，我只吃了几块饼干和一些奶酪来充饥，我感到头晕目眩，疲惫不堪。有时候，在工作了一天之后，我以为我不祷告而去睡觉是一种罪，而事实上，我是个傻瓜，漠视了身体的需求。神不是一个严厉的监工；在以后的日子里，我意识到，为了能发挥你最好的能力来做事，你不能忽视健康的普通法则。"

慕迪先生并没有计划担任学校校长。他很有智慧地与当地几位知名人士交友，其中有约翰·法韦尔[14]（John V. Farwell），当时该市最大的干货商人；艾萨克·伯奇[15]（Isaac H. Burch），一家银行行长；等人。这些先生们在资金上协助他，顺而担任学校校长，为后来学校的成功做出了巨大贡献。在他一生中，无论何时，慕迪先生都不轻易接受传统方法——如果他认为这些方法不如其他现代甚至原始方法那样有效的话。为此，他喜欢引用一句古老的苏格兰俚语，来表示对传统方法的摒弃，"他们说！他们说什么？让他们尽管说吧！"这种精神在北市场大厅学校得以落实光大；那里的"操练顺序"从来不是由任何预先安排的程序来决定。慕迪先生或其他助手，会以读一段经文，唱一首赞美诗，或讲一个轶事，等等，这些活动来充实时间。

淘汰不合格教师的方法既新颖又有效。学校的规则是，学生从一个班级转到另一个班级，只要简单通知校长即可，这样，由于孩子们自由选择的结果，最终导致教师中的优胜劣汰。随着学生人数增加到一千五百名，新教师的加入，秩序和方法也相应迅速发展。当然，那都是在国际课程（International Lessons）出版之前。学者和教师只有一本教科书，即《圣经》，也不存在着教派界限。

慕迪先生的办学方法非常成功。他发行了"北市场主日学协会；资本，10，000美元；40，000股，每股25美分。"的股票；并且表明购买股份是"用于建造新建筑"，可以"每个安息日晚上九点在学校中请股息。"

14　约翰·法韦尔（John V. Farwell，1825-1908），美国基督教男青年会（YMCA）领袖、商人、慈善家。

15　艾萨克·伯奇（Isaac H. Burch，生卒年不详），著名美国银行家、房地产商人。

恩典是学校的普通规则。然而，即使这样，这里也有施行律法的例外。有好几次，慕迪先生履行了议会警卫官[16]（Sergeant-at-arms）的职责。有一次，某个年青"小霸王"的表现比平时更是恶上加恶。他本是城里最坏分子中的帮派头目。他在学校不断恶意寻衅滋事，引起极大的麻烦。对一而再、再而三的警告，他的回应态度反而是变本加厉，更具威胁性，并且嘲笑一切劝导他守规矩的努力。开除学生是违反恩典的规则；所以，当恩典未能成效后，慕迪先生认为诉诸律法是不可避免的。他跟法韦尔先生说：

"假如今天那个男孩子在课堂闹事，你看到我去找他，把他领到前房，你就请全学校起立唱一首嘹亮的赞美诗，直到我回来。"

计划就照安排执行了。慕迪先生抓住男孩，在他尚未清醒过来，快速把他带进前房，锁上门。慕迪，就如他自己早年受过的鞭打那样，用鞭打惩罚了这个男孩子。不久，他就满脸通红，不过脸上带着胜利的表情，回来见法韦尔先生。很快，这个男孩子就归信了；多年后，他向一位朋友承认，他仍然享受着那次福音实践的好处。

学校稳步发展，成为芝加哥最大的学校之一。在前往华盛顿就职第一个任期的途中，林肯总统对学校的访问是一次难忘的经历。林肯总统在芝加哥的人气，使他在当地受到热烈的欢迎。几个月后，南北战争爆发。为了响应总统的首次征兵号召，北市场主日学校就有五十多名学生入伍。这所教会学校及其神圣领袖的影响力，没有因时间的迁移或距离的增长而消失。不仅仅是在军队中，无论在哪里，只要那里有曾经是这所学校的学员，那里所受到的影响力都是最显著的。约翰·维特牧师[17]（Rev. John Vetter）讲了一个有趣的故事，他说：

---

16 议会警卫官（Sergeant-at-arms）是英国议院的一种职位，负责维护议院秩序。
17 约翰·维特（John Vetter，1831？-1904？），美国传教士、公理会牧师、曾任联邦军的军牧。

　　"一八六三年秋天，作为一名家庭传教士，我在密歇根州北部传福音。到了M郡郡政府后，我便询问当地的福音需求。郡里没有聚会的地方，自然没有讲道。当问到主日学校时，那人犹豫了一下，好像不太确定，说道：'哈，是这样，有个小女孩上周日开创了一所主日学校。'我很快就找到了小女孩父亲的家。小女孩玛丽兴致勃勃地告诉我慕迪先生和北市场大厅的主日学校。玛丽家的墙上挂着慕迪先生的照片，还挂着一张十六个街头男孩的照片，上面写着他们的诨名；我现在只记得其中一个名字——'屠夫比尔'。我必须承认，我当时有点惊讶。那时我还没有听说过 D. L. 慕迪的名字。当玛丽谈到她曾就读的芝加哥主日学校时，她的脸发光；而她现在离那所学校太远了。很明显，她已经深受慕迪先生的热情的感染。两周前，理查森上尉（玛丽的父亲）一家人才来到了这里；而现在，这个十几岁的女孩子已经开办了一所主日学校。自从他们到这里以后，邻居中有一个小孩死了。邻居准备不办葬礼就草草把小孩尸体葬了；但玛丽提议，下葬时读一些经文、唱诗歌和祷告；她所做的让所有人都非常满意。理查森为他的女儿买了一匹小马，这样她就去了五英里外的下一个镇子，组织另一所主日学校。不久之后，就在那里有了讲道；而随之而来的复兴运动席卷了整个地方。这一经历的记载刊登在当时的一份宗教报纸上。

　　"第二年夏天，我有机会去芝加哥。一位朋友问我，难道不一起去看看北市场大厅的慕迪先生的主日学校？那还用说，自从遇见玛丽·理查森后，我对她满脸容光来描述的那人（慕迪）兴趣盎然。见了面一经介绍，慕迪立刻问我：'你就是我去年在报纸上看到的，报道有关玛丽在密歇根事工的那个人吧？现在，我要请你告诉这个主日学校，玛丽在那里做什么。那边（慕迪指向大厅的西北角）就是当年她的主日学班，也是她归正的地方。'"

这个拥有六百人及其教师队伍的主日学校，到处是一片充满活力的景象，简直就像是一个蜜蜂巢。

虽然这项事工是从孩子们开始，但逐渐也扩展到了家长。从北市场大厅的"小混混"教会学校开始，事工的发展需要慕迪以更多的时间和精力来执行操作，而这些时间和精力，已经超出了慕迪作为常年出差的年轻推销员所能给予的。更不要说继续从事他的其他商事。周间的福音聚会，是在一个以前用作沙龙的房间里举办的，现在该房间已改造成宣教厅。就在这里，德怀特·慕迪接受了讲道的实践和训练。这对他来说，在后来那些年中，具有不可估量的价值。

看来慕迪确实需要这种训练。因为，他即兴演讲的能力并非天生就有，而是逐渐获得的。关于这一点，有意思的是，当慕迪第一次在祷告会上起身演讲时，有一位执事向他坦言，在这位老兄看来，他侍奉神的最好方法就是保持安静！

另一位批评者，尽管对慕迪对事工的热忱，能够让普利茅斯教堂雇用的座椅达到座无虚席的事实，表示赞扬，但同时也建议他应该认识到自己的局限性，不要强行在公共场合演讲。

那人抱怨说，"你在语法上犯的错误太多了。"

慕迪回答说，"我知道我会犯错误。我还缺少很多东西，但我以我所拥有的，尽力而为。"

他停下来，用探究的目光看着这个人，以他那无法抗拒的说话方式补充道：

"朝我这里看，朋友。你已经掌握了足够的语法，请问，你将用它来为主做些什么？"

第六章

放弃经商

慕迪先生常说，"我一生中经历过的最大的挣扎，就是当我放弃经商时。"在他的基督教先驱事工中不断增加的职责，没有妨碍他在商业上的成功。虽然他是全国最大的主日学校的负责人，他能胜任这一职位而不损害雇主的利益。一八五八年，他进入亨德森公司（C. N. Henderson & Co）谋职。该公司是一家批发靴子和鞋类的经销商。在那里，他是以提成为收入。这种以提成为收入的工作，使他能够更自由地利用部分时间来从事基督教事工，且不会侵蚀雇主的利益。他对雇主由衷的敬意，尤其是对雇主的友情的高度赞赏，流露在一八五九年一月二日写给他母亲的信中：

"上周我从乡下回来后，我发现我的希望全部破灭了。那位我向他寻求建议和忠告的人，那位对我来说远超过朋友的人，去世了。那人就是我的雇主，亨德森先生（Mr. Henderson）。我对他将时时不忘。他是我离开家以来所遇到的最真诚的朋友。他关怀我的福祉，如同对他自己儿子的福祉那样。"

以下事实证明，慕迪的这种感受得到了充分的回报。一年后，亨德森夫人坚持要求慕迪来接管她丈夫的生意。作为一个年仅二十三岁的年青人，他回避了管理价值十五万美金遗产的责任。他写信给母亲说，"但我感到非常荣幸。因为，他们有很多朋友，而且都是些优秀的企业家。我一生中从未被赐于如此重大的责任，我的祷告是我应当为自己赢得这个荣誉。请不要提起这件事，好吗？我希望您不要忘记为我祷告，因为如果没有神——从我生命一开始就与我同在，我就什么都不是。"

大约在这个时候，他与北区的一座公理会教堂有着积极的联系。对慕迪来说，那里的会议显得太沉闷了。他就去找了一位好弟兄，问他下次会议时是否愿意站起来第一个发言。那弟兄说他会的。慕迪先生随后去找其他人，并指定三人担任第二发言者，另外三人担任第三发言者。当第一个人发言时，其他人也纷纷跟进，几个人同时站了起来。这一不寻常的景象激发了会议的复兴热情；实际上，这是该教会灵命精神极大增强的开始。

一八六零年，他为布埃尔、希尔和格兰杰公司（Buel, Hill & Granger）工作，并为达到他早期的目标，十万美元，存下了七千美元。一年之内，除了正常工资之外，他还有特别提成，统加起来超过五千美元；这对于一个还不到二十四岁的年轻人来说，是一笔不寻常的巨款。

那是一个举国欢欣鼓舞的时刻。亚伯拉罕·林肯被提名并当选为总统。和他的年轻同事一样，慕迪先生埋头于生意和政治中，对当时发生的所有事件都非常敏感。然而，此时他的一个经历，彻底改变了他的职业生涯，驱使他全身心投入基督教事工。当然，直到内心挣扎持续了三个月后，他才舍弃了对财富的所有渴望。最后，他感到神的呼召是令人欢欣鼓舞，胜过一切；他立马放下自己的计划，转而领受天父的计划。

至于他是如何完全放弃经商的过程，他自己说的话是最好的描述：

"自从我第一次在波士顿的商店遇见耶稣基督以来，我的视线就从未离开过祂。但多年来，我真的不相信我能为神做工。况且从来没有人要求我做任何事来服侍神。

"当我到了芝加哥，我在某个教堂里租了四条座椅，常常跑到街上去找青少年，来把这些座椅坐满。我从来没有和这些青少年谈论过他们的灵魂；我想那是教会长老的工作。工作了一段时间后，我开始教主日学。我以为出勤率就是一切，所以我为出勤数字而工作。当主日学出勤人数低于一千人时，我会感到苦恼，而当出勤人数达到一千二百人或一千五百人时，我就非常兴奋。尽管如此，仍然没有人悔改归正。没有收获。

"然后，神开启了我的眼睛。

"学校里有一班女青少年，她们是我见过的最轻浮的女孩子。无一人例外。有一天，班主任生病了，我就去代课。当着我的面，她们嘲笑我。我当时真想打开门，叫她们都出去，永远不要回来。

"那周，班主任来到我工作的商店。他脸色苍白，看上去病得很重。

"'有什么问题吗？'我问道。

"'我肺部又出血了。医生说我不能住在密歇根湖旁；所以，我要返回纽约州。我想我快要死了。'

"他看起来内心十分不安；当我问起原因时，他回答说：

"'是这样的，我从未引领班上的任何人归向基督。我真觉得，我对这些女孩子来说，有害无利。'

"我以前从未听过有人这样说话，这让我开始思考。

"过了一会儿，我说：'假如你去告诉她们你的感受，那会如何？如果你想去的话，我可以驾马车和你一起去。'

"他同意了，我们就一起出发。这是我在地球上经历过的最好旅程之一。我们去了其中一个女孩子的家。跟她见面后，那位老师和她谈她的灵魂。当时气氛非常严肃。不久，她的眼里就充满了泪水。在他解释了生命之道后，他建议我们祷告。他请我祷告。说实话，我一生中从未做过这样的祷告：祈求神当场让一位年青女孩子悔改归正。但是我们一祷告，当场神就回应了我们的祈求。

"然后我们又去了其他女孩子的家。有时他上楼，上气不接下气。他会直接告诉女孩子们，他来见她们的目的。没过多久，她们就哭泣，彻底崩溃，当场就寻求救赎。

"当他体力耗尽时，我就带他回他的住处。第二天，我们又出去探访。十天后，他来到商店，脸上闪闪发亮。

"他说，'慕迪先生，我们班上最后一个学生也把自己交给了基督。'

"我告诉你，我们当时度过了一段非常喜乐的时光。

"第二天晚上，他就要离开芝加哥。那天晚上，我召集了他班级的学生一起来开祷告会。就在祷告会上，神在我的灵魂中点燃了那从未熄灭过的火焰。我那时最大的意向是成为一名成功的商人，要是我早知道这次祷告居然除去了我的这种渴望，我可能不会参加。然而，正是因为那次祷告会，我曾有过多少次感谢神！

"这位生命垂危的老师坐在全班同学中间，与她们交谈，并读了《约翰福音》第十四章。我们一起唱《福哉以爱联结》[18]，然后跪下来祷告。当我祷告完刚要站起来时，班上的一个同学开始为她濒死的老师祷告。她祷告完后，马上又一个人接着祷告；一个接一个，在我们站起来之前，全班同学都祷告了。出门的时候，我对自己说：

"'哦，神啊，我宁愿死，也不愿失去今晚所得到的祝福！'

"次日晚上，我去车站跟那位老师告别。火车刚要开动，班上其中　个同学来了。片刻之间，在无任何事先安排下，全班的

18　《福哉以爱联结》（Blest Be The Tie That Binds），教会圣诗；作者约翰·福西特（John Fawcett, 1739-1817）。

同学就都来了。那是一次怎样的聚会啊！我们试着唱歌，但忍不住哽咽落泪。我们最后一次面对那位老师时，他站在后车箱的平台上，手指向上，像是告诉全班同学，在天堂与他相见。"

在他的经商生涯中，慕迪先生储存了一笔钱。弃商从教后，他决定靠这笔钱生活。如果在这笔钱用完时，主继续奖赏他的辛劳，那就表明这是一条正确的道路。只要继续前行，他相信主一定会供应。

他立刻开始想方设法省吃俭用。他离开舒适的住处和志趣相投的室友们，搬到基督教男青年会（Yong Male Christian Association, YMCA）的祷告室里过夜。他在廉价餐馆吃饭，过着一种普通体质的人会丧命的生活。晚年谈及那些日子时，他常说："比起三十岁以后，我在三十岁之前衰老得更快。那时我已经成了个老人。一个人的健康太宝贵了，千万不能像我那样对健康不在意。"

现在，他有时间更有系统地运作主日学事工，同时也更有时间拜访学生。家访是一个惊险刺激的过程；因为，在一些罗马天主教家庭中，他根本不受欢迎。但他无所畏惧地坚持家访，从而赢得了许多的家庭。要知道，当这些家庭收到他的邀请，初次来到北市场大厅（他的宣教大厅）时，都心怀苦毒，鄙夷不屑。

在他的基督教事工中，就像以前经商时一样，慕迪对死板的传统方法不屑一顾。根据他的实际判断，这些方法不是很有用或有效。当他盲目地用传统方法来着手实现他的目标时，他发现自己常常处于尴尬的境地。慕迪采用的是简单直接的方法——他经常上街招呼孩子们，邀请他们到他的主日学校，并要求将他介绍给他们的父母，以确保父母同意孩子成为会员。

某个周日下午，他遇到了一位小女孩，便问她在哪里上主日学校。由于她哪儿都不常去，慕迪要求她将他介绍给她的母亲，以敲定家里能让小女孩去他的主日学校。小女孩知道慕迪是谁。

因此她私下有理由不想让慕迪先生去她的家。小女孩就让慕迪在街角等她，待她把分派给她的差事做完，再一起去她家。然后，她就消失了，而且无影无踪，再也没有露面。

慕迪在街角等了这小姑娘足足三个小时，最后才放弃。过了一些日子，慕迪再次见到了那个女孩——双方这时都相互认识了。女孩子还没等解释上次为什么让他空等，转身就逃跑了。此时，城市的排水系统刚刚改建——大部分市区的街道需要抬高几英尺。在某些地方，业主不仅将他们的房屋抬高，还修建了新的人行道——与抬高的街道齐平。在从低端转高端城规的过渡时期，新颖的设计到处都是，但却没有统一的规范。旧的和新的人行道层之间的连接，靠的是一些突然升高的台阶。女孩上上下下在人行道上跑来跑去，紧随其后的是这位意志坚定的主日学老师。最后，女孩冲进了一家酒吧。慕迪穿过酒吧间，进了一个小房间，最后上了楼，发现女孩躲在床底下。他说服女孩子从床底下出来后，女孩只好把他介绍给自己母亲。慕迪解释了他探访的目的。结果，母亲同意让所有的孩子们都去北市场大厅主日学校。

后来，有人把这个家庭的悲伤故事告诉给慕迪先生，他才知道女孩的母亲是一位刚刚失去丈夫的寡妇。她丈夫来芝加哥赚钱致富，但未能找到适合他木匠手艺的工作，最后就开了一家酒吧。他去世后，留下这家酒吧作为他的遗孀和孩子们唯一的生计来源。而他们一直不喜欢做生意，而且对开酒吧感到羞耻。这就解释了女孩子为什么不愿意让慕迪先生知道她住在哪里的原因。随着寡妇和她的孩子们开始过上更好的生活，酒馆也就关了门。多年后，慕迪先生在一座西部城市遇见了这位曾让他跟在屁股后面穷追的小女孩。如今，她已经是个年轻妇女，一位热心的基督徒的妻子；她本人也致力于教会工作。

当时，慕迪先生在开创主日学工作中，还遇到了一件非常烦恼的事，那就是来自罗马天主教下层人士的不断骚扰。有很多男孩子会打破窗户来干扰聚会，尽管这还不算是对主日学表示不满的最令人恼火的做法。最后，慕迪忍无可忍，觉得有必要采取极端措施，就去找该教区的主教杜根[19]（Bishop Duggan）反映情况。当时，想要同这样高地位的教会要人见面并不是一件容易的事。给他开门的女仆不敢答应他所提出的见面要求。女仆告诉他，杜根主教正在忙着，不接见来客。但年轻的慕迪借开门之际，一步跨过了门槛。此时要想阻拦已经不是那么容易。他对女仆说，"这样吧，不必劳烦了。我就留下来等，直到他有空为止。"然后，未等邀请，他就悄悄地走进了大厅。

女仆根本不确定主教是否愿意会见这位自作主张的传教士；不过劝阻他实在也是无济于事。他来就是要见主教，如果有必要的话，他会等上一整天；或者，直到主教方便时给他一次机会。最后，当主教终于出现在大厅时，青年慕迪非常简短地谈了他的工作，说他正在芝加哥的一个被人忽视的地区从事儿童事工。他接着说，他因受到干扰而难能继续工作，这实在是一种遗憾。他请求主教向教区的神父们下旨令，防止未来继续出现干扰。

慕迪先生二十五岁：参于芝加哥城市宣教时摄

19　杜根主教（Bishop James Duggen, 1825-1899），曾任罗马天主教芝加哥教区的第四任主教。

慕迪先生二十七岁：主日学工作人员

杜根主教拒绝相信他教区的人应对干扰负责。慕迪回答说，他之所以相信这些男孩子是罗马天主教徒的唯一理由，是这些男孩子自己声称的。杜根主教随后回答说，这些人代表了教会中最恶劣的那部分；他无法控制他们。

"不过，你对这些人表现出的热心和奉献值得称赞，"主教补充说，"要使你成为一股强大的良善力量，你所需要做的就是加入唯一真正的教会（意指罗马天主教—译者）。"

慕迪回答，"但是，无论我在你们中间享有什么优势，都会因为我不能再在新教徒中间工作而被抵消掉。"

主教回答，"为什么，你当然可以仍然在新教徒中间工作。"

"但如果我成为罗马天主教徒，你肯定不会让我和新教徒一起祷告。"

主教回答，"当然可以；你可以像以前一样和新教徒一起祷告。"

年轻人说，"哈，我还不知道有这回事。那么，主教，您愿意和新教徒一起祷告吗？"

杜根主教说，"我当然愿意。"

慕迪先生说，"那好，我希望你现在就能为我祷告，以便我能在这件事上得到正确的引导。"然后，他立即在大厅里他们站立的地方跪下。主教和慕迪先生都做了祷告。

那次简短的会面的结果是，城里的罗马天主教教徒停止了骚扰，杜根主教和慕迪先生之间也建立了终生友谊。

慕迪夫妇，摄于一八六四年和一八六九年

然而，慕迪先生的努力并不总是马到功成。一个人不是光靠一系列迅速的成功而获得征服他人的力量。而且，他最热忱的工作往往收效甚微，有时甚至毫无收获。

一天晚上，慕迪先生开完会回家的路上，看到一个男子靠在一根街灯柱上。他走到那人跟前，双手搭在他的肩上，说道：

"你是基督徒吗？"

那人勃然大怒，攥起拳头，一时间，那人好像要把慕迪扔进阴沟里似的。

慕迪先生说："如果我冒犯了你，我非常抱歉。"

那人咆哮："管好你自己的事吧！"

"这就是我的事。"慕迪轻声回答，然后就离开了。

大约过了三个月，一个寒冷的清晨，大约黎明时分，有人敲慕迪先生的门。

"是谁呀？"他问。

一个陌生的声音回应了；慕迪接着问："你有什么事？"

那人回答："我想成为一名基督徒。"

慕迪先生打开门，令他大吃一惊，站在面前的居然就是那位靠在街灯柱上咒骂他的那人。

那人说："我很抱歉。从那天晚上起，我就没有再平安过。你的话一直使我焦虑不安，困扰我。我昨晚睡不着觉，于是我想我应该来请你为我祷告。"

那人接受了基督，他一归正就问：

"我能为祂做些什么？"

结果那人在主日学校任教，一直到南北战争爆发。入伍之后，他是首批在战火中倒下牺牲的人；当然，在此之前，他已为神作了见证。

第七章

都市宣教

编撰城市名录的人，不能期望充当历史学家的角色；然而，名录里记载的有关慕迪先生在一八五八年至一八六九年间从事的各种职业，并非没有历史意义。一八五六年，他到达芝加哥的时间太晚了，结果他的名字没有出现在第二年的名录中。而首次记录是出现在一八五八年的名录里，当时他受雇于威斯沃尔先生。该条目写道："德怀特·慕迪，职员，住在沃巴什大街255号。"一年后，记录是"推销员，亨德森公司，住密歇根大道81号"；而在一八六零年，亨德森先生去世，他的记录为"推销员，布埃尔、希尔和格兰杰公司，住密歇根大道81号"。从那时起，记录员先是将他记录为基督教男青年协会（YMCA）的"图书管理员"，然后是"都市宣教士"；一八六五年则登记为"伊利诺伊州街头教堂牧师"。一八六七年，他的职业为"YMCA主席"，最后一次记录是一八七二年，是北区教堂的"主管"。

慕迪先生始终是一个有自律的人。他以独立、同时又是与众不同的方式进入基督教事工，这使得负责名录的人很难准确地将他定位。因此，由于缺乏更合适的头衔，视情况而定，他被称为"图书管理员"，"都市宣教士"或"牧师"，等等。事情的真相是，慕迪先生积攒了足够养活自己一段时间的钱之后，二十四岁那年，他放弃了五千多美元一年的收入，开始无薪从事基督教工作。头一年，他从他的朋友那里——那些对他的工作表示支持的——收到了大约三百美元。通过省吃俭用，他希望自己的积蓄能够维持几年。除此之外，他没有任何经济计划。因为他相信，既然主呼召他从事这项工作，主就会支持他。况且，假如支持失败，他还可以回去卖鞋。圣保罗不是一边传福音，一边织帐篷吗？

就这样，他开始了他的福音事工：没有董事会的支持，也没有哪个社团来保证他的薪水。他所信靠的是神。

从一开始的儿童福音事工——正如前面所述，他逐渐进到孩子们的家庭中，不知不觉的，他就进入了有规律的布道工作。要准确地说出他是何时开始这项后来广为人知的特殊事工，是一件难事；原因是，他所展现的并非是一种突然爆发出来的能力，而是由于神的恩赐而逐渐形成的一种力量。

为了帮助探访，慕迪先生买了一匹印地安人的小马，也就是众所周知的慕迪"宣教之马"。对孩子们来说，小马成了一种特殊的乐趣；而且，通过让年幼的孩子们骑马，它为"慕迪主日学校"（现在的北市场大厅学校）的知名程度做出了贡献。

在他的传教途中，经常可以看到这样的场景：他骑着马，背后坐着一两个孩子，怀里还抱着一个小小孩。周围还有一大群的孩子们，等着"下一轮"。关于这匹神奇小马的故事颇多，其中有一个故事，据说是慕迪飞快地骑着马，逮住一个向他扔石头、相当吵闹顽皮的男孩，然后抓住他的衣领将他举起来，放在马鞍上，驮着他，骑马走过两三个街区，以一儆百，确保了他的尊严。

那些日子里，年轻的慕迪并不总是得到支持和尊重。他是在多年后才赢得支持和尊重。这是经过许多关键性经历的考验之后的结果。谈到早期的那些日子，他的朋友、福音事工中最亲密的工作伙伴，惠特尔少校[20]（Major D. W. Whittle）是这样描述：

20　D.W.惠特尔少校（Major D, W, Whittle，1840-1901），美国十九世纪著名福音歌曲作词家，福音传教士。

"我可以肯定，那是在一八五九年的春天。有一天，我走在芝加哥克拉克街上，人行道上有人说，'瞧，"疯狂慕迪"来了。'我转过身，朝街道望去，看到一个二十一岁左右的青年，身材不高、敦实，体重约一百五十磅，骑着一匹小马，裤腿塞在靴子里，头上戴着帽子。当我看着他时，他在人行道上勒住了马，停在克拉克街和华盛顿街拐角处卫理公会街区前。我小慕迪先生两岁，自一八五七年四月一日起就住在芝加哥。我俩都来自麻萨诸塞州的康涅狄格谷，但在东部时，彼此之间根本不认识。我对一八五七年和一八五八年的复兴会有一定程度的兴趣，也听说过慕迪如何探访民宅，建立一所教会学校，在街上与人们交谈，以及行各种新奇古怪的事情，等等。报纸上满是关于他的笑话，记者们戏称他为"慕迪兄弟"。和其他许多人一样，我的印象是他疯了。那天，当我看着他时，我丝毫没有想到，我的生命将会受到他本人和他精彩生涯的影响！

"那是去年夏天，当我们谈到诺曼·威廉姆斯[21]（Norman Williams）的去世时（慕迪最近参加了威廉姆斯的葬礼），慕迪提起当他初次认识威廉姆斯先生的情景。那时候，他的志向是成为本城最成功的商人之一。为此，他投入了巨大的精力，一心想要走在与他有关系的所有年轻人的前面，卖出的商品比他们任何一个人都要多。他常说，'只有一个人，我觉得我可以与他媲美，那就是马歇尔·菲尔德[22]（Marshall Field）。'"

也正是在这个时候，他赢得了两年后成为他妻子的一位少女的心。由于习俗的原因，作者不允许用语言来向一个仍然活着的女子，献上她所应得的荣誉：她英雄般的作为，她的信心和她深情的奉献。但简单来说，在艾玛·雷维尔（Emma C. Revell）身上，德怀特·慕迪找到了他最伟人的人材资源。相比其他任何人的

---

21 诺曼·威廉姆斯（Norman Williams，1791-1868），美国政治家。
22 马歇尔·菲尔德（Marshall Field，1834-1906），美国商业家。

建议，他把她明智的建议视为举足轻重。而且，他总是不忘向最
亲近的人表达他对"神赐於他的最好的妻子"无法估量的感激。

就在他放弃世俗的野心，不顾所有朋友的劝告，开始一项被
认为是疯狂的事业时，她，一个只有十七岁的女孩子，承诺将她
的命运与他结合。两年后（一八六二年），俩人结婚。这一承诺
得以兑现。她比他有更大的教育优势，从而成为他各项事工中的
股肱之臣。无论试探有多严峻，负担有多沉重，他都能在她身上
得到最温暖的支持、完全可以信赖的信心、以及自我牺牲精神。
在很多方面，她的言行举止平衡了他冲动的性格。他常常感谢她
的判断所带来的帮助；有的时候，他因自己没有事先咨询她就采
取行动而后悔。

尽管现在慕迪先生花了大量的时间举办布道会，有时他自己演
讲，但更多时候是找其他人演讲，他并没有忽视为他的主日学校
招募学生。为了不让人们的兴趣减弱，他求助于各种方法来持续
主日学的名声。他常常组织野餐，并如同最年幼的小孩子那样，
充满活力尽情地享受野餐的乐趣。他不仅身体非常强壮，而且还
跑得非常快。有一次野餐时，他举起一个几乎装满苹果的筐子，
然后故意边跑边让苹果落下。他跑在前面，一群男孩子就跟在后
面，捡那掉下来的苹果。

有一个夏季，为了奖励良好行为和按时出勤，慕迪对十三名
男孩子许诺：如果他们在圣诞节之前不缺勤，圣诞节的时候，每
人将获得一套新的西装。这十三名男孩子，从以下的街头绰号，
可以看出他们的社会地位：红眼、斯麦克、麦登屠夫、杰基蜡
烛、吉伯里克、水炮比利、鞋匠达比、屠夫利尔雷、新手、印第
安人、黑炉管、老头和破马裤军校生。十二名男孩子除一名外，
其余均达到获奖标准。

慕迪先生让他们在穿上西装"之前"和"之后"拍了照片，

照片的标题分别是"值得吗？"和"它确实值得！"这支身穿制服的队伍被称为"慕迪的保镖"。

十三年后，慕迪先生的一位朋友在某铁路售票处买票。售票员好奇地看了他一会儿，然后请他进到房里，说道：

"你好像不认识我似的。"

"不认识。我没有那福份。"

"你认识慕迪先生的'保镖'吗？"

"当然认识；我家里有他们的照片。"

售票员说，"那好吧，当你回家时，仔细看看那群人中最丑的那一位。你会看到，在你面前卑微的仆人，就是那位丑小子。他现在是一名教会成员，也是慕迪先生所从事的这项事工的继承人。"

随着他宣教的成功，他开始引起社会的注意。有许多人从其他城市纷纷写信向慕迪先生求助。有些人作为慕迪的朋友，请他为那些他们所知道的流浪到芝加哥的年青人提供帮助。类似这样的信从全国各地纷纷而至，其中有父母、兄弟、姐妹、还有朋友，恳求他去找某位流浪青年，尽力拯救他。呼求没有付之东流。

一位朋友，在谈到慕迪先生当时这种具有个人特色的事工时，说道：

"在某次安息日晚间礼拜中，我看到一位来自伊利诺伊州心脏地区的最杰出的律师，坐在他儿子身旁。正是由于慕迪热切的呼召和祷告，他的儿子从恶火中被拯救出来。律师曾写信给慕迪，要他尽一切可能拯救他的儿子。语言无法描述在那些日子里完成的事工，也无法描绘在场观众们的热烈程度，以及演唱古老的福音赞美诗和主日学歌曲时的激情。如果说主得到了门徒全身心的赞美，那就非这些聚会莫属。"

很自然，像慕迪先生这样务实的人强烈渴望能看到明确的结果。有的时候，如果他没能看到有人立即悔改归正，他就会变得很沮丧。显然，和在其他事情上一样，他在这方面有功课要学。在下面这个典型的故事里，他谈到他是怎样学会放下疑惑和沮丧。

他说，"有个星期天，我讲道，但没有任何成效。到了星期一，我就非常沮丧。当我坐在书房里，对自己成功之路正忧心忡忡时，一位在我主日学校主持一百名成年人圣经班的年轻人来拜访我。当他进来时，我可以看出来，他处在高山顶上。而此时的我，却在山谷底下。他问我：

"'你昨天过得怎么样？'

"'很糟糕；我没有成就，我感到很沮丧。你怎么样？'

"'太棒了！我从未有过如此美好的一天。'

"'你演讲的主题是什么？'

"'我谈了挪亚的一生和他的秉性。你曾传讲过挪亚吗？你研究过他的一生吗？'

"'说实在的，没有。我不曾把它当作一项特殊的职责。我想我非常了解圣经中关于他的一切：你知道，关于他的所有一切都在那几节经文里。'

"'如果你以前从未仔细研究过，你最好现在就研究一下，'他说。'这对你有好处。挪亚是一个很出色的人。'

"当那个年轻人离开后，我拿出圣经和其他一些书，凡是有关挪亚的我都读了。读了没多久，突然爆出个念头：'这个人辛苦了一百二十年，除了他自己的家庭之外，从未有过任何一个人因他的努力而归正。但他并没有垂头丧气。'

"我合上圣经，愁云已经消失了。我去参加中午的祷告会。我在那里没多久，一名男子站起来，说他来自伊利诺伊州的一个小镇。前一天，他接纳了百名年轻的归正者加入教会。当他说话时，我对自己说：'我想知道，假如挪亚能听到这个人的话，他

会怎么样！他的辛劳从未获得过这样的成果。'

　　"又过了一会儿，一个坐在我后面的人站起来说：'我希望你们能为我祷告；我想成为一名基督徒。'我心里想：'我很想知道如果挪亚听到这个消息，他将如何！他从未听到过任何人向神祈求怜悯；但他并没有灰心丧气。'

　　"从那天起，我就再也没有把竖琴挂在柳树上。（参 诗篇 132：2）让我们求神除去阴云和不信；让我们离开疑惑寨[23]（Doubting Castle）；让我们以神的名义勇往直前，胸有成竹，定有收获。"

　　有关早期的那些日子，马比博士[24]（Dr. H.C. Mabie）这样写道："一八六三年秋天，我在芝加哥第一次见到慕迪先生。我从伊利诺伊州农场的家来到这座城市，作为一名学生进入芝加哥大学。那时我十六岁。我被介绍给芝加哥的B.F.雅各布斯先生[25]（Mr. B. F. Jacobs）和印第安纳波利斯的J. R. 奥斯古德先生[26]（Mr. J. R. Osgood）；他们都是当时著名的主日学人士，对男孩子和年轻人很有负担。他们带我到卫理公会教堂区，参加基督教男青年会（YMCA）每日的午间祷告会。这是我的首次拜访YMCA。当时，YMCA每日的午间祷告会已成为著名的会议。会议主要由年轻的平信徒主持。这是我首次参加这样的会议。

　　"当我们进入会场时，有一位敦实、忙忙碌碌、有点像西门彼得那样的人，站在门口，与所有进来的人握手。他对每个人都说了一番恳切的话。会议结束时，这个人留在那里与一两个在会议期间表现出兴趣的询问者交谈和祷告。这个淳朴的人就是慕迪先生，他给我留下了终生难忘的印象。我以前从未见过一个平信徒会像他那样，以敦促人们进入神国为己任。我已经习惯了这是

23　疑惑寨（Doubting Castle），出自班扬《天路历程》。

24　马比博士（Dr. H.C. Mabie，1847-1918），美国宣教士。

25　B. F. 雅各布斯（B. F. Jacobs，生卒年不详），早期美国基督教男青年协会（YMCA）创始人。

26　J. R. 奥斯古德（J. R. Osgood，1818-1871），商人、圣诗作者、主日学创办人。

牧师的职责，从未见过一个平信徒如此认真；但我很喜欢。这件不寻常的事给我留下了深刻的印象，让我产生了一种渴望，如果可能的话，来学习这门神圣的艺术。

"很快，这就成为我心中的一个强烈愿望。没过几个月，就在暑假里，我发现自己的家乡正处于一场伟大的复兴运动之中。大约有两百名年轻人常常聚集在一起。我整整三个月都沉浸在这祝福的洪流之中。这是发生在我有明确目的进入传道的几年前。事实上，对于做传道人这个问题我从来没有过正式的答案，直到我发现自己在别人的压力下按立为传道人。简单来说，我是被这些真诚的生命所感染而点燃了生命。正如我在芝加哥的平信徒圈子里亲眼目睹的那样，慕迪先生是这个圈子的领袖，其他人如雅各布斯、布利斯、罗克韦尔和科尔等人都是圈子里的先锋人士。当我尝到了他们赢得灵魂后的那种喜悦，就再也没有失去过它。正是他们让我感受到作为教会的平信徒对罪人归正的责任，这种感受是我以前从未有过的。

"晚年的慕迪，他那伟大的福音宣教胜利成果，是早期的慕迪被成千上万的辅助人员和助手所扩展，放大，和复制的成果。他以他那独一无二的吸引力，不断地将人们聚集在他周围。在我所认识的所有人中，唯有他拥有最强大的能力，可以激励别人工作，从而使自己不断地复制繁衍。

"十四年后，当我作为一名波士顿的年轻牧师，在一八七四年他的会幕大会上再次与他接触时，又一次被他的魅力所镇服。我发现自己成为他脚下一个愿意学习的人，愿意投入无数的服侍和咨询会议中。他自己的意志力，以及关注于拯救迷失者的崇高目标，通过与杰出的英国同工的接触联络而大大增强；使我们所有人都感到，只要在他的领导下，我们就能够胜任任何我们应当做的事工。因此，当我们听从他的呼召，去到特里蒙特圣殿（Tremont Temple）接待询问者，去参加法纳尔大厅（Faneuil Hall）的商贩会议，或者去参加高街（High Street）的鞋商会议，无论何时何地，我们都充满信心地前往。这是因为，我们感到，凡是他差派我们来做的，只有胜利，没有失败。"

殿（Tremont Temple）接待询问者，去参加法纳尔大厅（Faneuil Hall）的商贩会议，或者去参加高街（High Street）的鞋商会议，无论何时何地，我们都充满信心地前往。这是因为，我们感到，凡是他差派我们来做的，只有胜利，没有失败。"

第八章

南北战争和YMCA

"明天晚上，我将加入YMCA，"慕迪先生在离家前往波士顿后，立即给他的兄弟写了一封信，日期为一八五四年四月十九日。

"这样，当我想去哪里，我就有一个地方可以去。而且，每年只需要一美元，我就可以读所有我想读的书。他们有一个很大的房间，波士顿的聪明人士免费向他们讲课，如果你有问题的话，他们还有一个问题箱。"从一开始，YMCA的福利和诱人之处，就让年轻的慕迪非常欣赏。抵达芝加哥后，他就加入了该协会——该协会最近在该市成立，是复兴运动的成果之一。同时，慕迪对协会主办的午间祷告会表现出极大的兴趣。

放弃做生意后，他将大部分时间投入到协会事工中。在内战初期，他的事工与协会密切相关。

萨姆特堡[27]（Fort Sumter）炮击事件发生后，芝加哥和联邦所有其他城市一样，群情激昂。道格拉斯营[28]（Camp Douglas）在芝城南部边界附近建立，新兵在那里集结和接受训练。在这些新士兵中，有大量来自北市场大厅的"慕迪的男孩子"。慕迪的朋友和前同事也成立了一个组织，各各方面都敦促他为国家服务。

---

27 萨姆特堡（Fort Sumter）位于美国南卡罗来纳州查尔斯顿港。一八六一年四月十二日，萨姆特堡遭到南军炮轰，随后，林肯总统对南方宣战，南北战争爆发。

28 道格拉斯营（Camp Douglas）位于芝加哥南部，南北战争中用於联邦军及志愿兵团的集中和训练营地，还作为南军战俘营。

对他来说，联邦（Union）的事业有着最强烈的吸引力；因为，藉着他家乡的传统和新英格兰的陶冶，慕迪是一位坚定的废奴主义者。在波士顿期间，他经常去（法尼尔厅）听威廉·劳埃德·加里森[29]（William Lloyd Garrison）、温德尔·菲利普斯[30]（Wendell Phillips）和以利亚·洛夫乔伊[31]（Elijah P. Lovejoy）等废奴主义者的精彩演讲。

他叔叔在法院街的靴鞋店就在法院对面，在那里，他参加了解放逃亡黑奴安东尼·伯恩斯[32]（Anthony Burns）的游行示威。那一次，奋激的波士顿年轻人被士兵们的火枪驱散了；但这件事给人留下的印象，比法尼尔厅的废奴演讲还要深刻。后来，当慕迪成为威斯沃尔靴鞋店的一名雇员时，来自邻近商店的店员们经常与他和他的销售同事见面；他们组成一个研讨学会，在那里，代表南北之间的政治分歧点的双方代表进行了热烈的讨论。

尽管如此，他还是没有自愿报名入伍。他解释说，"我一生中，从未觉得自己可以拿着枪射杀一个人。在这方面我是贵格会教徒。"与此同时，他意识到军营提供的行善机会，并立即协助组建了YMCA陆军和海军委员会，由法韦尔、雅各布斯和他本人为组建人。后来，这项工作隶属于协会的西北分会。

该协会开展的第一项基督教事工，其中包括在路经芝加哥的士兵中举行主日崇拜等仪式。在建立道格拉斯营的同时，协会组织开展了这项事工，最终导致一个小型临时教堂的建立；在那里举行过一千五百多次的聚会。埃德加·霍利[33]（Edgar W. Hawley）是慕迪先生在芝加哥基督教事工中最年长的同事之一，他是这样

29　威廉·劳埃德·加里森（William Lloyd Garrison，1805-1879），著名美国废奴主义者。

30　温德尔·菲利普斯（Wendell Phillips，1811-1884），著名美国废奴主义者。

31　以利业·洛夫乔伊（Elijah P. Lovejoy，1802-1837），著名美国废奴主义者，长老会牧师。

32　安东尼·伯恩斯（Anthony Burns，1834-1862），美国黑人。一八五四年逃离弗吉尼亚州的奴役，但在波士顿被捕、受审并被遣返回弗吉尼亚。这一事件促进了废奴运动。

33　埃德加·霍利（Edgar W. Hawley，1831-1901），早期主日学创办人，慕迪的同工。

描述这项工作的开始：

"当时，那里大约有一万二千人。有军团不断进来，同时又有军团陆续奔赴前线。基督教男青年会（YMCA）设有一个小教堂，在那里经常有聚会。YMCA西部分会的成员包括法韦尔、雅各布斯、慕迪先生和其他几位成员。我们发行了一本首页印有美国国旗的《陆军圣诗集》，免费分发给士兵们。我们探访帐篷和营房，发现大家都在打牌，就提议用我们的赞美诗集来换取纸牌。士兵们很快就同意了。事实上，交换的数量之多，最后，协会的几个房间里都堆满了这些人交出的扑克牌。这个营地终于得到命令，所有的人都去参战。之后，格兰特将军（General Grant）攻下多纳尔森堡（Fort Donelson），俘虏了一万名南方邦联战俘。其中约九千人被遣送到芝加哥，安置在道格拉斯营，由北方联军的一个团担任警卫。那是一个人心惶惶的时期，城里的人都非常紧张。一周后，在联邦军队祷告会结束时，慕迪对我说：

"'霍利，让我们下到营地去，在教堂里和战俘们开个会。'营地大约有五英里的距离，当我们接近入口处时，慕迪说：

"'霍利，这是牧长通行证；你拿去吧。'

"'这样的话，你怎么通过警卫呢？'

"慕迪很自信地回答：'总有办法！'警卫直接让我进去，但用刺刀拦住慕迪。

"警卫严厉地命令：'往后退！'

"'我是慕迪，基督教男青年会主席，'他向士兵解释。

"士兵呵斥：'我不在乎你是谁；你不能进去！'这时，一位上尉路过，走上前来，他认出了这位传道者。慕迪随即向他求助。

"他催促道，'让我进去。请你为事工着想。'军官就转身向着警卫说：

"'你们中间出一名警卫，带慕迪先生去总部；我来承担责任。'就这样，慕迪在警卫的护卫下，我们一起走了进去。到了总部，我们就把事情解释了一下，负责官员表示说：

"'好吧，既然你们已经在这里，考虑到你们的目的，可以留下来，但不要再重犯。如果你在晚上八点之前还没有离开这里，就得在警卫室过夜。'我们就去了教堂，把一切安排好了，同时邀请了那些战俘。很快，屋子就塞满了人。慕迪转向我，两眼烁烁有光，说道：

"'霍利，你来讲道吧。'我抗议，说我不是牧师。

"'但是，你可是拿着牧长通行证进来的；我没有，'他坚持说。于是我默许了，结果我们举行了一次很有意思的敬拜。慕迪先生负责呼召，主的灵以极大的能力降临在这些人身上。他们纷纷来到祭坛前——一次二十人，三十人，四十人。我们结束了会议，就开始咨询工作。慕迪有他自己的咨询方法，神奇妙地使用了他。全场的人当时都融化了；我们看到，那些强壮汉子们都在流泪。慕迪低声对我说：'神在这里！'

"我们看了看手表，离八点只剩下几秒钟。我们没有打算在警卫室里过夜，就只好跑步冲出营地。这样的聚会，我们持续了两三个星期。很多人悔改归正。我们在营地成立了YMCA分会，甚至连上级军官也表示善意的感谢，他们对我们的工作非常满意。"

那段时间，在给母亲的信中，慕迪写道：

"我现在经常在士兵中工作。我在肯塔基州过得很愉快。那些士兵们想让我成为他们的军牧，但我的朋友们不让我走，所以我还将留在城里……我真想见到你们大家，跟你们谈谈我的救主，祂如此地亲近我。哦，没有基督的生命将会怎样！有的时候，我低着头看这个罪恶的世界，但当我看着耶稣时，我就举首仰望。"

通过福音崇拜、祷告会、诗歌敬拜、分发圣经、书籍和小册子，甚至亲自探访，他力图赢得士兵们归向基督。他将基督徒组织成"弟兄队"，要他们高举"基督的旗帜"，彼此忠诚并效忠他们的神圣元帅。从这项事工中积累的经验，成了他后来作为一名宣教士的最有效的训练。他的讲道，以他与士兵们的访谈所得的大量实例，充分展现了YMCA事工的成果。甚至，营地的专用语对他的词汇产生了永久的影响。例如，在组织大型集会或进行布道活动时，他会招呼某个工作人员去"增援"另一名工作人员，也常常会敦促他的同工们"一路奋战"。

由于这项事工是在当时的特殊环境和异常条件下开展，迫使他敦促他的听众必须立即接受救赎。后来，这也成为他布道的一个显著特征。无论是在生与死之间徘徊的受伤人员，还是临时在某地露营，次日就必须出发的行军中人员，救赎在他看来，是"机不可失，失不再来"的选择。由于他不允许自己或这些人满足于"失不再来"的选择，他将自己的全部精力集中在"机不可失"的选择上。

匹兹堡码头（Pittsburg Landing）、夏伊洛（Shiloh）和默弗里斯伯勒（Murfreesboro）战役之后，他是在现场照顾伤员。在查塔努加（Chattanooga）时，他同军队在一起。他也是首批进入里士满（Richmond）的人。

也就是在其中一场战斗之后，发生了慕迪本人经常提到的一件事：

"匹兹堡码头战役后，我们将大批伤员送往田纳西河下游。协会的一些年轻人和我在一起。我告诉他们，我们不能让一个人晚上死在船上，而不告诉他基督和天堂。

"你知道，受伤的人的哭叫是'水！水！'当我们从一个人转到另一个人给他们水喝时，我们便告诉他们生命之水。跟他们说，如果喝了生命之水，他们就永远不会死。我来到一个男兵身旁，他的脸是我见过的人中最端正的。我跟他说话，但他没有回答。我找到医生，说：

"'医生，你认为那个人会康复吗？'

"'不会。我们在战场上见到他之时，他已失血过多；因此截肢时，他就昏迷过去了。他永远不会康复。'

"我说，'我查不到他的名字。死了还不知道他是谁，那太可怜了。你不认为我们可以让他苏醒过来吗？'

"医生说；'你可以给他一点白兰地和水，如果说有什么办法可以使他苏醒的话，那么只有白兰地和水。'

"我坐在他旁边，时不时地给他喝白兰地和水。在我等待他醒来时，我问附近的一个人说：

"'你认识这个人吗？'

"'是的，那是我的朋友。'

"'他还有父母吗？'

"'他有一个丧偶的母亲。'

"'他有兄弟姐妹吗？'

"'两个妹妹。他是唯一的儿子。'

"'他叫什么名字？'

"'威廉·克拉克。'

"我对自己说，如果我没有他给母亲的口信，我不能让他死去。不久他睁开了眼睛，我说：

"'威廉，你知道你在哪里吗？'

"他有点茫然地环顾四周，然后说：'哦，是的！我正在回家的路上，去找妈妈。'

"我说；'是的，你正在回家的路上。但医生说，你无法再回到世上的家。我想问一下，你是否有话要告诉你的母亲。'

"他说：'哦，是的，告诉我母亲，我是信靠耶稣而死的！'他正说着，脸上就焕发出一种超凡脱俗的光芒！

"这是我一生中所听到过的最甜蜜的信息之一！"

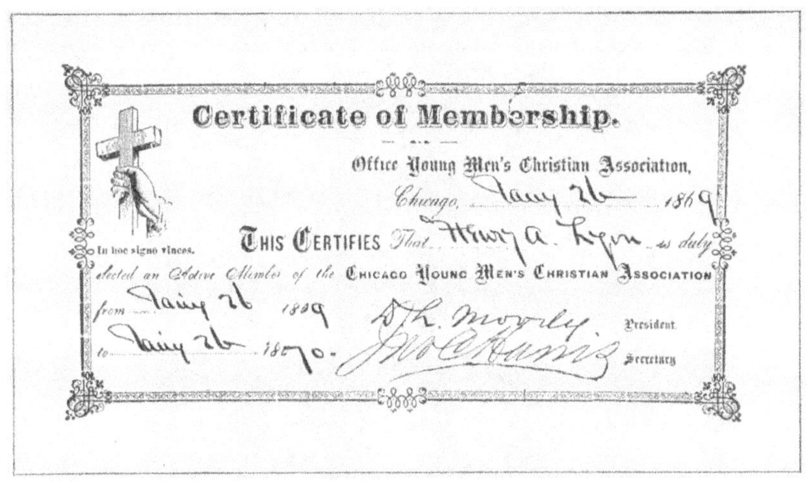

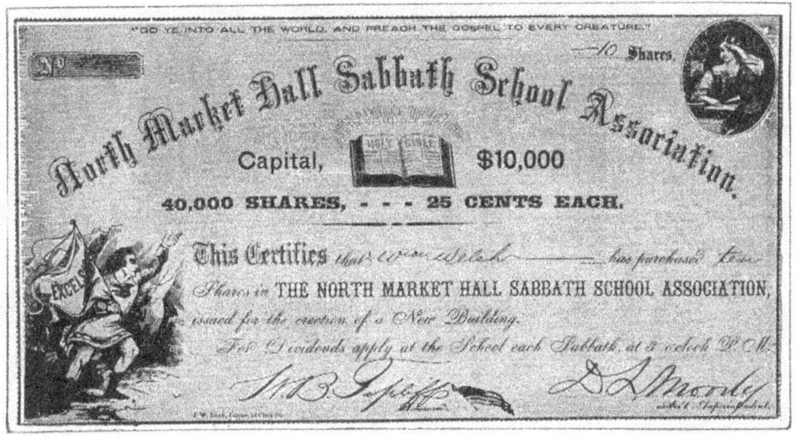

YMCA 会员证书和北市场主日学校债券

　　回到芝加哥后，慕迪先生立即去探望那士兵的寡母和两个妹妹，并转达了他的口信。当慕迪离开那家时，其中一个妹妹，当时还是个孩子，走到他身边，把她和她姐姐的一点积蓄交给了他，并要求他买一本圣经送给士兵。回到前线后，慕迪先生向士兵们讲了这件事；当问到谁想要那本《圣经》时，有很多人举起手来。

不久之后，神召女孩子们归回天家，同她们的哥哥相会。但是，这是待到她们幼小的事工成为许多士兵的祝福之后。

慕迪在芝加哥的早期年里

慕迪先生常常提起的另一件事，发生在默弗里斯伯勒战役之后。他说，"我被派驻在医院里。两个晚上我都无法休息；实在是太累了，第三天晚上我就躺下睡着了。午夜时分，我被人叫醒，要我去探望一名伤势严重的士兵。刚开始时，我试图把信使赶走，但他告诉我，如果我等到早上去探望，可能就太晚了。于是，我去了指定的病房，找到了那位士兵。那天晚上，烛光昏暗、摇曳不定，我永远不会忘记烛光下的那张脸。我问他，我能为他做些什么，他说他希望我能'帮助他安然死去'。我告诉他，假如可以的话，我会抱着他进到神的国度里，但我做不到。然后，我试着传福音。他只是摇摇头说：

"'祂救不了我；我一生都在犯罪。'

"我的思绪回到了他在北方的亲人。我想，那时候，他的母亲也许正在为她的儿子祷告。我一再许下诺言，并与垂死的他一起祷告。但我所说的一切似乎对他毫无帮助。然后，我说我想给他读一段经文，那是有关基督在地上的某个晚上和一位为自己永恒福祉而焦虑的人的对话。我读的是《约翰福音》第三章——关于尼哥底母如何来到主面前的故事。当我读着的时候，他的眼睛全神贯注地看着我，好像把我的每个音节都咽了下去。当我读到'摩西在旷野怎样举蛇，人子也必照样被举起来，叫一切信他的，不至灭亡，反得永生'（约3：14-15）时，他停住我，问道：

"'那里有这段话吗？'

"我说，'是的。'

"他说，'哈，我从来不知道这段话是在圣经里。请再读一遍。'他把肘部靠在小床一侧，双手紧握；当我读完时，他大声说：

"'这太好了！你能再读一遍吗？'我慢慢地第三次重复了这段话。当我读完的时候，我看到他的眼睛闭上了，脸上那困惑的表情转变成平静的微笑。他的嘴唇动了动，我弯下身子想听清楚他在说什么；然后，我听到了那微弱的细语：

"'正如摩西在旷野举起蛇一样，人子也必须被举起：凡信他的人不至灭亡，反得永生。'

"他睁开眼睛说：'够了；不要再读了。'第二天一大早，我再次来到他的床边，但床上是空的。负责管理的人告诉我，那个青年人安详地去世了；并说在我探访之后，他就安静地休息了，时不时重复那句荣耀的宣告：'凡信他的，不至灭亡，反得永生。'"

以下是由一位朋友发来，关于慕迪先生前往战斗现场的一次旅程的描述：

"一八六一年和一八六二年的冬春两季，我是芝加哥市的一名医学生，几乎每天都能见到慕迪先生。他总是匆匆忙忙地忙於他的工作。当时，正值YMCA成立初期，他被公认为是该协会最积极的推动者之一。伟大的匹兹堡码头战役发生于一八六二年四月六日（星期日）至七日（星期一）。这个消息于八日，星期二，传到芝加哥。星期三上午，有人呼吁派遣医生和护士为伤员提供服务，因为两者的现有人数远远不足以完成这项工作。于是，YMCA被要求派遣尽可能多的护士；而我，作为一名医学生，也被邀请成为该团的一员。

"伊利诺伊州中央铁路公司安排了一列专列，周三晚上五六点钟我们就到了车站准备出发。我们这列火车载重量很大，除了许多物资外，还载有大约六、七十名医生，三百名护士。我坐在某车箱中央座位上，车箱虽满，但不拥挤。

"当我们离开芝加哥两三个小时后，每个人都在自己的座位上安顿下来过夜（当时我们没有卧铺），这时有人轻轻拍了一下我的肩膀，问我是否愿意参加慕迪先生的祷告会。祷告会是在列车的前端举行。那时我还不是基督徒，我没有参加。尽管如此，我的良心还是狠狠地谴责了我。我开始思考，此时，慕迪先生在列车的前端，正在主持一场祷告会；而列车的后端，却有一群人在打牌。我不由自主地体会到，这人在他伟大的事工中所表现出来的极大热情，以及他那如此认真谨慎的态度：不遗漏任何责任，不放过任何机会。我们于四月十日星期四抵达开罗，从火车转乘轮船，很快就沿着俄亥俄河和田纳西河而上。

"到了傍晚，乘客们三五成群地坐在大客舱里。慕迪先生和他的YMCA助理人员穿过人群，再次邀请大家到客舱的一个角落参加祷告。他在那里又举行了一次聚会。我不记得有再见到打牌的人了。同第一天晚上一样，第二天我还是没有参加祷告；但我记得，那些没有参加祷告的人没有打扰聚会。据我所知，也不存在任何不尊重的迹象。

"周五下午三点左右，我们到达匹兹堡码头，当即就分派到停泊在那里的好几条轮船上。这些船上有着好几百名受伤的士兵，分散在各处，等待我们的到来。之后，在那次旅行中，我再也没有见到慕迪先生，但我一次又一次地回想起那场景，以及那不断驱使着他的强烈的基督徒激情。"

慕迪先生对英雄具有钦敬之忱。而当某位英雄公开宣称对基督的的忠诚时，慕迪先生的敬佩就显得更为突出。惠特尔少校就是这样一位具有双重品质的士兵。惠特尔少校当时还是伊利诺斯州七十二军团的一名中尉。一八六三年维克斯堡战役（Battle of Vicksburg）后，这位青年军官因受重伤被遣送回家。他在芝加哥的知名度，体现在他回城时所受到的大规模欢迎程度。他所受雇的美国运通公司（American Express）派出大批员工，带着乐队，驾着所有的马车，护送他离开车站。几天后，惠特尔中尉受邀在一次爱国集会上发表讲话。大会还邀请了许多其他知名人士发言。谈到这件事，惠特尔少校说道：

"我，当时一个二十一岁的男孩子，受邀发言，而辛普森主教却排在我后面等待发表演讲。我因受伤而身体虚弱，对于这样的安排，站在会众面前，觉得自己很笨拙。这时，就在我的正前方，大厅的中央，一个身材魁梧的年轻人站起来大声呼喊：

"'给他三声欢呼鼓励！'我当即认出慕迪先生的脸——当他以极大的真诚领着人群欢呼时。藉着这样的支持鼓励，我一口气激动地做了演讲。我常常认为，这是慕迪先生一生的勇气、信念和榜样，影响我的一个典范。过了一段时间，当我告诉他，那天晚上他的支持对我有多大的益处，以及我如何清楚地记得，他带领人群欢呼时那种认真坚定的神情时，他的回答让我充满感激：

"'那天晚上我把你放在我的心里，从那以后你就一直在那里了！'"

慕迪先生在霍华德将军[34]（Gen. O.O. Howard）麾下服役期间，由于霍华德将军全力支持，他的福音事工特别富有成果。霍华德将军是这样谈到慕迪在军队的工作：

"慕迪和我第一次见面，是在田纳西州东部的克利夫兰。那是一八六四年四月中旬。当时我正在召集我的第四军团。其中两个师已经抵达，在村庄内和附近扎营。慕迪此时年轻力壮，精力充沛，对主的工作充满热情。我们的士兵们正要投入一场艰苦而血腥的战役，因此，我觉得我们特别渴望强有力的布道。一群接一群，众人纷纷前来听他讲道。他向他们显明一名士兵如何应将自己的心献给神。他的讲道直接有效；当即，很多人决定立志跟随基督。"

这些战时的经历，使慕迪先生进入了一个更广阔的禾场，使他在全国范围内享有盛誉。芝加哥的基督教男青年会午间祷告会成为一个聚会中心；在那里，他和同工们聚会，报告在前线的情况；西北地区各地的人们送来请求，恳请在这些会议上为自己丈夫、兄弟和儿子祷告。

当美西战争[35]爆发时，成千上万的年轻人再次加入军营。慕迪先生的心，如同在南北战争期间一样，渴望与他们同在。他在一八六一至六五年南北战争中的经历，在这个新的紧急情况下，帮助他来唤醒教会。他成为陆、海军YMCA福音部的主席。其事工方法具有四个方面：（一）由著名的牧师和福音传教士宣讲福

---

34 霍华德将军（Gen. O.O. Howard，1830-1909），美国著名军事将领，南北战争期间任联邦军队将军。

35 美西战争（Spanish-American War or Spanish War）发生于1898年4-8月，是一场美国与各独立势力共同对抗西班牙帝国的战争。最终战争以西班牙求和结束。

音，这样就能吸引更多的人听道；（二）将YMCA的帐篷安置在每个军团可达的范围内。这些帐篷可以作为士兵们的休闲所，在那里他们可以找到好的阅读和写作的材料；（三）免费分发圣经、各样的见证、赞美诗和其他宗教书籍；（四）探望医院伤病员。

以下的这封信，是慕迪先生写於一八九八年夏天，给各大军营中的千万名士兵们带来极大的祝福：

"三十年前，战争阴云笼罩在我们这块土地上，神的教会为了美国青年人的福祉而被唤醒，这是我从未见过的。在建立基督教协会（YMCA）中，这样的意愿得到了充分体现。协会到处都在为青年士兵的宗教利益做出努力。各地都举行了多种聚会，营地成为深刻而有效的复兴场所。三十多年来，我一直经常不断地遇见那些在军队聚会中归信的人。

"现在，战争的阴影再次笼罩在我们的土地上。难道，神不是利用这邪恶的黑暗来祝福这片土地上的年轻人吗？既然祂呼召我们成为祂正义的工具，难道祂不会为那些直面危险并认识到生命严肃性的人预备了一个复兴的季节？而在其他时候，这些人或许对复兴不屑一顾和冷漠。在我看来，现在这个时候，正是通过圣经、一本好书或口头信息向成千上万的年轻人传播福音的关键时刻。费城（Philadelphia）的一位牧师写信给我，说在坦帕有这样一个绝佳机会，但我毫不怀疑，其他营地照样也具备同样有利的条件。"

当首批军团准备出发前往古巴时，慕迪先生正在匹兹堡布道。他在会上提到了这件事，并且筹集了数百美元，这样就可以向这些年轻的士兵来传播福音。惠特尔少校，A.C.迪克森博士[36]（Dr. A. C. Dixon），R.A.叨雷牧师[37]（Rev. R. A. Torrey）和其他人被

---

36 A.C.迪克森（A. C. Dixon，1854-1925），美国浸信会牧师、福音传道者。
37 R.A.叨雷（R. A. Torrey，1856-1928），美国福音传道者、公理会牧师、基督教教育家和作家。

差派，同时，还呼吁筹集资金将免费书籍随同派遣人员一起带上前线。YMCA也希望派同工到前线。最终作战部决定在士兵中只能有一个宗教团体，陆军、海军基督教委员会就这样成立了。慕迪先生被任命为该委员会的福音部主席。该组织的目的，是向美国陆军士兵们和海军水手们传讲基督的福音。圣经、宗教书籍、图书馆图书，以及桑基先生[38]（Mr. Sankey）编写的新《军队圣诗集》，都大量地被送往前线。

在众多件事中，惠特尔少校特意提到了以下这一件事，来显明该机构所做的事工具有重中之重的性质：

"今天早上，我去探访了一位临终的中尉。他说他在营地举行的第一次会议上就转向了神。当时我并不知道这件事，但当临终者满脸光射认出我时，我心里充满了对神的感恩！他一边喝着水，一边用他滚烫的手按着我的手说：'到我这里来的，我总不丢弃他'（约 6：37），以及其他经文。他告诉我，他从内心深处信基督。我们向他唱道：'我以信心仰望你'，并在祷告中将他交托给神。他有妻子和五个孩子。他是个常年在外出差旅行的人，直到五月二十七日晚上仍未得救赎。医生说他的伤疾无助，他今天就会死。如果神乐意使用我到这里来拯救这个灵魂，我将永远赞美祂。"

惠特尔少校还提到了另外一件事：

"我们花了整个上午的时间去各个战地医院。奇克莫加（Chickamauga）的各个医院里大约有一千名患有疟疾和伤寒的人，每天我们都会来到一些饥饿、口渴、垂死的士兵的床边。我们的一位工作人员去到一个医院问：'我可以进去看看病人吗？有什么我可以做的吗？'

"外科医生说，'看在神的份上，是的。你可以跟那个女人

38　艾拉·桑基（Ira D. Sankey，1840-1908），著名美国福音歌手和作曲家。曾与慕迪长期合作。

走。她刚从北方过来。我不忍心告诉她，她的儿子已认不出她了。他快要死了，活不了五分钟。你和她一起进去吧。'

"于是他走进去，站在小床边。在那里，那名士兵正喘着最后的气息。他已经认不出他的母亲。这位母亲，一位身穿黑衣的女士，站在床脚下，看着她垂死的儿子咽下最后一口气。当他的灵魂终于离去时，她把盖在他身上的床单掀开，在他的军衬衫上有一枚埃普沃斯联盟[39]（Epworth League）的徽章。原来，这名士兵把徽章从外套移到衬衫。他告诉护士说，他要在临死时佩戴那个徽章。

"当他的母亲看着徽章时，突然抽泣起来。整个帐篷里生病的士兵、医生和护士都和她一起哽咽。我们的代表告诉这位母亲她是多么荣幸，说：'我昨天在这里和你的儿子交谈过！我当时一直在同那边的人谈如何成为一名基督徒，你的儿子无意中听到了。当我走到他身边时，他说：'哦，天哪。没有耶稣，这个人怎么活下去？'我问他：'你是基督徒吗？'他青春的脸上露出微笑，说：'我当然是。'然后他把床单掀开来，给我看了他胸前的徽章。于是，我和他一起交谈，一起祷告。'"

39　埃普沃斯联盟（Epworth League）是基督新教卫理宗的一个青年团体。

第九章

广建主日学校

一八六五年，战争结束后，慕迪先生回到芝加哥，再次投入主日学校的事工。他曾公开向YMCA的前同事威廉·雷诺兹[40]（William Reynolds）和B·F·雅各布斯表达了自己的意愿，说："战争结束后，让我们把精力投入到主日学的事工。"

他在芝加哥的教会学校便是一个启发。按照芝加哥学校的发展模式，威廉·雷诺兹在皮奥里亚（Peoria）开了一所主日学校，M.C. 阿扎尔[41]（M.C. Hazard）是盖尔斯堡（Galesburg）当地主日学校的校长。此外，也许还有其他一些学校。

谈起当时的主日学校事工的发展普及，阿扎尔先生说："慕迪的教会学校是第一个朝这个方向做出重大努力的结果。有关该校的报道令人振奋不已。许多人专程前来芝加哥考察、了解其运作方法。这些方法被广泛复制；该学校的成功促发了许多主日学校的萌生。主日学校运动，如果不是慕迪先生首先发起的，那么至少受到了慕迪先生的鼎力推动。他不仅普及了这项运动，并且赋予它力量和动力。

"他让少年儿童们参加主日学的方法很独特。他用了很多东

40　威廉·雷诺兹（William Reynolds，生卒年不详），美国基督教主日学创办人之一，慕迪芝加哥YMCA同工。

41　M.C. 阿扎尔（M.C. Hazard，1839-1929），美国基督教主日学创办人，作家，福音传道人。

西来吸引他们。在他外出招募人时，他的口袋里几乎总是装满了橙子、糖果、枫糖或其他美味的东西。有一次，他还答应，将一只关在笼子里的松鼠作为奖励，送给在规定时间内引进最多学生的青少年。他用尽各种手段来吸引男女孩童参加主日学。当这些人参加主日学之后，他同样创造性地努力留住他们。一旦入了他的名册，他就会照顾这些孩子们；如果有人缺席，他就会去他们的家拜访；正是由于慕迪对他们是如此火热心肠，这些孩子们对他忠心耿耿，难舍难分。"

慕迪先生没有坐等各地主日学校的工作人员来芝加哥了解情况，而是亲自去找他们。开始时，他藉着YMCA的代表大会，在会上介绍他的主日学方法和经验。这些介绍具有很强劲的说服力。然而，伊利诺伊州主日学协会给了他更好的机会。

该州对主日学事工的热情与日俱增。来参加主日学协会大会的人数很快就增加到数千人。《前进报》报道了在杜阔安（Duquoin）的大会，当时州协会就订购了五万份报纸来分发。随后的一些大会的有关报道，州协会也同样及时分发。伊利诺伊州的做法刺激了其他州前脚后脚紧跟。结果，兴起主日学事工运动从一个州拓展到另一个州，最终导致全国性集会的成立；之后，又延伸到国际集会的产生。

伊利诺伊州主日学联盟的首次州立大会於一八五九年三月举行，但由于是在南北战争期间，人们的注意力主要集中在基督教宣教的巨大需求和机遇方面，直到一八六四年，第二次大会才得以召开。

得知这次大会的进程安排后，慕迪先生立即计划出席。他向他的朋友雅各布斯先生和J. H. 哈伍德牧师[42]（Rev. J. H. Harwood）

---

[42] J.H.哈伍德（J. H. Harwood，生卒年不详），牧师，慕迪的同工，曾任慕迪教会第一任牧师。

当即提议，"主日学校大会将在斯普林菲尔德（Springfield）举行，于周二早上开始。我们周五晚上就去斯普林菲尔德，拜访所有参会的牧师、学校主管和唱诗班，并在周日和周一举行特别会议，看看这次大会除了游行之外还能做些什么。"这个提议很实用；在大会召开前的星期五晚上，三人一同出发前往斯普林菲尔德。第二天早上，到达斯普林菲尔德后，他们就去了旅馆。早餐后，他们出去，想找一个安静的地方举行祷告会。附近的浸信会教堂恰恰提供了他们想要的场所。他们就从教堂的地下室进了教堂。三人坐在讲坛的沙发上，拿讲坛上的大圣经书来阅读。接着，他们跪下来祷告。就在祷告的时候，教堂的门开了，N.D. 米奈牧师[43]（Rev. N.D. Miner）进了教堂。祷告结束后，米奈牧师走到他们面前，说道：

"弟兄们，无论你们是谁，我们都非常欢迎！"

马上，特别会议就安排在那里召开。来参加大会人数众多，主日下午敬拜结束时，有一些人皈依归正；而随后周日和周一的特别会议，使整个社区产生了浓厚的基督教兴趣。到了周二主日学校大会召开时，小镇正处于基督教复兴之中；参会的主日学代表也热心参与其中。本次大会，其中许多人都深受影响，并且将大会的精神带到伊州的各个地区。

那年秋天，芝加哥主日学联盟决定完善其组织。牧师、现任主教约翰·文森特[44]（John H. Vincent）从他任牧的教会被呼召出来，成为联盟的负责人。之后，联盟于一八六五年一月一日开始出版期刊《芝加哥主日学教师》。该期刊对芝加哥主日学工作人员来说，是一种连接力量的纽带。慕迪先生于一八六六年当选成为联盟副主席。

---

43 N.D. 米奈（N.D. Miner，生卒年不详），美国浸信会牧师。

44 约翰·文森特（John Vincent, 1832-1920），美国圣公会主教。曾任芝加哥教会牧师，主日学报刊主编。

一八六五年在皮奥里亚举行的大会上，慕迪先生当选为州立主日学校执行委员会委员。该委员会制定了一项计划。计划征求了所有县的意见，并且保证各县主日学校的积极运作。美国YMCA现有制度的建立可以追溯到当时的计划。伊利诺伊州分为多个地区，慕迪先生和其他人自愿报名参加地区性的主日学大会。他怀着诚挚的宗旨和炽热的热情参加这些会议，全州各地都能感受到这一点。

他的工作报告表明了YMCA对其他地方服务的需求。如以下给他母亲的信的摘录所示，他本人满足了这一需求：

"主正在祝福我的事工，我想您会说，'愿神保佑你；继续前进。'……我上周整个星期都在外参加主日学校集会。这周和整个下周都得再去。所以，您看，我比我一生中任何时候都更奋发努力。无论我走到哪里，都是人头攒动。上周，那教堂早已挤满了人，甚至连外面人行道上都是人；因此，他们不得不开放另一座教堂，我就在两所教堂里演讲。主非常祝福我，事工进行得很顺利，因此他们又派人来找我了。"

他谈到某个复兴运动正在兴起时说道，"我被邀请去密歇根州的一个小镇。一位对我来说完全陌生的牧师来车站接我，并带我去他家吃饭。吃完晚饭，他带我出去参加一个会议。当我进了那所房子，只见大约有二十五个做妻子和母亲的妇女跪在地上，哭泣着向神祷告，求神赐福给尚未悔改的孩子和丈夫。

"然后，他带我去了镇上的另一端，把我介绍给教会的一位年老的长老。这个人得肺结核病快要死了。现在，他已经放弃治疗，甚至无法迈出家门，他开始意识到自己并不是一个忠实的主的管家。然而，他很快就必须在神面前交代他的管家职责。整个教会会众中没有一个年轻人是教会的成员。没有一个教会干事、长老或成员的儿子女儿加入了教会。很多年来，那里从来没有过一次复兴运动。一开始，他自己开始祷告。然后，他派人去请他的长老弟兄们来，告诉他们他的感受，并要求他们为他祷告。然而，他们灰心丧气，无法为他祷告。接着，他派人去叫教会的弟兄们，同他们谈话。他们也同样丧失信心。最后，他派人去请教会的姐妹们。这位濒死的男人恳求她们聚集在一起，祷告求神复兴祂的事工。当我到达那里时，这种情况已经持续了两周。

"那天晚上我讲道，就好像是在对着空气说话。感觉好像每一个吐出去的字都又蹦回我自己这里。大约在午夜时分，一个男孩子下楼来到他的父亲那里。他父亲是教会成员，是个基督徒。孩子说：'父亲，我希望你能为我祷告。'父亲说他无法祷告。那天晚上，那父亲通宵未眠。第二天早上，在祷告会上，他起身告诉我们这件事，并希望我们为他祷告。一位自称是基督徒的父亲居然无法为自己的儿子祷告，他为自己的罪孽痛哭流涕！

"就这样，我们为他祷告。二十四小时之内，所有十二岁以上的青少年，其父亲或母亲是该教会的成员，个个都皈依归正。神突然来到祂的圣殿，一件伟大的圣工就在此发生。我认为这是我一生中见过的最伟大、最美好的事工之一。一旦教会开始向神祷告祈求复兴教会时，教会就立刻得到复兴。"

当慕迪先生担任州主日学协会执行委员会成员时，他常常将县主日学大会转变为祷告会或复兴会。在伊利诺伊州庞蒂亚克（Pontiac），整个县当时掀起了一场复兴运动。有几位律师加入了教会，因此法庭在十二点前十分钟休会，这样律师们就可以参加中午的祷告会。这场复兴运动的开始，起源於某一天慕迪先生走遍了整个小镇，跟他遇见的每一个男人、女人和孩子谈福音。那天，当他走近一群正在聊天的镇上的政要人物时，他听到其中一位在谈一名候选人：

"我认为此人可以治理整个县。"

慕迪先生听到后，打断他的话，说，"我的朋友，我们应该为主耶稣基督来治理这个县！"

这位政要人物，还以为慕迪先生在开玩笑，就以西部地区的人表示欣赏的方式，拍了拍慕迪先生的肩膀，大笑起来，喊道："你这老家伙，我同意你说的！"

结果，慕迪先生的这句话成了整个县基督教复兴运动的口号。

在回忆早期主日学大会工作中的经历时，雅各布斯先生记载了以下这一事件：

"一八七零年，在昆西（Quincy）举行的伊利诺伊州主日学校大会上所发生的事，也许是主日学校史上最有戏剧性的一幕。当时，菲利普·吉列[45]（Philip C. Gillette）当选为大会主席，但这与少数人的意愿相悖。这些人看到了大会的力量，试图通过大会来改变人选，从而改变主日学校事工的方向。为了寻找机会，他们选择慕迪先生回答以书面形式提出的问题的时候为最佳时机，而且在问题箱中投了一个令当时的执行委员会极不愉快的问题。

"慕迪先生先是把这个问题读给会众听，然后满腔热情地回顾了委员会的工作。其中他只字不提自己的功劳，反倒突出其他人的工作。他以自己有效的方式谈了神对委员会不断的祝福，以示神对委员会认可的象征。最后，他代表委员会所有成员向会众提出辞职，然后说：'让我们一起祷告吧。'在甜蜜而有力的祷告中，他带领会众更加亲近神。他记得那些试图使大会偏离其伟大事工的人，并为他们祷告。其效果难以形容。估计有三千在场观众深受感动。结果，经大会提议，委员会在鼓掌声中重新当选。"

如同伊利诺伊州一样，其他州也分享了慕迪先生帮助该州主日学校事工所带来的益处。慕迪先生曾参加了密歇根州、威斯康星州、明尼苏达州和爱荷华州的县和州大会。正是在威诺纳

45　生卒年不详。

（Winona）举行的明尼苏达州主日学大会上，慕迪先生第一次见到了玛丽·李小姐（Miss Mary V. Lee）和萨拉·简·蒂马努斯小姐（Miss Sara J. Timanus）。两人都是明尼苏达州立师范学校的教师。听完她们的演讲和教学后，慕迪先生与其他人交流了她们的事迹。然后他们去了伊利诺伊州参加县大会。此后不久，蒂马努斯小姐，现为W. F. 克拉夫茨（W. F. Crafts）夫人[46]，受雇于慕迪先生和雅各布斯先生，督导主日学校的小学班级，并参加县级主日学校大会。她担任主日学国际小学联合会主席有十二年之久。

直到此时，主日学的课程完全是由各个班级的老师，或者，最多是主日学校干事，来自由选择。当时，没有一个完整学习圣经的系统，每个班级都按着自己的课程来教学。因此，慕迪先生和州立主日学校事工中的同事们，想到了建立主日学校教学通用系统的可能性。

---

46 克拉夫茨夫人（Mrs. W. F. Crafts，1845-1930），即萨拉·简·蒂马努斯，美国社会改革家、基督教作家、和教师。其丈夫为W. F. 克拉夫茨（ W. F. Crafts，1850-1922），美国卫理公会、公理会和长老会的牧师、作家、圣诗作家。

德怀特·慕迪
时任芝加哥YMCA主席

原法威尔大楼
美国第一座YMCA大楼

芝加哥主日学协会首先将此议题放在议程上。经劝导，有好些主日学校采用了同样的课程体系。立刻，该体系的优越性开始显现出来，慕迪先生继续敦促主日学校普遍采用该体系。后来，该系统被州立主日学联盟接受。一八六八年，慕迪先生出版了一本名为《天上的喜讯》的期刊，他竦励雅各布斯先生就体系的普及，作了简短的笔记在期刊上发表。在其他州的州立主日学大会上，需要慕迪先生帮忙的呼求声越来越高，而他则敦促大家采用伊州使用的课程体系。该体系的普及得到了广泛的赞赏，因此，一八六九年，在新泽西州纽瓦克举行的全国主日学大会上，专门任命了一个委员会来安排国际主日学圣经课程系列。

对他当时所从事的事工，慕迪先生自始至终保持着浓厚兴趣。即使在他全身心地投入到福音布道之后，他仍然经常参加主日学工作人员的聚会。一八七六年，他被当选为伊州主日学联盟主席。他积极参於一八八零年盖尔斯堡（伊州）大会的事工。在一八九六年波士顿举行的国际大会上，他每日发表演讲。在波士顿大会期间，慕迪先生昔日的热情如旭日喷薄，他竭力唤醒所有与会的代表：他们在拯救受托教导的儿童方面，必须负起个人责任。

"他一次又一次恳求主日学的工作人员要忠诚，"一位在场的朋友写道。"他的声音充满悲情，对于当时那些听者来说，至今仍然是庄严的话语：

"'我若有神的号角，并且能够与美国的每一位主日学老师交谈，我会恳求每个人今年至少带领一个灵魂归向基督！'"

慕迪的母亲
摄於一八六七年

第十章

早期福音宣教活动

尽管慕迪先生此时参与州立主日学大会和YMCA的活动，但对在北市场大厅开始的事工，他的兴趣仍然不减。在那里，主日学校继续不断地发展。入学一开始就有许多人悔改归正。这些都清楚地证明了该事工的成功。而且，每周的晚间福音敬拜也得到了令人鼓舞的结果。随着时间的推移，建立一个永久性教会组织的需求变得越来越迫切。在考虑采取这一步骤之前，慕迪先生犹豫了一段时间。相反，他敦促新的归正者加盟邻近的教会。一直以来，当现有组织需要支持时，他反对增加机构，更愿意将精力投入到广传福音事工中；而将加深新的归正者基督信仰的职能让给各种教派教会。

然而，正是在这一努力中，慕迪为数不多的失败必须被记录下来。因为，初归信者对北市场大厅主日学校的忠诚度比对慕迪的建议更为强烈。那些在北市场主日学校受引导认识基督的人，不会因为是慕迪的建议而离开北市场主日学校。

如此看来，在主日学校的基础上，建立一个永久性教会组织是必然的趋势。这个计划于一八六三年完成。一年后，最初称为"伊利诺伊街教会"[47]（Illinois Street Church）的教堂，在一个合适的礼拜场所落脚。教堂建筑本身很朴素，但有足够的空间供会

---

47 即慕迪教会。

众和主日学校使用。礼拜堂可容纳一千五百个座位，此外还有几间教室。哈伍德牧师被呼召担任牧师，而慕迪先生是执事之一。

教会成为各种形式的基督教活动中心。教会每周每晚开放，定期举行的敬拜，为福音布道活动锦上添花；而特别聚会——如母亲和年青女性，圣经阅读、祷告赞美服务、宣教集会和类似的服务，也经常举行。在教会成员的家中还有小型聚会。同时，在夏季还常常举办露天会议。除其他活动外，慕迪先生还举办了儿童祷告会。他过去常说：

"我度过的一些最快乐的夜晚，就是在这些儿童祷告会上。有些人不相信儿童们会归正。他们说：'假如这些小孩子们的父母亲尚在，只要有父母照顾，他们不会归正'然后，他们还发牢骚说：'假如你确实抓住了他们，哪怕他们归正了，他们也不会坚持下去。'

"可是，这并非是我的经验。在芝加哥，我的一些最积极的帮手，就是我在举办儿童聚会时，在街井小巷捡回来的赤脚小男孩们。

"有一次，一位临终的母亲派人来找我。她结过两次婚，她的第二任丈夫曾疯狂地虐待她的儿子。

"'我得肺病快要死了，'她说；'我已经病了很久。自我躺在这里以来，我就无法照顾我的孩子。结果他交结了一些不良之友。现在他对我非常刻薄。慕迪先生，我要你向我保证，当我离世后，没有人照顾他时，你会照顾他。'我答应了。她去世了。遗体刚刚安葬，那男孩子就离家出逃。接下来的主日，我对主日学校的孩子们说，请他们帮着找那男孩子，如果找到他的话，就请告诉我。有一段时间，我没有他的消息。直到有一天，我的一位学生告诉我，那男孩子在一家旅馆当服侍生。我就去了那家旅馆，找到了他，与他交谈。

　　"我对那天晚上的场景，记得非常清楚！旅馆里没有我们可以单独谈话的地方。我就问他哪里有安静地方。他说，唯一安静的地方是旅馆的平屋顶。我们就一起去了那里。我向他谈了基督，以及基督为他所做的一切，还有基督如何地爱他。泪水顺着他的脸颊流下来。当我问他是否愿意认识基督时，他告诉我说他愿意。我就在那里同他一起祷告。他当即就成了基督徒。下面是城市的一片喧嚣——那是七月四日[48]的前一天晚上，人们正忙着放鞭炮和焰火庆祝。而在那个屋顶上，时值午夜时分，这个男孩子正在祷告。多年后，我再次遇见了他。那时他已是一位积极活跃的基督徒，也是一所主日学校的负责人。夏天，他经常来北田走访服侍。他不仅坚持下来，而且正在引导其他人归向基督。"

　　慕迪先生的激情在芝加哥是众所周知的。他不会坐等机会，而是自己创造机会，来引导人们归向基督。据说，有一次，他与一位显然刚从乡下来的青年搭话，以他常用的问话开场："你是基督徒吗？"

　　"这不关你的事，"那青年粗暴地回答。

　　"哦，这正关我的事，"慕迪先生语气坚定地回应说。

　　"那你一定是D. L. 慕迪！"陌生人说。

　　在那些日子里，慕迪所受到的充满敌意的批评绝不仅限于嘲笑而已。他还常常受到直接的攻击。但藉着一贯的机智，他镇定自若地将坏事变成有益于他的好事。

　　有一次开大会，慕迪先生是会上几位发言者之一。有一位跟在他后面发言的牧师，趁机在演讲中批评慕迪，说慕迪的演讲内容是由报纸剪报等等拼凑起来的。当那人坐下后，慕迪先生又走到台前，说他知道自己确实如此。他认识到自己读书少，无法发表精彩的演讲；他感谢那位牧师指出他的短处，并请那牧师为他

―――――――――――――
48　七月四日：美国独立节。

祷告，求神能帮助他做得更好。

还有一次，有些常常参加露天敬拜和午间祷告会的人对慕迪先生极为恼火，其目的很明确是要制造骚乱。这些事件持续不断，几乎到了令人无法忍受的地步。有一天，祷告会结束时，慕迪先生站在门口，与出场的人握手。当作对慕迪先生耐心的进一步考验，有位狂热的骚扰者也上前来，伸出他的手。有一瞬间，慕迪先生犹豫了；然后，他握住那伸出的手，说道：

"我想，如果耶稣基督能和那加略人犹大共进最后的晚餐，我应该和你握手。"

有的时候，他那快来快去的老脾气也会爆发。然而他很快就非常谦卑真诚地悔改。因此，即使在这种情况下，他那一时的软弱也能转为好事。有一天晚上，在一次不同寻常、激情的布道呼召后，慕迪先生站在咨询室门口，敦促人们进来问问题。房间的入口是在靠近某段楼梯的底部，慕迪正好就站在楼梯台阶的前头。当他站在那里时，有一名男子走近他，故意粗暴地侮辱他。慕迪先生当然不会以侮辱来反击，但这次一定是一种异常痛苦的侮辱。他立即将那人推开，结果那人踉踉跄跄从下一段楼梯冲下去，直到前厅。庆幸的是，这名男子毫发无伤。但由于屈服于突如其来的诱惑，慕迪遭到良心的强烈谴责。而且他这样做，很有可能会酿成严重事故。一位当时在场朋友目睹了整个场景。他是这样描述接下来所发生的事：

"当我看到慕迪先生发脾气时，尽管我相信这次挑衅非同寻常，但我自言自语说，'这次咨询会议算是没戏了。慕迪先生今晚说得再怎么好，目睹整个事件的大部分人都不会为之所动。'然而，就在会议开始之前，慕迪站了起来，用颤抖的声音谦虚地向会众道歉。

"他说，'朋友们，在今晚会议开始之前，我要向大家承认，我在大厅里发脾气，做错了事。今晚我要进来这里的时候，我对一位先生发了脾气。我要在你们大家面前承认我的错误。如果那位先生在场的话，就是我发怒时把他从我身边推开的那位，我请求他和神的饶恕。让我们一起祷告吧。'话中丝毫没有借口或对那种侮辱的怨恨的辩护。他的话给人留下非常美好的印象，会议非但没有由于会前发生的事而夭折，反而由于这心口如一，开诚布公的坦承，得到极大的祝福。"

慕迪先生从不放过任何一个机会，来接触那些别人不愿接触的人。有许多例子都跟他决意深入撒旦之域有关。有一次，一家大型台球厅兼酒吧将开业，业主开玩笑奚落他，邀请他去参加开业典礼。他跑去见业主，请求业主允许他带一位朋友来。业主同意了，问他的朋友是谁。慕迪先生说没有必要说出名字来，但他自己从来没有离开过祂。他们这才明白他的意思，然后抗议：

"别开玩笑，不要来了！我们可不需要祷告！"

他回答说，"既然你们邀请了我，那我当然会来。"

"如果你来的话，不能祷告。"

慕迪回答，"那好，我告诉你，我们怎么做。我们可以在这件事上妥协。如果你们不想让我在你们开业时为你们祷告，就让我现在为你俩祷告吧。"俩人同意了。慕迪先生立即让他们跪下，然后祈祷他们的生意也许会支离破碎，但神会拯救他们！

苏格兰牧师大卫·麦克雷[49]（Rev. David Macrae）在他的访问记录中，写到六十年代初期访问慕迪先生的主日学校时说："对于那些他成功地使其悔改归正为基督徒的人，慕迪先生做的第一件事，就是要他们参与推动福音事工。他坚信：没有任何地方，没有任何阶层，糟糕到令人绝望以至无可拯救的地步。有时候，他会带着一群训练有素的孩子组成的唱诗班，去到低档的酒吧，

---

49 大卫·麦克雷（David Macrae，1796-1881），苏格兰牧师，作家。

帮助他邀请酒徒和赌棍们来参加他的聚会。有人曾经向我描述，有一次，他和他的唱诗班走进一个小酒吧，说："先生们，来一首歌吗？"没有人提出反对。孩子们就唱起一首风格优美的爱国歌曲，赢得了热烈的掌声。然后，慕迪先生领着孩子们开始唱一首赞美诗；他们边唱边走，边四处分发单张。当唱歌结束时，慕迪先生说："我们现在来祷告。"

""不，不行！"几个人突然惊慌地喊道，"这里不准祷告！"

""哦，是的，我们有话要说。先生们，请安静一会儿。"随后他诚心正意地提出请愿。当场就有人被感动了。当他邀请他们去参加他的会议，以便听到更多有关福音信息时，大约有一半的人站起来，愿意去参加他的会议。"

要培养一个初信的基督徒来做最适合他能力的工作，往往需要很大的智慧和技巧。慕迪先生证明自己有这样的能力。

"每个人都能够做点什么，"他说。"我们在芝加哥宣教时，曾有一位瑞典人归信基督教。我不知道他是如何归正的。我不认为他是因为我的布道而归正的，因为他不懂英语。但主使他成了最幸福的人之一。他整个脸光芒四射。他来找我，但他必须通过翻译跟我对话。翻译说，这瑞典人想让我给他找点事做。我对自己说："我到底能让这个人做什么？他不会说英语！"

"结果我给了他一捆小传单，差派他站在芝加哥最热闹大街的拐角处，让他把传单分发出去，邀请人们来听我讲道。有人走过来，拿了一张传单，看到'福音大会'四个字；然后，大概转身就骂那瑞典人。但瑞典人只会笑，因为他不知道那人是在骂他，而不是在祝福他！他根本无法区分。结果，有很多人被这个瑞典人的礼貌和善良所折服。冬天来了，夜晚变得漆黑一团，人们看不清小传单在说些什么。他搞了一盏小油灯，把它放在街角处。然后，他就一直站在那里，无论盛暑祁寒，艳阳凄雨，天天如此。因为他的努力，赢得了许多人归主。”

以下的摘录，出自当时发表的慕迪先生关于"如何接触穷人"的演讲，反映了早期他与人们交往时，所显现的敏锐的判断力：

"我们整个的敬拜仪式都不够生动，不足以吸引未归正的人前来。我们这样做其实并不指望他们会来。如果他们来的话，我们反倒会感到非常惊讶。为了使敬拜生动且赢得人归正，扪心自问：'如何才能做到？'你必须唤醒人们。如果你不会这么说，那就读一节经文，然后让神来说话。把问题提出来：'在我们这个地区，我们还可以做些什么？'让那些从来不做任何事情的人，说说他们认为应该做的事情。然后，问他们是否正在这样做。不要墨守成规。我讨厌陈规陋习。也许我太害怕这些东西了。但没有什么比这更让我害怕的了。"

D. W. 麦克威廉斯[50]（D. W. McWilliams）是慕迪先生的一位终生挚友，他在描述首次与慕迪先生相识时，说：

"所有认识慕迪的人都承认，他具有脱颖而出、卓有成效的特质之一，就是他对周围环境的开放态度。同时，他愿意接受建议，并警觉地采纳这些建议，以促进祝福他人的工作。

"一八六一年，我在伊州皮奥里亚（Peoria）的一位朋友家里，第一次见到了慕迪先生。主人邀请了几位牧师和两位平信徒来和慕迪先生共进晚餐。当人都到齐了，慕迪先生并没有出现；但经询问得知，他来得很早，正在楼上的一个房间里，与主人的一位未信主的朋友一起祷告。这位朋友是经介绍，特意找到慕迪先生为他祷告。

"当介绍给在场的人后，慕迪先生很快转向其中一位牧师说，'

---

50 D. W. 麦克威廉斯（D. W. McWilliams，生卒年不详），牧师、基督教作家。伊州皮奥里亚（Peoria）的第一个教会是他建立并担任牧师。

你如何解释圣经中的这节经文？'同时完整地给出这节经文。过后不久，他又转向另一位牧师，引用了另一节经文，并问道：'这是什么意思？'那天，整个谈话的内容就是解释经文——用来回答慕迪先生接踵而来的问题；同时，整个谈话还激励所有在场的人的心，来为拯救他人而努力。那天给来宾留下的印象是，慕迪先生热爱他人的灵魂，以及他如饥似渴地渴望得到圣经知识。

"不久之后，我去芝加哥拜访慕迪先生，并在他的教区进行实习考察。我们一同去了如今被称为'贫民窟'的地方。很快，一群街头小混混，包括各个年龄段的男女小孩子，跟在我们后面，大声喊叫着，'哦哇，慕迪来了！快来，慕迪来了！'很显然，他们都知道他，而且把他当作他们最好的朋友。他的口袋里装满了糖果，见人就给。我们探访了一家又一家穷苦、病痛、不幸潦倒的人。每到一处，他都受到人们的热情欢迎。他的到来就像阳光一样照进那些昏暗肮脏的住所。不仅如此，对那些不在场的人，他都能记得，并问起那些人的名字。"

第十一章

基督教协会[51]的事工

"我全身心地相信基督教男青年会（YMCA）。在神的恩赐下，在培养我从事基督教工作方面，该协会所做出的努力比任何其他机构都要多。"这是慕迪先生对该组织影响力的见证——他因该组织获得了众多的好友和支持者。

自从弃商投身基督教事工以来，慕迪先生非常热心地投入YMCA芝加哥分会的工作。他对YMCA事工的热情，因他在协会的工作经历和成立分会的经历，而大大增强。作为YMCA的秘书和连续几年的主席，他认真致力于各个部门的组织建设，但工作中的灵命需求对他具有格外的吸引力。

每天中午的祷告会是伟大复兴运动的永久成果之一，他全身心地支持祷告会。尽管他很年轻，但没过多久，他就成为祷告会的领袖。在宣教工作的同时，他也带动了协会的稳步发展。

在他的领导下，协会蓬勃发展，很快就需要更大的空间来作为工作场所。为了建造一座自己的大楼，主管委员会思考、计划并祷告，但没有任何实际结果。最后，有人提议选最近成功建立伊利诺伊街教堂的慕迪先生为主席，约翰·法韦尔为副主席。然而，有人认为慕迪先生过于激进，不适合做主席，结果，慕迪跟法韦尔的名字给互换了。选举还在进行之中，慕迪先生则四处奔走

51　这里指的是基督教男青年协会（YMCA）。译文中以协会或YMCA来代表。

争取承诺（捐款）；夜幕初下，一座包括可容纳叁千人的大厅的大楼已在承诺之内。大楼还包括用于小型会议和办公室的房间。跟以往一样，他感受到祷告的功效，于是请求雅各布斯和J·W·迪恩[52]（J. W. Dean）同他一起向神求告，希望为这样一座建筑开辟道路。然后，凭借其特有的远见——相信他的祷告会得到应许，他从政府那里获得了一份特许证，免除协会的房地产税。

随后，一家股份公司成立。同时，在寻找地点时，最初为市自来水厂办公室和塔楼预留的地点，就其面积和位置而言，被确定为最合适选点。由于这座城市发展之快，这片土地已完全不足以建设拟议的自来水厂。现在，这片土地属于法韦尔先生。在慕迪先生的恳求下，法韦尔先生同意将土地捐赠给YMCA，相当于四万美元的捐款。随后，第一笔股份以一万美元的现金由赛卢斯·麦考密克[53]（Cyrus H. McCormick）认购。同时，其他人也慷慨资助了这项事工，直到有足够资金用于建造"美国YMCA有史以来的第一个大厅"。一八六七年九月二十九日，在大楼落成典礼上，大批来宾挤满了大厅，其中许多来自遥远的城市。各教派牧师的出席见证了该协会的跨教派特征。而此时工作才刚刚开始，人们便以羡慕的目光注视着它，看它是否会成为各教会的竞争对象。

慕迪先生在落成典礼演讲中，回顾了协会所获得的从神那里来的祝福，以及神如何带领他们从起初很小的组织，发展到目前具有影响力的大型机构。他提出了一个具有他本人特征的呼吁，说是基督徒已经处于守势太久了，要求大家对罪恶的堡垒进行积极的攻击。他当众坦承，他相信，在主的祝福下，基督教的影响力将从这个协会发挥，"继续扩展到该州的每个县，联邦的每个

---

52 J.·W.·迪恩（J. W. Dean，生卒年不详），慕迪在芝加哥的同工，挚友。

53 赛卢斯·麦考密克（Cyrus H. McCormick，1809-1884），美国发明家、商人。他发明了机械收割机，建立了麦考密克收割机公司。麦考密克家族是芝加哥地区的名门望族。

州，最后跨过海洋，以助于将全世界引向神。"

一些认购协会建设基金的人，计划以慕迪先生的名字来命名该大楼，原因是该大楼的建成归功于他的积极努力。慕迪先生得知此事后立即走上讲台，简短而有力地呼吁，要求观众将大楼命名为法韦尔大厅，以纪念这位建筑委员会主席兼慷慨奉献者。尽管法韦尔先生事后谦虚地坚持说，"会众接受了慕迪先生在这项事工上犯下的唯一错误"，该提案还是在欢呼鼓掌中通过了。

法韦尔大厅落成后，四个月内，就毁之一炬。由于它只有部分保险，因此损失巨大。慕迪先生再次亲自处理此事，而且速度之快，据说在旧大厅尚未熄火之前，他就已经确保新大厅的基金认购。废墟还在冒烟，他收到了来自明尼苏达州罗切斯特市的J. D. 布莱克[54]（J.D. Blake），一位早期在协会同工的朋友的一封电报，电报认购价值五百美元的新大楼的股份。

麦克雷牧师写道，"一八六七年，YMCA价格不菲的大厅着火时，该会的秘书长和其他官员意识到这座建筑基本无救，就在城里的商界人士中四处劝募。'先生，我们的大厅着火了；虽然消防车正在工作，但没有什么希望。我们要建一个新的大厅。让我们有足够的钱马上动工吧！'就这样，几万块钱一下子就认捐了。据说，在火扑灭之前，足够的钱已经筹到，足以建造一座比第一座更加宏伟的新大厅。其速度这快，仅是"芝加哥光电式基督教"的一个样本。

"而被誉为**卓越**的光电式基督徒的人乃是慕迪先生，是该协会的秘书长，在宣教事工中，他的名字家喻户晓。我去过他的一所教会学校，很少见到如此情绪高亢传福音的场面。这让我情不自禁地想起密西西比河上那些突突喷气的汽船，它们必须快速行驶，否则就会爆裂。慕迪先生亲自在学校里巡视，确保每个人都

54　J. D. 布莱克（J.D. Blake，生卒年不详），牧师，YMCA早期同工。

在积极工作。有必要的地方，他就插入一句话来鼓励，用他自己的热情激励着每个人。"

第二座法韦尔大厅于次年竣工并投入使用。这座建筑在很多方面都优于第一座建筑，但不幸的是，同样遭遇了其前身的命运。新大厅在一八七一年的芝加哥大火中被毁。

第三座法韦尔大厅于一八七二至七五年慕迪先生在英格兰布道期间建成。但在筹集建设资金这件事上，他也有份。一八七七年，他在芝加哥的宣教事工结束后，筹集到了清偿协会大楼债务所需的全部资金。第三座建筑后来被拆除，取而代之的是现在的法韦尔大厅，其价值超过了协会现有的任何建筑。

理查德·莫尔斯[55]（Richard Morse）这样评价慕迪先生在确保股份认购方面的能力：

"大洋两岸，在他工作过的每一个城市，他的事工和话语召集了一批虔诚的平信徒加入协会（YMCA）；通过他们，有了财政资源。而这些资源促进了我们在各处对年轻人的事工的拓展，并且确保了事工的切实可行。

"几乎在每个城市，他除了不遗余力地促进当地协会的属灵生活，还为协会获得更好的场地和设备，在许多情况下整个一座建筑物。

"我清楚地记得一八七五年夏末我对英国的访问。时值慕迪先生刚刚结束了他在英国最引人注目的布道之旅。我走访了许多城市，每到一处都受到热情接待。但我觉得这与我担任国际委员会秘书的关系不大，而是由于我是慕迪先生的朋友；并在某种程度上是他的同事。我发现，每个城市都有一群颇有影响力的平信徒。这些人由于慕迪先生的努力，最近与协会建立了关系，并且

55　理查德·莫尔斯（Richard Cary Morse，1841-1926），美国牧师、新闻记者、《纽约观察家报》创办人之一；曾任基督教男青年会国际委员会秘书。

给协会输入了领袖人士和财政资源，大大增加了该组织的善工范围和影响力。慕迪先生对协会运动的贡献，极大地体现在平信徒的灵命生活，以及他们的领导能力；至于实际筹集到的资金——因他举办的会议或由于他的会议的结果，都只不过是这一贡献的象征之一。

"在各个城市筹集到的资金清单无法显示，在向协会提供的财务支助的金额中，他所投入的力量和激情。

"关于一八七六年，经他在纽约举行会议所筹集到的金额的这件事，我想说的是，当时位于第二十三街和第四大道拐角处的协会大楼有一笔十五万美元的抵押贷款，协会的一位朋友承诺捐出五万美元，并将其存放在协会的保险柜中。这位朋友的条件是，只要有人认购抵押贷款的金额，那么这笔钱就可以用来支付。慕迪先生在竞技场（Hippodrome）（现为麦迪逊广场花园）举行的聚会结束时，提议筹集二十万美元，包括上述五万美元的认捐；十五万美元用于偿还抵押贷款，五万美元用于协会包厘街分会（Bowery Branch of the Association）的事工。这笔钱，作为这些会议的结果，令人高兴地获得确保。"

不言而喻，这些事实显明了他在协会的经济支助中所起的作用。然而，假如对这种不仅影响人们的心灵，而且关系到他们的钱包（这也许是一项更艰巨的任务）的非凡力量，不作一些解释的话，那么对这些事实的简单陈述是欠缺的。他恳求人们出钱捐献，就像恳求他们皈依归正一样，简单直接。他内心绝对相信神会赐予他这两样东西，因此他很少对这两件东西感到失望。穷人出小钱，富人出大钱：他把这些钱都视为主所应得的献祭而欣然接受。

在这段时间的协会事工中，慕迪先生培养出一种能够洞察他人特殊能力的特殊才能。在午间的祷告会上，他留意发现新同工或招呼陌生人参与事工。加利福尼亚州圣何塞的A. J. 贝尔先生[56]（A. J. Bell），一位福音布道家，谈到慕迪先生时，特别提起在一次祷告会上的亲身经历：

"有一天，祷告会指定的带领人没有及时到场，慕迪先生来找我，要求我负责主持会议。我刚出差回来，身上又热，又是灰头土脸，就推脱说：'慕迪先生。我缺席了很长一段时间，刚刚回来，而且看起来不太体面。请原谅，今天不行，但我可以在其他时间主持会议。'

"接下来，我永远不会忘记这件事，因为这是我人生的转折点。

"'我以为你是一名基督尖兵，'他说，然后补充道，'向前迈进，我们会为你祷告。'

"祷告会一结束，他就跑来感谢我。他说：'你做得很好。但是，会前那种犹豫不决是错误的！你的职责很明确；坚持跑在前面。做个随时出击的尖兵。'

"二十五年来，我一直没有忘记这句话；从那时起，我就一直走在传道工作的前列。如果当时慕迪先生没有迫使我投入这项事工，很可能我永远不会进入这个领域。"

一八六七年，YMCA在匹兹堡召开了一次盛大的聚会。紧接着，就是一场席卷全国的基督教大觉醒运动。在这里，可以再次感受到慕迪先生的存在。当时刚刚当选的协会主席奥利弗·麦克林托克[57]（Oliver McClintock）就此这样表示："藉着他独特的精力、杰出的远见以及在确保成果方面的实干能力，慕迪先生召集了一次女性领袖的会议——这些女性深受大会的演讲和活动的影响，并将她们组织成基督教女青年会（YWCA）。该协会后来发

56　A. J. 贝尔（A. J. Bell，生卒年不详），牧师、福音传道人。
57　奥利弗·麦克林托克（Oliver McClintock，1839-1922），房地产开发商，曾任基督教男青年会（YMCA）主席。

展成为一个强大高效的组织。此外，几家现有一定资产价值的大型慈善机构，也是从这场运动中发展起来的。"

一八六一年，詹姆斯·查德威克牧师[58]（Rev. James S. Chadwick）成为芝加哥卫理公会圣公会的城市宣教士。他的办公室是在一栋办公楼，这栋楼里有YMCA的办公室（法威尔堂建成之前）。谈到慕迪先生为受苦受难者和贫困者所做的努力，他说：

"我认识慕迪先生，是从YMCA开始。当时，YMCA常常为贫困家庭提供各种各样的物资。但是，如果不是他的及时关注，其中许多人会被忽视或遗忘。同时，他总是敦促那些接受救助的人去教会并成为基督徒。在多数情况下，整个家庭因此而认识并事奉主耶稣基督。在中午的祷告会上，人们纷纷起身，谈起慕迪先生如何走访他们的家庭，给饥饿的孩子们优渥的救济，然后又一起为全家人祷告，等等美好的故事。

"慕迪先生经常在午前就站在YMCA会议室的入口处，邀请路人上楼参加午间祷告会。无论是基督徒还是非基督徒，常常被说服花几分钟来参加这个有益且鼓舞人心的祷告会。许多非基督徒因此而悔改归正。"

协会早期福音事工的一个显着特点就是直接面向大众传福音。其中最直接的方式无疑是"露天"大会。在夏季的几个月里，如果天气允许的话，每晚都可以在法院广场[59]见到慕迪先生。大楼的台阶成了他的讲坛，六名青年男女是他的唱诗班。过路的人群，或是那些驻足观看的人，统统成了他的观众。通常，慕迪先生会选择一个合适位置来宣教，让那些关在长廊里的囚犯能够听到正在发生的事。而这些人挤在铁栅窗前，成为会众的重要组成部分。

对于一个意志不坚定的人来说，这种传福音的努力会令人丧

---

58 詹姆斯·查德威克（James S. Chadwick，生卒年不详），牧师，宣教士。

59 法院广场（Courthouse Square 或 Courthouse Place）是芝加哥一所建筑。十九世纪时，既作为法院又作为监狱（有一侧楼房）。

失信心。因此，反对这种传福音方式的喧嚣声此起彼伏，非常频繁。某个"自由思想家"连续几个月定期出来干涉，总是在慕迪先生结束后，先套住人群不让走，然后咬着不放那些跟着慕迪先生和他的助手一起去参加定期举行敬拜的人，来到较小的协会厅内继续捣乱。有时，某个喝得半醉、游手好闲的恶棍会企图强行终止露天布道。有一天傍晚，有人把一个大陶罐从法院楼上的一个窗户扔下来，落在距离演讲者仅几英尺的地方，摔成碎片。

慕迪先生是囚犯的真正朋友，经常探访普通监狱——在芝加哥被称为布莱德威尔，"新娘井"[60]（"Bridewell"）。他与牢里的囚犯们交谈、一起读书和祷告。

慕迪先生在此类工作中积累的经验：如对紧急情况应急的必要措施；遏制反对势力来获得力量；以及坚定不移地持守信念和责任的性格成长，等等，所有这些都为更广泛的事工领域提供了强大的装备。当然，这些不过是（圣经中）主人赏赐原则的反复体现。"你在不多的事上有忠心，我要把许多事派你管理。"（参 太 25：21）

一八七一年，在佛蒙特州圣约翰斯伯里（St. Johnsbury, VT）举行的一次大会上，每当慕迪先生起身发言时，他都会先读圣经中的一节经文。他的一名随从对他说："我真为你恪守你的指导方针而高兴。"

他回答说："没有其它什么指导方针可恪守的了；放弃圣经，那就是放弃了所有。"

---

60 布莱德威尔（Bridewell），又称"新娘井"（"Bridewell"），源自英国伦敦的布莱德威尔宫（Bridewell Palace）。布莱德威尔宫是用来作为孤儿院以及收押失足妇女的监狱。

艾拉·D·桑基（Ira D. Sanky）

PSALM XCI.

HE that dwelleth in the secret place of the Most High, shall abide under the shadow of the Almighty.

2 I will say of the LORD, He is my refuge, and my fortress: my God; in him will I trust.

3 Surely he shall deliver thee from the snare of the fowler, and from the noisome pestilence.

4 He shall cover thee with his feathers, and under his wings shalt thou trust: his truth shall be thy shield and buckler.

5 Thou shalt not be afraid for the terror by night; nor for the arrow that flieth by day;

6 Nor for the pestilence that walketh in darkness; nor for the destruction that wasteth at noonday.

7 A thousand shall fall at thy side, and ten thousand at thy right hand; but it shall not come nigh thee.

8 Only with thine eyes shalt thou behold and see the reward of the wicked.

9 Because thou hast made the LORD, which is my refuge, even the Most High, thy habitation;

10 There shall no evil befall thee, neither shall any plague come nigh thy dwelling.

11 For he shall give his angels charge over thee, to keep thee in all thy ways.

12 They shall bear thee up in their hands, lest thou dash thy foot against a stone.

13 Thou shalt tread upon the lion and adder: the young lion and the dragon shalt thou trample under feet.

14 Because he hath set his love upon me, therefore will I deliver him: I will set him on high, because he hath known my name.

15 He shall call upon me, and I will answer him: I will be with him in trouble; I will deliver him, and honour him.

16 With long life will I satisfy him, and shew him my salvation.

PSALM XCII.

A Psalm or Song for the Sabbath day.

IT is a good thing to give thanks unto the LORD, and to sing praises unto thy name, O Most High:

2 To shew forth thy lovingkindness in the morning, and thy faithfulness every night,

3 Upon an instrument of ten strings, and upon the psaltery; upon the harp with a solemn sound.

4 For thou, LORD, hast made me glad through thy work: I will triumph in the works of thy hands.

5 O LORD, how great are thy works! and thy thoughts are very deep.

6 A brutish man knoweth not; neither doth a fool understand this.

7 When the wicked spring as the grass, and when all the workers of iniquity do flourish; it is that they shall be destroyed for ever:

8 But thou, LORD, art most high for evermore.

9 For, lo, thine enemies, O LORD, for, lo, thine enemies shall perish; all the workers of iniquity shall be scattered.

10 But my horn shalt thou exalt like the horn of an unicorn: I shall be anointed with fresh oil.

11 Mine eye also shall see my desire on mine enemies, and mine ears shall hear my desire of the wicked that rise up against me.

12 The righteous shall flourish like the palm tree: he shall grow like a cedar in Lebanon.

13 Those that be planted in the house of the LORD shall flourish in the courts of our God.

14 They shall still bring forth fruit in old age; they shall be fat and flourishing:

15 To shew that the LORD is upright: he is my rock, and there is no unrighteousness in him.

PSALM XCIII.

THE LORD reigneth, he is clothed with majesty; the LORD is clothed with strength, wherewith he hath girded himself: the world also is stablished, that it cannot be moved.

2 Thy throne is established of old: thou art from everlasting.

3 The floods have lifted up, O LORD, the floods have lifted up their voice; the floods lift up their waves.

4 The LORD on high is mightier than the noise of many waters, yea, than the mighty waves of the sea.

5 Thy testimonies are very sure: holiness becometh thine house, O LORD, for ever.

PSALM XCIV.

O LORD God, to whom vengeance belongeth; O God, to whom vengeance belongeth, shew thyself.

2 Lift up thyself, thou judge of the earth: render a reward to the proud.

3 LORD, how long shall the wicked, how long shall the wicked triumph?

4 How long shall they utter and speak hard things? and all the workers of iniquity boast themselves?

5 They break in pieces thy people, O LORD, and afflict thine heritage.

6 They slay the widow and the stranger, and murder the fatherless.

7 Yet they say, The LORD shall not see, neither shall the God of Jacob regard it.

8 Understand, ye brutish among the people: and ye fools, when will ye be wise?

9 He that planted the ear, shall he not hear? he that formed the eye, shall he not see?

10 He that chastiseth the heathen, shall not he correct? he that teacheth man knowledge, shall not he know?

11 The LORD knoweth the thoughts of man, that they are vanity.

12 Blessed is the man whom thou chastenest, O LORD, and teachest him out of thy law;

13 That thou mayest give him rest from the days of adversity, until the pit be digged for the wicked.

14 For the LORD will not cast off his people, neither will he forsake his inheritance.

15 But judgment shall return unto righteousness: and all the upright in heart shall follow it.

16 Who will rise up for me against the evildoers? or who will stand up for me against the workers of iniquity?

17 Unless the LORD had been my help, my soul had almost dwelt in silence.

18 When I said, My foot slippeth; thy mercy, O LORD, held me up.

19 In the multitude of my thoughts within me thy comforts delight my soul.

20 Shall the throne of iniquity have fellowship with thee, which frameth mischief by a law?

慕迪先生的《圣经》中的一页

第十二章

YMCA年会

一八六五年至一八七一年间，慕迪先生作为芝加哥YMCA协会的领袖，其影响力不仅是在芝加哥，而且在全国和国际大会中也能感受到。他出席了一八六八年在奥尔巴尼（Albany）举行的国际大会；一八六九年在巴尔的摩（Baltimore）召开的国际大会；然后是一八七零年在印第安纳波利斯（Indianapolis）召开的大会。

在印第安纳波利斯大会上，慕迪先生首次见到桑基先生。当时，桑基先生是代表家乡宾夕法尼亚州纽卡斯尔镇（New Castle）出席会议。这位芝加哥人（慕迪先生）的名声已经引起了桑基先生的极大关注；但由于两人都坐在大厅地板上的代表们中间，桑基先生的好奇心在最初几天无法得到满足。大会结束时，当宣布慕迪先生将于次日早晨六点在附近的一座教堂主持一场清晨祷告会时，这给了桑基先生一直在寻找的机会。次日，他和一位朋友就一起来参加祷告会。

桑基先生刚开始时，要站起来唱歌有些困难，直到朋友催促他唱赞美诗。他开始唱"有一个充满血的泉源"（There Is A Fountain Filled With Blood）这首歌，结果，所有的会众都加入了歌唱中。祷告会结束时，桑基先生经他朋友介绍给慕迪先生，慕迪先生立即认出他就是领唱者。

接下来，慕迪先生问了一些关于桑基先生的家庭和职业情况。

然后，慕迪先生，这位传教士，斩钉截铁地对桑基先生说："太好了，你就是我一直在寻找的人！你必须放弃所有这些。我希望你能来芝加哥帮助我的事工。"

桑基先生对这个突如其来的建议感到有些惊讶，同时很确定地对慕迪先生说，他不能离开自己的职业。不过，他接受了当天与慕迪先生共进午餐的邀请，了解到慕迪所提议的工作的性质。尽管桑基先生答应虔诚地考虑此事，但这次会谈没有产生任何明确的结果。

当天晚些时候，桑基先生收到了一张卡片，问他当晚是否能在某个街角与慕迪先生会面，协助露天布道。对此，桑基先生在卡片背面写道："我会在那里。"之后，桑基先生与几位朋友在指定地点会见了慕迪先生。他是这样描述随后的即兴布道：

"慕迪先生不假思索地走进街角的一家商店，请求允许他使用放在门外的一个大空箱子。然后，他把箱子移到街边，人站在上面，要我唱赞美诗：'我是十字架的战士吗？'（Am I A Soldier Of The Cross?）

"唱完一两首赞美诗后，慕迪先生开始讲话。当时，有许多工人正从工坊回家，不一会儿就聚集了一大群人。那天傍晚的讲道，是我听过的最有力的演讲之一。人们伫立，沉浸在这灼热的话语里；当他们抬起头看着演讲者真诚的面孔时，许多人将泪水从眼里抹去。讲了大约十五或二十分钟后，慕迪先生以简短的祷告结束，并宣布他将在音乐学院举办一次布道会，邀请大家跟随他去那里。当我们沿着街道迈进时，我们唱着那首著名的赞美诗：'让我们相聚在河边？'（Shall We Gather At The River?）

"没过几分钟，音乐学院大楼的下层就挤满了人。直到所有的人都就座后，慕迪先生才登上讲台发言。

"这次演讲跟街角的演讲一样令人印象深刻；直到代表们陆

续抵达来参加大会晚间会议时，布道会才结束。慕迪先生结束了他的讲道，在祷告之后就让听众散场，告诉他们现在可以回家吃点东西了。"

桑基先生对这两次布道会印象非常深刻。会议之后，他回到纽卡斯尔，告诉家人有关慕迪先生邀请他去芝加哥的事。几个月后，他答应了慕迪先生的邀请，说是来芝加哥至少呆一周，然后再决定是否长期合作。某一天清晨，他抵达芝加哥。当他来到慕迪先生的家时，一家人正聚集在一起晨祷。他立即被要求坐在管风琴前，带领大家唱一首赞美诗，他就照做了。

他们一起度过了第一天，外出探望慕迪先生会众中的病人。桑基先生唱歌，慕迪先生读圣经中的安慰语句，并为治愈病人身体和灵魂祷告。

接下来的主日，在法韦尔大厅举行了一次大型敬拜会。敬拜会结束时，有许多人站起身来祷告；之后，在"问答会"结束时，慕迪先生转向桑基先生说："你明天就要回家了，但你瞧，我请你过来帮助我完成这项事工是正确的。我希望你能下定决心尽快来一起同工。"

这个愿望最终得以实现。桑基先生很快就放弃他的生意，去了芝加哥，与慕迪先生一起，在伊利诺伊街教堂和YMCA同工。

一八七九年，在巴尔的摩举办的YMCA国际大会上，慕迪先生满腔热忱地当选为YMCA主席。与此同时，他以他特有的方式回答了几个重要问题。其中之一是关于他的秘书长工作，他对此回复说：

"一个人不可能同时担任传道者和秘书长，而使两个职位上的工作不受损。作为秘书长，为了成功，他必须为年轻人工作，并决心专做这一件事。由于这样的原因，我放弃了秘书长的职位，专心成为一名传道者。你不能鱼和熊掌两者兼得。"

当被问及在委员会中任命未归正基督的人是否明智，如果行的话，那么在何种情况下可以这样做时，他回答说："是这样，如果你想扛一个尸体，那就让他们来吧。一个死了的人必须被扛着走。我认为，一个灵魂中有基督的人，胜过一千个灵魂中没有基督的人。"

他在芝加哥担任YMCA秘书长期间，如果有人去找他，要他出面让协会帮其推广其所喜欢的事项时，他会说——如果事情本身是好的话，"是的，这是一件好事。我任命你为解决这个问题的特别委员会主席。你邀其他几个人来成立委员会，然后就开始工作吧。"

他对社会问题的态度，是基於他和人们交往的经历来决定的。他不赞同仅仅以食物救济来解决问题的方法。同时，他对那些试图挑起阶级之间冲突的人也不能容忍。当被问及，他将为失业者做些什么或者有什么建议时，他说：

"首先，要寻求神的国和祂的义，相信祂的应许。对此，我从来不知道有过失败；这样的话，所有的东西都会加给他们。其次，向神祈求工作。第三，在困难时期要尽一切力量保持耐心。第四，真诚地寻找工作。第五，任何给予的诚实工作都应接受。第六，学会省吃俭用。我认为我们国家最大的需求之一就是劳者人人有房。"

慕迪说："当我在芝加哥担任（YMCA）秘书长时，经常会有人进来找工作。他们会告诉我他们的痛苦，他们没有工作，需要帮助，等等。最后，我弄来了一大堆未经处理的木柴，把它们放在一块空地上，还搞来了一些木锯和木架子，但把它们放在隐蔽的地方。这时，当一个男子汉来寻求帮助时，我会问：

"'你为什么不去工作？'

"'我找不到任何工作。'

"'如果你能得到工作的话，任何活儿你都愿意干吗？'

"'哦，当然，什么样的活儿都可以。'

"'你真的会在街上干活？'

"'没错。'

"'你会锯木头吗？'

"'会。'

"'那好吧。'然后，我们会拿出一把锯子和一个木架子，把来找工作的人及工具一同送到街上；但我们会派一个男孩子看着，不让这些人把锯子偷走了。有时，有个家伙说：'我要回家告诉我妻子，我找到工作了'；然后一溜了之。那将是我们最后一次见到他。整个冬天下来，据我所知，锯下的木头从未超过三四根。"

慕迪先生在协会的工作中与不少人结下终生的友谊，这对他传福音和教育工作有很大的帮助。一八六七年九月，布拉特尔伯勒（Brattleboro）的埃斯蒂将军[61]（Gen. J.J. Estey）在佛蒙特州伯灵顿举行的YMCA大会上结识了慕迪先生。

埃斯蒂将军说："我永远不会忘记他走进大会会堂时的场景。他的到来，对在场的每个人来说都是一种鼓舞。从那一刻起，直到会议结束，会场上的超凡热情是极为罕见的。大约六周后，我去芝加哥访问，并拜访了他。我仅在前面提到的大会上见过他一面，但他立即认出我来，并用我的名字称呼我。后来我才晓得，这是他的特殊天赋之一：能够将人的名字和面孔联在一起，並且很少出错。

"第二年秋天，在布拉特尔伯勒举行的YMCA大会期间，我有幸在家里招待了他。我们有很多客人。他来的时候，还带来了

61　埃斯蒂将军（Gen. J.J. Estey，1845-1902），佛蒙特州国民警卫队创始人、将军，埃斯蒂风琴公司的继承人之一、总裁。

他的一位兄弟。我永远不会忘记当时发生的一件事。当我们用完早餐走出餐厅时，他贴耳悄悄对我说，'请每个人在家庭祈祷时祷告'。后来我了解到，这是他让他的兄弟做第一次公开祷告的方法。他的兄弟以背诵主祷文，作为家庭祷告中的一部分。

"他首次欧洲之行回来后的那个夏天，他在北田镇（Northfield）举办各种聚会，我们常常是一车人下去协助；不仅自己得到了很大的祝福，而且能够在咨询室帮上一手。

"学校[62]开办时，他邀请我成为董事（trustees）之一，从那时起我就一直担任这个职位。在黑门山（Mount Hermon School）学校开学之前，他驾着马车载着我跑遍了全校的场地。然后，他邀请我成为该校的董事。我欣然接受了这个职位。学校成立初期，当他在国外时，我几乎每周都会去学校，以解决男孩子们时不时出现的麻烦事。当时，学校只有两栋农舍，每栋有十二个男孩子、一名老师、一名女舍监和一名佣人。

"从那时起，我们的关系就如莫逆之交。能够与他情如手足，我认为这是我一生中最大的荣幸之一。并且，我可以坦诚地说，他是我所认识的最真诚的人。他非常谨慎，经常对我说，我也许可以做这样那样的事情，但对他来说，像他这样的地位，这根本不是他能做的事情。在我认识的所有的男士中，我认为他是最谨慎、时刻确保自己远离任何邪恶的人。"

---

62 这里的学校指的是北田女子神学院和黑门山学院。均由慕迪创办。

<h1 style="text-align:center">第十三章</h1>

<h1 style="text-align:center">首访英国</h1>

慕迪先生为人处世的显著特征之一，就是他对其他演讲者的敬重赏识。他总是设法找一些新的、受过良好教育的圣经老师或一些成功的福音传道者，邀请他们到他的伊利诺伊街教堂或法韦尔大厅的聚会上演讲。凡有名望的牧师经过芝加哥时，慕迪先生预先都会知道。如果该牧师的基督信仰纯正得到确证，那么他肯定会收到紧急邀请，在教堂或协会的聚会上演讲。这种喜乐开放的伯乐精神使他与访问芝加哥的大多数基督教精英领袖，神职人员或平信徒，包括许多从国外来的，建立了亲密的关系，有些甚至成了莫逆之交。

从这些国外来的朋友那里，慕迪先生听说了很多英国教会的事工方法。他觉得，若对这些方法有更多的了解，将会对自己的事工非常有帮助。一八六七年的一个周日，慕迪先生以他那突如其来的方式，向他的教会学校宣布，他将于本周出发前往英格兰。当时，慕迪夫人患有哮喘，医生建议来一次海上航行，彻底改变一下空气和景色，这对医治哮喘将是很理想的方法。

当时在英国，有两个人——查尔斯·司布真[63]（Charles H. Spurgeon）和乔治·穆勒[64]（George Muller），是慕迪先生一直非

63　查尔斯·司布真（Charles H. Spurgeon，1834-1892），十九世纪英国浸信会牧师，最著名的布道家。

64　乔治·穆勒（George Muller，1805-1898），十九世纪英国基督教弟兄会的教会领袖之

常渴望见到的。因此，这次英格兰之旅有其双重目的：一、为慕迪夫人提供一次对健康有益的航海旅行，二、能结识这些著名的基督教领袖。就这样，他义无反顾地出国前往英格兰。

然而，除了少数访问过美国的人之外，他当时在英国鲜为人所知。这少数人中，包括伦敦主日学联盟秘书长方丹·哈特利[65]（Fountain J. Hartley）。哈特利邀请慕迪先生在埃克塞特大厅[66]（Exeter Hall）举行的周年纪念会上演讲。按惯例，在这种场合，作为演讲者有权发言的先决条件，是要作为会上一项提议的动议者或附议者。慕迪先生被指派的提议是对当晚的会议主席，著名的沙夫茨伯里伯爵[67]（Earl of Shaftesbury），表示感谢。

亨利·克莱·特朗布尔博士[68]（Dr. Henry Clay Trumbull），以目击者的身份，讲述了以下发生的插曲，"会议快要结束时，主席将自己的位置让给了副主席——这样就可以让副主席提出并通过对会议主席表示感谢的提议。副主席宣布，他们很高兴地欢迎'美国堂兄弟，芝加哥的慕迪牧师先生'，现在慕迪先生将'向主持这次会议的尊贵的伯爵先生表示感谢'。以令人清新的直率，以及对传统礼仪和单纯恭维不屑一顾的态度，慕迪先生大胆地向会众声明如下：

"'主席犯了两个错误。首先，我根本不是"牧师"慕迪先生。我是德怀特·慕迪，一名主日学校的工作人员。正因为这样，我就不是你们的"美国堂兄弟"！靠着神的恩典，我是你们的（主内）弟兄，我和你们一样关心天父为祂的孩子们所做的事工。

一，慈善家——以开办孤儿院著名，一生照顾的孤儿总数超过一万人。

65　方丹·哈特利（Fountain J. Hartley），生死年不详。著有《主日学之军：其地位和进展》（The Sunday School Army: Its Position and Progress）。

66　埃克塞特大厅（Exeter Hall），位于伦敦河岸街北端的公共会议厅。

67　按年份，当时的沙夫茨伯里伯爵（Earl of Shaftesbury）应为安东尼·阿什利－库珀（Anthony Ashley-Cooper, 7th Earl of Shaftesbury, 1801-1885）。库珀是早期锡安主义运动和YMCA的支持者。

68　亨利·克莱·特朗布尔博士（Dr. Henry Clay Trumbull, 1830-1903），美国基督教牧师、作家。主日学运动的先驱人物之一。

"'现在，关于感谢"尊贵的伯爵"今晚担任我们的主席的提议。我不明白为什么我们应该感谢他，好像他就不应该感谢我们似的。有一次，林肯先生在伊利诺伊州主持了一次会议，会议的组织人主动向他表示感谢，但他却阻止了。他说他只是尽力履行自己的职责，而会众也尽力履行了他们的职责。他认为这是一件相互平等的事情。'

"慕迪先生的开场白让所有的听众屏气凝神。这种开场白跟英国当时的传统规范大相径庭。其新颖性令人愉悦。从那时起，慕迪先生就吸引住了他的英国听众。"

很快，他就想办法联系到奥尔德斯盖特街（Aldersgate Street）的基督教男青年会（YMCA）。在那里，他通过举办中午祷告会，给英国宗教生活留下了永久的烙印。第一次祷告会是在五月十三日举办，当时有近百人参加；之后人数不断增加，直至每天出席人数达到两三百人左右。慕迪先生的首次信息是：各人当做的工（可 13：34）。他以新鲜且充满活力的方式讲述了在芝加哥的福音事工经历，使所有的听众乐此不疲。他以其生动的描述，谈到用自己独特原创的方法，在芝加哥那些粗野、无法无天的孩子们之间所尽的努力，使得在场的听众兴奋不已。

慕迪先生在以下给母亲的信中，流露出自己当时的感受：

"我终于在这里打开局面。我向您谈谈每日联合祷告会：这是一个极大的成功。他们现在伦敦不同的地方举行这样的祷告会，我希望此举能带来巨大的益处。同时，他们还在大英帝国的不同地区开始了祷告会。

"乔治·穆勒的伟大的孤儿院位于布里斯托尔（Bristol）。他在那里有一千一百五十个孩子；但他从来没有向任何人要过一分钱来养活这些孩子。他呼求神，神就赐钱给他。看到对一个祷告的人，神所行的事，实在是太奇妙了。"

一八六七年五月十日，当慕迪先生在布里斯托尔时，他在一所主日学校的圣经课上作了一番讲话。演讲结束时，他请所有想要祷告的青少年站起来。立刻，该班有十五名学生起立，其中包括约翰·肯尼思·马根济[69]（John Kenneth Mackenzie）。当时，马根济还是个十六岁的小伙子；他后来成为一名医学传教士去到中国传福音，在那里，他建立、管理了第一所与伦敦传道会相关的清朝政府医学院。

虽然后来马根济先生将他对属灵生活的热切追求追溯到那一次的圣经课，但他当时并没有完全意识到这一点；直到那一天的周年纪念日——即慕迪先生的演讲给他留下深刻印象的那天，在YMCA的聚会上，他与几个同伴一起起身，公开宣称自己是跟随主耶稣的门徒。大学生活八年后，他亲自跟慕迪先生会面。他称这次会面为"一次永生难忘的会面"。对于这次会面，马根济先生的传记作者布赖森夫人是这样写的：

"对这位刚刚戴上盔甲，去国外战场服事的青年耶稣战士来说，从几年前曾是神手中的器皿，指引他真诚思考不可见和永恒真理的人那里得到忠告和祝福的话，使他的心受到了极大的鼓舞。"

而就在这个时候，慕迪先生听到了这样的一句话，标志着他人生的新时代的开始：

"世人将拭目以待，神将如何对待他、为他、通过他、在他里面、将他完全奉献给祂的人。"

慕迪心想，"他说的是'一个人'。他没有说一个伟人，也没有说一个有学问的人，也没有说一个富有的人，也不是一个智者，也不是一个雄辩的人，也不是一个'聪明'的人，而只是说'一个人'。我是一个人；对于一个人来说，他是否愿意给出

---

69 约翰·肯尼思·马根济（John Kenneth Mackenzie，1850-1888），英国伦敦传道会驻华医学传教士。马根济先后在汉口、天津行医传道。在清朝总督李鸿章的赞助下，他在天津建造开办了伦敦会施医院。马根济因天花早逝。

完全的奉献，全取决于他自己。我将尽我的全力成为那个人。”

有一天，一位伦敦朋友将他介绍给都柏林的比尤利先生[70]（Mr. Bewley），后者问道：

"这个年轻人真是O和O吗？"

朋友问："'O和O'是什么意思？"

答复是，"他是全心全意为基督献身吗？"（Is he out and out for Christ?）

这句话给了他极深刻的印象，从那时起，为基督而"O and O"就成为他至高无上的目标。

从纽约起航到英国之前，有一位朋友强烈建议他访问爱丁堡，在那里不要错过会见资深宣教士达夫博士[71]（Dr. Duff），以及亲自观察格思里博士[72]（Dr. Guthrie）的事工。这样，慕迪先生就去了爱丁堡。虽然在那里，他未能实现他的特殊目的，但某个晚上，他有机会在自由大会堂发表演讲，并且会见了几位著名的基督教领袖。

这次英国之行对慕迪先生帮助极大，他一直很珍惜当时所建立的关系。在返美国前不久，他在伦敦YMCA年度早餐会上发表讲话时，说：

"我非常荣幸在你们的城市呆了两个月；谈到荣幸（特权），我以为你们拥有如此丰厚的特权，仿佛已经被提升到了天堂一样。因此，我对一个在伦敦居然没有希望，沉沦而死的人，深感遗憾。一直以来，我非常渴望见到基督教男青年会（YMCA）的创始人。远在美国西部的我常常为这个协会祷告；今天早上，当

70　比尤利家族（Bewley Family）是都柏林的一门旺族。十九世纪至今，无论在经济、政治和宗教方面，一直是都柏林最有影响力的家族。此处的比尤利应是其中一位，生卒年不详。

71　达夫博士，即亚历山大·达夫（Alexander Duff，1806-1878），苏格兰基督教传教士。是苏格兰教会第一个派往印度的传教士。

72　格思里博士，即托马斯·格思里（Thomas Guthrie，1803-1873），苏格兰英国国教牧师、慈善家。是苏格兰当时最著名的布道家之一。

我坐在这里，聆听我的朋友们的讲话，瞧着他们的脸时，我感到心满意足。

"我不知道我将来是否再次有幸来这里，看起来也许不太可能。下个月我会回到家，但我将永远记住今天这个早晨。据说，拿破仑在他的军队取得巨大胜利后，下令铸造一枚勋章，上面刻有：'我曾在那里'——一言以蔽之。今后多年，当我远在美国西部大草原，每当五月到来时，我就会想起一八六七年'我曾在那里'。随着岁月的流逝，如果我有幸在那宏伟之城（天堂）见到今天早上在场的任何人，我们可以坐在那从神的宝座流出的美丽的生命河岸边，畅谈今天早上的事情。想到我们曾在一起战斗，这将使我们感到无比欣慰。"

慕迪先生接着谈了美国，尤其是芝加哥的新事工方法，让大家感动不已；时而欢笑，时而落泪。他经常探访酒吧和其他罪恶出没的地方，从探访中逐渐培养发展出一种智慧才智；这种智慧才智是源于并且充分体现了对拯救灵魂的深切热情的爱。

这次海外旅行取得了难以想象的巨大成功。一切如愿以偿：慕迪夫人最终完全康复，而慕迪先生则见到了乔治·穆勒和查尔斯·司布真。到巴黎短暂地参观巴黎博览会——由拿破仑创办的伟大的"世界博览会"，更是一种额外的乐趣。

七月一日，在慕迪夫妇返回美国前夕，英国同僚在伦敦为他们举办了告别会。仅在这三个月的短暂访问中，这位主日学工作者，来自美国的"堂兄弟"，就赢得了基督教事工者们普遍赞赏和友谊。会上，一位发言者认为：

"到海外异域访问的人中，鲜有人能像慕迪先生那样，能在如此短暂的时间内，赢得这么多人的喜爱；或者，进而言之，一个既不知名、又没有推荐信的人，深深赢得了众多基督徒弟兄的喜爱。以前这里很少有人听说过他。但在与他交谈或听他宣讲耶稣之后，让这么多的人对他产生极大的爱，就毋须再要有其他理由了。"

正是在这首次访问英国期间，他见到了R. C. 摩根[73]（R. C. Morgan）。摩根是当时以及现在，一份最有影响力、发行最广泛的基督教周刊的编辑。该周刊最初名为《复兴》，后来又改名为《基督徒》。见面之际，两人之间顿时有一种君子相见恨晚的感觉：他们各自以自己独特的方式传播福音。

之后的年月里，慕迪先生称其早期的努力，在某种程度上，是"没有知识的激情"的表现。然而，正如他继续补充说，"这样的人，比起有知识但没有热情的人，则更有希望。"摩根先生是一位一丝不苟、博通经籍的圣经学者，他对这位年轻的美国陌生人情之所钟，从一开始就给予体恤和鼓励，并且在他后来的所有事工中一直是最慷慨的支持者。而慕迪先生，在他再次访问不列颠群岛之前，亦将获得对神的话语更全面的了解。

---

73 R. C. 摩根（Richard Cope Morgan，1827-1908），基督教周刊《复兴》的创办人、编辑。

第十四章

亨利·摩尔豪斯的影响

慕迪先生与亨利·摩尔豪斯[74]（Henry Moorhouse）的友情，标志着他的宗教经历和传道步入一个新时代。两人首次邂逅是在都柏林，在慕迪先生短暂访问英国期间。

慕迪先生谈到与摩尔豪斯邂逅相遇时说，"我在报纸上读到过关于'小伙子传教士'的报道，但我不知道这就是他。他自我介绍，然后说他想来芝加哥讲道。他唇上无毛，看起来不过十七岁；我对自己说，'他不会讲道。'他想要我告诉他，我乘哪艘船回美国，因为他希望和我同乘一艘船。不过，我认为他不会讲道，所以我没有告诉他乘哪艘船。我到芝加哥后，没过几周就收到一封信，说他已经抵达美国；如果我需要他，他会来芝加哥替我讲道。既然如此，我就坐下来写了一封非常冷淡的信："如果你来西部，请来见我。'我以为，那将是我最后一次听到他的消息。很快，我又收到他的一封信，说他仍在美国国内，假如我需要他，他会来芝加哥为我讲道。我又写道："如果你碰巧来西部，请来找我。'几天后，我收到一封信，说在某个星期四他会在芝加哥为我讲道。这时，我真的不知道该拿他怎么办了。我已经先入为主，认为他不会讲道。我当时已定在周四和周五出城，于是就告诉教会的一些负责人，说："周四有一个英国人来这里。他

74　亨利·摩尔豪斯（Henry Moorhouse，1840-1880），英国布道家。摩尔豪斯年青时放荡不羁；十七岁时瞬间悔改归正，从此对主忠心耿耿，献身於基督。

想要在这里主日讲道。但我不知道他是否能行。'

"他们说教会里有很多人会感兴趣，但他们认为他最好还是不要主日讲道；他是个陌生人，也许结果是弊大于利。'那好吧，'我说，'你们可以先试试他。我来宣布他周四晚上讲道。你们每周的常会是在星期五。听完他周四的演讲后，你们可以决定是否让他周五晚上再次演讲，不然的话，你们就举行平常的祷告会。如果他两个晚上都讲得很好，你们就知道是宣布让他还是让我来作主日讲道。我周六回来。'

"当我周六早上回来时，我很想知道他的情况如何。我进屋时，我对妻子说的第一句话是：'那个年轻的英国人近况如何？大家喜欢他吗？'

"'他们非常喜欢他。'

"'你听他演讲了吗？'

"'听了。'

"'那么样，你喜欢他吗？'

"'我非常喜欢他。他两次讲道都以约翰福音为主题：*神爱世人，甚至将他的独生子赐给他们，叫一切信他的，不至灭亡，反得永生*。我想你会喜欢他的，尽管他的演讲内容与你略有不同。'

"'这怎么说？'

"'是这样的，他告诉罪孽最深重的人，神爱他们。'

"我说，'那么，他可是错了。'

"'我想，当你听他演讲时，你就会同意他的观点，'她说，'因为他所说的一切都以圣经为基准。'

"主日到了，当我来到教堂时，我注意到，每个人都带着圣经。早上的讲道是针对基督徒的。我从未听到过类似的讲道。他给出了圣经的章节和句子来证明他所说的每一句话。夜幕降临，教堂里挤满了人。'现在，亲爱的朋友们，'讲道人说，'如果你们翻到《约翰福音》第三章第十六节，你们就会找到我要讲的经文。'接着，他作了关于这段经文最杰出的讲道。他没有将经文分为'第二'、'第三'、'第四'来讲；他只是拿了整节经文，然后从创世记到启示录，将圣经通篇涵括，以证明神历世历代都爱世人。神先是差遣了先知、族长和圣人来警告我们，然后祂差遣了祂的儿子。在他们杀了祂之后，祂又差遣了圣灵。直到此时，我才知道神是如此的爱我们。我的心开始融化；我忍不住流下了眼泪。这就像来自遥远国度的信息：我把这信息一饮而尽。拥挤的会众也是如此。我告诉你，在这世界上只有一样东西比所有一切都重要，那就是爱。一个人如果没有人爱他，没有母亲，没有妻子，没有孩子，没有兄弟姐妹，就属于自杀的一类。

"在芝加哥，周一晚上要让人们出家门，实在是一件难事。但人们还是来了。他们都带着圣经。摩尔豪斯开始说道：'亲爱的朋友们，如果你们翻到《约翰福音》第三章第十六节，你们就会找到我要讲的经文。'他再次表明，从创世记到启示录，一路下来，神爱我们。他几乎可以翻到圣经的任何部分来证明这一点。说真的，我认为这次讲道比前场更好；他的音调比前场更高，听到这音调让我的灵魂感到甜蜜。他把神爱世人这个真理深深地印在了我的心里。从那以后，我就再也没有怀疑过。我过去常常宣讲，神在罪人背后，拿着一把双刃剑，随时准备将他砍倒。对此，我已经洗心涤虑。我现在宣讲的是，神在罪人身后，充满着爱，而他却在躲避那充满爱的神。

"周二晚上，我们以为，他肯定已经完成那段经文的演讲，因此会另选一段经文来讲，但他说：'如果你翻到《约翰福音》第三章第十六节，你就会找到我要讲的经文，'他再次宣讲那段精彩的经文，而当晚他获得了更强烈的共鸣。'神爱世人，甚至将他的独生子赐给他们，叫一切信他的，不至灭亡，反得永生。

永生，不是在你死时才会有，而是现在，此时此地就有。'就在此时，我们开始相信这一点，而且从那以后我们就再也没有怀疑过它。

"连续六个晚上他都在讲同一篇经文。第七天晚上到了，他走上讲坛。每双眼睛都注视着他。他说：'亲爱的朋友们，我一整天都在找新的经文，但我找不到比老经文更好的了；所以我们要回到《约翰福音》第三章第十六节，'他用神爱世人这奇妙的话语，作为第七次讲道的主题。我记得，作为那次讲道的结尾，他说：'我的朋友们，整整一个星期我一直竭力想要告诉你们，神是多么地爱你们，但我笨嘴拙舌，无法做到这一点。如果我能借用雅各的梯子上到天堂，请加百列——那站在全能者面前的——告诉我，天父对世人有多爱，他唯一能说的就是：'神爱世人，甚至将他的独生子赐给他们，叫一切信他的，不至灭亡，反得永生。'

"如果今天有人站上讲坛，来宣讲这段经文，整个教堂都会充满微笑。"

摩尔豪斯先生教慕迪拔出剑，扔掉剑鞘，以赤裸的剑刃投入战斗。

一八六八年八月，摩尔豪斯先生再次访问了芝加哥，与慕迪先生同工了两个月，在他的教堂和法韦尔大厅布道。在此期间，他在慕迪先生的陪同下去了其他城市，召开了大约七十二次布道会，等等。一八七二年冬天，他又一次来到美国，在芝加哥主持主日崇拜。之后，一八七八年，他协助慕迪先生在新英格兰的布道工作。

一八七五年六月，慕迪先生去英国旅行布道时，摩尔豪斯先生是首批来迎接的人之一，并协助慕迪在泰恩河畔纽卡斯尔（Newcastle-upon-Tyne），以及其他地方的全天布道大会，在事工中发挥了主导作用。两人对彼此性格力量的认可，将他们紧密地联系在一起，建立起深厚的友谊。摩尔豪斯先生生性亲切、对主忠诚，加上慕迪先生强大的日常知识和日渐扩大的影响力，使他们成为福音工作中至死不渝的战友。

伊利诺伊街教堂，芝加哥大火前的场景
经慕迪先生努力所建的第一座建筑。

慕迪礼拜堂
芝加哥大火后所建的第一座建筑。曾被使
用两年。有过福音事业的非凡景象

慕迪肖像；油画（希利）
慕迪夫人从芝加哥大火中救出的珍贵肖像。

第十五章

芝加哥大火：教训和重整

一八七一年春天，慕迪先生同菲利普·菲利普斯[75]（Philip Phillips）以及约翰·文森特牧师一起，去加利福尼亚州旅行。当他回到芝加哥时，天气变得异常炎热。他的会众分散在四处，看起来几乎不太可能把他们召集在一起。他花了一段时间，来考虑如何才能重新把他们聚在一起，不至于流失。有一次，他想举办一场带有某种神圣意义的音乐会，或者，找某个人来演讲某些历史事件；因为他担心，在这种天气下，光讲福音也许不太"吸引"人。

经过祷告之后，他有了一个念头："用圣经人物向他们传讲福音。"他脑子里有六到八个那样的人物，就决定先从亚当开始。他就拿亚当这个话题来研究；不过，他又担心，他谈亚当超不过三十分钟。然后，他觉得他可以试谈一下以诺。接下来，他就研究挪亚，然后他选择亚伯拉罕作为要传讲的圣经人物之一。没过多久，来法韦尔大厅听道的人就络绎不绝；五周之内，他就有了一大批的会众。

当他开始研究基督时，他打算用六个晚上的时间来传讲基督的生命。他花了四个主日的晚上讨论这个话题，将基督的生涯从马槽谈起，一直谈到耶稣被捕和审判。第五个主日晚上，十月八日，来听他讲道的会众规模之大，是他在芝加哥所有讲道中前所

75　菲利普·菲利普斯（Philip Phillips），基督教圣诗作者。生卒年及其他身份不详。

未有的，他讲的主题是："**那么，面对那被称为基督的耶稣，我该如何行呢？**"在讲道之后，或者谈话之后——因为他当时不愿称之为讲道，他以全力恳求会众将基督作为救世主和救赎主：

"我希望你能把这段话带回家，在一周内反复思考。下个主日，我们将谈到加略山和十字架，那时我们将决定，面对拿撒勒人耶稣，我们应该如何行。"

"这是个什么样的错误啊！"芝加哥大火（一八七一年）二十二周年的纪念日，他向芝加哥的一大群听众谈起这个故事时，说；"从那时起，我就再也不敢给我的听众一个星期的时间来考虑他们的救赎问题。一旦他们失去机会，大审判的时候，他们会起来指控我。我记得桑基先生唱的那首歌。当他唱到那句恳求众人悔改归正的歌词时，他的声音是那么高亢凄厉：

"'今日救主呼唤，

脱离罪恶入我怀！

审判风暴降临，

死亡近在你眼前！'

"从那以后，我就再也没有见到过那些会众。今天，我强忍住眼泪。我查看了今天在座的听众，发现没有一人是那天晚上来听我讲道的。我在芝加哥有很多老朋友，人地都很熟，但是二十二年过去了，从那以后我就再没有见到过那天晚上会众里的任何一位。直到我在另一个世界遇见他们，在地上我永远也不会再见到这些人。我想告诉你们，那天晚上我学到的永世难忘的一个教训，那就是，当我讲道时，面对基督，当场就要让人们作出选择。并且要他们立马做出决定。我宁愿砍掉右手，也不愿给会众一周的时间来决定如何面对耶稣。我经常受到批评；人们对我说：

"'慕迪，你好像要人们一下子做出决定。你为什么不给他

们一点时间来考虑？’

"我多次哀求神，原谅我那天晚上告诉人们用一周的时间来再三考虑。如果祂饶过我一命，我绝对不会再这样做。现在这里的听众很快就会散去。今后我们也许就再也见不到面。像今天这样的聚会，有一种非常庄严的气氛。

"你会注意到，彼拉多（Pilate）那天晚上的处境，就像我那天晚上的听众一样，也就如你们今天所处的状况一样，他必须当场决定如何对待耶稣。这件事突然发生在彼拉多身上——尽管我不认为耶稣基督对他来说是陌生人。我不相信，耶稣在犹太和耶路撒冷传道几个月，彼拉多居然没有听说过祂的教导。他一定听过祂的布道；祂所教导的教义；祂所说的奇妙比喻；所行的奇迹。一定听说过希律如何将祂的先锋（译者：施洗约翰）斩首，以及希律如何残忍地对待祂。彼拉多对拿撒勒人耶稣并不陌生。

"自从那场大火的夜晚以来，我就下定决心，只要神让我活着，我要比以往更加敬拜基督，活出基督的样式。我感谢神，如今对我来说，祂比二十二年前更加宝贵。我并非如我所希望的那样，但我比芝加哥大火时的状况要好多了。"

一八七一年是慕迪先生献身於基督生涯中至关重要的一年。他越来越意识到，他的灵命和能力与他的事工实在是不相配。他对圣灵力量的饥渴难耐是由两位妇人所激发的。这两位妇人常常来参加聚会，而且坐在前座。慕迪先生从她们脸上的表情，看得出她们正在祷告。敬拜结束后，她们会对他说：

"我们一直在为你祷告。"

"你们为什么不为众人祷告呢？"慕迪先生问。

她们回答说，"因为你更需要圣灵的力量，"

"我需要力量！嗟乎，"多年后慕迪先生在谈这件事时说道，"我以为我很有力量。我的教会人数在芝加哥是最多的，并且有很多人归信。我私下颇为满足。然而，就在我沾沾自喜的时候，那两位敬虔妇女却在为我祷告。她俩热切地告诉我，神要恩膏我担负起特殊的使命。这让我开始认真思考。我请她们来见我，跟我交谈。她们倾心祷告，要使圣灵充满我。突然间，我的灵魂深处涌起强烈的渴望。我不知道是什么原因引起的。我开始嚎啕大哭——我以前从未如此哭过。我真的觉得，如果我没有这种服侍的力量，我就不想活下去了。"

当慕迪先生处于这种心情和精神状态时，芝加哥亦化为灰烬。大火吞噬了法韦尔大厅和伊利诺伊街教堂。主日晚上会议结束后，在回家的路上，慕迪先生看到火光雄雄，当下知道这对于芝加哥来说意味着毁灭。大约一点钟，法韦尔大厅被烧毁，他的教堂很快也被毁了。全城一片狼藉。午夜时分，火势似乎有所减弱；人们以为，就像前一天晚上那样，消防部门会占据上风将火势控住。慕迪全家人就作息入寝了。但是，还不到一个小时，街上的所有居民就听到有人大声呼喊，要他们尽快撤逃。火势已经越过河，并且正在迅速蔓延。

现在想从迅速扑来的火中救出更多的钱物已经为时过晚。慕迪先生的两个孩子，由一位邻居带着，乘坐那已经很拥挤的马车，向北逃亡。几件银器和一些珍贵的友谊信物被匆匆放进了婴儿车里。但有一件珍品慕迪夫人一心要保存下来。这就是画家希利为慕迪先生绘制，挂在客厅墙上的油画肖像。这是一八六七年他们第一次欧洲之行归来后，画家送给慕迪夫人的一份礼物。当时，慕迪先生的芝加哥朋友们将这栋家具齐全的房屋，免费出租给了慕迪先生。因此，慕迪夫人对这幅肖像的重视，自然超过了房子里的任何东西。

有个跑进房间的陌生人，帮忙将画从墙上取下。慕迪先生的妻子招呼慕迪，要他把画保存下来。尽管那是个令人恐慌的夜晚，慕迪先生却注意到了把画保存起来的荒唐面。

"把我自己的肖像保存好！"他说。"哈，那一定很可笑！假设我在街上遇到处于我们同样困境的朋友，他们说：

"'你好，慕迪，真高兴你逃出来了。你全力抢救、并且充满感情紧守着的，是个什么宝贝？'

"'哦，那是我自己的肖像。'难道你觉得这样的回答会好吗？"

接下来，怎么求慕迪先生都无济于事。不过，最后那副油画还是匆匆忙忙地从沉重的画框上卸下来，由慕迪夫人亲自带着。这是唯一一件从他们家抢救出来的珍品。为抢救这幅肖像，慕迪夫人还落得满脸乌青。算是付出的一部分代价。因为一走到街上，狂风大作，人要与风拼命抗争。但在一场激烈的争斗之后，爱最终得胜。这幅肖像现在挂在北田家里的墙上，仿佛在提醒人们那一夜的严酷考验。

当他的妻子和家人撤离后与朋友安全相处，慕迪先生立即投入到救援工作。过后不久，他启程前往东海岸为无家可归者以及新教堂筹集资金。他从费城的乔治·斯图尔特[76]（George H. Stuart）和约翰·沃纳梅克[77]（John Wanamaker）以及东部的其他朋友那里筹集了三千美元。就这样，一座75x100英尺的临时建筑，立即在距离前教堂所在地不远的地方拔地而起。一八七一年十二月二十四日，即火灾发生后两个月零十五天，这座被称为城北会幕（North Side Tabernacle）的建筑便落成使用。

在纽约的时候，他听说瀑布河郡（Fall River）有一位非常慷慨大方的富翁。于是，慕迪先生就去找他，得到了一张大额支票。

---

76 乔治·斯图尔特（George H. Stuart，1816-1890），美国商人，福音传道人，作家。
77 约翰·沃纳梅克（John Wanamaker，1838-1922），基督徒美国商人，百货商店之父，慈善家。

他的新朋友，R. K. 雷明顿先生[78]（R. K. Remington），还驾着马车带他去拜访了城里其他富人。当他们在火车站分别时，慕迪先生紧握雷明顿先生的手，说：

"如果你来芝加哥，就来找我。对你的善意我将尽力回报。"

雷明顿先生说："千万别等我，你对首个来访的人这样做即可。"

在这次东部访问期间，慕迪先生依然渴望获得更多圣灵的力量。

"我的心不在募款的事上，"他说。"我其实是无法推脱。我一直在哭求神用祂的灵来充满我。就这样，直到有一天，在纽约市——圣灵降下——哦，那是多么美好的一天！我无法用文字来描述这个经历。我也很少提及它。这种神圣的经历是无法言喻的。保罗有过这样的经历，但他十四年只字未提。我只能说神向我显明了祂自己。我深深经历到祂对我的爱，以至我不得不求祂暂时停下来。之后我又去传道了。我讲的道与之前并无区别。我没有讲任何新的真理，但仍有数百人归信。如今，哪怕你给我整个世界，我也不愿回到这段幸福经历之前。对我来说，世界就像天平上一粒无足轻重的小尘埃。"

慕迪先生回到芝加哥后，他在新建的会幕的宣教工作进展顺利；并且在一年内，步步为营建造起一座永久性建筑。建造教堂的地块被锁定。捐款来自四面八方。数千名主日学校的孩子每人捐出五美分，为建造新大楼增添一块砖。两年来，暂用的建筑物的地下室被临时盖上屋顶，用来作为会议场所。最终，正如后续章节将会提到，各样的方法措施促成了新大楼的建成。新大楼后来被称为芝加哥大道教堂（Chicago Avenue Church）。

大火发生五年后，慕迪先生从国外事工归来，给他深爱的芝

---

78 R.K.雷明顿（R. K. Remington，1826-1886），著名美国商人，慈善家。

加哥大道教会会员写了以下这封信：

"我毋须告诉你们，我是多么想在斋戒日（Fast Day）和你们在一起，但神另有旨令。今天，除了主以外，我独自一人，在这家酒店静候安息日的过去。这样，我就可以启程回家。在那里，我可以见到我的母亲，并尽力使她从伤心欲绝的境况走出来（她刚收到她的一个兄弟突然去世的消息）。即使是这样，我觉得我必须告诉你们，从我脑海中闪过的一些想法。

"十五年来，我对三件事特别有负担：教会、基督教男青年会（YMCA），还有如今已在天堂的我亲爱的兄弟。神回应了我为我兄弟的祷告，拯救了他，使他对他人有用。现在又把他接到祂身边。这个负担不存在了。YMCA最近也受到了祝福。但我的初爱怎么样？多年来，我私下下跪祷告时，很少不为我亲爱的芝加哥教会思念祈祷；尤其是最近，我的脑海和心里比平时更多地顾念你们。难道你们会让这祝福的时光白白流失，从此失去祝福吗？

"任何教会，要获得祝福的唯一途径就是放下一切分歧、一切批评、一切冷漠和党派纷争，合而为一，同为一人来到主面前。当教会生活在《哥林多前书》第十三章所描述的爱中时，我确信每天都会有很多人加入神的羊群。我想请教会在星期四，一起跪下阅读这一章。当你们如此行的时候，祈求神将祂的大能赐给你们。最近，我恳切地向神祷告，希望祂能帮助我拯救更多的人。我无法用言语告诉你们，祂对我的祷告有多么奇妙的回应。对我来说，你们好像比以往任何时候都更亲近。我的心与你们同在，我渴望看到你们不断地来到神面前，寻求祂那源源不断的爱。

"今天，我在《彼得前书》找到了一节经文，第四章8节。我以前从未注意到这样的说法：'最要紧的，是彼此切实相爱。'请仔细想想这句话。将它放在所有例行事工的首位。信心固然是好的，但爱高于信心。真理是美好的：看到神的教会研究神的话语是一个美丽的景象，但如果我们没有爱，我们又算什么呢？愿我亲爱的教会得到来自上天的爱的滔滔泉流，充满我们所有人的心。耶稣在世上的最后一晚，在他们把祂钉在十字架上之前，祂对门徒说：'你们要彼此相爱，象我爱你们一样；这就是我的命令。'（约 15：12）让我们思考这些庄严的话语，愿基督的爱将我们牵引在一起，使我们合而为一。"

在这封给教会信件中，慕迪先生是这样写给牧师 W·J·埃德曼博士[79]（Rev. Dr. W. J. Erdman）的：

"我确实希望你能让人们持守爱的思想。我确信，缺乏爱是许多教会偏离正道之处。我们必须将爱置于一切之上。看看保罗和彼得在这一点上是如何达成一致的。让我们把爱放在首位。如果教会的爱是健全的，我想其他任何方面也会是健全的。愿神与你同在，以祂奇妙的方式祝福你——这是我真诚恒持的祈祷。"

---

79 W·J·埃德曼（Rev. W. J. Erdman, D.D.，生卒年不详），美国基督教牧师，曾任慕迪芝加哥大道教会牧师。

第十六章

首次英国长宣

人们对城北会幕的兴趣之大，甚至当慕迪先生为筹划新建筑四处跑，人不在芝加哥时，会幕的事工仍然有增无减继续进行。由此，慕迪先生发现不必将芝加哥套在自己身上。与此同时，他渴望从英国的圣经学者那里学到更多圣经知识。于是他决定再次漂洋过海。一八七二年六月，他作了一次短途旅行。这次访问值得（人们）特别的关注，因为，其中有一件事无疑标志着慕迪先生生涯的另一个转折点。

对这次短访，慕迪先生决定，只要有可能的话，他就不参与事工。但有一天，在老贝利（Old Bailey）祷告会结束后，伦敦北部一座教堂的牧师莱西先生[80]（Rev. Mr. Lessey），请他在下一个主日替他讲道。结果慕迪先生同意了。

上午的敬拜看起来死气沉沉，毫无热情。人们没有表现出多大的兴趣。慕迪先生觉得这一上午非常迷茫。但在接下来晚上六点半的敬拜中，当他讲道时，神的灵似乎充满了整个会堂。所有人都鸦雀无声，但是，对他的话回应很快。然而，他那天没有做太多祷告，因此不知道为何原因圣灵如此充满。

当他讲道结束后，他请所有愿意成为基督徒的人站起来，以便为他们祷告。结果屋子里的人一个接一个都站了起来，直到差

80　莱西牧师（Rev. Lessey，生卒年不详），英国国教牧师。

不多所有的听众都站在那里。

慕迪先生对自己说：

"这些人不知道我在说什么。当我请他们起立时，他们也许不明白我的意思。"他以前从未见过这样的结果，有点不知所以，就只好又做了一个测试。

"现在，"他说，"所有想成为基督徒的人请进到询问室。"

他们就都进去了。房间里挤满了人。最后只好从其他地方拿椅子来，让所有人都有座。牧师感到很惊讶，慕迪先生也很惊讶。两人都没想到会有这样的祝福。他们没有意识到，神可以拯救成百上千的人，如同拯救一两个人。

当慕迪先生再次要求真正想成为基督徒的人起立时，全场起立了。他不知道如何处理，就告诉大家说，所有真正诚挚的人第二天晚上去见牧师。

第二天是周一，慕迪先生去了都柏林。但周二早上就收到一个催促他返回伦敦的电讯，说是周一来询问的人比周日还多。他赶紧回去，接着举办了十天的聚会，结果又有四百人被带进那个教堂。

过了一段时间，这样的结果原来是出自圣灵奇妙的工作，渐渐彰明较著。事情原来是这样的：当时，有两个属于该教会的姐妹，其中一位很健康，而另一位则常年卧床不起。有一天，当这位患病的妹妹哀叹自己的病情时，突然有个想法跳出来：至少她可以祷告；于是她开始祷告，求神来复兴她的教会。她昼夜不停地为这件事向神祷告。

有一天，她在报纸上读到有关慕迪先生在美国举行的一些会议的报道，尽管她不认识他，但她开始祷告求神差派他来她的教堂。慕迪先生讲道的那个主日，她姐姐回家说：

"你猜猜今天早上谁在讲道？"

那生病的妹妹就举了一些与牧师经常有交往的人的名字。

最后，她姐姐告诉她："是从美国来的慕迪先生。"

"我知道这意味着什么，"生病的妹妹喊道。"神听到了我的祷告！"

慕迪先生相信，正是这样的复兴让他在第二年重返英国。

在他参加的其它会议中，还包括米尔德梅会议（Mildway Conference）。他对米尔德梅会议创始人威廉·佩尼斐瑟牧师[81]（Rev. William Pennefather）的印象记载如下：

"我清楚地记得我坐在座位上，抬头看着这个平台，看到敬爱的佩尼斐瑟先生的脸闪闪发光，像被天堂的光芒照亮。他说了些什么，我一个字都记不得了，但他整个人都散发着圣洁的气息。就在那时那地，我获得了信心和动力——从此在我的基督徒生活中再也没有失去过。我相信，这种印象将永远留在我的脑海里，直到我死去的那一天。我感谢神让我见到，并与这位圣人交谈。任何人见到他都会意识到神与他同在。"

这是他们第一次也是最后一次见面。但是佩尼斐瑟先生对慕迪先生印象非常深刻。他坚信神为慕迪先生预备了一项伟大的事工。慕迪先生回到美国后，他写信给慕迪先生，告诉他在伦敦布道工作的大门敞开着。并承诺如果他愿意过来帮助，他们将热烈地欢迎他。大约在同一时间，慕迪先生也收到了泰恩河畔纽卡斯尔的卡斯伯特·班布里奇和都柏林的亨利·比尤利同样诚挚的邀请。这些邀请中还承诺提供资金来支付慕迪先生及其一行人的旅费。

安排好他在芝加哥的事工后，慕迪先生决定接受这些邀请并返回英国进行短暂访问。菲利普·菲利普斯是慕迪先生较亲热的私人朋友，当时是美国领先的福音歌手，慕迪先生立即敦促

81　威廉·佩尼斐瑟（William Pennefather，1816-1873），爱尔兰籍英国国教牧师，创办了米尔德梅宣教机构。

他与自己同行。可惜未能如愿。于是就邀请P.P.布利斯[82]（P. P. Bliss）——他作为福音独唱歌手和作曲家的声誉引起了各方对他的服务的需求。布利斯曾与慕迪先生交往颇多，两人关系密切。但这次慕迪先生同样感到失望，因为布利斯先生不能离家出游。

对于桑基先生，慕迪先生的最初想法是把他留在芝加哥，继续在教会和YMCA工作。然而，最后他认为英国的呼召足够重要，至少桑基先生有几个月可以暂时离开本地（芝加哥）的工作。

当时，慕迪先生本人大约有四百五十美元。他把这笔钱借给了一位朋友，让朋友在他不在国内期间来进行投资，因为他此次短访的所有费用都将由邀请人承担。然而，慕迪先生及其家人和桑基先生的轮船航线已经订定，承诺的资金却未能到位。结果，在出发前的一两天内，慕迪先生只好向朋友讨还贷款来支付旅费。一八七三年六月十七日抵达利物浦后，承诺资金之所以未到的原因马上就揭晓了。原来，慕迪先生的三位热诚且专致的朋友——慕迪先生得以成行是因他们的邀请以及道义和经济上的支持，在不长的时间里都相继离世，安息主怀。

读完这些朋友去世的讣告后，慕迪先生转向桑基先生说："神似乎关上了大门。我们自己不会打开任何门。如果祂打开门，我们就进去；否则我们就返回美国。"

抵达利物浦后，他们去了一家酒店，在那里过夜。慕迪先生然后在他的一个口袋里发现了一封未拆封的信，这是他在离开纽约之前收到的，来自英国约克基督教男青年会（YMCA）秘书贝内特先生[83]（Mr. Bennett）。贝内特先生在信里说，他听说过慕迪先生在美国为年轻人所做的工作，他希望如果慕迪先生来英国的话，也能到约克YMCA演讲。

82　P.P.布利斯（Philip Paul Bliss，1838-1876），美国歌唱家、作曲家、福音独唱歌手。
83　生卒年不详。

　　"这扇门仅开了一条缝，"慕迪先生惊呼道，"但我们可以将这封信当作神指向前往约克的手，我们应当去那里。"

　　在利物浦住了一晚后，慕迪先生与家人乘火车前往伦敦，桑基先生则前往曼彻斯特，去到他认识的亨利·摩尔豪斯的家。收到慕迪先生准备在约克举办会议的电文后，贝内特先生回电说，目前镇上一片冷冰冰、死气沉沉的气氛，至少需要一个月的时间来做准备工作。电文最后要求慕迪先生指定一个日期，以便他可以咨询一下慕迪先生有关会议议程。跟往常一样，慕迪先生当即电文回复："今晚我就会在约克郡。"

　　那天晚上十点，他到了约克。那里除了他的朋友贝内特先生之外，整个城市没有人曾见过他，甚至很少有人听说过他的名字。

　　情况看起来好像不那么鼓舞人心，但经仔细审视后，慕迪先生表明，每个人都必须走自己的路，他准备"全力以赴"。他当即电报桑基先生。而且决定聚会马上开始。第二天早上，镇上的几位牧师收到请求：在即将到来的安息日借用他们的讲坛。请求结果有两个卫斯理教堂、一个浸信会教堂和一个公理会教堂可以让他们使用讲坛。

　　翻阅报道慕迪先生那两年在英国宣教活动的宗教报纸的档案是很有意思的。有一些较后期的期刊，每期多了一倍的版面，其额外的版面专门刊登有关重大布道会的文章。与这些大规模报道形成鲜明对比的是《基督徒报》，该报刊的一角有一条不起眼的小告示，标题是"D.L.慕迪先生在英国"：

　　"慕迪先生刚刚和他的家人抵达英国，由一位基督徒弟兄陪同。这位弟兄在聚会中领唱，他的风格就像我们熟知且深受喜爱的朋友菲利普·菲利普斯那样。慕迪夫人和孩子们及她的姐姐一起，留住在伦敦，而她的丈夫（慕迪先生）则在外省举办布道会。上周主日，他在约克郡独立教堂和卫斯理教堂讲道。我们相信他打算在英格兰北部继续一段时间，然后前往苏格兰。相对在公共场所布道开启新的事工，他更注重在教堂讲道，从而有助于加强现有牧群的信仰。任何需要他帮助的朋友，特别是住在北方的，应该立即写信给他到约克基督教男青年会（YMCA）。如有地址变动，接到他每周的通知后，我们会在此公布。"

起初，牧师们对新来者抱有强烈怀疑和不欢迎态度，因此，参加人数刚开始时很少；但渐渐地，这些聚会吸引了越来越多的会众。牧师们也愈发配合。讲的道和唱的歌成了整个社区的公共话题。

六月三十日，慕迪先生从约克写信给芝加哥的法韦尔先生，其内容如下：

"从这张信纸的抬头，你可以看出我人在约克。我从一周前的周日开始，到目前为止，已经取得了巨大的成功。昨天我们举办了四次大会，规模都很大。我认为收益颇丰。神与我们同在。早上我宣讲了'智慧人必发光'（但 12：3）；下午是'并无分别'（罗 10：12），晚上讲的是根据经文，'主的灵在我身上，因为他用膏膏我，叫我传福音……'。（赛 61：1；路 4：18）桑基唱赞美诗唱得很好。大家对他都很满意。我相信他将在这里做更多的善事。所有的教堂都向我们开放，邀请函来自全国各地；我想，我们在这里能做一切我们要做的事工。我常常思念你们大家，有时会非常想家。

"请随时告诉我，YMCA大楼和建楼股份的进展情况。我非常希望看到一座很好的建筑在那里拔地而起。除了在YMCA这一领域之外，我以为，没有更好的禾场来为基督作工了。我不知道，假如不采取类似的行动，英国和美国的YMCA将变成什么样子。我寄给您一些花种子。标记为1-6的那款，开的花很漂亮。我在美国从未见过这样漂亮的花。我希望您能在种植上获得成功。代我向威尔斯和您全家问好。蒙神的恩惠，慕迪。"

"自从一八七三年一个难忘的星期一早晨起，我就认识慕迪先生了，"F.B.迈耶牧师[84]（F. B. Meyer）写道，他是最早参与这场复兴运动的人士之一。"我甚至现在眼前都呈现出那场景。在约克康尼街一间昏暗的小房间里，他站起来主持第一次午间祷告会，根本没有意识到这次祷告会孕育着一粒终将获得巨大丰收的种子；那是一场运动的开始，经几个月的酝酿发展，从爱丁堡的自由大会堂（Free Assembly Hall），最后在伦敦的农业大厅（Agricultural Hall）和皇家歌剧院（Royal Opera House）达到顶峰。这是新的基督教事工理念、新的工作方法、新的启示和希望的诞生时刻。

"当这个伟大高尚的灵魂第一次闯入我的生活时，给我带来的启发和激励是何等的大！那时，我是约克老城的一名青年牧师，深受传统主义的束缚。我受到的唯一训练就是传统主义，我的生涯亦可能仅如此而已。然而，这里出现了一个新的理念。慕迪先生的首要特点，让我印象最深刻的，那就是他绝对的非传统，绝对的自然。通常来说，一项事工都是按照某种方法来完成的。这也许就是他为什么会以这种新颖的、出人意外的方法开始作工的原因。新方法让人们大吃一惊；但只要能吸引人们接受福音，这就是继续采用它的最大理由。况且，新方法没有任何的不敬、狂热或放肆。所有一切都有着以下这些特征：判断常识超群、方法直接了当、目标简单透明。这些特征同富有成效的结果一样，引人入胜。

---

84 F. B. 迈耶（F. B. Meyer, 1847-1929），英国浸信会牧师、福音传教士、作家。是慕迪的同辈好友。

慕迪，五十五岁

德怀特·慕迪，四十五岁；摄於巴黎

"前十天内，他主持的会议仅取得了一般性的成功，因此他很高兴地接受了我的邀请，来到我所任牧的教会牧会。在本教会的那两周里，我们召开了一些最蒙福和最难忘的会议。教会的圣袍室——我的记忆栩栩如生——有一张皮革桌子，摆在房间的中央，而我们就跪在桌子周围，长时间真诚地祷告。两名长老会学生弟兄，来自赫尔（Hull）的麦凯博士（Dr. McKay）的教堂，常常与我们一起祷告。我记得，慕迪先生在曼彻斯特的自由贸易大厅演讲时，将那个小房间称为喷泉，从那里，祝福的泉流源源不断地流遍整个国家。

"我一边写，同时脑海里就浮现出许多对那些日子的回忆：慕迪先生如何在家喝茶时，突然觉得他应该宣讲天国——这篇布道后来非常著名，然后步行三英里去取他的笔记；桑基先生如何去拜访桑德兰（Sunderland）的水手传教士里斯先生[85]（Mr. Rees）——我曾跟他们谈起过他，然后在 W. D. 朗斯塔夫[86]（W. D. Longstaff）的小客厅里显现了他的歌唱能力，令里斯先生和朗斯塔夫心服口服；我们如何召开全天会议，这在英格兰尚属首次；以及神的火如何在我们所有人的心中熊熊燃烧。哦，那真是蒙神祝福的日子！只要我的记忆力尚在，这些记忆将永远活着：那是天堂般的日子，奇迹般的日子，人生领域里出现崭新辉煌的星座的日子，是对另一人（慕迪和迈耶彼此之间-译者）开始终生忠诚不渝的日子，这忠诚年深日久将更加成熟，愈发深厚。"

有关约克郡众多会议的首次公开报道，出现在七月十日《基督徒》报上，是贝内特先生写给该报的一封信：

"（我想）以下有关我们的慕迪弟兄在本城传福音工作的笔记，无疑会受到读者的欢迎。六月二十二日主日上午，慕迪先生在塞勒姆公理教堂（Salem Congregational Chapel）向基督徒同工

85　里斯先生（Arthur Augustus Rees，1815-1884），英国传教士。

86　W.D.朗斯塔夫（W. D. Longstaff，1822-1894），英国圣诗作者、慈善家，为里斯先生好友。曾在里斯的教会任长老。

讲道；下午在谷物交易所（Corn Exchange）布道，大约有一千人；晚上又在韦斯利教堂（Wesley Chapel）讲道。给许多人留下深刻的印象。接下来的一周里，每天晚上，在不同的教堂举办圣经讲座，每次讲座都有人认罪悔改（原文：灵魂的拯救），更重要的是信徒们的苏醒。很大程度上，以往的那种形式主义和麻木不仁消失了，而基督徒们则被引导为罪人悔改来祷告、作工。

"在过去一周里，主在召集灵魂方面极大地祝福了我们。六月二十九日安息日，慕迪先生不仅在两所教堂讲道，并且还在谷物交易所作了两次讲道，每次都大约有一千名听众。每周晚间的敬拜之前都会唱圣诗，由慕迪先生的同工桑基先生指挥。桑基先生的圣诗、音调和声音（如同菲利普·菲利普斯那样）吸引了许多人，给人留下深刻的印象。（可谓）慕迪先生讲福音，桑基先生唱福音。每天中午，基督教男青年会（YMCA）的会议室都有祷告会，在那里，有许多人愿意献上自己和其他人，来为神的子民祷告。

"尽管现在是夏季，由于没有预先通知慕迪先生的到来（由于慕迪先生来往信函的误失），我们对他的来访毫无准备，结果处于不利的地位。所以，星期六早上，当慕迪先生突然来访时，我们只好马上动手，在几小时内安排好了一切，并打印了单张。因此，从一开始，主就大大地祝福弟兄们的辛勤付出；加强和激励了基督徒，并且带领许多人走出黑暗进入光明。慕迪先生一行的访问，将被这座城市长久铭记。会众人数从一开始就不断增长。所有的教派都开放了教堂，并给与我们支持和帮助。许多神职人员也衷心祝愿慕迪先生一行'一帆风顺'。

"附言——主日晚上十一点钟，在发出这篇文章之前，让我再来补充一下。今天下午，大教堂里挤满了慕迪的听众；其印象非常深刻。我现在刚刚结束晚间崇拜。晚间崇拜开始前近半小时，这里的每一个过道，凡能站立的地方，包括祭品室和大厅，甚至连讲坛楼梯，都挤满了人。圣灵大大作工，来自社会各阶层的罪人都热切地寻求主。英国国教、贵格会的基督徒弟兄姐妹，以及各个教派的基督徒弟兄姐妹，自发地同这些人一起谈话和祷告。我不知道具体人数，但肯定超过五十人，当场就把心交给了基督。慕迪先生（主若愿意）很快就会前往斯卡伯勒（Scarborough）宣教。"

七月十四日，贝内特先生再次从约克写信说，"美国福音传教士仍然在那里。刚刚过去的一周里的每一次聚会都有神极大的祝福。"他写道：

"我们这位弟兄的聚会的一个显着特点，是他的圣经讲座。讲座的主题包括'基督的宝血'、'与神同行'等等。圣经的经文是事先选择好，由坐在会众席里不同处的朋友们宣读。昨晚上，还在崇拜之前，教堂就挤满了人。许多人寻求并找到了救主。我们许许多多午间的祷告会更是令人耳目一新。我们希望能将祷告会继续下去。我恳请主的儿女们为祷告会祈祷，使祷告会能成为这个城市的一种制度（或习俗），并被神极大地使用，将所有的基督徒团结在一起，加深他们的属灵生命和为基督服侍的热情，并建成一个伟大的集会中心，用来组织和鼓动宣教事工。"

慕迪宣教事工的特点，是每次敬拜之后都会召开一次咨询会。起初，咨询会被认为是一样新奇的东西；然而逐渐的，咨询会成为福音工作中的一大动力。慕迪先生解释圣经的方法很快就引起人们的关注。他在布鲁克林和其他城市开展的读经活动，继续在这里取得巨大效果。信徒们对圣经有了新的认识。每次会议都有圣经放在那里，会上会提出新的圣经学习方法。

迈耶先生认为，没有人比慕迪先生更能推动人们学习圣经。他说：

"他在英国举办布道会期间，由于他的推动，巴格斯特出版社（Bagster Publishing House）几乎无法满足人们购买《圣经》的需求。他对自己的《圣经》的熟悉和使用程度，无人可比；他的《圣经》，边边角角写满了参考文献和注释，一本《圣经》常常很快就磨损了。他还让他的《圣经》在他的朋友之间自由传递。他的圣经学校和芝加哥神学院有数百名充满同样热情的年轻人。在我最初认识他时，我记得，他是多么渴望我能告诉他我在读《圣经》时所发现的新东西。例如，当我谈到《使徒行传》第二章的应用时，指出五旬节的发生地点就是使徒们过逾越节的同一个楼房时，他的表情就像是如获至宝！"

慕迪先生在英国举办的首次全天布道会，是迈耶先生和慕迪本人漫步约克郡康尼街时策划的。聚会从上午十一点开始，持续六个小时，随后便是晚间崇拜。由于其新颖性，引起了人们极大的关注，同时也得到了所有参加会议的人的热烈赞扬。会议由几部分组成：首先，有一个小时的认罪和祷告；其次，是一个小时的颂赞；其三，是应许会——信徒们用自己的经历来见证神应许的实现；其四，见证会——初信的信徒继续公开告白归信基督；其五，慕迪先生的圣经讲座；最后，慕迪先生和四位牧师主持的圣餐。

在约克郡连续举行了五周的会议，有数百人公开悔改归正。之后，慕迪先生前往桑德兰。在桑德兰，参加聚会的人数更多。举行敬拜的教堂很快就显得太小，无法容纳所有会众，最终不得不使用英格兰北部最大的大厅之一，贝塞斯达教堂（Bethesda Chapel）的维多利亚大厅。

邀请慕迪先生来桑德兰的里斯先生，是一名公开圣餐礼（Open-Communion）浸信会教徒，也是贝塞斯达教堂的牧师。在维多利亚大厅举办第一次会议之后，咨询会议就在贝塞斯达教堂举行。周间的聚会都是在一些愿意开放的教堂里举行；而在这些教堂里，或多或少会有一些反对意见。据说，其中只有一位牧师衷心支持复兴运动。所有其他的神职人员都是半心半意，有些甚至积极反对复兴。

在桑德兰宣教期间，当地YMCA的一个委员会拜访了慕迪先生，并邀请他给年轻人演讲。慕迪先生欣然接受邀请。委员会随后对没有尽早参与这项事工表示歉意，其解释为，他们的拖延并不是因为没有诚意，而是担心协会受到伤害——其负责人看起来好像偏重某一教派的事工。当他们对慕迪先生有了进一步的了解后，他们坦承，当时他们对他的精神知之甚少。

在桑德兰，正如在约克一样，中午的祷告会和下午的聚会受到特别重视。在这里，还举办了一次全天聚会。与慕迪先生和桑基先生一起工作一个月后，里斯先生对俩人的印象，做了以下非常有意思的描绘：

"1. 这两位弟兄都是开心见诚的人。

"2. 他们既无私又热心，而且他们的热心非同寻常。

"3. 慕迪先生是这对同工中的'墨丘利'（Mercurius）。桑基先生不是'朱庇特'（Jupiter），而是'俄耳甫斯'（Orpheus）。[87]前者不善言辞，但说话很流畅；缺乏诗意或修辞，但从来不说废话，说的话句句中用。他说话速度很快，作为演说家来说，实在太快。尽管如此，他说的话有道理，很有说服力，切中要害，又不啰嗦，这是一个很大的优点。无论是言语、语调、还是力度，他都是地地道道的美国人。他的轶事超丰富，而且大部分都是他自身的经历；这些轶事总是恰合话题，常常是感人至深，有时甚至令人震惊。他真诚炽烈，精力充沛，英勇如狮，机智罕见，而

---

87 三者均为古希腊、罗马神话中的诸神，其中墨丘利是众神传递信息的使者，俄耳甫斯音乐天资超凡入化。

他对灵魂的爱则是无比的温柔。"

桑德兰宣教结束后，慕迪先生在泰恩河畔纽卡斯尔（New Castle）开始了新的事工。除了英国国教的神职人员之外，慕迪先生现在已经赢得了几乎所有教派牧师的支持。英国国教得知他没有按立成牧，无论如何拒绝支持这项事工。

经过几周非常成功的聚会后，《纽卡斯尔纪事报》的编辑考恩先生[88]（Mr. Cowen）——当时他还是该地区的议会议员，在他发表的文章里把这些聚会称为"非常奇妙的宗教现象"。总的来说，这是一篇对慕迪先生事工友好的评论。就这样一份著名的世俗报纸来说，这是一个很不寻常的启事。考恩先生的文章显然给整个英格兰留下深刻印象，结果其他城市也邀请慕迪先生举办布道会。

慕迪先生已逐渐克服人们对他和桑基先生在约克和桑德兰布道（讲道、唱圣诗）的偏见，但是，当他接受邀请访问班布里奇先生[89]（Mr. Bainbridge）的家乡纽卡斯尔时，因他这次访问英国部分原因是由于班布里奇先生的邀请，他们决心在那里停留足够长的时间，一劳永逸地解决人们有关他们的方法和动机的疑问。他知道，除非得到人们的信任，否则他将一事无成；尤其能得到神职人员的合作时，那更是易如反掌。"就在这条战线上，就在这个地方，哪怕需要整个夏天，"便是他的精神，假如不是他的座右铭的话。[90]

布道会在黑麦山浸信会教堂（Rye Hill Baptist Chapel）举行，堂内约有一千六百人的座位，虽然一开始人数不多，但人数迅速增加。

88　考恩（Joseph Cowen，1829-1900），英国政治家、报纸主编。
89　班布里奇（Emerson Bainbridge，1817-1892），著名英国商人、卫理公会会员。
90　慕迪在这里引用了美国总统格兰特（Grant）在南北战争时为联邦军陆军总司令时的名言。意即一战到底。

当时，一位友善的评论家写道：

"慕迪先生讲道，但'讲道'这个词的传统意义无法正确表达慕迪先生演讲的含义。他是一个生意人，生意人办事不含糊。他所说的每一句话都是为了达到某种特定的目的。如果未能达到其目的，他就认为此话是垃圾。大多数人相信死后还有生命，相信有救赎方法，也有永远迷失的途径。归根到底，这是一件至关重要的事。慕迪先生立刻切入这件事的核心，而且以一种商业性的方法来阐述。他说他自己有救恩，事实上是神的儿子将他永远地救赎了。而且，每个渴望救恩的灵魂都可以立刻得到救恩，并且知道有救恩，带着救恩回家，就能像他那样平安喜乐。各个教派的许多（如果不是全部）真正热心的传道人都赞同：尽管他是以一种新的方式来表达，他所说的话完全正确。比这些更重要的是，他是以圣经的立场来证明他所说的。我认为，这一点应该让更多的人知道。"

在纽卡斯尔，同在桑德兰一样，从出席布道会人数的增加，可以看到人们对这次宣教运动越来越强烈的热情。布道会从教堂转移到音乐厅，在那里，慕迪先生，以及刚加入他行列的朋友亨利·摩尔豪斯，向聚集的众多会众布道。首批悔改归正的人群中有受过教育的人。那些从小就知道圣经的人，明确决定要成为基督徒；就这样，这项（福音）事工由此拓展，深入社会各阶层，同时影响到周边城镇。

咨询室的工作非常彻底。每个咨询者都有姓名和住所的确认。在这一重要环节参与协助工作的，唯有牧师和经验丰富的基督教工作者才能胜任。这些人很迅速地被安排入场，而且是凭票入场。

刚宣布十一月十二日将在纽卡斯尔举行全天布道会时，有许多人预料会失败。但那些感受到神的复兴大能和爱，并为这次布道会作恳切祷告的人心里有数，它不会失败。布道会那天，不仅有大量纽卡斯尔本地的人参加，还有桑德兰、希尔兹、贾罗和邻近城镇的人也乘火车前来参加。整个教堂大厅和走廊挤满了人。数百名真诚的基督徒，把自己的生意、家庭事务、工作、娱乐和闲散统统抛在脑后，前来敬拜神并聆听祂的话语。

（布道会）第一个小时用来祷告和读圣经，第二个小时用来研讨"应许"这个主题，慕迪先生主持这部分活动。又留出一个小时来体验和劝诫，随后摩尔豪斯先生就与神"隔绝"这个主题发表演讲。第六个小时，也就是最后一个小时，是专留给慕迪先生来作关于"天堂"的布道。晚上举行了福音敬拜，慕迪和摩尔豪斯作演讲。教堂里挤满了人。

经过这一次全天会议，事工看起来稳步增长。摩尔豪斯先生在这方面谈到他所观察到的，称之为"亲爱慕迪的大作"的四件事：

"1. 他坚信，只要罪人信，福音就能救赎他们。而他所依靠的，就是救世主被钉十字架和复活的故事。

"2. 他期望，当他去传道时，灵魂就会得救。这是神赏赐他信心的结果。

"3. 他讲道，就当作再也不会有另一次聚会，罪人再也不会听到福音的佳音：<u>现在</u>就做出决定的呼吁，是最印象深刻的呼吁。

"4. 他让基督徒在会后作工。他敦促他们询问坐在旁边的人是否得救了。一切有关慕迪团队的事工都很简单。因此，我建议所有主葡萄园的工人们，去看看听听我们亲爱的弟兄们所做所讲的，如果可能的话，从他们身上学到一些蒙福知识——如何赢得灵魂。"

在纽卡斯尔的某次咨询会上，慕迪先生接受了一次采访，他在随后的年中经常提起这件事，来说明认罪和赔偿的必要性。

这位咨询者抱怨说，每次她开始祷告时，她的脑海里都会出现五瓶酒。这些酒是她在给一位绅士做管家时偷的。之后，她就再也无法继续祷告。她问慕迪先生该怎么办时，慕迪先生毫不犹豫地说："付钱给主人。"

"但是那个人已经死了，"她说。

"是否还有活着的继承人？"

"是的；有个儿子。"

"那就去找那个儿子，还他钱吧。"

"我想见神的面，"她说，"但我无法想像我去做那样的事。我的声誉会受损。"

她说完就离开了。然后，次日，她回来问，是否可以将这笔钱放在主的钱库中。

慕迪先生回答说，"不行，神不会接受任何偷来的钱。唯一的解决方法就是赔偿。"

之后几天，她一直在与自己的骄傲作斗争。不过，她最后还是去了乡下，见了前雇主的儿子，坦白了自己的污行，并给了他一张五英镑的钞票。雇主的儿子说他不要这笔钱，但她最终说服他接受这笔钱。她回来时，心里充满了神和世上的平安。

第十七章

《慕迪桑基圣诗集》的诞生

纽卡斯尔是《慕迪桑基圣诗集》（或《慕桑圣诗集》）的诞生地。正是在这里的宣教期间，对出版这本圣诗集的要求首次变得紧迫。英国教堂和礼拜堂使用的赞美诗和曲调并不适合福音布道会。慕迪先生和桑基先生都不熟悉此间教堂用的歌本。因此，他们在敬拜中采用了菲利普·菲利普斯的《神圣之歌》，其中有许多美国的赞美诗和一些英国歌曲。桑基先生还增添了他在芝加哥和其他地方演唱过的私人收藏的赞美诗——这些赞美诗不在《神圣之歌》中。

这些赞美诗中有一些歌曲非常受欢迎；因此，在很短的时间内，建议将它们出版的呼声就接连不断。为了回应在哪里可以购买这些赞美诗的众多询问，桑基先生写信给《神圣之歌》的出版商，提出愿意提供他所唱的十几首歌曲，前提是将这些歌印刷在《神圣之歌》这本书的后面。这个提议没有被接受，当后来再次催促时，就被彻底拒绝了。随着出版赞美诗的呼求不断，慕迪先生决定自己负责出版，与摩根和斯科特先生安排发行一本小册子，共有十六页，亲自承担印刷模板的费用。这本赞美诗集被称为"圣诗和独唱曲"，并以每本六便士的价格大量出售。几个月来，这本小册子作为歌本，与最初采用的《神圣之歌》合在一起，在敬拜服侍中使用。

新的歌曲不断添加到小册子中，几个月后，一本仅是"歌词"的小册子出版了，每本售价一便士（两美分）。这之后，起初采用的《神圣之歌》就不再继续使用。

慕迪先生对圣诗力量的信心得到了充分的回报——他活着看到这些歌曲进入了数百万人的心中，并为建立和维护教会、YMCA、教育机构、和圣经学校提供了积极的帮助。

"圣诗和独唱曲"的第一个广告刊登在一八七三年九月十八日的《基督徒》报上，这样，它的知名度和发行量比仅通过聚会中的使用更加广泛，很快就渗入大英帝国的所有地区；之后又渗入每一个基督教国家。这本书的版权不在慕迪先生或桑基先生手里，而是在出版商手里。

到了爱尔兰后，有谣言说慕迪先生靠赞美诗集的版权所得而发了财。对此，慕迪先生公开否认。同时，还公开否认了有关谣言，说是伟大的表演家P. T. 巴纳姆[91]（P. T. Barnum）是整个宣传运动的幕后推动者。在访问伦敦之际，为在那里举行的大型会议做准备，慕迪先生在牧长群和其他人的大型公开会议上表示，赞美诗集的版税（Royalties）——当时是在出版商手中，连同以后销售所得的版税将交给一个由知名企业家组成的委员会管理，由伦敦的休·马西森先生[92]（Hugh M. Matheson）担任该委员会的主席。该委员会将按照他们认为合适的方法处置版税。

正值伦敦宣教结束，慕迪和桑基返回美国前不久，赞美诗集的出版商摩根和斯科特的账单显示，当属福音宣教士的信金总额约为7,000英镑（35,000美元）。出版商通知委员会，说这笔资金由委员会随意支配使用。该委员会拒绝将这笔资金用于一般用途，坚称他们不打算让慕迪先生用自己该得的这笔巨款来支付他在伦

91　P. T. 巴纳姆（P. T. Barnum, 1810-1891）美国著名马戏团经纪人兼演员。
92　休·马西森（Hugh M. Matheson，1821-1898），苏格兰工业家、商人、牧师。

敦讲道的费用（英文原文直译：买赎他能在伦敦讲道的权利）。

与此同时，一八七三-七四年之后紧接下来的经济大萧条，使慕迪先生在芝加哥的教堂在火灾后只完成了部分重建。大萧条期间，为修建教堂所募捐的很大一部分捐款变得一文不值；这样，第一层楼建成后，工程就只好放弃。不过，已建的楼层上搭建了一个临时屋顶，慕迪先生在国外期间，这里举办了各种敬拜活动。有一位芝加哥的朋友，一直很关注这座教堂的重建，正好当时他人在伦敦，听说无人愿意拿赞美诗集的版税，就向委员会建议将这笔钱转交给芝加哥来完成教堂的建筑。这个建议被采纳，钱转交付给芝加哥，位于芝加哥大道和拉萨尔街的宏伟建筑——二十五年多来一直是属灵活动的中心，终于竣工。整座教堂的建成投入使用后，没有欠下任何债务。

当慕迪先生和桑基先生在国外时，当时与惠特尔少校一起从事福音事工的布利斯先生，在布道会唱圣诗时，用的是一本名为《福音歌曲》的小册子。小册子中都是赞美诗歌，其中大部分是布利斯先生自己的作品。慕迪先生于一八七五年八月返回美国后，意识到有必要安排出版一本新的赞美诗集，而其中大部分的内容应该是在国外使用过的。于是大家决定联合起来汇编这本书。关于书名，经过一番讨论后，定名为《福音赞美诗和圣歌》。

该书第一版广受欢迎。在费城、纽约、芝加哥和波士顿举行的大型会议期间，售出了大量的书籍。随着慕迪先生的事工不断发展，布利斯先生、桑基先生、麦格拉纳汉先生[93]（McGranahan）、斯特宾斯先生[94]（Stebbins）和其他人继续创作新的赞美诗和曲调，这样自然有了后续的汇编，《福音赞美诗》第1卷出版之后，接着

---

93 麦格拉纳汉先生（James McGranahan，1840-1907），美国音乐家、作曲家，尤以圣诗著称。

94 斯特宾斯先生（George C. Stebbins，1846-1945），美国福音歌曲作家，曾与慕迪共事。

是第2、3、4、5和6卷。

这些书籍的版税首先支付给由费城、芝加哥和纽约著名企业家组成的一个委员会。这些人中，纽约市的威廉·道奇[95]（William E. Dodge）担任委员会主席。版税金额到位后，再由委员会根据宗教、慈善和教育发展的需要和收益，分发到美国的众地区。例如，在北田镇，东厅（青年女子神学院的宿舍），和石厅（青年女子神学院的演奏厅），以及黑门山学院的演奏厅，都是用这笔资金建造的。就当前而言，所有版税金均直接就支付给北田镇和黑门山学校的受托委员会，由委员会处理。

在版税分配这方面，特别值得关注的，是道奇先生（美国受托人委员会主席）的以下声明：

"慕迪先生在英国时，发现那些反对新基督教生活的人散布流言说，赞美诗集的版税赚了大笔钱，而且这些基督教复兴的聚会实际上是为了出售赞美诗集，增加主持者的收入。为此，慕迪先生感到非常痛苦。

"回到美国后，在他访宣各大城市之前，他感到需要一本适合在这里使用的赞美诗和曲调的书，并且决定在安排出版时，要做到没有破口，避免所有的论黄数黑。

"他邀请我去北田镇讨论这个问题，他认为这个问题非常重要。在那里，我遇见了桑基先生和布利斯先生。在他们身上，我发现一种令人爽心悦目和杰出的基督教自我牺牲精神。他们愿意奉献自己的赞美诗和曲调以及所有的版权，并与慕迪先生一起，放弃书出版后带来的任何利益。

"慕迪先生敦促我担任受托人，协同出版商安排版税，接收来自这方面的资金，然后根据我的判断将资金分配用与基督教和慈

95　威廉·道奇（William E. Dodge，1805-1883），美国商业家、政治家，美国基督教青年会创始人之一。

善事业。我推辞了单独管理，但向慕迪先生推荐了费城的乔治·斯图尔特和芝加哥的约翰·法韦尔，同时保证，如果两位先生被选中，我将很乐意同他们一起服务。就这样，董事会由此成立。

"这些书第一版的销售量大大超出了我们的预期。尽管单本的版税很少，但截至一八八五年九月，我们作为受托人收到的版税金额却高达357,388.64美元。所有这些钱都精心分配给各个基督教组织和教育机构。之后，由于北田的学校已经牢固地建立起来，而且在做非常伟大的善事，作为明智正确的决定，这些书籍的全部版税应当直接交付给学校的受托人。最后，根据严谨仔细的法律咨询结果，决定就这样实施了。

"这些年来，慕迪先生和桑基先生都没有固定收入。尤其是桑基先生，他放弃了每年可以给他带来一大笔收入的版税。不仅如此，还放弃了举办音乐研讨会和音乐会的机会。这些机会原本可以大大增加他的收入。在信托的整个持续过程中，他们两人都未曾有过一块美元的个人收益。由于俩人都没有明确的经济来源，为了防止一丝丑闻的发生以及削弱他们个人事工的影响力，这种自我牺牲和无私精神真是超群轶类，光辉绚烂。我从来不曾听说有过这样的事。

"在关闭信托时（这是一个特殊的信托），在获得全面的法律建议后，我向一位在全国享有很高声誉的律师提交了意见。这位律师是纽约律师界在所有咨询事项上的拔尖人物。尽管他对宗教事工没有兴趣，他对这种信托的形式非常感兴趣。他花了很多时间和精力来思考这个问题；在给出他的意见后，我请他给我寄一份备忘录，这样我就可以亲自给他寄一张支票，我个人认为这应该是一张数目不小的支票。结果他告诉我，在任何情况下他都不会接受一分钱——慕迪先生和桑基先生能够做出这样的牺牲，是人性的无私和卓越品质的一种揭示。这样的牺牲使他对人类产生了更友善的感情。

"我如此费力地详谈这件事，原因是，尽管慕迪先生和桑基先生从赞美诗集的版税中没有获得一分钱的个人利益，却还是有人提出恶意的、无知的、和与事实完全相反的断言。"

在《福音歌曲》的后期版本中，特别应该提及的是斯特宾斯先生和麦克格拉纳汉先生的辛勤付出。这两位先生与慕迪先生在英国和美国的传福音工作有着密切的联系，在北田基督教大会上和北田圣经学校里也都是知名人物。

"我与慕迪先生的相识始于一八七一年，"斯特宾斯先生写道。"我常常在芝加哥的午间祷告会上见到他。我有时去那里帮忙唱歌。我更直接地接触到他，是一八七六年的夏天。那年八月，应我在波士顿相识的惠特尔少校的邀请，我前往北田与他和慕迪先生一起度过了一个周日，协助他们处理当天安排的一些仪式。自从慕迪先生离开芝加哥，前往英国那天晚上以来，我这是第一次见到他。他的英国之行使他很快在整个基督教世界名声大噪。然而，尽管他当时的声誉正处于顶峰，被公认为是他那个时代最伟大的基督教人物之一，他仍然是一个谦虚、不为声誉所动的人。就如他名扬世界之前一样。

"当时他正在家里过一个夏天，名义上是休息，因为他刚刚结束了在纽约布鲁克林和费城的大规模宣教活动。但即便如此，他也无法静下来。他每周日都会在新英格兰山区的一些小镇或城市讲道两三次。就算是在家的日子里，他也总是想方设法让邻居和乡下人对日常劳作之外的事情感兴趣：始终将他们的心灵福祉放在心上。我清楚地记得这样一件事：

"在我拜访他的那几天里，他驾着车跑遍全县，邀请人们到他家听音乐。演出的那天又热又闷，但人们挤满了房间，几乎让人喘不过气来。他坐在一扇开着的窗户旁，从那里可以观察到整个观众和歌手。他指导着歌手应该唱什么，偶尔还说一些鼓励或幽默的话来激励现场。任何一个像他这样具有敏锐幽默感的人，看到歌手闷热难熬但竭尽全力地娱乐客人一个多小时，一定会感到非常有趣。

"就在那次访问期间，慕迪先生劝导我加入布道工作。我与他和桑基先生的合作就是从那时开始的。我的首项工作是组织训练由八百名歌手组成的合唱团，配合他在芝加哥的伟大圣堂布道，这项工作从当年十月开始，一直持续到十二月底。

"在接下来的几年里，我和我太太有幸与慕迪先生在国内外的几场伟大的宣教活动中同工，令人难忘的是，慕迪先生在这些宣教活动中，显示了他的非凡能力，深受各阶层人民的喜爱。

"慕迪先生不仅热爱大自然，还热爱艺术和诗歌，尤其是诗歌，因为诗歌出现在圣经的《诗篇》中。有时，他会要求某人读《诗篇》中的一章。在专心聆听完后，他会说'太美了！'来打破静寂，然后跪下来，以感恩祷告向神倾诉心声。

"他对别人，特别是同他共事的人的体贴非常引人注目。在一天的辛苦工作快结束时，在他开始最后一次演讲之前，他常常会对他人说：'你悄悄出去，回家吧。我会继续。我希望你明天精神一新。'

芝加哥大道教堂，照片摄於建成两年时
《福音歌曲》的版税是该教堂后来的完建资金来源

完建后的芝加哥大道教堂
圣经学院女子系的大楼衔接在右边

"在这方面，我还想谈谈他的另一个不为人所知的特点；即他希望尽可能给别人带来最少的麻烦。我知道，他曾经承受过非常恼人的事情，对他来说，与其说让别人感到难堪，或者说追根刨底究其错，还不如自己积极正面地承受不适，

"当我和他一起在西部度过某个冬天时，我注意到了一些有趣的事情，足以说明他在接受福音事工报酬方面的尽职性。我们曾在一个大城市宣教五个星期，每天举行三次布道会。宣教结束时，财务委员会的一名代表来到他下榻的酒店，递给他一张一千五佰美元的支票，作为他本人和他助手的报酬。他立即把支票退了回去，说是太多了。大约一天后，那位先生又去了旅馆。这次没有见到慕迪先生，于是就把同一张支票给他留下了。慕迪先生回来后，发现这张支票，于是把它退还给了那位先生。那位先生后来告诉我这件事，说慕迪先生非常简单直接地告诉他，他第一次归还支票时所说的不接受的意思就是不接受。那位先生后来给了他一千美元：他接受了。做出这个决定的原因，是考虑到他当时正在筹划在芝加哥建立圣经学院，而且他一直需要资金来维持他在北田的学校。之后，我们在附近的一个城市开始了为期十天的一系列布道会，结束时，委员会给了他五佰美元，他接受了。然而，在最后一次会议上，当募款来偿还基督教男青年会（YMCA）债务时，他将他所得的这些报酬全数捐出。

"我们最后一次听慕迪先生讲道是一八九九年九月在北田的教堂，那是神学院开学后的第一个安息日。教堂里没有鲜花，他对此发表了评论，说希望神学院的高年级学生成立一个委员会，确保每个主日都有鲜花。然后他说：'上个主日我在布鲁克林的普利茅斯教堂（Plymouth Church）讲道，教堂里没有鲜花。第二天，有一家报纸说，讲坛上没有常见的鲜花，这是因为据了解，慕迪先生不喜欢鲜花，'他转向我说，'斯特宾斯，当你回到布

鲁克林时，告诉他们，我非常喜欢花。'"

麦格拉纳汉先生和夫人是和惠特尔少校一起从事福音工作，但他们经常协助慕迪先生的布道会、其他会议和学校事工，而且经常住在他家里。麦格拉纳汉先生说："认识他的人没有不爱他的；和他在一起的人没有不受益的。大约二十年前，有一次，在西部的一个城市，有许多人聚集在他的房间里，非常认真激动地讨论一些棘手的问题。大家都各持己见，争执不休。慕迪先生则静静地在一旁看着。当众人都离开后，我永远不会忘记他对我说的话，以及话中之精神：'麦克，世界非常需要和平缔造者。'我相信，我将永远铭记我当时的感受，成为和平缔造者的其中一员。

"他对自己的工作孜孜不倦，但如父亲一样温柔地关怀他人。当我们在纽约州奥本市（Auburn, N. Y.）举行一系列布道会时，慕迪先生在最后一周来到奥本市，主持了一次会议。一系列的布道会下来，我发现自己很难继续领唱，或者令人满意地独唱；但我如以前那样，决定站在合唱团边上，直到我无法再唱下去为止。慕迪先生说：'不，你不必尝试你无法做到的事。你的声音太重要了，不能明知故犯。我们不侍奉一位严厉的主。（参太 6：24-34；西 3：23-24）当健康受到威胁，以及我们无法控制的事情介入时，我们的责任很明显。赶紧走吧，跟我和少校一起离开大会。爱护您的声喉，能在您有生之年一直使用它。'

"一直以来，慕迪先生是我在为福音事工预备圣诗方面的启迪。他并非是音乐家，也未曾自称是音乐家，但我很快就认识并尊重他就赞美诗对福音事工的价值和有效效能的判断。能感动他的赞美诗一定会感动别人，不能感动他的，则可以放心省略。以圣诗来参与他的事工，我一向珍视为我最大的荣幸之一。然而，如今他离世了，一切都显得多么孤独！"

第十八章

爱丁堡宣教

美国福音传教士在英格兰北部取得的成功，引发了人们对其传教方法的研究。经过一番犹豫之后，他们受邀前往爱丁堡布道，并于一八七三年十一月二十三日主日，在该市最大的音乐厅举行首次布道大会。那天晚上，慕迪先生身体稍有不适，第二天，桑基先生的管风琴坏了，慕迪先生只好单独主持会议。尽管如此，大会开幕时，不仅大厅里水泄不通，甚至连前厅、楼梯和入口处都挤满了人。除此之外，还有数千人因无法入场，只好打道回府。

接下来的周间，晚间敬拜是在巴克莱自由教堂（Barclay Free Church）举行。每天晚上，这座大楼观者如堵，挤满了表情专注的人群。每次出席人数超过两千人。第二个周日晚上，三座教堂连续举办了特别敬拜：巴克莱教堂，从六点钟开始；七点钟在前瞻（Veiwforth）教堂，八点钟在喷泉桥（Fountainbridge）教堂。早在会议之前，这三个教堂就已经是人群爆满，还有数百人只好被婉言劝回。第二周，大会在布劳顿广场（Broughton Place）联合长老会教堂举行，人数继续增加。

一位作者在《爱丁堡每日评论》报道说：

"慕迪先生的演讲是大会的高潮部分，人群蜂拥而至，个个高亢激奋。在演讲中，他用简单的比喻和生动的语言，向人们展示了耶稣基督的真理，并向人们的心灵和良知发出最真诚有力的呼吁。慕迪先生的演讲，最显著的特点是朴素无华，丝毫没有故作玄虚。他说话时胸有成竹，完全相信自己所说的，并且非常真诚地传达他的信息。他的描述以惊人的生动形象为特征。他有丰富的例证，而且这些例证切中要害，彰明较著地阐明他想要说明的观点，并且刻骨铭心。整个大会没有过激的场面，没有大张旗鼓。然而，布道的效果体现在给听众留下的深刻印象中，通常反映在那些焦虑的询问者身上（人数从大约四十人到七十人不等）——每次聚会后他们都会留下来做心灵交流和祷告，还有数百名散居在爱丁堡和附近地区各个社会阶层的人——他们或多或少地觉醒，意识到永恒之事的重要性，为罪的捆绑而深感沉重，渴望获得救赎。有不少人声称自己已经出黑暗进入奇妙的光明中，满心喜乐地继续前行。"

如同每个举行宣教活动的城市一样，爱丁堡也成立了每天中午的祷告会。人们对祷告会的浓厚兴趣体现在两个方面：首先，请求代祷的数量非常多，希望为自己或他人祈福。每次祷告都会收到有超过一百份这样的祷告请求，代表着许多人心中的负担、忧虑和渴望；同时，也有为祷告得到回应和祝福而感恩赞美的。其次，实体参加祷告会人数众多。头一天就有五百多人出席，而且人数稳步增加，到第一周结束时，皇后街的礼堂已容纳不下出席的人数。

一时间内，要找到合适的地方颇有难处。自由圣乔治教堂（Free St. George's）的亚历山大·怀特神父[96]（Rev. Alexander Whyte）愿意将自己的教堂用来开祷告会，但最终，位于市中心的自由教会礼堂（Free Church Assembly Hall），因地理位置而被选中。参加祷告会的人数很快就达到一千人，并且常常超过这个数字。祷告会前半个小时用来唱圣歌或赞美诗，简短地读一下祷

---

96 亚历山大·怀特（Alexander Whyte，1836-1921），苏格兰自由教会（属新教）神父。

告的请求，然后就是祷告；接着，慕迪先生会对圣经的某段经文作一些讲解。祷告会的后半个小时，任何人都可以起来发言、祷告或要求唱一首赞美诗。

慕迪先生来到爱丁堡，该城市和利斯（Leith）各福音派的许多牧师和平信徒都非常欢迎，并将自己全身心地投入事工中。虽然有些人，起初不相为谋，并且故意保持距离；然而，随着个人的接触，他们的反对情绪逐渐消失，而且还热情参与这项事工。看到所有参与这项觉醒运动的人有着坚不可摧的团结和弟兄般的爱，实在是令人愉快。此时此刻，教派之间的差异一度不复存在。

布劳顿广场联合长老会的安德鲁·汤姆森牧师[97]（Rev. Andrew Thomson）是这样表达自己的想法：

"慕迪先生宣讲的教义没有什么新奇之处。它就是古老的福音——古老，但永远鲜活年轻，如活泉或旭日——以代表基督被置于其中心，以令人首肯心折的清晰和肯定诠释给听众。他说得非常简明直接，不像是一个将信将疑的人，好像总是觉得有怀疑论者在背后监视他。他对自己所说的真实性充满确信——就像是我们自己的安卓·福乐[98]（Andrew Fuller）一样，'他可以为此将永生摆上'[99]；仿佛他觉得'如果他闭口不说，连石头都会叫喊起来。'（路 19：40）

"即使给我再多的世界财富，我也不愿抹去过去一周所见所闻的记忆。当豪[100]（Howe）在白厅担任克伦威尔（Cromwell）的神牧时，他厌倦了宫殿的浮华和排场，于是写信给他'亲爱的、尊敬的弟兄'理查德·巴克斯特[101]（Richard Baxter），说他多么

---

97 安德鲁·汤姆森（Andrew Thomson，1814-1901），苏格兰联合长老会牧师、作家。

98 安卓·福乐（Andrew Fuller，1754-1815），英国浸信会牧师，神学家，当代宣教运动宣导者。

99 参见以撒·华茨的"我相信，神的应许足以将永恒摆上"。

100 豪，或约翰·豪（John Howe，1630-1705），英国清教徒、神学家，曾短期为克伦威尔的神牧。

101 理查德·巴克斯特（Richard Baxter，1615-1691），英国清教徒领袖、诗人、赞美诗作家、神学家。被称为"英国新教学者的领袖"。

渴望回到托灵顿（Torrington）他所热爱的工作中。'我已将自己委身于传道工作来侍奉神，'他说，'当我听到那些知罪的人的哭喊和投诉，并前来找我时，我怎么可能不为之愉悦呢？'在过去的一周里，我就和许多亲爱的弟兄们分享了这种神圣的愉悦，好像是吃从天上降下的吗哪一样（参 诗 78：24-25），首先听到认罪悔改的哭喊，然后是和好与平安的喜乐。我为慕道者的多样性而震惊。来者中，上至七十五岁老人，下至十一岁小青年；有城堡里的士兵，也有大学学生，有背道者，有酗酒者，有怀疑论者，有富人，也有穷人，有受过教育的和未受过教育的；其中有多少人伤痕得医治，有多少人重担得放下！"

第四周的特别聚会于十二月十六日，星期二晚上，在圣斯蒂芬国立教堂（St. Stephen's Established Church）开始。持续了三个晚上。会议凭票入场。教堂里座无虚席，每次聚会都有两千人参加。圣斯蒂芬教堂的会众主要由上层阶级组成，他们中的许多人参加了聚会，并对讲道和歌唱印象深刻。聚会由神牧尼科尔森博士[102]（Rev. Dr. Nicholson）主持，每天晚上，来自全国各地各个教派的牧师都有出席，同时出席的还有贵族代表、大学教授、著名律师和议会领袖。

一个主日的上午，自由教会礼堂挤满了主日学校的老师。在场的每个人都觉得自己在青年人中的事工，需要完全的奉献以及杰出的基督徒生活。晚上，同一栋楼里挤满了大学生。围坐在讲台周围的，有来自大学所有院系的教授，和几位自由教会学院[103]（Free Church College）的教授。另外还有数百人申请入场，但却未能如愿。结果，只好将自由高教教堂开放，同时在那里举行聚会。

提起该城牧师们所得到的福祉，布莱基教授[104]（Professor

---

102 尼科尔森（Maxwell Nicholson, 1818-1874），苏格兰牧师、作家。

103 现为爱丁堡神学院。

104 布莱基（William Garden Blaikie, 1820-1899），苏格兰牧师、作家、传记作家及禁酒改革者。

Blaikie）这样说：

"要一一列出对这场运动有着强烈和浓厚兴趣的牧师，是很难的一件事。尤其令人惊奇的，是所有教派的神职人员在工作中毫无嫉妒，热情合作。他们以自己的热诚赢得了平信徒非同一般的尊重，几乎忘掉了之中起关键作用的，竟是来自另一个国家的陌生人。所有其他情感很明显地被所赐之福的感激之情淹没。与此同时，人们普遍认为，在很大程度上，这项奇妙的工作要归功于爱丁堡神职人员和基督徒的忠诚辛劳和真诚祷告，尽管两位陌生人的特殊天赋得到神特别的祝福。

"很有意思的是，人们最初对桑基先生的管风琴（'kist o' whistles'）潜在的不信任[105]，最终居然烟消云散。管风琴的使用方法多种多样。有些教堂里的管风琴只是摆在那里作陈设而已，就像有人说的那样，'每个管子里都有个小魔鬼'，但一架用来保证音调准确的小簧风琴则是另一回事，大家认为它不妨碍对神的虔诚和心灵崇拜。"

爱丁堡所呈现的极大热衷引起了整个苏格兰的关注，邀请慕迪先生到其他城市宣教的信函纷来沓至。每天都有来自大大小小不同城镇的邀请，发出邀请的人不仅有牧师，还有教长、议员和公民领袖。人们对慕迪先生布道的渴望非常严肃迫切；邀请他到现场布道不是为了满足好奇心，而是为了促进心灵和永恒的美善。甚至连苏格兰偏远的乡村教区，也聚集在一起祈祷他的事工得到神的祝福。人们坚信，在爱丁堡发生的现象一定会波及苏格兰全地。布莱基教授说："苏格兰从来没有如此激动过；从来没有如此多的期待。"

随着时间的推移，聚会人数和灵命都在增长。一个主日，早上九点，慕迪先生在自由教会礼堂向年轻人布道。尽管凭入场卷

105　kist o' whistles是苏格兰长老会对教堂管风琴或簧风琴的轻蔑称呼。十九世纪，苏格兰新教教会对使用管风琴或簧风琴有争议。

入场，这里还是人满成溢。敬拜结束时，一位先生向慕迪先生请求为年轻人再开一次布道会。慕迪先生回答说，在场的人如同意为未归正的年轻人再举办一次会议，并且愿意投入事工的话，就请站起来。结果，全体听众都站了起来。于是，星期五晚上又举办了一次专为年轻人召开的布道会。星期天晚上，自由教会会堂、国立大会堂和自由高教会都挤满了人，自由圣约翰教堂也是如此。所有的教派差异好像都蒸发了。查特里斯教授[106]（Professor Charteris）到自由教会演讲；布莱基教授则在国立教会讲话。来自苏格兰全国各地的弟兄们聚集在一起，为共同目标和同一救主而团结一致。灵命觉醒是如此深刻，以至于苏格兰的每一位牧师都收到了以下通函：

"爱丁堡现在正沉浸在令人惊奇的极大恩典中。对此，许多主的子民并不感到惊讶。曾经有一段时间，牧师们和其他人一直在找规律，如何能从参加普通的有关圣经的布道会，来获得了特别的回应和果效。为此，去年十月和十一月，许多不同教派的基督徒常常聚在一起为此祷告。他们希望美国的慕迪先生和桑基先生能来访宣，但他们更是真诚地恳求主，让他们摆脱对美国传教士或任何主的器皿的依赖，并祈求祂亲自与这些传教士同来或甚至在他们之前到来。主仁慈地回应了祷告，祂的同在奇妙地展现在他们中间。神如此激发人心，以至于爱丁堡最大的公共建筑，自由教会大会堂（Free Church Assembly Hall），每天晚上的祷告会都是座无虚席。每当宣讲福音时，这座建筑和国教大会堂（Established Church Assembly Hall）都是人山人海。但参加人数并不是最显著的果效。最显著的果效是圣灵的同在和力量，是对神肃穆的敬畏，是虔诚的祷告，是充满信心，是满有盼望的精神，是未得救灵魂焦虑的探寻，以及信徒们渴望更像基督——他

---

106 查特里斯（Archibald Hamilton Charteris，1835-1908），苏格兰神学家、爱丁堡大学教授。属苏格兰教会（长老会）。

们饥渴慕义。托尔布斯教区教堂（Tolbooth Parish Church）和自由高教会（Free High Church）的大厅每晚都挤满了焦虑的探寻者。所有不同教派和社会不同阶层都完全融合在一起。所有这一切都是神的恩典。

"圣灵同在的另一个标志是，在这些会议中，人们感受并表达了一种愿望，即整个苏格兰都应该分享首都（爱丁堡）正在领受的祝福。

"我们亲爱的美国朋友不可能访问每一个地方，甚至，他们不能保证所有敦促他们去访问的地方。但这不是必要的。主愿意亲自去任何真正邀请祂的地方。祂正期待着。因此，爱丁堡的神的子民热切地恳求，苏格兰所有的弟兄们都当恳求主来到他们中间，打消祂是否愿意这样做的一切疑虑。

"祈祷周，从次年一月四日到十一日，为联合行动提供了良好的机会。在那一周，每个城镇和村庄，每天都应该举办祷告会。就是在这之前，也当常常有祷告会。爱丁堡的祷告会时间是从中午十二点到一点，如果其他地方可行的话，那么最好是在同一时间。大家怀着信心一同聚集在恩典的宝座前。但是，祷告不要拘泥于形式，要有信心，要有盼望，要简短、热切、恳切地恳求，并且充满赞美和简短的激励；祷告祝福我们的祖国苏格兰所享有的一切恩典，也让恩典拥抱全世界，这样'好叫世界得知你的道路，万国得知你的救恩'（诗 67：2）。如果苏格兰屈膝下跪，那位用祂爱的奇迹填满我们民族历史的神将会再次降临，赐给我们祂那前所未有的恩典，甚至连最坚定的信徒也要为此感到惊讶，'你求告我，我就应允你，并将你所不知道、又大又难的事指示你。'（耶 33：2）"

日复一日，当圣灵每时每刻都在悦纳福音传道者的事工时，黑暗势力并没有闲着。芝加哥有一位苏格兰人，职业律师，给苏格兰一位著名牧师发了一封诽谤信，恶毒攻击慕迪先生的商业诚信和基督徒品格。在没有任何证据的情况下，指控他曾向其雇主的商业竞争对手出售了有关雇主利益的信息；而且，更甚之，指控他对苏格兰人所珍视的教义的态度并不真诚。

这封信以手抄本的形式到处传播，传播到那些能造成最大危害、其影响力最难消除的地方。最后，爱丁堡委员会收到了一份副本。委员会决定采取措施来查明指控是否真实或虚假。

尽管慕迪先生完全知道自己清白无辜，但由于担心他在苏格兰的事工，他对这封信深感忧虑。他将自己的声誉完全交托给天父，并督促爱丁堡委员会对此事进行彻底调查。

利斯（Leith）自由圣约翰教堂的约翰·凯尔曼牧师[107]（Rev. John Kelman），时任爱丁堡委员会秘书，之前曾前往纽卡斯尔观察慕迪先生工作，并在很大程度上负责慕迪先生访问苏格兰事项，将这封信的副本寄给芝加哥的法威尔先生，并说："在本国与慕迪先生一起从事基督教事工的朋友们，都迫切希望彻底查清这些指控的真实性。我受委托向您提出申请，希望您能尽早向我提供您能获得的有关此案事实的信息。"

以下的通讯，是由三十五名熟悉慕迪先生及其在芝加哥工作的牧师、教育家、编辑和秘书签署，发送给了爱丁堡委员会：

"我们，芝加哥市的签名牧师，获悉慕迪的基督徒品格受到攻击，其目的是要摧毁他在苏格兰作为福音传道者的影响力。我们在此特此证明：根据我们所能获得的最佳信息，慕迪在YMCA的工作，以及作为本市和其他地方的福音传道者的事工，都具有福音和基督教的最高价值。他绝对是一位热心的基督教工作者，值得我们毫无保留的颂赞，值得苏格兰和英国弟兄们的信任。他现在正与你们一起作工，相信你们会接纳他为主葡萄园中的同

107　约翰·凯尔曼（John Kelman，1830-1907），苏格兰联合自由教会牧师。

工，以此来荣耀主。"

已故C. M. 亨德森[108]（C. M. Henderson），是慕迪前雇主的侄子。对慕迪的指控，发生在当他是亨德森企业的继承者和家族之主的时候。他说："自慕迪先生离开我们十五年以来，我一直在关注他，帮助他，并且信任他"。直到几年前去世，亨德森先生一直是慕迪先生事工的经济支助者。

在诽谤被澄清之前的两三个月里，尽管信心考验严峻，经历痛苦，但最终的结果是慕迪先生让整个苏格兰信服。反过来说，如果没有这次事件，即使所有人都称赞他，他是否能让整个苏格兰信服却是个疑问。

除了爱丁堡聚会之外，利斯（Leith）的自由北利斯教堂（麦克唐纳博士的教堂）和自由圣约翰教堂（凯尔曼牧师的教堂）也举行了布道会。这些聚会之所以重要，是因为该镇（利斯）是个大型航运港口，吸引了来自世界各地的人们。众多的海员参加了聚会。结果，聚会的影响力不仅遍及苏格兰的众多人口，还通过这些海员传遍了世界各地。

爱丁堡聚会即将结束时，霍拉修斯·波纳博士[109]（Dr. Horatius Bonar）寄出了一封信，虽然这封信原本不打算发表，但因公众经常性的要求，结果还是发表。信的摘录如下。在提到谷物交易所的聚会及其众多听众（其中大多数来自干草市场和牛门街）后，他说：

"这些美国弟兄给我们带来的不是什么新的福音，他们也没有故作玄虚，仿佛自己的计划有什么新奇之处——除了更加重视唱赞美诗，通过这种方式来向听众传播好消息。我们可以信任他们。他们值得我们完全的信任。我们私下对他们了解得越多，就

108　C. M. 亨德森（C. M. Henderson，生卒年不详），鞋商。慕迪前雇主C. N. 亨德森的侄子。

109　霍拉修斯·波纳博士（Dr. Horatius Bonar, 1808-1889），苏格兰牧师、诗人。

越感激他们，越愿意与他们同甘苦。我们求信仰坚定，那么我们就会做得很好。这些人是信仰坚定的。我们求始终如一谦卑的生活，这样就会做得很好。这些人始终如一，谦卑自抑。我们求自我否定，这样我们就做得很好。而这些人是自我否定、勤奋的人，他们为福音付出，是因为他们认为这事工不是属人的而是属神的。我们求有明确的目标，最终达到没有自我，我们就做得很好。这些人有着最明确的目标——赢得灵魂以获得永恒的喜乐，他们不求名声，也不求回报，只求主的认可：这是为那些使众人归正的人预留的奖赏。他们没有险恶或卑鄙的动机，如他们过去的历史所表明，以及与他们交往的每个人都会感受到那样。除了这一切，试图阻止他们是徒劳的。无论谁说不行，都无法使他们停止作工，停止讲道。让我们和他们一同作工吧。有人曾经问罗兰·希尔[110]（Rowland Hill）：'你打算什么时候停下来？'他的回答是'直到我们把所有事情都做完。'我们来自芝加哥的弟兄们也这么说。我们说，阿门。这个有需要的世界说，阿门。人类的诡诈和邪恶说，阿门。天和地说，阿门。工作很艰巨，时间很短，但力量不是来自人，而是来自神。"

在爱丁堡举办的布道会中最精彩的一次，也许是一八七三年末那次会议。刚开始时，大家对在一年的最后一天晚上，从八点一直到十二点，能否让大量听众聚集在一起表示怀疑。然而，当晚五个小时里，人们挤满了自由教会大厅，这证明慕迪先生的期望是合理的。整个晚上，许多不同年龄和不同阶层的人都站着，或者偶尔与坐在附近的人交换一下位置。慕迪先生在八点钟进入大厅，陪同他的还有许多牧师和平信徒。会众已经等了他们一个小时。唱完诗歌和祷告后，慕迪先生宣布晚上的顺序为："不拘

110　罗兰·希尔（Roland Hill, 1795-1879）英国发明家、教师、邮政制度改革者。有「近代邮政制度之父」的美誉。

常规。事实上，凡是敬拜的部分都将井然有序；但当我讲话时，如果有人要举例说明，或者想唱赞美诗或祷告，请他站起来这样做。"这个独特的邀请立即被会众接受；会中有很多人起来讲话，为聚会增添了不少色彩，会众也一直很活跃。会中，桑基先生和菲斯克禧年歌手团[111]（Fisk Jubilee Singers）还常常穿插着唱赞美诗。十一点过后不久，圣经学习就结束了，会议的剩余时间用于祷告。

在祈祷周期间，宣教服侍继续进行，并且取得了显著的成果。一月十四日，慕迪先生主持了一场全天基督教大会，大会在自由教会大厅举行，出席的人数众多。托尔布斯国立教堂（Tolbooth Established Church）和自由高教会也同样爆满。数百名来自周边地区的人涌入这些会堂，其中有人从五十英里、一百英里、甚至两百英里外赶来。波纳博士以"自身的努力"的演讲拉开了会议的序幕。从慕迪先生曾举办过布道会的纽卡斯尔和其他一些地方收到的报告表明，慕迪先生等人离开后，已经开始的事工仍在继续。接着，慕迪先生主持了一个小时的问答活动。大会服侍结束时，他作了关于"善工"的结束演讲。

爱丁堡自由教会大会堂

111　菲斯克禧年歌手团（Fisk Jubilee Singers）是一个美国黑人歌手福音清唱团。首个清唱团於一八七一年由菲斯克大学（Fisk University）的学生组成。一八七三年，该团曾首次访问英国和欧洲。菲斯克禧年歌手团至今仍然活跃在舞台上。

告别大会，格拉斯哥植物园

多年来，唐纳德·麦卡伦[112]（Donald McAllan），爱丁堡异教徒俱乐部主席，给卡鲁伯斯街基督教中心[113]的社工造成极大的麻烦。他去参加自由教会大厅的一个会议，目的是要跟慕迪先生争论。慕迪先生没有与他争论，而是像对待一个需要救赎的人一样，问他是否听说过或知道有人希望被耶稣拯救，来到耶稣面前，但却遭到祂的拒绝。很不情愿地，他承认他没听说过有这样的事情。

"当然没有，"慕迪先生说，"圣经是句句真实的。你知道我们在为你祷告吗——你会皈依归正的！"

后来，在威克镇（Wick），慕迪先生又遇到了麦卡伦，发现圣灵正在他身上做工。回到爱丁堡后，麦卡伦参加了一次会议。詹姆斯·巴尔弗[114]（James Balfour）在会上向会众演讲。就在这次会上，麦卡伦突然悔改归正。

美国的新闻报纸听说了这个故事，但对它的真实性表示否认。在随后的自由教会大厅举行的一次聚会上，慕迪先生讲到这个故事，并且补充说：

112　唐纳德·麦卡伦（Donald McAllan，生卒年不详）。

113　卡鲁伯斯街基督教中心（Carrubber's Close Mission or Carrubber Christian Centre），英国爱丁堡基督教中心，建於一八五八年。慕迪曾在此布道。

114　詹姆斯·巴尔弗（James Balfour，1838-1930），英国政治家，曾任英国首相。

"我知道这位前异教徒今天也出席了这次会议。如果真是这样，能否请他站起来见证他悔改归正的事实？"

就在靠近慕迪先生首次与他面谈的那个点，麦卡伦先生站了起来。他承认自己就是以前强烈反对福音的那位异教徒，并告白主为他做了何等伟大的事。

在爱丁堡的会议期间，慕迪先生还抓住机会回应了当地日报上的一些批评。这些批评的大意是，说他在最近格拉斯哥全天聚会上的一次演讲中，对受过教育的牧师表示轻看。慕迪先生坚称，他曾说过他相信受过教育的牧师，并呼吁在场听他演讲的受过教育的牧师们与他合作。他这样说：

"许多年轻人进入基督教事工时，从年龄来说，要他们完成正规的大学课程已经太晚了。教会应该抓住这些人，给他们机会去做适合他们做的事情。彼得，是个没有受过教育的渔夫，工作却做得和保罗一样好。当然，保罗因为受过教育，在一些特殊的事工上做得更好。但有些工作，无论受过教育与否，作为男士都不适合。为什么不训练虔诚的基督徒妇女来举办母亲会议、小屋祷告会，教年轻的母亲烹饪、裁缝，等等呢？这是一种实用的基督教，只有献身基督和受过训练的女性才适合。教会还应该训练志愿者，让他们走到人群中，向不去教堂的人传教，这样就可以支持正常的宣教事工。现在是召集志愿者的时候了。在苏格兰，有着足以向全世界传播福音的虔诚、受过教育的信徒，以及金钱。如果一个人想上大学，那就让他想尽方法去上大学；但并不是每个人都必须懂拉丁文、希腊文和希伯来语。"

作为对这一点的最后总结，慕迪先生颇有特色地指出，他非常后悔自己从未接受过大学教育；但他没有刻意去完成大学教育，他正在尽自己最大努力，在没受过大学教育的情况下，将福音事工做到最好。

第十九章

格拉斯哥和苏格兰小镇宣教

爱丁堡宣教活动结束后，宣教团接着访问了格拉斯哥。事实上，爱丁堡的宣教工作刚开始，访问格拉斯哥的准备工作就在酝酿之中。十二月中旬，在格拉斯哥召开了一次安排美国宣教士来访的会议，来自所有福音派教会的一百多名牧师和平信徒参加了这次会议。一月五日，在圣乔治国教教堂举行的一系列联合祷告会的首会上，慕迪先生作了简短的讲话，然后返回爱丁堡参加晚间聚会。在格拉斯哥开始事工后，他曾两三次回爱丁堡协助特别聚会。爱丁堡宣教结束后，宣教团访问了特威德河畔贝里克（Berwick-on-Tweed）、梅尔罗斯（Melrose）和邓迪（Dundee）等地，并分别在这些地方举行了为期几天的宣教大会。

二月七日，当慕迪和桑基到达格拉斯哥时，期间的复兴会议陆陆续续已经不间断地进行了一个多月。次日上午（即二月八日），慕迪和桑基就开始了他们的事工。九点钟，一场主日学教师的宣教动员大会在市政厅举行，约有三千人参加。晚上的布道会在六点半举行，但在此之前一个多小时，市政厅就挤满了人。留在外面的大批群众则被送往附近的三座教堂，很快那里也挤满了人。第二天早上，祷告会在联合长老会教堂开始。

这些会议开始后不久，波纳博士在提到它们时这样说：

"最近觉醒的人数不少，而且对觉醒的追求正在加深。各教派的传道人都非常热诚地参加这一运动。人们从很远的地方来到这里询问生命之道。这种对生命的觉醒，并非是由于人的方法，而是圣灵运作的结果——圣灵正在向这片土地吹气。这样的时刻是我们苏格兰以前从未有过的。千年不变的古老福音正传给所有人：为我们，基督成为有罪；替我们的罪献祭的基督、基督的血、基督的义、被钉十字架的基督；神的大能和神的智慧使人得救。但如今，福音是'靠着从天上差来的圣灵'传讲的。正因如此，敌人受到了辖制。由此，使我们想起了《启示录》第七章1-3节，在主再来之前，四位天使受命不让风暴突然袭来，也不让天上的风吹动大海平静的表面，或吹动树上的叶子，直到永活神的印，印在祂所拣选的子民额头上。这封印，难道不是每日都在我们中间进行吗？四大天使，不是正在看着吗？此刻，正是寻求主的时候，好让祂将公义如雨降临在我们身上。"

以格拉斯哥为中心，不定期地，慕迪先生的团队会在邻近的城镇举办宣教会。宣访的城镇包括海伦斯堡（Helensburgh）、格里诺克（Greenock）和佩斯利（Paisley）。当慕迪先生外出宣教期间，格拉斯哥和其他城市的牧师们就主持格拉斯哥的例会。

四月十六日，星期四，苏格兰各地和英格兰北部的牧师、教会负责人和信徒们在水晶宫植物园（Crystal Palace Botanical Gardens，现格拉斯哥植物园）举行大会。出席人数有五千人，大多数是男性。爱丁堡的查特里斯教授读了一篇文章，文章谈到如何推进复兴运动，并如何将复兴经普通渠道引入教会。自由学院的费尔贝恩教授[115]（Professor Fairbairn）就会议期间所强调的伟大教义作了演讲。伯威克（Berwick）的凯恩斯博士[116]（Dr. Cairns）、

---

115 费尔贝恩或帕特里克·费尔贝恩（Patrick Fairbairn，1805-1874），苏格兰自由教会牧师、神学家，曾为自由教会学院教授。
116 约翰·凯恩斯（John Cairns，1818–1892），苏格兰长老会牧师。

罗马的范米特先生[117]（Van Meter）和其他一些人也作了演讲。

这次宣教中印象最深刻的聚会之一，是在基布尔水晶宫（Kibble Crystal Palace）的一次专门为工厂女青年工人举办的会议。格拉斯哥城里有超过一万二千名女青年工人。尽管发了入场券，结果大楼里坐了五千人，还站着几百人；而外面却挤满了一千多人。第二天晚上，聚会是为男青年举办的，当时有近六千人参加。此外，还为儿童和年轻女性各举办了一场会议。

接下来的主日，在植物园举办了最后一次布道会。桑基先生好不容易费力进了大楼，开始与大楼内六七千人挤在一起聚会。但外面的人群如此之多，估计有两三万人，慕迪先生本人根本无法挤进去。他就站在马车车夫的车厢上（他乘坐的马车），请唱诗班唱圣诗。唱诗班成员在大楼附近的一个低矮棚屋的屋顶上找到了一个地方，他们就站在那里唱。唱完圣诗之后，慕迪先生宣讲了一个小时的"即刻救赎"。他的声音如此清晰洪亮，大群的人能毫不费力听到他的声音。傍晚的景色非常美，天色安宁，太阳即将落山。场地周围，那深绿色树叶的树木，将整个场地围在其中。对此场景，一位目击者说道：

"这使我们想起了怀特菲尔德的日子。想起他一生中曾提到过这样的一个场景，那是一七五三年，在格拉斯哥，当他向人们告别时，有两万个灵魂在聆听他的演讲。而今天这里，至少有三万名热切的听众，因为此时水晶宫内的数千人已经出来了。尽管他们的人数已融入了主体，表面上看起来没有给人群带来明显的增加，而许多熟悉这类聚会人数的旁观者，他们的估计是人数超过三万名。"

布道结束后，慕迪先生请所有希望参加咨询会的人进入大

117　范米特（W.C. Van Meter，1820-1888），生在美国，卒于意大利罗马。曾任意大利圣经和主日学宣教会主席。

楼内。那些能留下来的人则被要求到附近的凯尔文赛德教堂（Kelvinside）祷告。几分钟之内，水晶宫大楼内就挤满了人。当慕迪先生问到，有多少尚未得救但渴望得救的人时，两千人站了起来。

"这是一个稀奇，但又庄严的景象，有这么多未得救的人寻求救赎，"一位旁观者说道。"这使我的心为他们的救赎产生强烈的愿望。毫无疑问，因为主的原故，在特别会议结束的那一刻，这两千人向主的子民寻求帮助。这一幕激励着主的子民继续为这些人的福祉尽心努力，拿着锋利的镰刀赶赴田野，收割已熟的庄稼。"

五月二十四日，星期四，正值女王生日，也是爱丁堡的公假日。爱丁堡告别会在荷里路德（Holyrood）上方的亚瑟王座（Arthur's Seat）和索尔兹伯里克雷格（Salisbury Craig）之间的山坡草坪上举行。在这里，慕迪先生向两万名听众讲道，重演上周日在格拉斯哥的场景。

格拉斯哥宣教结束后，慕迪先生出发前往苏格兰北部。在邓迪（Dundee）举办会议时，他受邀请探望一位长年卧床不起的残疾人。在那里，俩人之间的对话给他留下终生难忘的记忆，并且在之后的岁月里经常成为他布道中的例证。当这位残疾人十五岁还是个男孩子的时候，他摔倒了，结果摔断了脊髓。他在床上已经躺了四十年，动不动就会感到剧痛。所有这些年来，没有一天不遭受剧烈疼痛的折磨，但神的恩典日复一日地赐给他，他的房间仿佛是人间最接近天堂的地方。

"我可以想象，当天使们经过邓迪时，他们肯定在那里停下来休息一下，"慕迪先生说。"当我看到他时，我想撒旦在他身上的试探一定是失败的，我问他：'难道撒旦没有诱惑过你，使你怀疑神，认为祂是一个严酷的主人吗？'

"'哦，当然是，'他说，'他确实试图引诱我。我躺在这里，看到老同学们驾着马车从我面前经过，撒旦说："假如神那么善良，为什么这么多年祂把你留在这里？不然的话，今天你也许是个有钱人，坐着自己的马车。"然后，我看到当年轻的我走过时，我是一个完全健康的人，撒旦悄悄对我说："如果神爱你，难道祂会让你的脊髓摔断吗？"'

"'当撒旦这样诱惑你时，你怎么办？'

"'啊哈，我只是带他去加略山，让他看着基督。我指着基督手上、脚上和肋旁的伤口，然后说，"难道祂不爱我吗？"事实上，一千八百年前，撒旦就在那里吓得魂飞魄散。就这样，每次他都离我悻悻而去。'这位卧床不起的圣人没有太多的疑惑；他充满了神的恩典。"

在阿伯丁（Aberdeen），听众之多，没有一座建筑物有足够的空间可以容纳。六月十四日，主日下午，布道会在布罗德希尔（Broadhill）天然圆形剧场举行，组织会议的还为诗班和布道者搭建了一个平台。早在会议开始之前，就有大约一万人聚集在讲台周围。当慕迪先生演讲"罪的工价就是死"的时候，估计有两万到两万两千人听到了他的讲话。

夏季里，布道团访问过的地方有蒙特罗斯（Montrose）、布里钦（Brechin）、福法尔（Forfar）、亨特利（Huntley）（在那里，有超过一万五千人参加露天敬拜）、因弗内斯（Inverness）、阿布罗斯（Arbroath）、泰恩（Tain）、奈恩（Nairn）、埃尔金（Elgin）、福里斯（Forres）、格兰敦（Grantown）、基思（Keith）、罗思西（Rothesay）和坎贝尔敦（Campbelltown）。

有一位雇主在苏格兰某地区的一次布道会上悔改归正。他非常渴望他所有的员工都能接触到福音，因此他常常派他的员工参加布道会。不过，有一名员工就是不愿意参加。他一听到雇主有这样的愿望，他当即就决定不参加。他说，假如他要皈依归正基督教，他会在某个被按立的牧师之下皈依基督教。他不会参加任何由未按立的美国佬主持的会议。他相信正宗的苏格兰长老会才是他皈依归正的地方。

"我们离开那个小镇之后，就前往因弗内斯（Inverness），"慕迪先生在讲这件事时说："正好那雇主在这里有商事，他就派这个人来此处管理。"

"有一天晚上，我在河边布道时，碰巧我把乃缦的话当作我布道的主题：'我想。'我打算把人的想法拿出来晒一晒，显示一下人的想法和神的想法之间的区别。正巧，这个人沿着河岸散步。他看到有很大一群人聚在那里听有人演讲，他就想知道那个人在说些什么东西。他不知道我们已经到了该城，他以为说话的人不是美国佬，他就靠近人群仔细听。他听了布道，当下就认罪悔改，告白归信基督。然后他问布道的人是谁，结果发现，正是那位他说过他不会去听其布道的人——那个他不喜欢的人。他一直用言语反对的那个人，却正是神用来传给他福音的人。"

八月二十七日，在因弗内斯举行了一次全天会议。之后，慕迪先生和几个朋友沿着喀里多尼亚运河（Caledonian Canal）来到奥本（Oban）布道。在过去的两个月里，霍雷修斯和安德鲁·波纳[118]（Andrew Bonar）两位博士在那里做了许多准备工作。慕迪先生在威廉·麦金农爵士[119]（Sir William McKinnon）的巴利纳基尔（Ballinakill）家中休息了几个小时后，就前往坎贝尔敦（Campbelltown）布道，将那里作为宣访苏格兰的结束点。

布道者离开格拉斯哥一年后，安德鲁·波纳博士说：

"我们这些在格拉斯哥亲眼目睹这场运动并参与其中的人都

118　安德鲁·波纳（Andrew Bonar，1810-1892），苏格兰自由教会牧师，霍雷修斯·波纳的弟弟。

119　威廉·麦金农爵士（Sir William McKinnon，1823-1893），苏格兰船主和商人。

知道，我们的见证，对于那些视我们如陌路人的人来说，不会产生太大影响；但对于任何愿意倾听的人，我们希望能见证这项事工在我们中间所产生的永久性；而那些亲自来这里观察的人，当即就会发现这项事工规模如此之大且如此真诚。作为个人，我可以说，我相信许多弟兄也会发表同样的声明，即去年的成果在各方面都与我传道期间的任何时期的成果一样令人满意，甚至还有一些特别令人瞩目的崭新特点。当然，倒退的情况确实有，可是那又怎样呢？撒种的比喻不是历世历代都适用的吗？"

乔治·亚当·史密斯博士[120]（Dr. George Adam Smith）在他所写的亨利·德拉蒙德[121]（Henry Drummond）传记中指出，当时苏格兰复兴运动的影响力远超出了仅来参会的会众，其最显著的影响力之一，是由它所促进的社会福利和慈善活动。

"就像所有的宗教复兴一样，"他说，"这次复兴是从较富裕的社会阶层开始；因此，刚开始时，人们嘲笑说，这仅是为资产阶级宗教复兴建立一些基础而已。然而，慕迪先生对城市情况非常了解，并且有能力向他人展示其需求的愿景；因此，他积极鼓励格拉斯哥的基督徒们尝试向惹事生非，常与法律擦肩的阶层宣教，并且救济无依无靠的人。基督徒们走访了工人宿舍，以及城南和其他地方的砖窑废墟等流浪者经常出没的地方。禁酒工作得到一定的组织运行；虽然工作中有很多令人失望的地方，但数量颇多的酒徒得到了朋友般的帮助，并且得到改造。

"一个巨大的帐篷在格拉斯哥绿地公园搭建起来。后来，帐篷又被一个大厅取代，成为主日早上为穷人供应早餐的地方，也是许多其他慈善活动的中心。与此同时，职业技校在社会上引起

120　乔治·亚当·史密斯（George Adam Smith，1856-1942），苏格兰神学家。
121　亨利·德拉蒙德（Henry Drummond，1851-1897），苏格兰福音传教士、生物学家、作家。

了新的兴趣。在沃森警长[122]（Sheriff Watson），一位这类教育方面的资深人士的建议下，格拉斯哥建立了一所职业寄宿学校，来收养无衣无食的少年儿童。在索尔特科茨（Saltcoates），人们买下一所房子，装修后作为孤儿院。夸里尔先生[123]（Mr. Quarrier）于一八七一年创办的苏格兰孤儿院得到了新的推动力，夸里尔先生和他深入格拉斯哥穷人中行善的同工们，给于慕迪先生的宣教不可估量的帮助。格拉斯哥还开设了一家专为年轻女性服务的寄宿所。

"慕迪先生对YMCA给予了极大的关注，并在复兴运动最高潮的时候争取到了大量的捐款，作为YMCA的基金或用于协会的拓展。他强烈地认为，现在的YMCA所采用的宣教方法要么太模糊，要么就是太狭隘；为了协会的成功，'需要清晰和开放的观点'。他给协会的目标定义为：促进年轻人灵命增长和健全分辨善恶的直觉，同时也要照顾他们的世俗福利。每个分会都应该成为培养基督徒品格的苗圃、有效的传福音机构、日常聚会的中心、以及促进年轻人在人生追求中达到更高境界的手段。但是，有了崇高的目标，你还要在细节上做到细微入至。灵命必须占主导地位。然而，不能用YMCA来代替教会；YMCA是为教会服务的使女，并为教会提供新鲜血液。YMCA必须为每个成员找一些工作来做，并充分发挥年轻归正者的每一份力量。"

史密斯教授无法确定亨利·德拉蒙德是如何被慕迪先生拉入这场运动。但他说，德拉蒙德从一开始就感受到慕迪先生的诚意和新方法的实用智慧。以某个人为目标，努力唤醒他，使他归正，并坚固他的信仰；这一整套方法，是德拉蒙德在普通的教牧方法中所缺乏的，而现在却发现了。咨询会将慕迪先生和德拉蒙

122　沃森警长（Sheriff Watson，或William Watson，生卒年不详），职业技校的创始人。

123　夸里尔先生（William Quarrier，1829-1903），苏格兰鞋商、慈善家，苏格兰孤儿院创始人。

德连接在一起，并将他们一同带到神面前。就慕迪先生来说，他需要有一位青年人来主持年轻人的会议；作为他洞察力的献礼，他选择了一位风格品味与自己截然不同的人，德拉蒙德。刚开始时，德拉蒙德和其他学生一样，只是在咨询室工作。逐渐地，他开始在会议上发言。

一段时间后，慕迪先生参派德拉蒙德去他曾布道过的地方，继续在年轻人中开展宣教工作。詹姆斯・斯托克牧师[124]（Rev. James Stalker）、约翰・尤因牧师[125]（Rev. John F. Ewing）和德拉蒙德一起参于事工，仅在桑德兰（Sunderland）就有一千人报名成为归正者。三位苏格兰人还依次宣访了纽卡斯尔，以及慕迪先生举行过布道会的其他城镇。"桑德兰的宣教使命使德拉蒙德成为一个堂堂男子汉，"史密斯教授说。"他从中不仅赢得了组织和领导能力，而且赢得了对个性的洞察力和对不同人生的认识——无论是出自最低还是最高阶层的，以及对他所遇到的每个人都有负担的力量。这些美德使他脱颖而出，让我们这些朋友在后来的岁月里感到，他的经历和同情心仿佛是无止尽的。"

约翰・沃森牧师博士[126]（John Watson）（伊恩・麦克拉伦，Ian Maclaren）最近提到慕迪先生与德拉蒙德教授的关系时，说：

"慕迪一到爱丁堡，德拉蒙德立刻就与当时这位最有能力、最诚实、最无私的传教士结盟，并且洞察到英国宗教生活中许多奇怪的篇章。与慕迪的结盟就好像是一所医务室，在那里他学会了灵性的诊断。"

《英国周刊》的编辑罗伯逊・尼科尔[127]（W. Robertson Nicoll）

124　詹姆斯·斯托克（James Stalker，1848-1927），苏格兰自由教会牧师、学者、作家，著有《圣保罗传》等著作。

125　约翰·尤因（John F. Ewing，1849-1890），生于苏格兰，死于澳大利亚，长老会牧师。

126　约翰·沃森（John Watson，1850-1907），笔名伊恩·麦克拉伦（Ian Maclaren），苏格兰自由教会牧师，小说家。其短篇小说集《荆棘丛旁》为当时的畅销书。

127　罗伯逊·尼科尔（W. Robertson Nicoll，1851-1923），苏格兰自由教会牧师、记者、编辑、作家。

在德拉蒙德的《理想生活》一书的引言里，就苏格兰的复兴，以及复兴与慕迪和德拉蒙德的关系时，写道：

"（自由教会）一场危机肯定会到来，而且很可能是一场足以让教会支离破碎的危机。（然而）结果并非如此，其原因很大程度上是由于一个人的影响——美国福音传教士慕迪先生。一八七三年，慕迪先生在爱丁堡巴克莱自由教堂开始了他的宣教运动。此前，德拉蒙德向他所在学院的神学协会读了一篇关于'灵性诊断'的论文，其中他认为讲道并不是最重要的事情，相比之下，同那些灵命焦虑者的接触和关怀，将会产生更好的结果。换句话说，他认为实践宗教（practical religion）可以被视为一门精确的科学。而他当时正致力于科学研究，以期获得科学博士学位。另一方面，慕迪先生在爱丁堡产生了深刻的印象，吸引了一批最优秀的神学院学生。慕迪先生觉得这个国家缺乏为年轻人提供的某种基督教服务，他认为年轻人的灵命最好是由年轻人来帮助塑造。

"凭借他那敏锐的美国人眼光，慕迪先生发现德拉蒙德是他最好的器皿，并且立即在事工中与德拉蒙德同工。俩人的偶遇产生了神奇的结果。从一开始，德拉蒙德就吸引了大量的人群，并且深深地感动了人们。他在两年的时间里鞠躬尽瘁投入英格兰、苏格兰和爱尔兰的福音工作中。在此期间，他了解到各个阶层年轻人的生命故事。他自学成才成为一位伟大的演说家；他懂得如何抓住关键时刻；他那谦逊、文雅、温柔和慷慨的性情、他的男子气概，以及最重要的，是他深深的信念，使他在所到之处赢得了门徒。他的同事们同样尽职于自己的事工，就这样，自由教会得救了。"

第二十章

爱尔兰和英格兰城市宣教

苏格兰宣教结束后，有人竭力劝导慕迪先生访问伦敦。苏格兰的复兴引起了整个英国基督教舆论界的注意；普遍的感觉是，伦敦的宣教也将会取得显著的成果。对慕迪先生来说，他接受宣教任务时，总是强调牧长之间团结的必要性，并作为接受的条件之一。而此时的伦敦，各教派代表之间尚未有"联合"行动的准备，因此，在来自爱尔兰的许多紧急访问邀请之下，慕迪先生决定先去那里宣教。

他的首次宣教是在贝尔法斯特（Belfast）。敬拜大会于一八七四年九月六日，主日上午八点开始，在杜加尔广场教堂（Dugall's Square Chapel）举办。这次大会是专为基督徒同工们举办的。早在指定时间之前，教堂就挤满了人。慕迪先生在会上讨论了全身心投入工作、为主不怕劳苦的必要性。晚上，当天的第三次聚会安排在该市最大的教堂举行。教堂可容纳两千人，但街道上挤满了无法入场的人。

每日中午的祷告会，先是在杜加尔广场教堂开始，但由于房间里人满为患，只好休会转移到一座可容纳一千四百人的建筑。和其他地方一样，在这里，中午的祷告会成为复兴运动的中心，并且为事工和同工们带来巨大的祝福。晚上的聚会，第一天预定是在迷迭香街教堂（Rosemary Street Church）举行，但因人数实在太多，造成很大的不便，慕迪先生就稍稍改变了计划，改在下午两点举办专为女性的聚会，而晚上则在另一座教堂举办专为男性的聚会。

随着工作的进展，人们的关注迅速扩大加深。听众中大多是年轻人；远道来贝尔法斯特的陌生人数量也非常多。首次会议后，十天内，运动扩展到十英里外的班戈（Bangor）。在那里，亨利·摩尔豪斯、H. M. 威廉姆森牧师[128]（Rev. H. M. Williamson）等其他人进行了布道。

布道会在爱尔兰开始后不久，慕迪先生发表了以下这封信，呼吁英国各地的基督徒每天举行中午祷告会：

"一八五七年和一八五八年，神在美国兴起复兴期间，没有什么比中午十二点在一起祷告和赞美的聚会更能彰显圣灵的大能。当时开始举办的许多祷告会现在仍在继续，参加这些会议所得的成果是恒定且可见的。

"在美国，由于时常听到与这些中午祷告会相关的祝福，许多人内心强烈渴望在自己的城镇举办类似的聚会；因此，我们想到，如果这样的聚会在本王国的不同城镇开始，如同爱丁堡和格拉斯哥的那些城镇，那么它们将会获得巨大的祝福。难道不能开这样的聚会吗？从十月一日开始，一直到来年的一月一日，持续进行三个月为国家祈福的同心祷告？难道结果不会超出我们所估计的？纽卡斯尔、爱丁堡和格拉斯哥的中午祷告会还在继续，如果，神如我们所信的那样，回应了祷告，祝福了这些地方，祂难道不会或不愿意祝福其他地方的人吗？

"问题也许来了：我们将如何开始这些会议？我建议，一定数量的基督徒，无论是神职人员还是平信徒，找到一个合适的房间，其环境宽舒又便于出入。然后提前一周选出每天领会的人，

128　H.M.威廉姆森牧师（Rev. H. M. Williamson，1824-1898），爱尔兰牧师。

要求他在半小时内准时开会。让大家知道每天领会的人，还有会上要祷告和灵修的主题。

"假如这些祷告会是开放型的话，也就是说，人人觉得可以不受拘束地发言或祷告，偶尔还可以唱一首发自内心的圣诗或赞美诗，那我相信，许多人会乐意参加。而且，假如这样行的话，离开祷告会时，人人都会神清气爽。

"祷告会开始之后，要让大家知道。不仅在讲坛上、在每周的教会祷告会上发布通知，还要在报纸上刊登广告，登出领会人的名字和当天的祷告主题。

"有的时候，有人也许会占用超过他应有的时间；如果发生这样的事，或者某人有这样的个性且众所周知，就让一位弟兄私下去找他，本着爱心劝告他。

"我再次敦促，英联邦国各地的神的儿女难道不会在中午时分聚集在一起，与不同城镇的基督徒一起祷告，以获得神伟大的祝福吗？祂说：'你求告我，我就应允你，并将你所不知道、又大又难的事指示你。'（耶 33：3-5）

"难道，神的教会起来呼求神祝福的时候还没有到吗？成千上万的男青年正迅速走向酒鬼的坟墓，而许多女青年则正被卷入尘世的漩涡。父母们，如果没有其他什么人要碰面，难道不会在中午时分聚集在一起，为自己的孩子祈福吗？

"我相信，（英国）全地会齐心协力向神祈求祝福。神肯定会回应祂儿女的呼求。我们是否应该说，到收割的时候，还有四个月（约 4：35），还是现在就起身，心怀祷告，拿起镰刀，一起去收割？

"如果祂与我们同在，我们就能拥有这片土地。任何巨人，无论多么雄伟，都无法阻挡。"

作为对这封信的回应，伦敦在穆尔盖特街大厅（Moorgate

Street Hall）举办了午间祷告会，慕迪先生对此发出了以下的电报：

"贝尔法斯特的每日祷告会向伦敦的基督徒致以问候。我们祷告这次聚会能够成为许多人的伟大祝福。他必兴旺，我必衰微（约3：30）。"

露天会议在主日下午举行。数千名没有进教堂或大厅的人参加了会议。第一个主日，慕迪先生以《马可福音》十六章15节"你们往普天下去，传福音给万民听"这段文字作为讲道主题。随后在阿尔斯特大厅举行了一次咨询者会议。阿尔斯特大厅是该市最大的公共建筑。

贝尔法斯特会议最令人欣慰的一幕，就是所有福音派教派都聚集在一起，融为一体。长老会、圣公会、卫理公会和浸信会融于一炉，密不可分。某天晚上，在迷迭香街教堂（属长老会），水手圣公会教堂的牧师迪克森先生是接待咨询者中最忙碌的人之一，另有一个晚上，一位圣公会牧师在埃格林顿街长老会教堂（Eglinton Street Presbyterian Church）的讲坛上讲道。

爱丁堡宣教结束时，据说已有一千四百人告白悔改归正。然而，不相信这项事工的人却断言其中有一千一百名是女性，暗示这种事情只能在女性和意志薄弱的男性中取得进展。因此，到了格拉斯哥时，慕迪先生做了一个特别的祷告，希望能够通过年轻人的悔改归正，来反驳这个缪论。果真，这个愿望在他即将离开这座城市时得以实现。当时，他举办了一次聚会，参会者有三千二百人，其中一千六百三十人是男性。这些参会者声称，自从慕迪先生来了之后，他们悔改归信基督。这件事，让那些对这项事工持敌对态度的人大惑不解。于是，他们挖空心思找了一个新的反对理由。他们无法否认许多人得到了祝福，但他们认为这些归正的人，不属于最需要福音的社会阶层，即社会中被遗弃的阶层。因此，当慕迪先生来到贝尔法斯特时，他祷告自己能够特别为这个阶层做些善事。到目前为止，他的祷告已经得到了神的回应，三个最先站起来告诉大家自己已是归正的人，在归正以前都是酒鬼。

十月八日举办了一次露天布道会。这是爱尔兰有史以来规模最大的会议之一。慕迪先生向在场的大批会众就经文"请你准我辞了"（路 14：18）作了演讲。

贝尔法斯特的最后一次布道会是在十月十六日晚上。这场会议是专为那些相信自己在布道会期间悔改归正的人而设计的。会议严格凭票入场，而且票子要凭个人申请才能得到。最后，一共发放了两千一百五十张门票。

接下来，宣教队宣访了伦敦德里（Londonderry）。参加布道会的，有各阶层的不同年龄层的人，而且来自本地区及周边不同地区。许多人乘坐火车，而数百人则步行或驾车数英里，来参加会议。直到结束，出席人数一直稳步增加。还有一个显著特点，那就是出席的神职人员数量众多。

所有这些聚会的主要特点是极其认真和庄严，没有惊喜欲狂的表现。这些宣教仪式唤醒了公众最活泼的响应，在会众中产生了显著的效果。第一天晚上的布道之后，出席咨询会议的人数非常多，很多人留下来与慕迪先生和基督教工作者交谈和祷告。

在都柏林（Dublin）的宣教事工之前，该市所有福音派教派联合举办了一次祷告会。牧师们一起真诚地同工，丝毫不显嫉妒或党派精神。爱尔兰教会的马拉布尔博士[129]（Dr. Marrable）主持了首次敬拜，并得到长老会、卫斯理会和其他教会的支持。第二天，宣教事工管理层获得了展览宫（Exhibition Palace）的使用权，这座大厅是迄今为止，任由慕迪先生支配使用，最大、最宽敞的建筑。都柏林如同其他地方一样，整个城市突然苏醒，意识

---

129 马拉布尔（Marrable，生卒年不详），爱尔兰牧师。

到福音复兴的迫切性。

与此同时，伦敦《基督徒》报的一位记者写道：

"都柏林的居民开始意识到，我们如今正处在一个令人欣然的伟大时刻。我们仁慈的神正以祂尊贵的仆人们作为器皿，在我们中间做强有力的事工。以前从未见过的一个景象，现在每日可见：成千上万的人涌向祷告会和读经会；更突出的是来参加展览宫的晚间崇拜。作为神的孩子，如果你站在慕迪先生布道的讲台上，将目光投向那浩瀚的人群，可以看见他们紧紧抓住演讲者那有关生命和死亡，以及'耶稣和祂的爱'的炙热的话语。此时，你的内心必然充满了最深切的情感。由此，我不得不问这样一个问题：'是何魔力让浩荡的人群聚集在一起，并让他们心无旁骛？'是布道者的社会地位还是他丰富的学识或杰出的演讲？不，他根本不具备这些特质。他只是简单地举起基督的十字架——将主耶稣展现在人们的眼前，彰显祂神性的一切荣耀、祂人性的纯朴、祂本性的完美，从而使人们甘心仰慕、崇拜、接受。

"作为一名圣公会牧师，看到我自己的教会以及其他福音派教会中，有这么多亲爱的弟兄参加这些愉快的敬拜，我心里充满感谢。愿我们每个人都得到祝福，进而成为我们牧养的羊群的祝福。一两天前，一位能干而敬虔的牧师表示，通过参加这些仪式，他似乎又回到'初信时灵命上的活力'——高尚的人应有的一种情感和一颗慷慨的心。"

慕迪先生此时在爱尔兰事工的显着特征，就是有圣公会的积极合作，以及一些罗马天主教徒所表现出来的尊重和默契。该市主要的罗马天主教报纸报道了有关这项事工的完整信息，并且对事工非常友好。天主教《国家报》刊登了一篇题为《公平竞争》的文章，其中编辑告诉教民们：

都伯林展览大厅
都伯林大复兴时曾在这里集会

伯明翰宾利大厅，英国
一八七五年，慕迪先生和桑基先生曾在布道。本厅可坐11000人

　　"降临在我们身上的当代的致命危险是从赫胥黎[130]（Huxley）、

达尔文（Darwin）和廷德尔[131]（Tyndall）那里来的，而不是从慕

130　应为托马斯·亨利·赫胥黎（Thomas Henry Huxley，1825-1895），英国生物学家，唯物论者，生源论及自然发生论的创立者。
131　应为马修·廷德尔（Matthew Tindal，1657-1733），英国自然神论者、作家。

迪和桑基那里来的。爱尔兰的天主教徒希望看到新教徒充满深深的宗教感情，而不是所谓的理性主义和不敬虔的色彩；只要我们新教邻居的宗教活动旨在真诚地唤醒自己体内的宗教思想，而不是借此对我们进行侵略性或故意的侮辱，我们有责任向他们的良知信念深表敬意；简言之，做我们当行的事。"

慕迪先生现已返回英格兰，并宣访了曼彻斯特（Manchester）、谢菲尔德（Sheffield）、伯明翰（Birmingham）和利物浦（Liverpool），取得了显着的成功。尤其是在曼彻斯特，他为YMCA做了许多事。在发起了一项强烈呼吁为建筑基金捐款后，他筹集了一千八百英镑。

在谈到曼彻斯特布道会的明确结果时，里格比·穆雷牧师[132]（Rev. W. Rigby Murray）写信给《基督徒》报：

"在过去几周里，假如说有某个阶层比其他阶层得到了更多的祝福，那就是在牧的牧师群。当我说，我们接受了圣灵新的洗礼时，我确信我表达了所有全身心投入这场运动的弟兄们的心声。我们的灵魂已经苏醒。我们深信，那可称颂的神荣耀的福音足以满足人类灵魂的需要和渴望。我们作为天国使者的重要性和责任感大大增强，因为，我们肩负着向世界传递神与人和好，以及神爱世人——包括罪中之罪人和恶中之恶人——的重要信息。慕迪先生以既令人战栗，又令人欢欣的方式向我们表明，那将灵魂从不测之渊和污泥浊水中拯救出来的伟大福音，恰恰是所谓先进思想家们企图说服基督教世界抛弃、不合时宜的教义。这是耶稣基督被钉十字架，使罪得赦的教义；是一位活泼、慈爱、个人的救主的教义；是圣灵和全能神话语带来重生的教义。

"在今年最后一天的中午祷告会上，一位最有能力的牧师郑重其事地宣布，在这些聚会开始之前，他还没有完全按枢德[133]

132　里格比·穆雷（W. Rigby Murray，1835-1914），苏格兰长老会牧师，作家。
133　枢德（Cardinal Virtues）是基督教伦理学的四种基本道德：谨慎、正义、坚韧、节制。

（Cardinal Virtues）中的首个美德而行，而如今他的内心却能如饮喜乐和满足的甘泉那样地感受到这一美德。而且这是非语言所能表达的。当我们每天都听到有会众悔改归正，父母为儿女归向耶稣而喜乐，年轻人将自己的精神和力量奉献给神，以及众多的归正者愿为基督教事工奉献自己时，我该如何来形容充满我们心中的喜乐呢？假如我们亲爱的朋友慕迪先生能够振兴这座伟大城市的传道人，激励我们回应那荣耀的呼召，将自己献身于与神同工，那么他的来访就不是徒劳的。赐给我们一个复兴的事工，我们很快就会看到一个复兴的教会。"

"我们当为尚未得救的普通民众做些什么？"慕迪先生在谢菲尔德（Sheffield）时问道。在回答他自己的问题时，他说他在英国发现了一场他连做梦都未曾有过的灵命饥荒。他说：

"例如，在谢菲尔德这个镇，有人告诉我，有十五万人不仅一直远离敬拜场所，而且，即便他们愿意来敬拜场所，这里也没有为他们提供的教堂。在我看来，如果神的地球上，还有比这成千上万没有基督、没有恩典的灵魂更黑暗的景象的话，那就是成千上万死气沉沉、昏昏欲睡的基督徒竟然就生活在他们中间，每天在街上与他们擦肩而过，却从未举起过一个小手指来警告他们死亡、永恒和即将到来的审判。谈到眼见世界的败坏，难道还要比这更恶心的吗！让我们这些基督徒为自己的败坏而掩面吧，求神将我们从罪孽中拯救出来——因我们听任世界败坏而最终造成流血世界（参 结 3：16-21）。我相信，如果有一件事让主的心感到无法言喻的悲伤，那不是世界的罪孽，而是教会对罪孽的漠然置之。"

然后，他认为，每一个男女基督徒都应该感受到这个问题不只是牧师、长老和执事的问题而已，也是自己的问题。"光施舍是不够的，"他说，"个人的切身服务是必要的。我可以雇一个人来做**某些**工作，但我绝不能雇一个人来做**我该做的**工作。我必须独自在神面前为此负责。人人都必须如此。"

旧年（一八七四年）的最后一天，谢菲尔德的系列布道会开始。首次聚会于晚上九点在禁酒厅（Temperance Hall）举行，以霍雷修斯·波纳博士创作的，后来广为人知的新赞美诗作为开场：

"欢喜快乐，救主已来。"

就在午夜之前，慕迪先生请所有希望基督徒为他们祷告的人起立。刚开始，有一阵子没有人愿意这样做，但很快就有好些人站起来，要求基督徒们为他们祷告。就在此时此刻，新年的钟声开始敲响，随着慕迪先生的祷告，系列布道会中最庄严的会议就此谢幕结束。

谢菲尔德宣访结束后，慕迪先生在伯明翰举行了为期两周的系列布道会。市政厅、卡尔巷礼拜堂（Carr's Lane Chapel）和宾利礼堂（Bingley Hall），这些地方的空间，比起出席的会众人数来，都显局促。布道团在这座城市逗留的头八天里，三个大厅的总出席人数估计有十万六千人。W. R. 戴尔博士[134]（Dr. W. R. Dale）刚开始时不看好这场运动，以旁观者自居。然而，随着公众激情不断持续，他渐渐为之所动，并开始定时参加聚会。

"谈到慕迪先生的力量，"他说，"我觉得难以理喻。它是如此真实，但又如此不同于普通传道人的力量，我真不知道该如何着手来解析。其现实性是无可争议的。任何人，能够在早上半小时和下午四分之三小时内吸引三到六千人的观众并留下深刻印象，然后，在晚上又能够在三刻钟内吸引第三批一万三千或一万五千人的观众，肯定是具有某种力量。当然，有些人只是听听而已，并不关心他说的话；但是，我一般会坐在一个位置上，而这个位置能让我清楚地看到人们对他所说的话的反应；说实在的，

---

134 W. R. 戴尔（W. R. Dale，1829-1895），英国公理会牧师，作家。

我所看到的面孔，没有一张不显现出激动和真诚感人的面容。

"会众形形色色，有老有少，有富有穷，有做买卖的，制造商，商贩，有刚从学校毕业的年轻姑娘，有具有一定教养的妇女，还有粗野的男孩子——对狗、鸽子的了解比对书本的了解更多。有一段时间我实在无法理解。我现在也不确定是否真正理解了。第一次布道会上，慕迪先生的讲话简单、直接、友善且充满希望。他的讲话稍带幽默和感染力。作为亮点，他的讲话里有一两个故事能让大多数人流泪，但也没有什么特别了不起的内容在里面。但他还是讲了。一月的一个潮湿寒冷的早晨，开祷告会，八点钟慕迪先生讲话。我坦率地说，我一般不会认为这种会议有什么吸引力，但我却衷心地喜欢它。它好像是我参加过的最喜乐的会议之一。充满温暖，充满阳光。当天晚上，在宾利大厅（Bingley Hall）举行的会议上，我仍然纳闷，他为何能在大英帝国的其他地方做了这么多的事情。

"我饶有兴趣地听着，我再次意识到存在着某种温暖和明亮的因素，使得敬拜非常舒心；但我看不出来，对那些毫不关心基督教的人来说，有什么东西可以给他们留下深刻的印象。次日早上，在祷告会上，他的讲话颇为尖锐且坦诚；继而在晚上的聚会中，我开始感受到，这位陌生人有能力将福音的基本真理说得异常清晰且生动。然而，最令人震撼的，还是他竟然成功地完成了这么多的事工。周二，我告诉慕迪先生，这项事工显然是神的手笔，因为我看不出他和他所完成的事工之间有任何关系。他欢快地笑了起来，说如果不是这样的话，他会感到很遗憾。

"我自认为，我们中间的许多人都可以像慕迪先生一样有效地讲道，所以，只要有神的帮助，定会同样获得成功。然而，在一两天之内，我的错误概念就得到了纠正。他的讲道具有路德[135]

135　马丁·路德（Martin Luther，1483-1546），德国神学家、哲学家，宗教改革领袖。

（Luther）讲道的影响力。他因神赐下的恩典而欢喜快乐。他的喜乐有很强的感染力。人们从黑暗跃入光明，从此过上了基督徒的生活。"

戴尔博士不太信赖传福音的人，但他对慕迪先生却怀有深厚的敬意，认为慕迪先生有权柄传讲福音，"因为，他在谈到迷失的灵魂时，一定是热泪盈眶。"

伯明翰的事工结束后，宣教团前往利物浦。在那里，前几周的蒙福经历再次重演。这次，传教团找不到合适的礼堂，于是花费巨资建造了一座长一百七十四英尺，宽一百二十四英尺，可容纳一万人的木结构建筑。这座建筑被称为维多利亚大厅（Victoria Hall）。仅四十天，这座建筑就落成使用。

宣教结束时，举行了一次会议。在会上，布拉德福德的乔恩博士[136]（Chown）、伦敦的纽曼·霍尔[137]（Newman Hall）、伯明翰的戴尔博士、都柏林的弗莱彻先生，以及其他经验丰富的人士，发表了激动人心的演讲。给人留下了深刻印象。这次会议还有一个重要节目，那就是慕迪先生非常有特色的"问题抽答"。

这些聚会中，还有一个很少被人注意到，但很重要的部分，那就是，几乎每个宣访的乡镇和城市，每周六中午都有儿童聚会。而且聚会常常成为一个永久性的有组织的活动。当慕迪等人仍在英国时，每周都会举行许多这样的会议。一段时间后，爱丁堡的孩子们萌生了一个想法——在各个城市的会议之间建立友好的基督教通信联系。当即，他们就写信给都柏林的孩子们，从而树立了一个榜样。

利物浦最有意思的会议之一是儿童崇拜。慕迪先生和桑基先生都出席了。有些报纸称维多利亚大厅儿童崇拜会议的出席人

136　乔恩博士（J. P. Chown，1847-1899），英国浸信会牧师。

137　克里斯多夫·纽曼·霍尔（Christopher Newman Hall，1816-1902），英国清教徒，作家、废奴主义者。

数为一万两千人，加上因超员而转到亨格勒斯马戏场（Henglers Circus）聚会的约两千人。慕迪先生用一本四页小书为材料，做了有关福音的演讲，这本四页书没有文字，只是四种不同颜色：黑、红、白、金[138]（代表接受福音过程的四个阶段）。利用这本四页书，简单而又发人深省的有关福音的问和答的互动，就在听众和布道者之间轮流进行。慕迪先生的答复常常是一挥而就。而桑基先生的歌唱特别受青少年的喜爱，他们热情洋溢地加入合唱。

在维多利亚大厅，慕迪先生向商人、雇主、以及年轻人的朋友做了令人印象深刻的呼吁。这次会议是专为新的YMCA大楼筹集资金而召开的。即使在利物浦，这样的会众也很少见。他们有着不同的信仰和国籍：高教会派、广教会派、低教会派、奥兰治派、卫理公会、一神论派、浸信会、长老会、罗马天主教、犹太人、希腊人、唯灵论者，等等。他们代表了商业界的不同阶层。出席大会的还有牧师、市议员（自由党和保守党）、码头董事会和教区长执会的主要成员、百万富翁船东、各种农产品经销商、木材商、糖商、茶商、玉米商、粮食商、经纪人、店主和许多妇女。

当慕迪先生站起来发言时，他说，有许多人经常问他是否相信YMCA。他想说，他是真心实意地相信。他说，由于在父辈的年代没有这样的协会，所以现在很多教会认为不需要协会，但这样的推论是不合情理的。他说："五十年或一百年前，年轻人都住在家里。他们住在乡间农舍里，不像现在，会来大城市和商业中心谋生。假如他们真的来了，他们的雇主对他们会有一定的个人负担和关爱。我敢说，现在的雇主不再是这样了！"听到这番强烈的观点，大厅各处传来低沉但可察觉的赞同声"听他的，听他的！（Hear, hear!）"他接着补充说：

---

[138] 这种书又称为无字书，最初由查尔斯·司布真於一八六六年发明，作为用来传播福音的工具。四种颜色分别代表人的罪（黑），基督的宝血（红），罪被洁净（白），最后得冠冕（金）。无字书特别适合儿童事工。由于其简单性和有效性，无字书至今仍在使用。

"自从来到利物浦，几乎每个晚上，从这个大厅走到我下榻的旅馆，我都会遇到一些在街上游荡的青少年。他们也许不是你们的儿子，但请记住，我的朋友，他们是某人的儿子。他们当得救赎。这些来到大城市的青年希望有人关怀他们。我敢说，比起YMCA，没有人能做得更好。有些牧师声称，YMCA正在损害教会，吸引年轻人离开教会。这是错误的。YMCA向教会输送血液。YMCA是教会的婢女。YMCA没有拆毁教会，而是吸引年轻人加入教会。我不知道有哪个机构能像YMCA一样，如此有效地将众教会团结在一起。"

后来，在慕迪先生强烈呼吁兴建的那座大楼竣工后，利物浦YMCA主席亚历山大·巴尔弗[139]（Alexander Balfour）请慕迪先生为这座新大楼立碑，碑上刻着："这座纪念碑是由芝加哥的D. L.慕迪于一八七五年三月二日立下。"

某位出席利物浦会议的人，是这样描述听众所受到的深刻印象：

"那些撰文并发表言论反对这场运动的人，那些嘲笑这场运动的人，都跑去听了；离开时观念都改变了。中午的祷告会有六千人，下午的圣经讲座来了六千人，晚上的聚会来了一万人，咨询室挤满了人。这些事实，甚至连《交易报》都不得不承认。但除此之外，还有圣灵的强大力量在做工和推动，这是无法注册登记，无法用数字来记录的。"

继慕迪先生之后，亨利·德拉蒙德继续在利物浦为年轻人主持聚会，每晚平均有一千四百人参加。关于德拉蒙德先生，有人说："唯独他在履行这项服侍的认真态度，胜过他的温柔；而正是这种不折不扣的态度，使得这项服侍最为成功。"

139　亚历山大·巴尔弗（Alexander Balfour，1824-1882），苏格兰商人，利物浦巴尔弗—威廉姆森航运公司的创始人之一。曾担任利物浦基督教男青年会主席十五年。

第二十一章

伦敦复兴运动

在大不列颠的头两年里，慕迪先生对从伦敦发来的所有邀请都置之不理，原因是早期的邀请中，非常明显的没有显出所有教派的团结合作精神。在未得到确证之前，慕迪先生觉得时机还不成熟。

当慕迪先生在爱丁堡时，休·马西森特意来到苏格兰的大都市听他演讲。那天正好是布道会的最后一天。因出席人数众多，马西森先生没有机会向慕迪先生呈上他带来的邀请。后来，在瑟索（Thurso），两人进行了一次愉快的交谈。他们谈到伦敦以及在那里预备宣教的最佳方式——如果慕迪先生愿意去伦敦宣教的话。

慕迪先生的团队在苏格兰和爱尔兰，以及一些制造工业中心传教期间，其事工已在伦敦的《基督徒》报得到充分报道。这份报纸将数千份副本寄给了整个大英帝国的神职人员，因此这场运动得到基督徒公众的密切关注。慕迪先生非常赞赏这样一个平台带来的好处，他想在英格兰更广泛地分发这份报纸，马西森先生当即同意筹集两千英镑的资金，在三个月内免费向英格兰各地的三万名国教神职人员和不从国教的牧师分发这份报纸。这份报纸对苏格兰这场非凡的复兴运动的记载，激起了人们在伦敦开展类似事工的愿望。

当传教士们还在都柏林时，筹委会已经做好在伦敦宣教的最后安排，在伦敦莫尔盖特街大厅（Moorgate Street Hall）举行的中午祷告会上，通过了以下决议：

"根据慕迪先生的建议，筹委会决定次年的四个月，即三月、四月、五月和六月，在伦敦举办特殊福音事工。筹委会还决定将不少于一万英镑的资金交到财务主管手中，并邀请真心全意支持这项事工的杰出福音人士来协助这项运动。被邀请的人士不仅是来自英格兰其他地区，也包括来自美国、苏格兰和爱尔兰等地。"

会议选定了四个中心作为宣教场所：位于伦敦北部伊斯灵顿的农业大厅（Agricultural Hall at Islington），可容纳一万三千七百人，还有四五千人的站立空间；伦敦最东边的弓路大厅（Bow Road Hall），有一万个座位；位于西区威斯敏斯特（Westminster）贵族区的皇家歌剧院（Royal Opera House）；南区的维多利亚剧院（Victoria Theatre），以及后来的坎伯韦尔格林大厅（Camber Well Green Hall）。

伦敦当时对福音事工的需求，可以从慕迪先生前往大都市前不久发布的统计数据中得出。在其第十五系列特别聚会的报告中，剧院和音乐厅特别崇拜聚会的发起人就该市的需求发表了以下统计数字：

- 警方登记在册的惯犯有十一万七千人，平均每年增加三万。

- 全国三分之一以上的犯罪事件发生在伦敦。

- 伦敦有两万三千人住在公共寄宿房里。

- 如果将伦敦众多的啤酒店和金（杜松子）酒馆并肩排列，其长度将从查令十字街（Charing Cross）延伸到朴茨茅斯（Portsmouth），长达七十三英里。

- 伦敦每年有三万八千名醉汉出庭在裁判官面前。

- 其贫民数量之多，足以住满布莱顿（Brighton）的每间房子。

- 该市有超过一百万不去教堂做礼拜的人。

- 每个主日，营业中的商店排列起来，相当於六十英里。

- 伦敦需要九百个新的教堂和礼拜堂，以及两百名外加的城市传教士。

整个一月和二月，筹委会都在为预定的布道会做大量的准备。据当时参与筹备，现今还活着的人士提起，记忆中从未有过如同这次筹备活动一样，不同教派的神职人员和基督教工作者能够紧密地团结在一起。即使布道会议不举行，会议的筹备工作本身就是神莫大的祝福。

一八七五年二月五日，星期五，伦敦共济会大厅（Free Masons' Hall）挤满了来自伦敦及其郊区各地的牧师和基督教工作者，他们与慕迪商讨即将开始的事工。这是英国有史以来规模最大、内容最丰富的牧长会议之一。有近两千人出席。所有福音派教会的代表都出席了；此外，还有一支作为后备力量专门负责宗教仪式的神职人员队伍，这是出乎人们意料之外的。法政奥里奥尔[140]（Auriol）和基托先生[141]（Mr. Kitto）率领了一支强大的福音派教士队伍；应召而来的公理会牧师有莫法特博士（Dr. Moffat）、斯托顿博士（Dr. Stoughton）、汉内先生（Mr. Hannay）、卢埃林·贝文博士（Dr. Llewelyn Bevan）和布雷登先生（Mr. Braden）；[142]受人尊敬的查尔斯·斯托维尔[143]（Charles Stovel）是众多浸信会牧师之一；长老会出席阵容非常强大，其中包括埃德蒙兹博士

140　疑为爱德华·奥里奥尔（Edward Auriol，1805-1880），法政。
141　疑为约翰·芬威克·基托（John Fenwick Kitto，1837-1903），英国圣公会牧师，作家。
142　均为当时伦敦地区公理会的牧师。
143　查尔斯·斯托维尔（Charles Stovel，1799-1883），英国浸信会牧师，废奴主义者。

（Edmonds）、弗雷泽博士（Fraser）、戴克斯博士（Dykes）、帕特森博士（Paterson）和塞恩·戴维森博士（Thain Davidson）；[144] 而卫理公会各分支也有大量人员出席。

主席由布莱克希思（Blackheath）的斯通先生[145]（Mr. Stone）担任。斯通先生是一位伦敦商人。慕迪先生做了一个简短的开场白。他说，伦敦的宣教拟议面临许多障碍，如果参加筹备会的所有人能达成共识，这些障碍就可以被清除。他发现，一些最优秀的人，因为听到这样那样的事情而置身於事工之外。他们听到的某些事情也许是真的，而某些则不是；他们若能有一个"不偏不倚"的认知，这将会有很大帮助。他坦率地告诉他的新朋友们，偏见是他们必须克服的最大障碍。他敦促牧师们从一开始就应当对这项事工表示理解、支持，并邀请每个人提出问题。

他接着谈到某些人对咨询室的偏见，然后详细解释了咨询室的功用，以便与会人员可以自己判断。有人指责说咨询会议中气氛偏激。这种指责也是错误的。很多时候，在一个有一百名咨询者的房间里，声音嘈杂，几乎听不到任何耳语（但不是偏激—译者）。

在谈到关于赞美诗集的销售时，他说：

"有关我们通过销售赞美诗集、风琴赚了不少钱的流言泛泛。现在，我想说的是，只到一月一日，我们才从赞美诗集出版商那里获得了一笔版税。不过，从那天起，当这本独一的圣诗集增印时，我们决定不再从销售中获得任何收入，并要求出版商将所有赞美诗集的版税交给你们的一位重要公民休·马西森先生，他将把这些钱用于有待决定的慈善事业。

"关于管风琴问题，我只想说一次，今后就不再提起。我们

144　均为当时伦敦地区长老会牧师。

145　布莱克希思的斯通，疑为W.H. 史密斯（W. H. Smith，1825-1891），英国商人，政治家。

不卖管风琴——这不是我们的任务，我们也不是销售管风琴的代理商；桑基先生在会议上使用的管风琴，我们也不会向任何人以任何方式索取佣金或报酬。

"我希望在座的，没有人会认为我说这些话，是为我们能赢得经济上的同情。我们不需要你们的钱；我们需要你们的信任，我们需要你们的理解和祷告，因为我们来这里的唯一目的就是宣扬基督；我们相信我们会得到所有这些东西，在神的祝福下，我们会看到许多人加入祂的羊群。假如我们犯了错误，请告诉我们。这样，我就不用担心结果了。"

这场的人向慕迪先生提出许多问题。许多错误的陈述都得到了纠正。一位牧师想知道这项事工是否会迫使人们不参加圣餐。如果是这样，他就不能参与这个宣教，否则会违背他的圣职誓言和圣灵。慕迪先生回答说，他唯一目的就是传讲福音，这句话得到全场的欢呼雀跃。

接下来，一位提问者想知道，是否真的有一位罗马天主教徒在（慕迪先生）爱尔兰的一次会议上担任主席。慕迪先生说，他对谁当主席不负责，并在会众的笑声中补充说，参加他聚会有"犹太人、希腊人，还有尚未开化的人"。

有一位牧师要求慕迪先生在来伦敦之前把他的信条印出来。

"我的信条已经印出来了，"他立即回答道。

"在哪里？"这是普遍的反响，同时有许多人都伸手去拿笔记本。

"在《以赛亚书》第五十三章，"他回答道。

他的回答完全令人满意，没有人再质疑慕迪先生的正统信仰。

开幕会议於三月九日，星期二晚上，在农业大厅举行。次日，在埃克塞特大厅（Exeter Hall）举行了中午祷告会。家访委员会一直积极工作，在莫尔盖特街大厅的中午祷告会上，人们的兴趣和热情明显增加。在农业大厅也举行了一个月的祷告会，参加人数超过一千人。

从一开始，这项复兴活动就取得了无可置疑的成功。许多伦敦的主要福音派牧师和平信徒在首次布道会时就登上了讲台。大厅很快就坐满了人，座无虚席，尽管有一万七千人挤进了这座宏伟的建筑，还有成千上万的人只好扫兴而返。

慕迪先生从演讲一开始就赢得了所有人的心，他要求听众"赞美神在伦敦要做的事"。他补充说，他收到了来自英国许多城市的来信，说基督徒们正在为伦敦祷告。然后，他非常热切地祷告，希望福祉能降临到这座城市，感谢神赐予牧师们团结的精神，并祈祷他们之间不会发生纷争。

演讲中，他表达了他早先的担忧，即如果他来到伦敦，许多人会热衷于大型聚会的刺激性，反而有背离神的危险。那些期待听到一个新的福音的人会很失望。因为，他传讲的是同一个古老的故事，这个故事，坐在他面前的牧师们曾经在自己的教堂和礼拜堂里宣讲过，现在仍在宣讲。谈到这些被主用来为人类做伟大工作的牧师，因为他们没有明星牧师的地位而被世人看轻，他说，"伦敦并不缺乏好的牧师，因为这个城市从来没有像现在这样，拥有这么多伟大的牧师。每个基督徒的信念不应该是'神<u>可以</u>用我'，而应该是'祂<u>必将</u>用我'。他们应该完完全全站在主的一边，全心全意地为祂而燃烧，随时准备利用一切力量和一切机会来为神服务。"

他还谈到开展工作时万众一心的必要性，同时，表示希望牧师、主日学校校长、教师和家长都能为复兴运动的成功而努力和祈祷。

首个星期天下午，大厅里几乎挤满了妇女，到了晚上，大厅里挤满了男人。为了顾及不同阶层的人，慕迪先生开始在晚上重复他下午的布道，希望参加其中一个布道会的人不再参加另一个布道会；这样，就可以腾出空间来给不同的听众。

埃克塞特大厅的中午祷告会，每天都座无虚席；同时，每天都收到来自英国各地的事工报告，还有许多的祷告请求。但热情并不局限于慕迪先生的祷告会。在东城礼拜堂（East End Tabernacle），阿奇博尔德·布朗牧师[146]（Rev. Archibald G. Brown）很高兴地看到，有两千名成员在晚间敬拜后，留下来参加会后的聚会。来教堂和小礼拜堂敬拜的人，并没有像人们担心的那样逐渐减少，相反倒是纷至沓来，这是以前从未有过的。最成功的事工是咨询室，热心的工作人员在这里可以充分发挥他们的工作热情，而且可以更多地发挥他们的智慧和才智。

从一开始，复兴运动的焦点就集中在基督徒身上。慕迪先生说，"与其唤醒沉睡的世界，不如唤醒沉睡的教堂，"并且"世界上行善最大的人不是孤军做战的人，而是激发别人一起作战的人。"他在咨询室的几分钟里对人们的帮助，超过他整个布道所能做到的。

"你们已经听了足够的布道，"他说，"而且是非常好的布道；我们现在需要的是手把手的工作，个人的努力；个人走向民众，向他们传讲基督所教导的。"

一位八十五岁的老妇人，要求参加挨家挨户的拜访。她说：

"我必须做点什么；我老了，但我可以负责一个区。"

慕迪先生评论道："想想看，这位老太太，已经比一般人多活了十五年，现在负责一个区的家访，而且已经开始了。"

这位老妇人去了一户罗马天主教徒的家，想给那家人一张有关会议日程的传单，但他们拒绝接受。

146　阿奇博尔德·布朗（Archibald G. Brown，1844-1922），英国浸信会牧师。司布真的学生、朋友和助手。

"好吧，"她说，"如果你们不愿读，我就唸给你们听，"结果她就读了。

"他们当然不可能把一个八十五岁的妇人赶出去，"慕迪先生说。"没有人会想到这么做。这件事让我非常感动。这件事应该让我们所有人都感到羞耻。每个青年男女，只要没有参加事工的，都应当感到羞耻。"演讲最后，他呼吁一千名男女加入他的行列，在一周内努力为基督赢得一个灵魂。在回答他的提问"谁愿意加入我？"时，在场的大部分会众都站了起来。

千万不要以为慕迪先生完全没有受到批判。街上的一位异教徒，是他办公室里的临时编辑，通过攻击那些来公开认基督为救主的人，发泄对基督教的怨恨。当人们聚集参加开幕式时，那人散发了假传单，来破坏即将开始的布道。

一位目击者对晚上大厅外的"名利场"这样描述："有许多警察在维持交通；大群的年轻人在那里寻欢作乐；还有大群邪恶的女人和女孩子，衣着华丽，也加入到淫秽的行列；两者合在一起，形成了一群衣着鲜丽但声名狼藉的流氓，恰恰证明美国福音传教士终于来到了最需要他们的地方。公共汽车司机、出租车司机、有轨电车司机、船员，以及各种各样的游手好闲者都参入了这场普世狂欢。咒骂、嬉笑、俚语和嘲弄一股脑蜂拥而起；不幸的是，在这变化多端的人群中，没有一张严肃的脸，没有一张深思熟虑的面容，没有一个人会想到神的审判或永恒究竟是什么意思。

"里面的敬拜结束后，在接下来的敬拜的间隙期间，来自邻近地区宣教团的唱诗班扎营在大厅附近，忙着唱《圣诗和独唱》[147]，同时作一些非常简短的演讲。但这一切似乎都无济于事；绝大多数人都充满了嘲讽精神。对宣教的恶意反对是前所未有的，而干扰更是小菜一碟；人们视歌手和演讲者仅仅为心平气和的热心人

147　《圣诗和独唱》（Songs and Solos）是桑基在同慕迪宣教期间收集的赞美诗歌集。

士，不慎地将自己交给了伦敦暴民无情的嘲笑。"

暴民并不是唯一的反对形式。《星期六评论》报更是表示惊讶，说："居然有那么多的人去听美国人的演讲。至于慕迪，他只不过是一名最常见的粗俗的口吐豪言者。他的使命似乎是将基督教贬低到廉价街头杂艺的水平。"

慕迪，一八八四年
油画，克利福德（Clifford）画；第二次英国宣
教结束时，作为礼物赠送给慕迪夫人。

伦敦伊斯灵顿农业厅
为福音宣教士们用来布道的最大布道厅

　　而当时的《纽约时报》也同样强烈反对福音宣教士。在一八七五年六月廿二日报刊的一篇社论专栏中，有这样一段话："据我们得到的可靠消息，巴纳姆先生纯粹是出于投机，将慕迪先生和桑基先生派往英国。"

　　伦敦社会各报纸对慕迪先生的这次访问也是密切关注。《名利场》上出现了他和桑基先生的漫画。描述聚会的文章和段落的语气起初是轻蔑的，但随着社会知名领袖开始参加聚会，语气稍稍转变为和善和尊重。一位作者写道："慕迪先生是一个外表粗犷、鼻音很重的人，有一大堆（在英国人听来）略为粗俗的轶事。"

　　早在他到达伦敦之前，有关慕迪先生各省之行稀奇古怪的报道就已出现。《世界报》声称："在许多英国大城镇，他们（传教士）以使女性惊厥而感到满足，而且幸运地将几个无害的傻瓜送进了附近的精神病院。"而那些参加会议的人却作证说，这种暴烈刺激的现象根本不存在。

　　那年春天，一本廉价的慕迪先生的传记在伦敦街头广为销售。某些报纸竭尽全力来抵消他的影响，并且试图影响公众来对他产生偏见。伦敦人被告知，"以美国夸夸其谈者的低标准来评价，慕迪先生顶多是个三流明星。"并且，针对他对《圣经》的解读，给於严厉的指责："慕迪先生以一种我们所熟悉的、不以为然的态度——这种态度深深刺痛我们的虔诚心意，随意将《圣经》的经句用美国土话来表达。《圣经》中原本宏大、淳朴的故事就这样被戏仿和嘲弄了。"但尽管媒体充满敌意，但很快就显明，不仅普通民众乐于听他讲道（参可 12：37），甚至整个社会本身也被他的布道所感动，且印象深刻。凯恩斯勋爵[148]（Lord Cairns）是第一批参加布道会的人之一，当时他是迪斯雷利政府[149]（Disraeli's Government）的大法官。他在伊斯灵顿农业大厅占有一席显眼的座位。很快，几乎所有的社会领袖都效仿了他的样子。当听众中包括国内最高层人士时，反基督教媒体攻击传教士们的绰号，包括"恶毒的骗子"、"脑残的扬基传教士"、"瘟疫性害虫"、"非理性修道士"等等，就让位给有礼貌的称呼。

伦敦的报纸声称慕迪和桑基从街头廉价出售的照片获得经济利益——尽管这些照片不过是些漫画而已。一个最大省级城市的摄影师看到这些批评后，给《泰晤士报》写了一封信，说他曾愿给慕迪和桑基一千英镑（约五千美元），假如他们愿意坐下来拍一张照片并允许他有照片的版权，但遭到了慕迪和桑基的拒绝。这封信发表的结果，使人们对慕迪和桑基的信任，产生了显著的影响。

与这种轻浮态度形成鲜明对比的是《伦敦时报》的一篇社论。文章愉悦地提到了桑基先生的歌声，然后补充道：

---

148 凯恩斯勋爵（Lord Cairns, or Hugh Cairns, 1819-1885），英裔爱尔兰人，曾任两届英国大法官。
149 迪斯雷利（Benjamin Disraeli，1805-1881），曾任两届英国首相。英国历史上唯一的犹太裔首相。

"但是，人们不会光是为了听富有表现力的歌声而几个星期聚在一起，也不会因一时冲动而来。他们来，是要听慕迪先生的讲道。问题是，他到底说了些什么？难道在这座大都市里，有哪一座基督教教堂能夸口说，它能轻而易举地唤醒大众来过上基督徒的生活？在我们的教堂和礼拜堂里所看到的会众，仅是周围成千上万的人中的一小部分；这上千万人中，有多少人就像动物那样生存着。假如他们中间只要有一小部分人能被唤醒，渴望更崇高的东西，那就已经取得了巨大的进步。假如教会真的仍然有很高的影响力，那么，慕迪先生至少为教会的事工准备了很好的材料。"

与本次运动有关的，一个引人注目的事件，是坎特伯雷大主教写给朋友并发表的一封信。他在信中说，他对慕迪和桑基运动非常感兴趣，因此，他找机会就这个问题咨询他的一些圣公会朋友。根据从这些朋友那里所听到的，他的观点得到了进一步的巩固：即福音的伟大真理应该激励人们的良知，这并不是什么创新。然而，他由衷地为这场运动规模之大、取得如此明显的成功而感到高兴。与此同时，他明确表示，他自己并没有正式批准这项事工。

"如你所知，"他写道，"许多我们教区的牧师都出席了相关的会议。而旁观者们并非是由于缺乏兴趣，而是因为他们觉得，尽管他们为朴实的福音真理激起人们的良知而感到高兴，运动中存在着一些情况，他们无法始终如一地表示赞同。如果牧师们很难正式首肯这项事工，你马上就会发现，对于主教来说，直接批准就更加困难。因为，主教的首肯被视为是官方性和权威性的；为此，我承认，尽管我们现在有时间从各个方面研究了解运动的确切性质，我最初的反对意见仍然有效。

"然而，看到呈现在我们面前的广阔天地，看到与大量显明的罪孽，以及对世态冷漠作斗争的巨大困难——这些罪孽和冷漠全方位地阻碍了福音的传播，（对美国宣教士所做的事工），就我个人而言，我非常喜乐。因为，无论是规行矩步还是逾越常规，无论是以完美还是不完美——夹杂着某些常人的错误——的方式来遵循圣经，结果是基督被传扬了，沉睡的良心被唤醒了。"

与农业厅布道事工有关的咨询会，是在圣玛丽大厅举行。这是一个很大的音乐厅。慕迪先生把咨询人员分开，妇女们在地下室，男人们到走廊里；同时指示工作人员以同样的方式分开。走廊四周，到处都是成对或成三的男人们，一共大约有两三百人——每一对或每三人都与邻近的人群分开；人人都认真专注自己的工作，对周围的人则视而不见。

例如，有一对人在交谈着成圣路上的艰难；另一对则在恳切地诵读圣经；紧挨着的，是某人在恳求另一个人。这里是一个工作人员在祈求亮光的到来，那里还有一个人在敦促询问者为自己祷告。余下的人则一同恳切地祷告。

堡路大厅（Bow Road Hall）位于伦敦东区，是第二个聚会场所。它的建筑风格有点模仿伯明翰的宾利大厅（Bingley Hall）。当时，有一位美国人在伦敦待了几个星期，他向一份美国国内报纸发了以下关于这栋建筑和其中一次聚会的描述：

"堡路大厅是一栋宽敞的框架建筑，外面覆盖着波纹铁皮，是为伦敦东区的这些会议而建的。它靠近一个罪恶猖獗、贫困不堪的地区。慕迪先生认为这个地方'比地球上其他任何地方更接近地狱'。大厅地面上，像地毯一样铺着一层厚厚的锯末。座位是藤条椅。据说可以容纳九千多人。两英尺高的白色圣经经句条幅，衬底是红色法兰绒，挂在好几面墙上。由一百名青年男女组成的诗班占用了讲台的一部分。

"布道从八点开始。七点半的时候，大厅里已经是座无虚席。迟到的人，如果挤不上讲台，或者在座位席找不到站的地方，就被警察请出门外。诗班用美国主日学校和祷告会熟悉的赞美诗来充实时间：

"'祷告良辰，'

"'救主来时，'

"'来到救主面前，'

"但这些歌对这里的大多数人都很陌生，直到桑基先生唱起这些歌曲，才引起人们的注意和喜爱。

"看着这八千到一万名听众，那严肃、安静、充满期待的脸，一个基督徒不可能不为这些人所要解决的问题而触动。他们中的大多数人属于小店主和节俭的工薪阶层。尽管有些面孔看起来明显是最底层的阶级，这里那里，还是有一、两位看起来'高人一头'的贵妇人（英文原文直译：一颗钻石在昂贵的梳妆台上闪闪发光）。这当中，有数百甚至数千人来自伦敦的其他地区，距离堡路大厅有五到十英里。他们坐得如此紧密，男士们都只好戴着帽子（因为座无虚席，没有放帽子的空座位—译者）。引座员手持高高的官杖，在入口处和过道上到处可见。后面的一个大帐篷里，正在召开一个祷告会，求神祝福晚间的敬拜。

"八点整，慕迪先生准时出现。他把双手放在讲台前沿那条横跨整个讲台的栏杆上。那就是他的讲道台。他离开美国后有点发胖，留着一脸飘然的胡须；但只要他一开口，那就绝对知道非他莫属。他说，在这些聚会上，他看到越来越多面孔熟悉的人。'现在，是基督徒停止来这里挤占好座位的时候；是走出去和那些水手和醉汉们在一起，把他们带进来，让给他们最好的座位的时候。'桑基先生坐在管风琴旁（这架管风琴去年让一些苏格兰弟兄们大为震惊，称之为'教皇的哨令'），慕迪先生请他唱：

"'拿撒勒的耶稣经过这地'。

　　"在第一首歌结束之前，很明显，可以确定这一复兴运动的成功在很大程度上要归功于桑基先生。他的歌喉是独一无二的清晰有力，歌声像是从喇叭里放出来一样，响彻整个大厅。每个词的发音吐字都非常清晰准确，如同有一个灵魂在那里歌唱，高尚丰富，远不只是单纯的艺术而已。这首赞美诗当即就将信息传达给了会众。这一点任何人都能察觉到，因为全场所有的人都目不转睛地盯着歌手。紧接着，慕迪先生作了简短、激动、热情的祷告；然后，桑基先生再接着唱：'九十九个'，其效果非常之好。慕迪先生巧妙地利用了正好是五旬节纪念日（又译成：圣灵降临节，Whitsun）的机会，读了圣经里彼得当时演讲的那一部分经文，并宣布他的信息将采用相同的文本和主题：被钉在十字架上的基督。

　　"接下来的布道是关于救世主在世时生命中最后几个场景的故事，从十三人最后的晚餐开始。慕迪先生将故事以摄影般的方式讲述；就像一个人曾深入研究过它，整个场景在他面前清晰真实。他把故事描绘得非常真实，呈现给会众。整个故事就像是一幅画，到处都有慕迪式的画笔，别具一格，且著有成效。'犹大曾做了伟大的表白。他甚至近到亲吻神的儿子。但他最终进了地狱。'他说话匆忙时有点结巴。他犯语法错误和说错字的倾向令人惊讶，比如，'圣灵做了这件事'（The Spirit done it），'没用'（Tain't no use），'快起来'（Git right up），'他来找祂'（He come to him），等等；然而，由于他讲话极为诚恳，这些都成了微不足道的小瑕疵。这是（慕迪）演讲的显著特点。广大会众安静且全神贯注地聆听着，其场景真是美好。有数百人潸然泪下。

　　"有一次演讲，刚刚讲到一半，听众正情绪高涨的时候，会众中心突然传来两三声尖叫声。慕迪先生停了下来，仿佛得到了

信号，马上以谢里丹般（Sheridan-like）[150]的当机立断，说：'我们站起来，一起唱，

　　"'永久磐石'，

　　"'请引座员帮助那位朋友离开大厅。她有点失控了。'之后，晚上就再也没有出现过'歇斯底里般'的捣乱。会众几乎没有意识到演讲中曾经有过骚扰中断。

　　"当演讲结束的时候（演讲通常不到一个小时），慕迪先生邀请那些希望成为基督徒的人站起来。有好几百人站了起来。当他们站着的时候，慕迪先生要求在场的所有基督徒都站起来。显然，在经过两次邀请后，只有不到十分之一的听众还坐在座位上。接着，会众就准备散去，但他们被迫切要求留下来参加第二次会议，与询问者交谈和祷告。许多人留了下来。大约有一千二百或一千五百人，大部分人是基督徒。正好有机会也有场合，他们便分散在大厅各处，与那些求祷告的人交谈和祷告。不知何故，同第一次布道会相比，人们对第二次会议的兴致似乎不足。但用这样的方法来衡量后者的影响力显然是不公平的。后者是经过深思熟虑所设计的——既能唤醒尚不知悔改的人，也激发了基督徒——让他们就像在堡路大厅一样，能够到其他任何地方事工。第二天中午的祷告会上，人们说这是迄今为止伦敦最好的聚会。

　　"伦敦，被这两位福音传道者的辛勤工作所震撼，是再明显不过的事情了。每家印刷店的窗户上都挂着他们的照片。桑基先生赞美诗的廉价版在街头叫卖。电车站和火车站都张贴着布告，呼召旅客前来参加聚会。报纸对他们的敬拜服侍的报道之详尽，是前从未有的。然而，自三月一日以来，尽管这座大城市几乎每天都举行布道会，但城市中是否有百分之五的人听过他们的布

150　谢里丹（Richard Brinsley Sheridan，1751-1816），爱尔兰剧作家。他以戏剧性的演讲著称。

道，或者，是否有百分之十五的人听说过这些布道会，都还是个疑问。"

当慕迪先生在拥挤的东区接触贫民公寓居民时，他同时也在时尚的西区举办布道会。皇家歌剧院给包下来了。除了中午的祷告会和下午的圣经讲座外，他每天晚上（星期六除外）布道两次，得从歌剧院迅速赶往堡路大厅。有一个主日，他安排了四次布道。由于不知道路程有多远，除了布道外，他还必须步行十六英里，因为主日他坚持不利用公共交通工具。

"我是步行过去的，"他后来在讲十诫中第四条诫命时说，"那天晚上，我问心无愧地睡着了。我规定自己主日永远不利用公共马车，如果我有私人马车，我坚持马和人必须在星期一休息。我不想让任何马车夫在大审判的时候起来控告我。"

后来，在苏格兰的一次宣访期间，委员会在慕迪先生不知情的情况下去找了一个马车主，准备租一辆马车，可以让慕迪先生在下个主日去参加一个距离较远的会议。

那有一千匹马的主人说："比起坐着马车四英里穿过十诫，步行对他的伤害可要小得多。"慕迪先生对这个回答非常满意，并经常把这件事挂在嘴上，说他希望有更多的雇主能像关心他们的哑巴动物一样关心其员工的利益。

参加伦敦会议的人中有格莱斯顿先生[151]（Mr. Gladstone），他非常热情地投入到服事中。会议结束时，有人将慕迪先生介绍给他。这次谈话的特点是非常唐突，当有人问起有关谈话内容时，慕迪先生回答说："哦，他说他希望有我的肩膀，我说我希望我肩膀上有他的脑袋。"

尽管慕迪先生对地位和头衔一向视若无睹，但他的影响力

151　格莱斯顿（W. E. Gladstone，1809-1898），英国政治家，曾担任英国首相、财政大臣。

对受过高等教育的人和社会名流丝毫不减。沙夫茨伯里勋爵[152]（Lord Shaftesbury）为慕迪先生公开感谢神说，"慕迪先生没有在牛津大学受过教育，他却具有触动人心的神奇力量。普通民众乐于听他讲道，许多地位显赫的人士对他讲道时奇妙的简洁和力量深感震惊。"沙夫茨伯里勋爵补充说，前不久英国大法官曾对他说："慕迪先生讲道简单明了。他阐述基督救赎的清晰方式，对我来说，是我一生中遇到的最令人震惊，也是最令人愉快的事情。"

在伦敦，查尔斯·司布真牧师对慕迪先生的支持无可匹比。司布真先生向自己的会众讲话时说："在座的有些听众，也许是受我亲爱的朋友慕迪和桑基在农业大厅主持的礼拜的影响而归正。"他恳求他们，如果他们宣称已归于基督，不要感到丢脸。并说，他们的救赎，如果有什么价值的话，应该是从罪中得救。他们应该呼喊的救赎，不是从地狱中得救，而是从罪中得救；只有从罪中得救，才能带来从地狱得救。一个小偷想得到免进监狱的救赎，然而对他来说，真正有价值的救赎是从偷窃中得救。

慕迪桑基布道队最热情洋溢的布道会之一，在许多方面来看也是最好的布道会，是在司布真的教堂举行的。这次布道会是为了司布真先生学院的学生、以及进城来参加四月周年纪念日的浸信会牧师们举办的。但是会议的范围扩大了，因此，还向教会会员发了主日聚会的门票。慕迪先生在演讲中反复强调了"预备行各样的善事"这段经文，他说：

"如果我要求每个愿意去和焦虑的灵魂交谈的男人和女人都站起来，我想知道你们中间会有多少人会站起来。我想知道有多少人会站起来说，'我在这里。'"他停顿了一下。"我身后有

152　沙夫茨伯里勋爵（Lord Shaftesbury，1801-1885），应为沙夫茨伯里勋爵七世。英国政治家、慈善家、基督教复兴家。

人说，'试试看'，但我有点不确定。"他又停顿了一下。"好吧，我们试一试吧。你们中有多少人愿意去和一些灵魂交谈？"

讲台两边的学生和牧师立刻集体站起来，整个会众也迅速跟着站了起来。不负众望，慕迪先生马上说：

"现在你们都站起来了，我想告诉你们，主已经准备好差遣你们。没有什么比基督徒走出去向人们传福音更能唤醒伦敦了。现在是采取行动的时候。我们处于守势已经太久了。"

第二十二章

伦敦复兴运动的继续

在坎伯韦尔格林大厅举办的宣教活动开幕式上，慕迪先生得到了W. H. M. 海-艾特肯牧师[153]（W. H. M. Hay-Aitken）和查尔斯·司布真牧师的宝贵帮助。

在这里，开始举办特别儿童服侍。举办中，根据儿童的喜好和需要，各项服侍还进行了调整。有一次，来自伦敦各慈善机构的六七千名儿童聚集在一起，听慕迪先生谈讲趣闻轶事，还有他对简单问题的回答。与此同时，儿童们还兴高采烈地聆听桑基先生歌唱优美的赞美诗。来自擦鞋匠家里、上门服务组织、报童协会、男女儿童收容所、工业学校、盲人和残疾人学校以及孤儿院的流浪儿童成群结队地涌来，迅速扩大了这个小人国。四十七个基督教托儿所也派出他们的队伍；当整个童子军起立唱圣诗《守住堡垒》时，场面非常美丽感人。童子军的制服，加上女孩子们的服装，从鲜红色到黑色，显得格外引人注目。人们走几英里路，单单是为了来听孩子们动人的歌声。楼座和空余的地面挤满了孩子们的父母和朋友。中间还夹杂着许多孩子。这些人和大厅里面的儿童们一样，享受着聚会的喜乐。

慕迪先生最得力的助手和最亲密的朋友中，格拉斯哥的安德鲁·波纳博士和亨利·德拉蒙德，在当时给了他最宝贵的帮助。并

153　W.H.M.海-艾特肯（W. H. M. Hay-Aitken，1841-1927），英国牧师，圣诗作家。

且，他俩在慕迪先生有生之年一直与他保持着亲密联系。德拉蒙德在写给他父亲的信中这样描述伦敦会议："大厅内外一切都很明亮，我只希望您能在这里一起分享这份喜庆。您想看看站满一英亩的人群吗？慕迪先生每晚在伦敦东部布道时的听众人数就是这样。他一天的日程安排如下：驾车三英里来参加中午的聚会；午餐；下午三点半读经；然后是咨询会议，至少到下午五点；接着，驾车五英里到东区，晚上八点半向一万两千人布道；之后又是咨询会议；最后才驾车五六英里回到住地。本周和下周天天如此——巨大的压力，然而，他似乎一刻也没有感觉到。当前的工作进展十分顺利，我想，接下来的两个月将见证奇妙的结果。其影响力深入各方，甚至连伦敦也开始行动起来。慕迪先生说'这个主日是他有生以来最美好的日子'。"

下面是安德鲁·波纳博士当时的日记摘录，同样非常有意思：

"我在伦敦与慕迪再次在一起。这里是人山人海，非常壮观，印象更是美好。今天有时间祷告。看到对基督的单纯信心在过去如何帮助了我，我祷告，能够常常并且一直拥有这样的信心。（最近）有很多关于更高尚的生命，以及如何朝着那个方向行的讨论。虽然讨论中难免有错误，但这也许是主对我们中一些人祷告的回应，让我们的生命更接近基督。

"在坎伯韦尔大厅，从早上、中午到晚上，至少有九千人聚集在一起。早上八点之前，我就被叫到邻近教堂，那里已是人山人海。然而，当天最精彩的，是下午同慕迪先生一起诵读圣经。在场的基督徒朋友大约有三十名。我们就像《使徒行传》二十章7节所描述的那样，谈了两个小时，然后是领圣餐。最后慕迪先生以祷告结束会议。场景之庄严，令人永世难忘。

"慕迪先生在这里的最后一次会议，是跟米尔德梅（Mildmay）的牧师和朋友的聚会。这使我想到了《启示录》七章1-3节。"

费城的约翰·沃纳梅克主持了午间聚会，在会上谈到了伦敦正在发生的伟大宗教运动在美国所产生的深刻影响。一天下午，大约有三千名儿童和一千名成年人聚会。会议由亨利·德拉蒙德主持。他作了一次令人愉快的演讲，其内容非常适合青少年听众。

在伦敦宣教期间，举行了一些大会，其中最突出的是应慕迪先生的要求，某天晚上为年轻人举行的大会。特别引人注目的，是三位美国YMCA主席都出席了大会。亨利·德拉蒙德诵读了登山宝训的部分经文，慕迪先生概述了英国和美国YMCA运动的起源和发展，然后请纽约市YMCA主席威廉·道奇发言。道奇发言后，芝加哥YMCA主席约翰·法威尔和费城YMCA主席约翰·沃纳梅克接着发言。

德拉蒙德教授主持了青年会议；他不仅具备从事这项特殊工作的资质，而且还拥有丰富多彩的经验。他主持会议的方式既坚定又温和，并拥有一种让大家都感到轻松自在的能力，让每个人觉得自己是一群朋友中的一员，为共同利益而聚在一起。

接下来的一周，在干草市场剧院又举行了一次大会。会上报告了英国各地的工作情况。其中，非教会群众问题和其他实际话题占了一天的时间。有关主日学校、咨询室和年轻人的事工议题占用了第二天。

随着一系列会议的结束，又举行了一次研讨会——这次是与挨家挨户的（基督徒）探访人员和（主日学）主管们一起。之后，在慕迪先生返美之前，还举行了一次以赞美和感恩为主的福音宣教士会议。

在伦敦的最后一周，慕迪和桑基收到了一份邀请，邀请他们在伊顿公学（Eaton College）附近的场地上举行一场布道会，以便那些渴望参加崇拜的男孩子们有机会参与。这所著名的学校——校舍几乎是在温莎王宫的影子下——有九百多名男生。尽管时间已经排得满满的，慕迪先生还是接受了邀请，并准备安排在学院场地外搭建的帐篷里举行大会。伊顿公学的校长（对这种事情有绝对的决定权）决定对男孩子们参加布道会之事，同意不予任何干涉。

就在布道会即将举行之前，纳奇布尔-休格森先生[154]（Knatchbull-Hugessen），一位国会议员，采取措施阻止布道会的召开，并且公布了他与学院教务长关于不允许举办布道会的通信。事态的这一意外发展引起了不小的轰动。此事还在上议院进行了讨论。慕迪先生和安排布道会的人认为没有理由改变计划，于周二午后前往温莎。当他们到达后，发现无法在帐篷里开会。他们试图使用市政厅，结果也大失所望。最后，温莎的一位重要人士，卡利先生（Mr. Caley），慷慨提议将他的花园奉献使用。提议被接受了。

三点刚过，大约有两百名伊顿公学的学生出现在现场。会议开始时，花园里挤满了大约一千名听众。唱完"第一百首诗篇"，卡潘勋爵[155]（Lord Capan）作祷告之后，在一棵大栗树荫下，周围是一群全神贯注的伊顿学生，慕迪先生站在椅子上作了演讲。像往常一样，他专心致志地宣讲福音的价值。他说，福音除去了他人生道路上最可怕的敌人——对死亡、审判和罪恶的恐惧。慕迪先生的演讲严格遵循他惯常的以论证、劝诫和例证的方法。由于学生中的许多人将来可能会在政府中担任高级职务，他希望他们应该尽最大努力培养基督徒美德，使自己有资格担任这些职务，并配得上神对那些遵从祂旨意的人所应许的冠冕和永生。

在伦敦的闭幕式上，慕迪先生说：

"整整两年零三个星期，我们一直为基督在你们中间努力。现

154　纳奇布尔-休格森（Knatchbull-Hugessen，1829-1893），英国政治家。
155　生卒年不详。

在是结束的时候。这是我最后一次有幸在这个国家传讲福音。我想说，这几年是我一生中最美好的年份。我一直寻求把基督带到你们面前，告诉你们祂的美德。可以真诚地说，我以我结巴的口舌完成了这个使命。我本想如我所希望的那样宣讲祂，但我无法做到。我已经尽了最大的努力。在这结束之时，我想再次敦促你们接受祂。直到我看到你们都在方舟里，我不愿结束这次会议。今晚有多少人愿意站在神面前，宣布将加入我们的天堂之旅？愿意现在接受基督的人，能站起来吗？”

在慕迪先生的带领下，许多人站起身来祷告。慕迪先生祈求圣灵的力量同时降临在那些已经获得新生（原文：复活）和尚未获得新生的人身上。最后，会议以一首赞美诗“安稳在基督手臂”结束。同时，传教士为这场运动所做的工作也划上一个句号。

第二天，七月十二日，在米尔德梅会议厅举行了告别和感恩会。大厅里满是牧师和平信徒，三个走廊里则有许多女士。出席这次会议的牧师中，有一百八十八人属于英国国教，一百五十四人属于公理会，八十五人属于浸信会，八十一人属于卫理公会，三十九人属于长老会，八名外国牧师，八名联合卫理公会，七名原始卫理公会，三名普利茅斯弟兄会，二名亨廷顿伯爵夫人会，二名公谊会，三名英国自由教会，一名圣经基督徒，还有二十多人的教派背景不详。这些数字摘自会议上提供的官方声明，表明了此次会议的多样性和非宗派性，以及英国基督教会各派对福音传教士普遍一致的尊重。

慕迪先生说，他们聚集在一起是为了感谢神，而不是为了来荣耀人。他特别强调，对于宣教的成功，不要宣扬这是人的因素所成就的。格拉斯哥的安德鲁·波纳博士作了很有意思的演讲，同时，阿奇博尔德·布朗牧师、唐纳德·弗雷泽博士、马库斯·雷恩斯福德牧师、W.H.M.海-艾特肯、亨利·瓦利、沙夫茨伯里勋爵和其他人也作了演讲。

人们还记得，沙夫茨伯里勋爵是那位"尊贵的勋爵"——他主持了慕迪先生一八六七年在伦敦参加的第一次会议，而慕迪先生在会上则拒绝向沙夫茨伯里勋爵献上表示感谢的提议（说是与其这样做，还不如来感谢听众）。沙夫茨伯里勋爵说："如果不是慕迪先生的积极指令，我岂敢在这样的场合上台，在这么多福音牧师面前说几句话。但是慕迪先生请我讲讲过去四个月发生的事情。我怀着对全能神最深切的感激之情，感谢祂扶植了这样一个人，并以这种方式来传讲福音。虽然慕迪先生禁止我们称赞他和他的朋友，但如果我们赞美神差派给我们这样的人，我们只不过是在表达我们对祂所塑造的器皿的赞叹，同时给予祂所有该得的荣耀。

"我和大都市的人们相识多年。我可以说，无论我走到哪里，我都能找到事工的痕迹；事工所留下的印象和所产生的感受。我希望所有这些事实都不可磨灭。就在几天前，我收到一位朋友的来信，这位朋友将他的一生都花在走访曼彻斯特这个人口稠密的城市中最贫困、最荒凉的人群，他谈到了慕迪先生和桑基先生在那里产生的美好影响。谢菲尔德的一位通讯员也写信给我，说他无法满足人们的需求。人们需要（慕迪宣讲团散发的）单张或凡是能够使复兴的基督教信心持恒的资料。他说：'看在神的份上，请给我寄几千几百万张单张。'即使慕迪先生和桑基先生只是教人们唱'坚守堡垒，因为我将到来'这样的赞美诗，他们也给英国带来无价的祝福。"

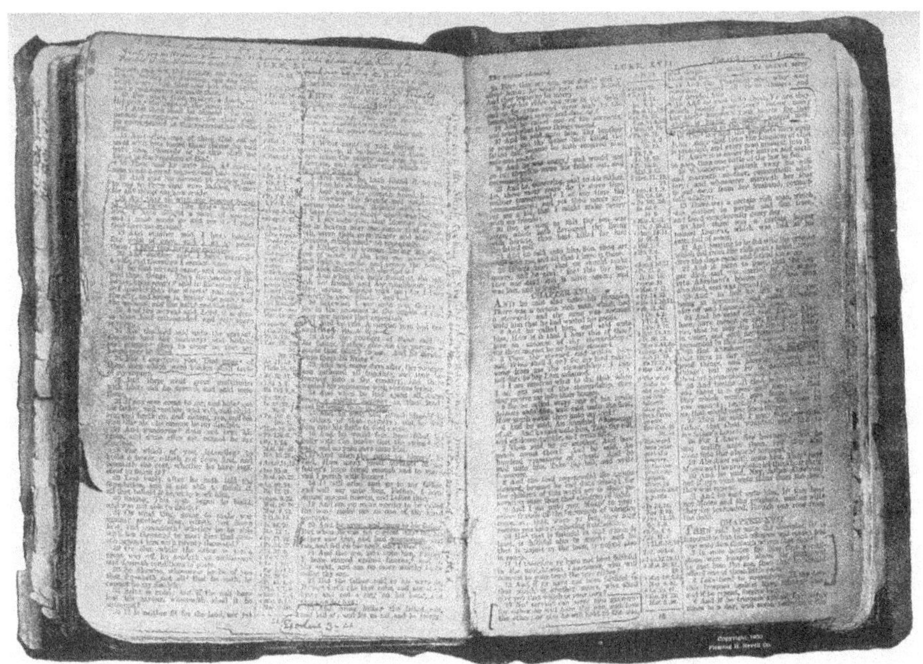

慕迪先生的老旧《圣经》
从芝加哥大火中留存下来，经常使用超过二十年。

慕迪先生在伦敦干草市场的歌剧院布道（素描）

临时搭建大厅
有六千个座位。后期伦敦宣教期间，有两
座这样的大厅付之使用。

伦敦的四个月宣教所取得的成果如下：在坎伯韦尔大厅举行
了六十次会议，有四十八万人参加；在维多利亚大厅举行了四十
五次会议，有四十万人参加；在皇家海玛克特歌剧院举行了六十
次会议，有三十三万人参加；在鲍路大厅举行了六十次会议，有
六十万人参加；在农业大厅举行了六十次会议，有七十二万人参
加；总共举行了二百八十五次会议，共有二百五十三万人参加。
宣教团花费了二万八千三百九十六英镑十九先令六便士，几乎全
部是在宣教结束前捐赠的。

离开伦敦后，慕迪先生伙同利物浦的艾特肯先生和巴尔弗先
生一起，前往巴尔弗先生在威尔士巴拉的乡间别墅短暂休息。即
使在那里，他也没有得到充分的休息。因为，在短暂的假期中，
他经邀请作了三次福音演讲，以及数次读经会。

由于他必须经利物浦乘船返回美国，他受敦促在离开英国之
前，在利物浦再举行两三次布道会。因此，八月三日，他在维多

利亚大厅举行了一次基督教大会，并在傍晚举行了告别会。除了慕迪先生讲道之外，一些牧师和基督教工作者也发表了讲话，其中包括爱丁堡的亨利·德拉蒙德和詹姆斯·斯托克。傍晚，慕迪先生再次向年轻人讲话。

慕迪先生在英国的最后一次聚会是在他离开利物浦的那天早上。早上七点钟，门就开了，当他站起来讲话时，在场的有五六千人。他重复了前一天发出的口号："前进"。然后他"以YMCA主席的名义"主动与所有在场的人握手。

慕迪先生于八月十四日离开英国。抵达纽约时，他受到了许多朋友的欢迎，其中包括D. W.麦克威廉姆斯、威廉·道奇Jr.、乔治·斯图尔特和J. V. 法威尔。

一位作者总结了两年来，直接由这次英国之行所产生的一些成果：

"一种传福音精神被唤醒，而且从此再未消逝。大量的城市宣教团体和其他善工组织被建立起来。教派分歧在很大程度上被掩埋了。所有教派的牧师们都为一个共同目标同工——拯救迷途者。圣经重新被打开，圣经学习得到了极大的推动。长期存在的偏见被一扫而空。新的生命注入基督教活动的各方各面。禁酒运动得到了极大的推动——这是英国前所未有的。刚归正的信徒们没有被劝诱改宗，而是劝其加入现有的教堂，接受神国的培养和劝诫。"

一位著名的苏格兰牧师在一八九六年写道，"自从慕迪先生二十三年前跨越大洋以来，美国传教士一直是这里受欢迎的访客。"

针对前面所提到的慕迪先生的事工，已故的纽约菲利普·沙夫博士[156]（Dr. Philip Shaff）几年前在伦敦的一次演讲中，作

156　菲利普·沙夫博士（Dr. Philip Shaff，1819-1893），美国神学家、教会历史学家。出生于瑞士，受德国教育。

了以下评论：

"当今历史上最有意思、最出乎寻常的事实之一，是两位来自美国的平信徒的努力，在你们中间所产生的奇妙影响。此事对我们来说，比起你们来，更是令人惊叹。唯一能解释的，就是这一切都归于神的恩典！自怀特菲尔德和卫斯理的日子以来，世界从未见过如此成功的运动。而且，其成果比那两位先辈的成果更为广泛。它的突出点是不分宗派。而且，我可以补充说，它是我们两国基督教历史上最无私的运动。这两个人来到英国的唯一目的是为了赢得灵魂归向基督，并且扩大祂的王国。不分教派，以至每个教会都可以从中受益。……我们这些在美国的人，根本不知道这两个人会在你们中间引起如此大的骚动，然而，这一切不过是加利利的渔夫们那古老故事的重演而已。"

接着，他谈起他的两位同胞，说："他们已经证明，基本真理对人心的影响力，比英国所有博学的神学教授和能言善辩的牧师都要强大得多。正如一百多年前，卫理公会复兴阻止了自然神论的发展一样，这些来自美国的普通平信徒，扭转了现代唯物主义和无神论的潮流。在这些人的背后，正是神的恩典，使他们能在苏格兰和英格兰各地兴起非同寻常的基督教复兴。七月十二日，在伦敦为两位美国福音宣教士举办的告别仪式上，他们辛勤劳动的成果，从所有教派的牧师和平信徒口中得到了充分的见证。这是一次令人难以忘怀的告别会。"

第二十三章

返回美国

早在慕迪先生回美国之前，有关大英帝国基督教复兴的报道就已经捷足先登在美国传开了；因此，在他回国后，如同在英国一样，远近闻名。两年多前，在他离开自己国家时，只有一小群主日学校的工作人员和YMCA的朋友知道他。特别是在芝加哥，他比其他地方更为人们所熟知。但对于一般民众来说，他的事工鲜为人知。因此，可以说，慕迪先生反倒是由英国介绍到美国的；反之亦然，有人说，是他把几个英国人介绍给了他们自己的国家。

回国后，他立即收到许多邀请，邀请他访问美国的一些重要城市。有些邀请甚至是在他尚未离开伦敦之前就寄给他了。有些地方，还成立了筹委会来安排由他为讲员的一系列会议。可以想象，对他来说，能立即得到如此广泛的赞赏，一定是既令人欣喜，又令人不知所措。但他以他特有的谦卑精神拒绝了所有这些邀请；口头上说是休息，但实际上是研修，以及就他未来的计划，等候神的旨意。

抵达纽约后，慕迪先生与家人直接前往北田镇，与年迈的母亲共度了数周。在这里，他花了不少时间为即将到来的冬天的事工精心准备。早上是用来阅读和准备演讲——因为，在国外忙碌的几个月里，他几乎没有机会来获得新的资料。

慕迪先生的母亲。一八九六年，九十一岁高龄去世。

从慕迪的居所看到的康涅狄格河谷景色

正是在这个时候，他买下了一个小农场。小农场后来成为他的家。当时，他母亲住所附近有一块十二英亩的贫瘠地块以适中的价格出售，慕迪先生就买下了这块地，打算为母亲保留这块土地，并让孩子们在那里度过夏天。连续几个夏天，他都隐退在这座安静隐蔽的乡间农场，一边研读，一边为冬季艰巨的宣教事工做准备。渐渐地，他对北田镇的兴趣越来越浓，以至他原本计划用来休息和取静的家乡，成为他的伟大宣教活动和具有最持久影响力的事工场所。

回到北田镇不久，他再次接二连三地收到诚挚紧迫的邀请，邀请他访问不同的美国城市。其中一份邀请来自华盛顿，由约翰·纽曼博士[157]（Dr. John P. Newman）捎带来。纽曼博士受华盛顿牧师们委派来到北田镇，为的是确保对"今年秋天你会在华盛顿开展一场复兴运动吗？"这个问题的肯定答复。

纽曼博士发现慕迪先生正忙着干农活。慕迪先生专心听着这位杰出的传教士（后来成为卫理公会主教）的话，但他尚未准备好给出明确的答案。"我还不知道首次会议将在哪里举行。我在等着看神会将我带到哪里。"他所能回答的仅此而已。

布鲁克林（Brooklynn）的凯勒博士[158]（Dr. Cuyler）也访问了北田镇。其访问目的是"以便从慕迪先生的嘴里，听到神在英国所创造的激动人心的故事。"两位朋友畅怀谈论国外的聚会，以及即将在美国开始的布道会。凯勒博士写道："在他那受人尊敬的母亲的农舍的餐桌上，他讲了他在英国的一些经历。当我问他，谁对他帮助最大时，他回答说：'安德鲁·波纳博士和凯恩斯勋爵。前者帮助我，在我的布道中启发性地给我提示圣经真理；后者则经常来听我布道，因为人们说，如果大法官来参加我的会议，他们最好也来。'如果不是因为他那特有的谦卑，他本可以补充

157　约翰·纽曼（John P. Newman，1826-1899），美以美会或美国卫理公会主教
158　西奥多·凯勒（Theodore Ledyard Cuyler，1822-1909），美国长老会牧师，作家。

说，凯恩斯曾说他（慕迪）'给了他一个崭新的布道概念'"。

"第二天早上，慕迪告诉我，由于他童年时几乎没有受过什么教育，他正在考虑在北田镇为男女孩子们开办一所具有鲜明基督教特色的学校。瞧——那颗思想的种子已经长成了一棵多么茂盛的树——神是那么充实地浇灌它！顿时，许多其他美好的回忆立刻涌上心头，但我抑制住我的笔。假如他所有的朋友都来述说他们所知道的有关他的一切，那么这本书就会扩展成为一个图书馆。但有一件事我很确定，那就是，如果再写一本关于基督忠实使徒的《使徒行传》，那么十九世纪的最大篇幅，就会留给查尔斯·司布真和德怀特·慕迪的拯救灵魂的事工。"

另一位既给予又得到祝福的访客是惠特尔少校——他是慕迪的前同事和终身同工。几年前，在芝加哥教堂的一次会议结束后，回家的路上，慕迪先生在两人即将分手的路灯柱旁停下，打开圣经，翻到《提摩太后书》第四章，用经句来回答惠特尔少校关于如何来唤醒人们的问题；他读到："务要传道，无论得时不得时总要专心；并用百般的忍耐、各样的教训责备人、警戒人、劝勉人。"然后补充说："这就是我们的使命，惠特尔。"

当时嘴上没说什么，但惠特尔少校心里却产生了一种信念。从那时起，这种信念就从未离开过他。那就是，神会呼召他从事某种形式的福音工作。惠特尔少校写道："现在回想起来，这是圣灵存在的奇妙作为，我感谢神通过慕迪先生向我发出呼召。"

以下摘自惠特尔少校一八七五年九月的日记，描绘了在为本国第一次福音运动做准备期间，北田镇的日常生活：

"布利斯（Bliss）和我收到亲爱的慕迪的一封信，要我们立即前往麻萨诸塞州的北田镇，同他讨论来年冬季的工作。我们于九月六日周一晚上离开芝加哥。周三中午，我们抵达佛蒙特州的南维农（South Vernon）。亲爱的慕迪驾着马车到车站迎接我们。见到我们，他非常高兴。两年前，我们在芝加哥与他告别。从那时起，主一直使用他来唤醒基督教世界，带领成千上万的灵魂归向基督，并激励了数十人，包括布利斯和我，走进葡萄园为主做工。

"我爱他，尊敬他，胜过世上任何人。在我看来，他一直是一个充满圣灵的人。如今，我在他身上看到的唯一变化是他意识力的增长，说话更有分量，有着更加坚定的信念。他完全彻底地意识到，这一切都是神的旨意。和他单独一起祷告时，我发现，他在神面前像小孩子那样谦卑。然而，同他一起工作时，我发现，他在人面前像狮子一样勇敢，丝毫不见犹豫、动摇和胆怯；而且他说话很有权威，就像是至高无上的神的使者一样。

"我们在慕迪弟兄这座美丽的山间小屋里住了两个星期，见到了他寡居的母亲、他的三个兄弟、他的妻子和孩子。我们已经成为这个家庭的一部分。他带我们去他童年时常去的地方。他带我们到山上，那里曾经是他常常放牛、采摘草莓和捡栗子的地方。在那里，他曾独自与神在一起，度过了在家乡的最后一个主日，然后乘船前往英国，开始了他那难忘的宣教旅行。

"我们和他一起渡过康涅狄格河，跟他的叔叔赛勒斯（Cyrus）共进晚餐。当我们划船渡过美丽的康涅狄格河时，只见两边山谷徐徐而下，远处是蓝色的山丘和山脉。布利斯和桑基一起唱《只等船夫》和《有一欢乐之地》的圣诗。而慕迪则在帮助摆渡人。我们都觉得过河速度太慢。唱完第三、第四首歌后，桑基看看四周，发现摆渡人在向前划，而慕迪则抓住了绳索往后拉。原来，慕迪为了能听到更多的歌而故意不让船快行。这不仅是为了他自己的享受，同时也是为了他儿时的朋友摆渡人的利益。他非常关心摆渡人是否归正。看到桑基那不尴不尬的样子，慕迪喜不自禁。大家开怀大笑之后，我们一起唱起了《拉向岸边》。然后，大家都盯着慕迪，免得他拖后腿，就这样，船渐渐地靠了岸。

"又一个美丽的日子，我们把午餐装在篮子里，驾着马车出去四五英里。我们爬上群山中最高的山蜂，在山顶上野餐。在那里，我们可以看到康涅狄格山谷上下数英里的景色。北田镇就在我们脚下，布拉特尔伯勒（Brattleboro）在北边。我们周围都是古老花岗岩石的山。莫纳德诺克山（Mount Monadnock）是其中最大的一座，当我们面对山谷时，它就在我们右边。就在山上，慕迪问我们，圣经中的哪座山对我们来说最亲切。对他来说，最亲切的是加利利的那座山，即基督复活后在那里与门徒会面的那座山（参 太28：16）。布利斯和桑基都选择了显圣山。塞缪尔·慕迪选择了基督布道的山。乔治·戴维斯选择了加略山。我自己的选择是橄榄山。我们在山上度过了一段宝贵的祷告时光，祈求神赐予我们力量来完成我们面前的事工，并且赞美主——那在加利利会见祂门徒的主——在这里与我们相遇。

"那天，余下的时间我都和慕迪在一起，驱车沿着山谷前往沃里克（Warwick）——一段最美丽的旅程——然后再返回北田镇。慕迪告诉我他在英国的许多经历。我问他是否曾因自己所处的位置而惶惶不安。他说没有；自始至终，神一直在事工中带领他，伴随着他。他毫不怀疑，假如他事先知道在英国将要面对的是什么情况，他肯定会感到害怕。但当他回过头来看时，他唯一能想到的，是耶利米的经历——神给了他一个铜做的前额，让他来到以色列民面前[159]。他在伦敦的聚会中深感神的存在，结果在他的下意识里，在场的人们——无论是贵族、主教、牧师还是所有其他人——就好像是蚱蜢一样。（参 赛40：22）

"他去伦敦时有点担心，因为他的布道和有关圣经的演讲都会被报纸报道，这样的话，他所有的信息内容——即他在其他地方使用过的，都无法再次使用。然而，正如他所说，'一切顺其

159　参见《以西结书》三章9节。

自然，所以我就闭上眼睛继续前进，把一切交给神。'他告诉我，他花在私下祷告上的时间相对较少，也没有在神面前感到有沉重负担和压垮的经历。他没有刻意进入这种状态。他的工作促使他保持祷告和依靠神的精神，因此，他只是全身心地投入到工作中。在离开芝加哥之前的一年多时间里，他一直负担沉重，不断向神呼求更多的力量。那段时间，他总是要找几个人一起祷告半天，他会在神面前呻吟哭泣，祈求圣灵的洗礼。如今他似乎不再有这样的状态。

"因为我有需要，当我和他在一起的时候，我希望有这样一段共同祷告的时间。然而，他像是经过了那种经历的人，如今仅把自己完全交在神的手中，接受圣灵的洗礼，在一切事情上都由祂引导。所以，当我和他在一起的时候，他的祷告就像小孩子一样简单——充满信任、谦卑，期望神不会让他失望。在我看来，仆人和主人之间已经建立了一种默契，没有必要再来作冗长或者重复的祷告。

"我们和慕迪住在一起的时候，公理会教堂每晚都会举行敬拜——神祝福的结果。北田镇所有的人都参加了，甚至还有数百人来自周边城镇。慕迪的母亲和两个兄弟都属于一神论教会，他们同样参会得到祝福。我将永远感谢神赐予我充满福祉的两个星期。我们在那里的时候，来自全国各地的许多弟兄进进出出来拜访，其中包括费城的斯图尔特、纽约的罗兰、道奇和麦克伯尼、福尔里弗（Fall River）的雷明顿、波士顿的摩尔、佛蒙特的费尔班克斯等等。

"我们在一起的时候，共同安排编纂《赞美诗》以供大家使用。同时，我们都赞成，最好把我们的力量分散到全国各地，而不是集中在同一个地方。"

最能反映慕迪先生特征的，莫过于他渴望从繁重的工作中，退休到乡下生活。虽然他一生因宣教的原因，大部分时间都在大城市里度过，但他生来就是一个乡村少年。对他来说，绵延不断的山岗有其丰富的涵意和神奇的恢复能力。好像是某种本能把他拉回到这块土地上，一种神秘的力量驱使他独处静思，远离那消耗了他太多精力的人群；然后，经过短暂的休息，他就会带着新的力量和活力重返战场。

第二十四章

布鲁克林，费城和纽约

"为什么你，还有那些跟你很相近的人，都是那么难以接近？一天到晚关在门里，外面还有彬彬有礼但态度强硬的私人秘书看着，而德怀特·慕迪却随时都能见到你？"有人问一位著名的金融家。

"他是我们中的一员，"金融家回答道。

从他最初在美国传福音始，慕迪先生合理的判断能力就深得业界人士的信任。他对福音的忠诚——尽管简单直接，没有随神学潮流追波逐浪——使他深受那些相信福音事工的牧师们的欢迎，同时也赢得了能够给他机会大展身手的平信徒的支持。这在英国的宣教工作中得到了充分证明。当他回到自己的国家时，美国大城市给予他同样的普遍支持。这些城市向他发出最热烈的邀请。慕迪先生很爽快地接受了这些邀请，为此他这样表达说："水往低处流，美国最高的山岗就是大城市。如果我们能激励这些大城市，我们就能激励整个国家。"

一八七五年十月，首次美国复兴运动在布鲁克林开始。集会的准备工作已经做好；不仅提供了集会场所，安排了活动计划，而且各个教派联合起来祷告、开会，相互承诺友好合作，为这些在英国的事工得到神巨大的祝福的传教士们的努力而效力。筹委会预订了一个竞技场作为集会场所，订期为一个月。场内设有可供五千人坐的椅子。

随着人们对事工的兴趣日益浓厚，为了能够触及到更多的人，宣教团付出更大的努力来增加集会次数。地方上的牧师和有声望的平信徒都在帮助者之内，座无虚席的教堂和礼堂集会，以及特殊性的服侍，扩大了宣教事工的范围。宣教活动的影响范围已经超出了布鲁克林。《纽约论坛报》在评论这项事工时说：

"对这件事和对其他事情一样，都应该抱有常识性的看见。首先，凭什么我们要嘲笑，因为挤进布鲁克林溜冰场的人群中，很大一部分人只是出于好奇心？当年，当人们跟随基督来到耶路撒冷的街道或者旷野，最终医治自己的灵魂时，不也是这样吗？更甚之，为什么要嘲笑，因为许多人已经信奉基督教，并且相信慕迪和桑基所教导的一切？这些人中间，任何人都会因为信心的一点点坚固而得益，我们甚至可以补充说，每个人的行动也同样增进。

"其次，关于这些传教士本身，我们认为，对于他们的真诚来说，意见只能是一种。他们不是光为赚钱的人；他们不是江湖骗子。注重礼仪、保守的英国，对这些人的工作和做事方式百般挑剔，进行了长达数月的严格审查，结果在他们身上找不到任何不纯洁的动机。现今社会，切实真诚的人寥寥无几，难道，这还不值得我们冷静而不带偏见地听他们讲道？

"第三，关于他们的信息。他们宣讲的，不是什么新的教义；也没有宣扬这个或那个教派的教义。他们所宣讲的唯有基督，以及我们应当更加热切地为祂服务的必要性。我们中间，难道还要谁会反驳这个真理？基督教若不是我们个人和社会生活的唯一希望，那么，什么才是我们的希望呢？

布鲁克林溜冰场的场景（素描）

布鲁克林溜冰场
人们正等待着开门（素描）

　　"最后，关于这些人宣讲基督及其教义的方法。高才博学或品味别具一格的人，在向大众阐述他们认为神圣而崇高、不可言喻的主题时，会避开熟悉的词语和思想。他们称此（大众化语言）贬低真理。假设他们的意见是正确的，那么，从他们的角度来看，该如何正确对待普通民众呢？普通民众不可能个个都是高才博学或只知阳春白雪的人。他们不会通过什么哲学论证、对自然的沉思、逻辑信念，或者，因为古典音乐、彩色玻璃或教堂建筑对他们的审美感有吸引力，而相信耶稣。他们都是有着普通思想和品味，平凡而忙碌的人。然而，毫无疑问，既然基督为了拯救他们而死，那就必须要用某种方式把他们带到祂面前，劝说他们过上更纯洁、更高尚、更真实的生活。

"基督教不是图书馆和客厅里讨论的语法问题，不是有关高雅品味或情感细腻的问题。基督本人不是只向有文化的阶层传教，而是向工薪阶层、驿站老板、渔夫和税吏传教；祂使用的词语和例子最能吸引这些人。如果慕迪先生和桑基先生，或任何其他传道人，能直接把基督带入人们的信念中，并引导他们为祂而活，那么，让我们为有这样一位传道人而感谢神。至于他的品味和语法如何，大可不必锱铢必较。"

费城旧宾夕法尼亚铁路货运站外观（素描）

旧宾夕法尼亚铁路货运站内部
在费城举办的大型布道会场景（素描）

　　在费城，一系列同样引人注目的集会，在宾夕法尼亚铁路公司最近废弃的货运站举行。该货运站现已成为广为人知的沃纳梅克百货公司[160]（Wanamaker Store）。这座建筑物设有可容纳一万三千人的座位。并且，根据大型宣教设施的需要进行了改造。在这里，如同布鲁克林一样，领衔牧师们全力支持宣教事工，并全面表达了对事工所付出的努力的认可。事工初期，宣讲团就开始为不同阶层的听众举办各种独立聚会。慕迪先生说，他将为四十岁以下的年轻人举行聚会，因为他自己正好符合这个条件。他四十岁生日就是在运动结束时庆祝的。

　　还有一场会议是专门为那些上了酒瘾的男男女女准备的。应慕迪先生的要求，许多经常参加布道会的人没有出席会议；这样，这些人空出来的座位就可以让给那些酗酒的人。有关在场观众的

160　沃纳梅克百货公司（Wanamaker Store）是由约翰·沃纳梅克于一八六一年创立的一家美国连锁百货公司。后由梅西百货公司收购。

情况，一位目击者是这样描述的：

"到处都可以看到醉眼朦胧的醉汉们那浮肿的脸。他们四处乱瞟，仿佛周围环境对他们来说十分奇怪，需要有很大的意志力才能保留在现场。不少人有母亲、妻子、姐妹或朋友陪伴。这些陪伴的人已经耗尽了人的手段，只好决定将重担交给主。

"昨天下午，聚集在仓库礼拜堂里的，到处都是满脸悲伤、泪流满面的人。好像所有人性的悲惨憾苦都集中在同一个地方。那些没有直接遭受酗酒之苦的人，对周围数百名哀声叹息、诉说着无法言喻痛苦的人顿生同情。这种影响越来越大，直到整个会众都笼罩在一片令人窒息的阴云之下。这群人来自社会各个阶层，痛苦的纽带将他们紧密地联系在一起。

"在某个酒鬼半饥半饱、长期受虐待但又忠贞不渝的妻子旁边，坐着一位曾经是家里有钱有文化的孩子——她不再是孩子，而是一位很老，很老的妇人，她那唯一还年轻的儿子，却几乎堕落到了最低谷。坐在她旁边的是一个男子。男子身上的每一个特征都显示出高贵的灵魂和罕见的天赋。然而，他那破旧的外衣和凹陷的脸颊，是在向所有见到他的人透露：他是一位酒精受害者，一生都深受那无法控制的欲望的折磨。在这群人后面，坐着一位年轻女孩，她的脸像天使一样甜美，但却布满了悲伤。坐她身边的是她的父亲，他因饮酒过度导致身体崩溃，精神几乎被毁。似乎现在终于认命了。他像个孩子似的，半睡半醒，张望着四周，有好几次想站起来离开座位，但那早熟的女孩子紧紧地握着他的手，结果每次他都只好控制住不安，坐了下来。会众中大部分人都是女性；很明显，几乎所有这些女性在心中都有着过去或现在，因家人醉酒所造成的最可怕悲痛的画面。

"有意思的是，当慕迪先生一遍又一遍地宣称，曾经驱逐过魔鬼的神现在照样可以驱鬼，只要向祂求，祂就会回应之后，会众逐渐发生了变化。当人们热切地祷告，并且立即得到帮助时，乌云从他们的心中消去，而正午的太阳，向他们泻下希望的福祉光芒，长久以来被泪水模糊的眼睛发出新的光亮。"

在这项事工中表现突出的平信徒有约翰·沃纳梅克和乔治·斯图尔特。沃纳梅克先生为年轻人举办的特别聚会，每次都有大量的人参加。

和往常一样，慕迪先生以一场特别敬拜来庆祝旧年的结束。对此，亨利·克莱·特朗布尔博士是这样描述的：

"除夕之夜，台上的中心人物，是外表和举止令人印象深刻的威廉·普卢默博士[161]（Dr. William S. Plumer）。普卢默博士当时是南卡罗来纳州哥伦比亚神学院的教授。四十年前，他担任过长老会大会的主持人。普卢默博士在任何聚会上都是一个令人肃然起敬的人物。他身材魁梧，高大，外表庄严，加上雪白的头发和飘逸的胡须，让人联想起米开朗基罗画里的摩西。

"慕迪先生这次不是作为老师，而是作为提问题的人。普卢默博士脱颖而出，成为回答年轻慕迪内心疑问的老师。世界上很少有人比慕迪更了解灵魂的焦虑、渴望和疑虑，因为他在传福音中遇到过这些人。同时，很少有受过训练的神学家，能比站在慕迪面前的这位长辈，更能明智简单地回答这些问题。这是因为普卢默博士头脑灵活，心胸宽广，体格健壮，是一位德高望重的牧长。

"整个场景证明，当罪人带着需要和信心，通过耶稣基督来到神面前时，只要单单信靠神。神学家可以给出焦虑的灵魂所渴望的答案。慕迪先生和普卢默博士在这次问答中，共同扮演了一位神学家的角色。下面这些问题和答案的例子将说明这一点。

"慕迪先生：'对于真正的悔改归正，需要经历一定程度的苦难吗？'

161　威廉·普卢默（William S. Plumer，1802-1880），美国长老会牧师，神学家，作家。

"普卢默博士：'吕底亚没有经历过苦难——我们在圣经里读到，她没有经历过痛苦。神打开了她的心，她立马接受保罗所说的话。然而，腓立比的狱卒若不受到震惊，则不会接受基督。如果你愿意接受神的儿子，你不需要经历任何患难。患难不会使灵魂成圣。'

"慕迪先生：'那么，博士，什么是悔改归正？'

"普卢默博士：'感谢神，有悔改归正这样的事。悔改归正就是脱离自我、任性、自以为是、以及所有的自信。脱离罪恶本身，转向基督。'

"慕迪先生：'一个人能在这里得救吗？今天晚上十二点之前——即刻就得救吗？'

"普卢默博士：'为什么不能？在我的圣经里，我读到，一天早上有三千人聚集在一起，他们都是杀人犯，他们的手沾满了神儿子的血。他们早上见面，黄昏之前他们都受洗成为基督徒。'

"慕迪先生：'我怎么知道我得救了？'

"普卢默博士：'因为神是真实的。神是真实的，人都是虚谎的（罗 3：4）。如果我接受耶稣基督，信子的人有永生（约 3：36）。但这不是慕迪先生的话，也不是桑基先生的话，更不是牛顿博士的话，这是永生神的话，祂的名字是阿门。'

"慕迪先生：'如果我没有足够的信心怎么办？'

"普卢默博士：'荣耀归于神——如果我能摸着救世主的衣裳，我就会得救。一点点的信心和极大的信心一样，都是真正的信心。灰烬中的一小块火炭和熔炉的炽热一样，都是真正的火焰。'

"慕迪先生：'我觉得我对基督的爱还不够，怎么办？'

"普卢默博士：'你的爱永远达不到祂应得的爱。直到永远，你都不会给予祂应得的爱。（所以，你必须如诗所述）

我若有嘴万千，

无一不颂主恩；

我若有心千万，

心心献给祢主。'

"随着午夜时分的临近，在这次生动的问答会之后，慕迪先生对会众的呼吁越来越真诚，敬拜的庄严性也越来越强烈。快到十二点的时候，他要求所有在场的人一起低头默祷。

"当所有人还都低着头时，桑基先生唱起《几乎听劝》这首歌。那优美的歌声打破了深沉的寂静。接着，这一年即将结束的最后时刻是虔诚的祷告，尤其是那些在慕迪先生的呼召下站起来要求为他们祷告的人，现在被敦促做出最后决定。

"午夜时分，美国独立纪念楼的钟声响起。钟声带动全城所有的钟，四面八方的汽笛，齐声响起，迎接新的一年的到来。此时，慕迪先生祝大家新年快乐。就这样，这场令人难忘的守夜仪式到此结束。直到今天，那独立钟的钟声，仍然回荡在地上天上许多人的心中。在那神圣时刻，人们对慕迪先生和他的同事，比以往任何时候都怀有更深的感激之情。"

已故的乔治·斯图亚特[162]（George H. Stuart）在费城会议结束几周后曾谈到：

"去年十月，我们最终在自己的城市为神做了一件伟大的工作。我们中间有些人寄予厚望，希望它能给上天带来荣耀。他们看到牧师和教会成员中，充满了深切的祷告精神。结果如何？远远超出了最乐观的人的最高期望。我们万万没有想到，大厅里每天都挤满了七千到一万三千人，来聆听耶稣和祂的爱的古老故事。神垂听我们的祷告，祂的使命继续在我们所有的教堂里进行。

162　乔治·斯图亚特（George H. Stuart，1816-1890），美国长老会牧师，慈善家，废奴主义者。

"在我自己的教堂里——一座古老的，在这种宗教运动中不太倾向于团结的苏格兰教堂——我看到了四十年来从未见过的事情。在教堂的晨会和主日，人们出人意外来得很早。门房告诉我，人们早在凌晨四点半就聚集在那里。在寒冷的一月，早晨六点钟，人数之多，使得他不得不打开教堂门。七十五年来，我的教堂只换了两位牧师；下周日，教会将举行一次特别的圣餐仪式，这是多年来从未有过的，有二十五名新信徒将加入教会。其中三分之二是年青人。"

费城宣教期间，一些普林斯顿大学的学生参加了福音宣教会，并深受感动。回到学校后，他们开始努力争取邀请慕迪先生来向学生们布道。从当时这项工作开始，后来发展成许多组织。这些组织不仅在美国学生中，而且在世界各地都卓有成效。

那年冬天，最后一次引人瞩目的宣教活动是在纽约进行。一八七五年六月，当慕迪先生还在伦敦时，在一次纽约牧师和平信徒的会议上，成立了一个临时组织，已故的约翰·霍尔博士[163]（Dr. John Hall）是该组织的主席。经全体出席人员一致同意，一个诚挚的邀请发给了福音传教士们，邀请他们一旦有空，尽快在纽约举办一系列的布道会。当慕迪先生接受这一邀请后，他们立即成立了一个永久性组织，开始为布道会作精心准备。威廉·道奇是总委员会主席；乔治·安德鲁斯[164]（George H. Andrews）、鲍尔斯·科尔盖特[165]（Bowles Colgate）和亨利·奥克利[166]（Henry Oakley）为副主席；外加由三十多名牧师（代表几乎所有新教教派）和相同数目的平信徒组成委员会。执行委员会由主席内

---

163 约翰·霍尔（John Hall，1828-1898），纽约长老会牧师。出生、卒於爱尔兰。
164 乔治·安德鲁斯（George H. Andrews，1821-1885），纽约美国报纸编辑和政治家
165 疑为斯蒂芬·鲍尔斯·科尔盖特（Stephen Bowles Colgate，1834-1903），是高露洁（Colgate）公司创始人鲍尔斯·科尔盖特之子。
166 生卒年不详。

森·毕晓普[167]（Nathan Bishop）、秘书约翰·哈夫迈耶[168]（John C. Havemeyer）、小威廉·道奇[169]（William E. Dodge Jr.）、塞缪尔·爱任纽斯·伯拉姆[170]（Samuel Irenæus Prime）、希弗林[171]（S. B. Schieffelin）、埃利奥特·谢泼德[172]（Elliot F. Shepard）、莫里斯·杰瑟普[173]（Morris K. Jesup）和R.R.麦克伯尼[174]（R. R. McBurney）组成。

委员会获得了纽约赛马场（Hippodrome）的租约。该场馆址即现在的麦迪逊广场花园旧址，位于麦迪逊大道和第四大道交汇处，介于第二十六街和第二十七街之间。对于大型聚会来说，这是居中心、最适合的建筑。礼堂被分成两个大厅，每个大厅可容纳约七千人。委员会发出呼吁，建立一个私人担保基金来支付相关费用。呼吁书中指出，"必须明确知道，慕迪先生和桑基先生拒绝接受任何报酬；因此该基金不支付他们任何钱。"

167　内森·毕晓普（Nathan Bishop，1808-1880），教育家，慈善家，曾任YMCA纽约分会主席，美国浸信会国内传教协会秘书长。

168　约翰·哈夫迈尔（John C. Havemeyer，1833-1922），属美国最大糖业公司——达美乐食品公司家庭成员，基督教作家，演说家。

169　小威廉·道奇（William E. Dodge Jr.，1832-1903），威廉·道奇之子，企业家、慈善家、曾任美国主日学联盟会主席。

170　塞缪尔·爱任纽斯·伯拉姆（Samuel Irenæus Prime，1812–1885），美国长老会牧师、作家、报刊主编。

171　生卒年不详。

172　埃利奥特·谢泼德（Elliot F. Shepard，1833-1893），著名银行家、律师、商人、慈善家、长老会成员。

173　莫里斯·杰瑟普（Morris K. Jesup，1830-1908），美国著名银行家、慈善家。纽约YMCA创始人之一，曾任该会主席。

174　R.R.麦克伯尼（R. R. McBurney，1837-1898），首任纽约YMCA秘书长。

纽约赛马场（素描）

赛马场内景
纽约宣教期间（素描）

慕迪的书房

慕迪的私人图书馆

当委员会处理业务细节时，各个教堂里的基督徒们并没有闲着。人们对祷告会和宗教讨论会议的兴趣越来越浓厚。在纽约上城区抒情厅举行的每日祷告会上，参加人数很多，而富尔顿街的会议可以感受到为复兴运动作准备的强烈动力。同样，纽约一些主要教堂的牧师们也表现出真诚合作精神，诸多教堂对复兴运动的这种共鸣之心在各教派报纸上都有所表达。《纽约观察家报》是这样描绘长老会对运动的观点：

"被邀请到纽约的这些宣教士，通过在其他地方的辛勤工作，已经充分证明其宣教事工卓有成效。当宣教士们寻求协助时，我们的牧师知道是在协助谁。这些福音传教士得到了众多牧师和教堂的认可。换句话说，如果他们的教义和方式与神的话语不一致，且未经理性判断的认可，那么，我们的牧师和教堂一定会谴责他们。这些人曾经身处在英国最正统、最有教育的宗教团体之中。英国优秀、博学、颇有思想的牧师，以及最杰出的平信徒、政治家、法官和银行家，都参加了他们的布道会，而且以书面形式表达了他们的赞赏。长老会、各教派会议、卫理公会、英国教会的要员和政府官员——这些不感情用事、冷静、远离宗教狂热的人，都见证了这些福音传道者辛劳的巨大价值。

"他们的演讲稿已经发表，并被那些反对这种事工方式的人，以及听众们广泛阅读。得出的普遍结论是'我发现演讲不存在错误'。这些演讲是对未皈依归正者的简明、符合圣经的呼吁。神一直赐福他们，使他们成为使罪人脱离邪恶道路、归向基督的有用器皿。我们还有长老会智贤者的个人见证。他们在福音传道者离开一年后来到本地。他们向我们确证，这些传道者的恩典事工在继续向前发展，没有不愉快的反应，而且有各种证据表明继续取得良好成果。"

世俗和宗教报纸都刊登了关于布道会的长篇报道。某些报纸还逐字逐句刊登了演讲的内容。以下对周日早晨礼拜的生动描述，是出自威廉·霍伊特·科尔曼[175]（William Hoyt Coleman）的手笔：

"现在是七点十分，麦迪逊大道的入口处挤满了人，一直延伸到路边，等待着八点钟讲座的开门。这是一群衣着讲究、欢快幽默的人。他们跺着脚，愉快地聊着天。有一两个人正在给那些没有票的人发票。街对面，一位女士走近几个外表粗狂的年轻人，好像邀请他们参加会议，但没有成功。五分钟后，一扇门打开了。随着一声欢呼'啊！'人们从那半开着的门徐徐而入。穿过一条宽阔的通道，我们来到一个摆满椅子的大厅。大厅四周是低矮的走廊，背后是一块巨大的白色隔板，头上是一个有许多天窗的拱形屋顶。

"一个高高的K形平台沿着白色隔板，从这边走廊延伸到另一边走廊。平台的中心是一个带栏杆的突出部分，供演讲者和助手使用。栏杆一直延伸到隔板，那里有一个带深红色屏风的出入

175　威廉·霍伊特·科尔曼（William Hoyt Coleman，1839-1937），著名写作家，曾是一些基督教报刊的专栏作者。

口。平台的右侧是唱诗班的地方，那里放着一架风琴；平台的左边是留给持有特别票的人坐的。

"大厅几乎坐满了人——各个阶层的人混杂在一起；有些人非常贫穷，有些人不太干净。会众中还有许多黑人。在场的，有很大一部分人显然是主日学校的老师。有人感到奇怪，居然这么早会有这么多人来。旁边有个人说：'我自己生火做早餐吃。'七点四十分，诗班开始唱赞美诗，会众也加入进来。几乎所有人都带了自己的袖珍赞美诗本。赞美诗曲调简单而活泼，大家唱得很合拍。

"八点整，有两个人在台上就位——一个在栏杆内，另一个在风琴旁。前者站起来，在默祷之后，你看到的，是一个身材稍矮、体格健壮、肩膀宽阔的男人。子弹头形状的脑袋紧贴着肩膀，黑色的眼睛不时闪烁着欢快的光芒，一脸不很浓密的胡须和小胡子。他脸上的表情满是喜乐、幽默和执着。带立领子的外套扣得很紧。这就是赛马场宣教事工的负责人D. L. 慕迪。当他站着把手放在栏杆上时，你会意识到他是来观察的，而不是被观察的。如同一个工程师把手放在油门上，一个医生把手指按在病人脉搏上，他的全部心思都集中在眼前的工作上。他的每一个动作都体现出敏捷、军人般的风范。

"他唱赞美诗的速度之快，我们几乎听不清歌词。然后我们朝向桑基。桑基体格魁梧，五官轮廓分明，下巴刮得精光。他的声音清晰、悦耳、有力。比起慕迪来，他的举止更平易近人、更温和；他的言语和歌声具有足够的力量和激情，足以让听众保持安静。当他独唱时，字字清楚。从他脸上的表情和他的歌声中，你会领悟到歌曲的全部含义。两人都给人留下了诚实善良、身心健康、专心致志的印象。

"赞美诗和祷告之后是桑基先生的独唱。之后，慕迪先生开始讲授'雅各'。他讲话的方式，可以用直接了当这个词来描述。他声音粗犷，音调单一，讲话时两眼直视前方，很少目视左右。然而，他把圣经中的这些人描绘得如此真实！展现在我们面前的雅各，是多么明显的欺诈、诡计多端！他把族长（雅各-译者）一生的教训，清楚地应用到他面前的男女听众身上！他的手势不多，但很有力——手掌张开，用力向前挥动，双手握拳，放下时如同锤子一样。但是，他手中常常拿着圣经，因此不能有过于频繁的动作。他不断参考圣经，阅读圣经，把圣经放在他旁边的台子上。他的布道——或者说是演讲，仅仅是对圣经真理的阐述，或者是对圣经故事戏剧性的表述，不断地应用在听众身上。

"慕迪先生偶尔会有口误——把'did'说成'done'，把'come'说成'came'，把'Israel'说成'Isrel'，等等。但他的圣经知识、生活经验和全身心的热情，将所有吹毛求疵的批评一扫而光。尽管他将注意力集中在讲道上，但他对周围的动静还是非常警觉。有一次，讲道快要结束时，一个粗鲁的年轻人从过道走过来，然后径直向讲台的台阶走来。慕迪先生说，'领座会处理好这件事的。'然后，他继续平静地讲道。他常常突然结束讲道，简短地祷告，祝福；当你抬起头时，他已经离开讲台了。"

科尔曼，这位敏锐的观察者，对晚间敬拜的描述也同样非常有意思：

"想象一下，晚上七点十五分，在开门前五分钟，你站在麦迪逊大道大厅的讲台上。唱诗班、基督教工作人员、他们的陪同人员和特惠票持有者已经坐满了讲台和附近的楼座。大厅里空无一人，只有一群手持权杖的领座员们。直到门打开，任何会众都不允许坐在那里。在有栏杆的围栏里，就在演讲者后面，有一位电报员，通常是一位女士。她旁边坐着总管先生。靠近总管，有助手可以随时传递命令。大厅另一端坐着另外一位主管和操作员，专门负责灯光、暖气控制和会众座位安排。

"'叮铃！叮铃！叮铃！'远处的铃声响了十下——注意！'叮铃！叮铃！'又是一阵铃声，外门和内门在三处打开，三股人流如潮水般涌入大厅。最前面的人是跑着进来的，如果领座员不控制的话，那么场面就会变得非常混乱。领座员们负责把人流分开，引导他们坐到前排和中间的座位上；当某个区域人坐满时，就用权杖挡住人流。十分钟内，有五千人入座。楼座更慢。当所有区域都坐满时，门就关上了，除了几名穿蓝制服的警察之外——似乎很少需要他们的服务，任何人都不准站在过道上或楼座前面。

"开会前半个小时过得很快。每个人都兴趣盎然地观察着面前的庞大人群。反光灯的明亮光线照在千奇百怪、各种状况的男人们的脸上——更不用说女人和孩子了。很难找到比这更混杂的人群了。在下午四点钟的布道会上，人群中，妇女是主要部分，其次是老人——其中一些老人虚弱得几乎需要被人抬到座位上。但到了晚上，在场的有各个社会阶层和年龄段的人。全场到处都是轻微的骚动，但没有大声喧哗或举止轻浮。七点四十五分，撒切尔先生[176]（Thatcher）带领诗班唱圣诗。他在管理诗班和会众的合唱和独唱方面表现出高超的技巧，而且效果既温柔又有力。他之所以能做到这一点，其中原因之一，就是他手里有出色的圣诗音乐。《慕迪和桑基赞美诗》是有史以来最适合会众使用的赞美诗集。它的歌词充满了福音。它的曲调表达了与之相关的思想。而且，这些赞美诗既简单又活泼，任何人，只要听过一次，就可以唱出来。当会众唱起'安稳在基督手臂'或'祢的欢迎声音'时，人们对圣诗的力量有了新的认识。

"八点钟，慕迪先生来到讲台上。这是一个美好的夜晚，厅内座无虚席，外面还有一大群人。他宣告唱一首赞美诗，同时说

---

176 撒切尔（Thatcher），生卒年及职业不详。

道：'现在，是否有一千名基督徒，愿意去第四大道大厅为这次会议祷告，把你们的座位让给外面的人？'这是基督徒自我否定的一个实际应用，对那些为占有好座位而争先恐后的人来说并不愉快。然而，还是有一些人离开座位出去了。

"'还不够一半，'慕迪先生在赞美诗第一节的结尾说道。'我希望有更多的人出去。我每天晚上都看到你们很多人在这里，如果我知道你们的名字，我会叫你们出去。'在多次催促之后，很多人离开了。门开了，空座位又被填满了。站台上还是有很多人。

"'现在，你们中还有一些人也应该出去，'接着，又有一些人退了出去。慕迪先生接下去的要求是'请领座员打开窗户好吗？'在要求新鲜空气方面，慕迪先生近乎武断。

"'新鲜空气和布道一样重要，'他说。'我们必须让大家保持清醒；你看，他们已经是半睡半醒的样子。'事实确实如此；但是，打开后窗后，刺骨的寒风就吹进走廊里。所以，不久窗户就又关上了。很快，慕迪先生又要求让新鲜空气流入。

"前面已经描述过他是如何布道的。晚间的布道通常比下午的布道更活泼轻松——下午的布道是专门针对基督徒的。他对传福音和教导基督徒这两件事有明确的区分。他下午关于圣灵的布道既是为了自己，也是为了他人。在布道结束时，他很激动，声音颤抖地说：'我需要更多圣灵的力量。为我祷告，让我登上这个讲台时充满圣灵，使人们感受到我是带着神的信息而来。'在慕迪布道和桑基唱歌时，会众鸦雀无声。即使是挤在走廊里粗野的年轻人也是悄然无声。在布道结束时，慕迪先生向会众宣布，在另一个大厅会举行男士会议，另在一个较小的房间里举行男孩子会议，而咨询会则照常进行。想参加这些会议的人，可以在唱最后一首赞美诗的时候，退席前往各自的会议室。

"整个纽约赛马场的事工相当于一个庞大的商企，由一些商业人士组织经营。这些人根据商业原则将资金投入其中，而目的是为了拯救灵魂。但是，整个机器，都是由某种动力来驱动，没有这种动力，机器将毫无用处。这就是圣灵的力量。因此，它当然是成功的。日日夜夜都有人得救赎，甚至连赛马场周围也受影响，道德风气有所转变。两个星期天之前，该辖区的警方报告说没有人被逮捕——这是前所未有的——而最近的一份声明说，尽管今年冬天穷人的贫困程度有所增加，但犯罪率没有增加。

"基督徒们在这里热身，受锻炼，学会了做前所未曾做过的工作。他们学会了如何学习圣经，如何以圣经造福他人；如何简单、自然、成功地接触人们；以及如何自始至终、全心全意过一个基督徒生活。这些勤奋的传教士严厉谴责了过于悠闲的教会生活。在墙壁简陋的赛马场里，一个拉着手风琴的人领唱，一个没有讲台的人布道呼召，人们坐在木椅子上敬拜，认识到昂贵的教堂、彩色玻璃窗、柔软的坐垫、大型风琴、以及四重奏对敬拜神来说都是大可不必，而且往往会驱走穷人，让富人独自享受这些'奢侈品'。

"会众合唱赞美诗歌得到了极大的推动。一本小小的《慕迪和桑基赞美诗集》足足胜过庞大的，一千二百十首和一千四百首的赞美诗集。这些所谓的赞美诗集，其中有一些诗集三分之一无法演唱，另外三分之一是填充物。《慕迪和桑基赞美诗集》只收录了人人都能唱的新老歌曲。人们已经发现了这一点，结果，全世界到处都在用这本赞美诗集唱歌；越过海洋，欧洲、亚洲和非洲的土地上，都在唱这些歌曲。五百万册的销售量，以及二十种不同版的译本，足以说明这本小书的受欢迎程度。它给出一种新的理念，即唱的不仅是歌，而是在唱福音！因为其中许多歌曲根本不是赞美诗，而是福音歌曲；这些福音歌曲已经成为改变灵魂的一种手段。

"许多福音传道人坦承，就他们的工作而言，慕迪先生教给他们宝贵的功课：即如何能更加真实地表述圣经真理和圣经人物；讲道时如何更自由地应用圣经，而不是把某段经文当作挂钩来挂上自己的想法而已；如何让真理与各种各样的人紧密联系并使其深入人心；以及如何让老基督徒和年轻的皈依归正者一起同工。现在，整个教会界都把注意力集中在如何正确处理慕迪先生关于现代教会生活中所必须有的（令人讨厌）东西，诸如教会债务、教会事务、教会唱诗班，等等。"

慕迪先生在接受美国最大城市邀请的智慧很快就显明出来，在费城和纽约所唤起的复兴，使他的事工能够进入更大的宣教领域。美东地区一些大型世俗报纸的支持，大大增强了他在后来几年基督教工作中的影响力。尽管某些报道倾向于贬低这些复兴会，但许多有才干的记者，即使不接受所传达的信息，也表达了对这项工作的支持。某家影响力很强的世俗杂志报道说：

"在赛马场，慕迪先生每天都有这座城市有史以来数量最多的会众。律师、银行家和企业家——其中有一些人很少去教堂——也是会众的一部分，其人数跟最近发表的分析文章中特别提到的二等和三等寄宿公寓的人，几乎一样多。在这些伟大的复兴会上，出席的会众包括所有阶层的人。慕迪先生是一个执著的人，要他改变自己的可能性几乎为零，用圣经的话来说，豹岂能改变斑点呢（耶13：23）。事实上，他不可能让自己或自己的风格来迎合传统礼仪或语法规则的要求。

"当我们向他道别时，让我们坦率地承认，我们真的很高兴他就是他。我们不会去改变他。要迫使他成为世界上读书最多的传教士，他会立即失去一半的力量。他现在的样子最适合他的事工——原汁原味、直爽洒脱、不拘小节。

　　"慕迪先生本人就是普通民众中的一员；他未曾经过通识教育（雅博教育）的刻意修饰过程，从而变得口齿伶俐完美无缺。因此，他可以更容易更广泛地接触普通民众。在这些民众耳中，他的语法错误听起来反而很悦耳。他的那种家常式谈话让他们感到很亲和。他们喜欢他的直率和真诚。他像是在同他们做买卖一样，而且说得有规有理。当他们'为世间的寒风而寻求庇护之所'[177]时，他试图安慰他们，使他们确信，天父的爱定能充满他们的心灵。他们坐在那里聆听——那贫穷的，那痛苦的，那受苦的，那悲伤的——'沉浸在那深沉丰富的安息中，忘记了所有的不幸。'[178]对他们来说，生活变得愉快，未来充满了希望。比起主日的普通牧师，慕迪先生更能触动人的心弦。他更贴近人们的心灵，更能给予人们关爱，因此他所触动的社会阶层也更是焕然一新。他们离开赛马场时精神焕发，意志坚强。他们喜欢慕迪先生；当然，几乎每个人都喜欢慕迪先生。因此，我们无论如何都不要让他改变自己。我们喜欢他那粗狂的朴素和他那不加修饰的真诚，以及他那率直的个性和他那不刻意伪装的自然。"

　　此间，发生了一件有趣的事情，这件事与耶鲁神学院的乔治·费舍尔教授[179]（Prof. George P. Fisher）有关，同时显示了慕迪先生的真诚、勇敢坦率、和他的善良。费舍尔教授说：

　　"我曾经和瑟洛·威德先生[180]（Mr. Thurlow Weed）共度了一个晚上。他长期以来一直是纽约政坛的领袖。在南北战争期间，他被派往国外，担任非官方使者，与英国权势人物面谈。在一次漫长的交谈中，威德先生问我是否认识慕迪先生，并补充说慕迪先生给他写了一封很出色的信，希望我读一读。这是封感谢信，感谢

177　出自雪莱（Percy Bysshe Shelley，1792-1822）《阿多尼斯：济慈逝世挽歌》49-51。

178　同上，7：55-63.

179　乔治·费舍尔（George P. Fisher，1827-1909），美国神学家、历史学家，耶鲁大学神学院教授。

180　瑟洛·威德（Thurlow Weed，1797-1882），美国印刷商、报纸出版商、废奴主义者、政治家。

威德先生慷慨捐赠来支付纽约布道会的费用。威德先生本人并没有提到这封信的背景，但他后来寄给我一份副本。信的内容如下：

"'威德先生，

"'我亲爱的朋友：我昨天收到了你三月二十日寄出的支票，我真不知道该怎么办才好。我担心，你也许会把它和其他一些善行混在一起，这些善行也许会阻止你作为一个迷失的罪人来到基督面前。我希望你知道，我对你是多么关心，多么渴望看到你信奉主。我感谢你捐赠的钱，但如果我把你的礼物，如同你对待神的礼物一样对待，把它还给你，你会怎么说？难道你不会生气吗？现在，当我接受你的礼物，你难道还不接受神的礼物，让我们一同欢喜？我舍不得离开这座城市，任凭你远离神为你和我们所有人提供的方舟。我希望很快听到你的悔改归正，这样我可以一直是你的朋友和基督里的弟兄（我希望），

"'D. L.慕迪'"

当复兴会正在进行中时，罗马天主教报纸，《平版》（*The Tablet*），在某一期中用两个专栏报道了福音传教士的事工，并在评论中写道：

"慕迪先生的这项事工不是罪。邀请人们爱戴和侍奉耶稣基督不可能是罪。尽管这项事工是非正统的，未经授权的，但它也许使众人心情更加愉快，教会也许会发现这些人更愿意接受她（教会）崇高的信仰。"

《纽约时报》报道说："不管哲学怀疑论者怎么说，慕迪先生今年冬天在这个城市为私人和公共道德所做的事工将永垂不朽。醉酒的变清醒，邪恶的变有德行，世俗自私的变无私，卑鄙的变高尚，污秽的变纯洁，年轻的目标宏大，老的脱离粗俗。新的盼望使无数的人振奋起来，新的安慰给悲伤的人带来慰藉。通过这些朴素之人的辛勤劳动，如今，污秽的生活有了崭新的伦理道德

的渗入和影响。有偏见的人无论怎样诽谤他们，诚实公正的人不会忘记他们那出于爱心的辛劳。"

在这一系列复兴会结束多年后，批评家们经常会问：纽约赛马场的皈依归正者现在何处？他们自己不亲自调查，反而立即向那些对这场特殊福音事工的效果充满信心的人索要数据。纽约和其他城市，有许多教会的基督徒是在这些布道会上第一次信仰告白；但是，他们并没有什么显著的标志，因此，那些不深入观察的旁观者们无法认出他们。然而，在慕迪先生传教生涯最后二十五年里，他几乎每到一处城市，都会遇到那些在费城旧宾夕法尼亚货运站，或一八七五至七六年冬天在纽约赛马场，首次认识基督的人。以下是二十年后，一位纽约牧师写的证词——这只是慕迪先生经常收到的众多证词之一：

"据本市一些经济背景较富裕教会的牧师说，一八七六年你们在本市举行的一系列布道会，仅给他们的教会带来了一丁点永久性的好处。就上述这些教会而言，这也许是真的；但就我自己的教会而言，这绝对不是事实。一八七六年，本教会接纳了一百三十九人。其中一百二十一人是因公开告白信基督而来，他们中的大多数人，是直接通过那一年的伟大复兴会的影响而归信基督的。这些归正者一直信心坚韧，只有很小一部分人放弃了信仰。从那天起，我们从未在一年中接纳过如此多数量的归正者。

"此时此刻，这座城市所望得到的最大祝福，就是如当年那样成功开展的事工。这座城市最最需要的，就是传讲古老的福音。福音的力量丝毫未损。所有取代福音的东西都失败了。现在是回到教导基督十字架福音的时候了。你们现在正在库伯联盟学院（Cooper Union）和卡内基音乐厅（Carnegie Hall）做一件伟大的事工，愿神赐福你们，激励你们，让你们领受越来越丰盛的圣灵洗礼。"

第二十五章

芝加哥和波士顿

一八七六年的秋天，布鲁克林、费城和纽约宣教之后，慕迪先生再次访问芝加哥，在那里进行了一次特殊的宣教活动。为此，芝加哥建造了一个大型会堂，可容纳一万多人。早年就与慕迪先生相识的牧师们全力支持这项工作，这让他感到最为欣慰，至少在他看来，不存在先知在自己的国家不受尊敬的情况。（参约 4：44）在芝加哥，慕迪先生比在世界上任何城市都出名，在一八七六年十月开始的宣教活动中，他得到了神职人员和平信徒竭尽全力的合作。

一八七六年，在芝加哥的宣教活动期间，由于 P. P. 布利斯先生突然去世，使慕迪先生失去了一位亲密的私人朋友，同时也是宝贵的帮手。虽然布利斯先生还很年轻，但他在美国的每个主日学校都有一定的知名度，《慕迪和桑基赞美诗集》最初的广泛流传，很大程度上要归功于他的贡献。他是一位前途无量的音乐天才，他愿意牺牲自己阳春白雪的品味，来创作雅俗共赏、能够有效向广大民众传播福音的音乐。作为一名赞美诗诗人和作曲家，他同样成功，正如"哈利路亚，何等救主！"（Hallelujah, What a Savior!），"求主大大扶持我"（More Holiness Give Me），"前途如何我不知"（I Know Not What Awaits Me）和"生命的奇妙话语"（Wonderful Words of Life）这些脍炙人口的赞美诗歌所证明的那样。他的性格极为可爱。他和慕迪先生之间的深厚感情，使他的意外去世让慕迪先生感到万分悲痛。

事情发生在布利斯夫妇和家人在纽约州托纳旺达过完圣诞节后。一家人前往芝加哥与慕迪先生相聚，途中遭遇火车事故，不幸丧生。他们乘坐的火车从阿什塔比拉大桥上冲出，坠入七十英尺深的河中。慕迪先生一直怀念布利斯夫妇在工作中的帮助，常常对他们出色的事工表示最真诚的赞赏。

一八七六年的芝加哥宣教运动不仅引起了人们明显和持续的兴趣，而且加入教会的会员人数也大幅增加，这是因为慕迪先生总是敦促年轻的归正者立即加入正规教会，并且致力于加强现有的基督教机构。在宣教运动结束时，宣教团举行告别仪式，邀请参加告别仪式的，是那些在宣教期间信仰告白、归正为基督徒的人。告别仪式凭票入场。结果有六千人申请。在告别仪式结束前，当地教会报告说，有两千多人因信仰告白、悔改归正而加入教会。

最近，有评论家断言，慕迪先生如今在芝加哥已不再像二十年前早期宣教时那样受到热烈的支持。因此，一八九七年，当媒体公布慕迪先生将在芝加哥歌剧院（该市最大的大厅，可容纳六千人）举办一系列会议时，许多人断言，他不再有魅力使出席人数填满整个大厅。

代表《芝加哥时报-先驱报》（*Chicago Times-Herald*）的洛瑞先生[181]（Mr. H. R. Lowry），是这样描述后来的聚会：

"其场景是前所未有的。坐在讲台上的一位牧师说，人数之多，就如同当年坐在山脚下听布道（译者：耶稣的登山宝训）那样。当管理部门下令关闭剧院大门后，还有六千多名男女站在街上。这群人不相信大厅里挤满了人。人群布满了街角和大街，造成交通堵塞。有轨电车无法通行。人们坚持认为一定是出了什么

181　生卒年不详。

问题，因为自从慕迪离开芝加哥后，这里从来没有发生过这样的情况，说是祷告会由于没有足够的空间而不能让更多的人进场。站立一排的警察拼命解释，但无济于事。结果，在开门前一小时，发生了踩踏事件。站在入口处的人被人潮冲垮。布道期间，大批人群在外面耐心等待入场机会，直到慕迪先生结束布道，叨雷博士开始呼吁志愿者参加敬拜时，一小部分人才得以进入厅内。

"慕迪先生是早上最早登上讲台的人之一。他在讲台的前面走来走去。他看得见人群的涌入。数百名歌手从后门进来，坐到一层层的座位上，这些座位叠起来像是金字塔的侧面一样。慕迪先生就像一名将军那样下达命令。他说必须要有一个好的开场。他曾说过，一个好的开始意味着一半的成功。他敦促合唱团认真唱歌。他不想有任何拖泥带水的表演。他下令管风琴手必须让管风琴发出犹如雷鸣般的声音。他告诉坐在台上的两百名传道人，他们来这里，是为了事工而不是为了看起来威风体面。他要把炮口转向西奈山。"[182]

北田镇主街一景

---

[182] "炮口转向西奈山"的意思是转向从罪的捆绑下解放出来；如同以色列人从埃及的奴役下经西奈山进入应许之地。

北田镇主街另一景

一场森林布道会
俄亥俄州金斯曼镇，詹姆斯·麦格拉纳汉的家乡

　　对慕迪先生来说，芝加哥一直是非常贴心的地方，在这里他总是可以指望得到许多朋友的支持。无论是在一八七六年，还是一八九七年，在他早期从事基督教活动的这座城市，慕迪总是受到热烈的欢迎。

芝加哥宣教运动一结束，慕迪就到波士顿开始宣教。波士顿的这场宣教在诸多方面都遇见不同寻常的困难。波士顿，作为新英格兰文化风雅的中心，也是每一种新哲学和时尚的中心。唯物主义和理性主义在此广为传播。对在波士顿掀起一场复兴运动的想法，许多人嗤之以鼻。在诸多教派方面，慕迪遭到了敌对性的批评和虚假报道，而且性质往往是针对个人的。然而，与此同时，如果他遭到这些教派的强烈反对，他得到的其他人的支持也同样强烈。支持者中，有许多人后来成为慕迪的亲密顾问。其中有亨利·摩尔先生——慕迪最有价值的支持者和最亲密的朋友；亨利·杜兰特先生[183]（Henry Durant）——他的建议对北田学校的创立起到了巨大作用；以及A·J·戈登博士——他在北田会议期间的帮助具有不可估量的价值。

波士顿，如同芝加哥，为宣教团修建了一座大型的，可容纳六千人的临时建筑。一个由各教派的著名牧师和平信徒组成的代表委员会支持这项工作，并从一开始就表现出极大的关注。约瑟夫·库克博士在宣教任务结束时，在他专设的周一训导课上，对波士顿的事工作了如下的赞赏：

"有一点是永远无可争议的，即波士顿为基督教会众修建了一座可容纳六千到七千人的建筑。两个月来，周复一周，只要是个晴朗的日子，而且常常是每天两到三次，当在这里宣讲纯真的基督教时，这个建筑就挤满了人。难道还有其他什么原因可以使它如此频繁、如此长时间挤满人？这是爱丁堡、伦敦、芝加哥和旧金山都会问的一个大问题。

"为了帮助人们更好地了解麻萨诸塞州及其首府（波士顿），我可以坦承地说出福音传教士们自己可能不宜公开说的话，即他们

183　亨利·杜兰特（Henry F. Durant，1822-1881），美国律师，慈善家，韦尔斯利学院的创办人。

认为在波士顿，他们的工作效果，普遍来说，比在爱丁堡要好。

"尤其是在新闻传播这一点上——新闻界参与传播宗教真理事工的程度上，这次复兴肯定超过了一七四零年怀特菲尔德领导下的波士顿的复兴。波士顿所有主要的、有名望的报纸都支持这次复兴。接下来值得一提的是，在这个城市，基督徒挨家挨户的访问，尤其是访问垂死和失落的人，如今正充满希望向前发展。当然，我们还没有谈到企业家的祷告会，它们有待达到其影响力的顶峰。

"让我提一下，这场复兴运动的第四个突出结果，即为戒酒所做出的巨大努力。在这方面，我们所做出的努力，比怀特菲尔德那时候在波士顿所做的更多；因为在他那个时代，人们还没有意识到这个问题的严重性。"

一八七五、一八七六和一八七七年在布鲁克林、费城、纽约、芝加哥和波士顿进行的五次宣教运动，可以恰当地被称为是持续了二十多年的美国宣教活动的开始。谈到慕迪先生宣访过的数百个城市，不仅在美国，而且在加拿大，甚至延伸到墨西哥，在很大程度上是重复上述事件和事工方法。从北到南、从东到西，慕迪先生访问了美洲大陆上所有的主要城市。有时，他将整个冬天的时间都花在宣教事工上，还有就是在基督徒中间研读圣经。例如在巴尔的摩、圣路易斯和旧金山时，就是这样。他在这几个城市分别待了五到六个月。他的宣教活动通常以专为基督徒举办的简短大会结束，目的是唤起基督徒们对教会和传福音事工有更大的负担，并且每次大会他都真诚地呼吁年轻的归正者尽其所能为教会工作，以表示（得救赎）感谢。

这些年来，慕迪先生因投入大量的时间和精力向基督徒传教而常常受到批评。有人说，他的天赋是传讲福音，但他没有向未得救之人（外帮人）传讲福音，反而转向唤醒基督徒复兴，这是不明智的。另有一些人声称，在那些激起最大热情、参加人数最多的社区，早期的宣教运动并没有留下永恒的成果。然而，若有人陪同慕迪拜访任何一个他曾经努力过的城镇，这两种批评便不攻自破。陪同的人会反复体验到，在这些地方，任何一个普通教堂或大厅里，构成会众的很大一部分人，许多是因慕迪先生的布道而引导信奉基督的人，或者是那些协助慕迪先生使人归正基督，包括自己亲属的基督徒们。这些人会早早来到聚会场所，坐在靠讲台最近的座位上。而那些他特别想将福音传给的外帮人，要么被挤走，要么只能在大厅偏僻的地方找到座位。结果，在许多地方，他在神的工作中所取得的成果，反而成为向外帮人传福音的障碍。

出于同样的原因，慕迪先生经常无法亲自主持咨询会。尽管他坚信要亲自与慕道友打交道，但在许多地方，他却面临着双重困难：1）无法确保有足够的基督徒工人——既熟悉神的道又效率高，来引导前来寻求的灵魂到主那里，2）当他亲自与慕道友打交道时，常常受到干扰。在这种场合，咨询会往往更像是一个见证会；因为一个接一个的人会前来告诉慕迪先生，自己是如何在早前的一些宣教中，因他的引导而信奉基督的。

甚至在一些距离早期宣教地点甚远的城镇，他也会得到同样的见证。一八九九年的冬天，在他最后一次太平洋海岸长途旅行中，他不断地遇到一些人，谈起自己的基督徒生活是多年前他在东部各州，或者英国的某个城市，进行宣教活动时开始的。

出于这些原因，慕迪先生一直在寻找新的宣教区域。在前面提到的旅途中，他接受了科罗拉多州、新墨西哥州和亚利桑那州这些新兴地区的邀请。在丹佛和科罗拉多斯普林斯（Colorado Springs）待了几个星期后，他开始在他从未涉足的地方带领一系列的短期宣教。其中有些地方，他几乎得不到任何支持。因为，在大量纯粹因赚钱或冒险来到这个地方的人中，基督徒所占的比例微乎其微。但在这里，他加倍努力，得到了神丰厚的奖赏。谈到这项事工的艰难，他说："去年秋天，我祷告求神差派我去一个艰苦的地方，祂回应了我的祈祷。"然而，对他来说，艰难是激励他更加努力工作的动力。他常常说，希望有可能在这些地方进行更长时间的宣教工作。他的事工不止一次成功地使浪子回头。在新兴地区的某座城镇里，他以"忏悔"为题目的布道后，收到了由一位浪子匆忙写下的一张便条，上面写道：当天晚上，他彻底认罪，布道还未结束他就匆忙离开了，准备乘午夜的火车返回费城，寻求父母对他宽恕——他曾经粗暴地对待他们，并且不告而别。

人们对某件事能振奋一大群人的印象固然深刻，但这些生动活泼的个别事件也具有同样强大的影响力。当报道说，成千上万的人因拥挤的大厅而被拒之门外，或者，成千上万的人因宣教运动而悔改归正时，人们很容易忘记，这些成千上万的人都是由单个灵魂组成的。人们的得救都是逐一的。慕迪先生特别注重人与人之间的沟通方式。他对咨询室有特别的负担，并反复强调这项工作需要有一定能力的助手参加。"让我们人人努力拯救一个灵魂！"是他不断的呼吁。至于他本人亲自以这种方式赢得了多少人，那是无法估量的。

事实上，他并不在乎人数多少的估计。而且他不能容忍这种数据统计。当一位牧师最近问他，在他的布道下有多少灵魂得救时，他回答说："博士先生，我对此一无所知。感谢神，我不需要知道。我不掌管羔羊的生命册（参见《启示录》）。"

麦肯齐教授[184]（W. D. Mackenzie）最近在回顾这几个月的事工，同时比较英国和美国的整个宣教活动时，说：

184　麦肯齐（W D Mackenzie，1859-1936），美国公理会神学家，教授。

"这是一个奇怪的事实，而且每当重新思考这个事实时，都会让人感到敬畏。那就是，当慕迪先生的宣教生涯在美国达到顶峰时，时值美国正处于物质繁荣时期；而当他的宣教运动在英国达到顶峰时，英国正处于思想怀疑和宗教萧条时期。这两种情况对于基督信仰来说，都最具有敌对性。面对世俗的喧闹声，他高声宣讲永生神和祂的福音。他走遍了美国这片土地，呼召人们远离世俗的东西，远离对财富和繁荣的贪婪，转向关注个人救赎的问题，转向对永生的考虑。在英国，他发现自己身处的社区，哲学和科学捆绑了许多传教士的舌头，并使知识界众多信徒对基督教的热忱逐渐冷淡。他没有试图调和科学和宗教，也没有试图抵御革命哲学对基督教信仰的猛烈冲击。他只是简单有力地在圣灵的引导下传讲福音，驱使人们惊奇地看到，福音的力量一如既往，是不容置疑的，是神圣的。慕迪的事工是遏制十九世纪七十年代席卷英国的怀疑论浪潮的最有力的影响力之一。

"在苏格兰，他给予同样的服侍，而且其事工所面临的挑战更多。那是因为，尽管当时苏格兰大部分地区是以基督教为主，但基督教僵硬且形式化，严酷冷漠。很少有教堂使用赞美诗，使用管风琴的教堂更是凤毛麟角。尽管英国国教开始恢复人气，其原先空置的教堂开始渐渐人数增加，但它缺乏真正的福音热情。自由教会失去了大多数早期热情、才华横溢的领袖。虽然新一代领袖正在成长，他们博学强大，但倾向于形式化讲道。因此，许多人对他们所讲的内容表示怀疑。"

第二十六章

第二次英国宣教

一八八一年秋天，慕迪先生重返英国宣教。促使他重返的原因，一方面是对方急切的邀请，更多的是他对在英国首次宣教的美好回忆。在许多方面，第二次宣访与第一次非常相似；在这次宣访的城市中，首次宣教的许多经验都得以重演，看起来他好像只是在延续六年前的事工而已。从一开始，他就得到了所有教派牧师最衷心的支持，而且每到一处都呈现出同样的热情。和上次一样，这次宣教是从英格兰北部开始，起点是泰恩河畔的纽卡斯尔（Newcastle-on-Tyne）。在那里，慕迪先生于十月下旬至十一月上旬之间举办了布道会。

接下去，慕迪先生访问了爱丁堡，在那里进行了为期六周的宣教。随后，在格拉斯哥及其附近地区进行了五个月的事工。在格拉斯哥，亨利·德拉蒙德教授再次协助慕迪先生开展工作。他们之间在早先访问中建立的友谊变得更加牢固。星期六，慕迪先生视其为休息日，通常是与家人一起度过；而德拉蒙德经常是这个小圈子里受欢迎的新成员。在那些日子里，慕迪先生常常不断地向德拉蒙德征求建议，从而加深友谊；他们之间的感情也加深成为最真诚的主内之爱。

在爱丁堡和格拉斯哥期间，慕迪先生在他的宣教活动中引进了一项新的事工——每星期六早上为儿童举行聚会。在这些聚会里，他会以"图文并茂的布道"形式，视觉和听觉并用，向小孩子们传讲福音真理。

某位作者在描述这项事工场景时说，"总的来说，这是一个新奇而美丽的景象。一些白发苍苍、德高望重的父辈们与聪明伶俐的小孩子们合在一起，其中一些孩子还不超过五岁。例如，桑基先生让小孩子围得水泄不通；凯恩斯博士也是同样——很难判断尊敬的校长和他的年轻小伙伴们谁看起来更开心。威廉·迪克森[185]（William Dickson）和其他几位先生则扮演了细心友善的监督角色。

"慕迪先生开始向孩子们讲话。他读了登山宝训中的三节经文，经文的开头是：'你们是世上的光。'（太 5：14）在谈到世上的光之后，他表明孩子们也可以是光；接着，经一系列的问答之后，有人提出孩子们应该顺服的观念。慕迪先生同意这个观念，并谈了亚当因不顺服而堕落的故事。

"突然间，他叫迪克森先生拿出一支蜡烛，放在桌子上，然后把桌子上的其他东西都清理干净。点燃的蜡烛放在桌子的中央。这样，每个人都能看到光。

"'现在，'他补充说，'我们把这束光称为顺服。记住这一点。好，迪克森先生，现在把顺服放在量斗底下。'迪克森先生立即用量斗盖住蜡烛。

"'真的是这样吗？'慕迪先生问道。'当然不是；人们不会把点燃的蜡烛放在量斗底下；而是放在烛台上，照亮屋子里所有的人。'他叫迪克森先生拿起量斗，顺服就再次'照亮屋子里所有的人'。这次不是放在量斗底下，而是放在量斗顶上。'亚当，'慕迪先生接着说，'当他犯罪时，就藏了起来，就像量斗底下的蜡烛。'

185　威廉·迪克森（William Dickson，1823-1901），苏格兰牧师、神学家。

"接着他一边说，一边把余下的蜡烛也点着了。并且给每根蜡烛起了个名字，不时地让所有的孩子们重复一遍。他还偶尔讲一些与手头的事情相关的趣闻轶事，并要求孩子们提供说明性文字。所有的蜡烛都点燃后，一长串的烛灯按名字排列如下：顺服、慈善、宽恕、真理、和平、节制、信心、怜悯、耐心、喜乐、爱。对那些孩子们来说，聚会过得太快了，他们认为，慕迪先生是他们所见过的最好的牧师之一。"

曾在一八七四年首次宣教中与慕迪先生合作，并于一八八一年在北田访问他的安德鲁·波纳博士，在一八八二年六月九日的日记中这样写道：

"本周，慕迪先生结束了在我们中间的五个月的事工。回想起来，我想，是神差派我上个季度去美国，帮助招聘他来到我们这里。我感谢神，能让我以某种方式，帮助他在圣经和真理的知识上有所进深。在我看来，很明显，主通过使那人（译者：慕迪）成为一种器皿，能将神改变人心的大能倾注到不同阶层的人身上，从而彰显了祂的主权。酒鬼们得到拜访，尤其是还有许多工人也得到拜访。现在，我可以从我们面前的巨大祝福中看到，这是我在往返美国时，船上祷告的回应。《耶利米书》三十三章3节在我身上应验了。祂向我展示了我前所未知的伟大事物。其中，对这里牧师们的一个显著影响是他们现在处于期望状态，他们正盼望见到真正的结果。"

慕迪先生在格拉斯哥举行了五个月的宣教会议，于六月份结束他在格拉斯哥的事工；随后，他又短暂访问了苏格兰的一些中心城市，在那里举办了宣教大会并组织了福音事工。

冬季时，慕迪先生曾不断收到大量邀请，邀请他宣访不同的英国城市以及爱尔兰和威尔士（Wales）。为了完善来年的安排，一个代表不同邀请城市的七十名人士组成的委员会，在伦敦与慕迪先生会面。在这次会议上，制定了宣访英格兰南部和威尔士的主要城市的计划。慕迪先生做了一个很有特色的讲话，他说他花一辈子时间也无法访问所有收到邀请的地方。他不打算在英国度过余生，因为他觉得他的事工更多是在美国。他认为，如果他花几个月时间跑遍苏格兰的主要城镇，然后花一年的时间在英格兰，期间访问一下巴黎和爱尔兰，再待一年在伦敦，那么就可以完成他在该国的使命。慕迪先生的建议被提交给伦敦委员会讨论，结果，他所拟定的计划得到了实际执行。

当时陪同慕迪先生执行宣教事工的斯特宾斯先生写道：

"我们有幸陪同慕迪先生和德拉蒙德教授对苏格兰许多较大的城镇进行了短暂访问。慕迪先生非常享受这次旅行。从拥挤、烟雾弥漫的城市，来到充满清新、令人心旷神怡空气的苏格兰小山——山坡上到处是盛开的石楠花，处处点缀着吃草的绵羊群和牛群；这让他常喜常乐。在这次宣教中，我们宣访了许多小城镇和大城市。它们通常距离很近，我们四个人驾着马车从一个地方到另一个地方，不用坐火车。见到许多公园或庄园，里面美丽的城堡和美景被高高的石墙包围隔绝，慕迪先生总是感到非常困扰。他是如此享受驾车旅行啊！他注意到每一条潺潺的小溪。一只直上云霄的云雀，一排树篱，都逃不过他敏锐的目光。鲜花永远是他的喜乐之源，为此，他在途中经常停下马车，然后德拉蒙德教授会跳下马车采摘鲜花。他会告诉我们花的名字，并指出花的形状或颜色的鲜美之处"

在瑞士与家人休息了两个星期后，慕迪先生开始了冬季之旅。先于九月和十月的第一周访问了斯旺西（Swansea）、卡迪夫（Cardiff）、纽波特、普利茅斯和德文波特；然后在巴黎待了两个星期，在布里斯托尔待了一周，在剑桥和牛津各待了一周；同时，整个十月、十一月和十二月在托基（Torquay）、埃克塞特、南安普敦、朴茨茅斯和布莱顿开布道会，会议一般三天到一个星期。一八八三年一月，他在爱尔兰度过；二月，他去了伯明翰、莱斯特和诺丁汉；然后在曼彻斯特、利兹和利物浦各举行了两周的宣教会议。

这次在英国的事工与上次宣访的计划相同，整个福音复兴运动将以伦敦的宣教为结束点。四月下旬，利物浦宣教会结束后，慕迪先生返回美国。当时，北田神学院和黑门山学校还处于起步阶段，需要他亲自监督照看几个月。到了秋天，他又回到了英国，在爱尔兰作了一个月的事工，然后开始在伦敦进行令人难忘的八个月的宣教。

尽管一八七五年在伦敦的布道会取得了巨大成功，一八八三年，慕迪的第二次宣访的准备工作则做得更加充分。一个大型委员会于该年早春成立，委员会由伦敦的许多基督教领袖组成；休·马西森当选为主席。慕迪先生曾于一八七五年将赞美诗集的版税委托给了他。委员会负责在伦敦建造大型波纹铁和木材建筑。这项工作主要落在罗伯特·帕顿[186]（Robert Paton）和马西森先生身上。两人负责选择地点，与建筑工程师协调，并总体管理整个工程。马西森先生谈到慕迪先生如何积极参与这次活动时说：

"在一次大型会议上，我们与慕迪先生讨论了在伦敦要遵循的方法步骤，这些方法步骤基于一份我担任主席时临时起草的计划，该计划规定了在泰晤士河南北各个地区落实宣教事工时要遵循的步骤，以及每次事工的具体日期。令委员会惊讶的是，慕迪先生完全接受这个计划。之后，在整个伦敦的宣教过程中，宣教团一丝不苟地执行这个计划，取得了相当显著的成功。两座临时大厅建造起来——一座在伊斯灵顿修道院（Islington Priory）的场地上，另一座在旺兹沃思（Wandsworth）。当伊斯灵顿宣教会结

186　生卒年不详。

束后，我们就转到旺兹沃思；接着伊斯灵顿的大厅被拆除，移建到圣潘克拉斯（St. Pancras），同样，当圣潘克拉斯的大厅占用时，旺兹沃思的大厅就拆迁到了克拉珀姆（Clapham），就这样轮着转；结果是泰晤士河南北两地各处轮流有三周宣教的时间，直到整个伦敦的人都有机会参加布道会。这是一段非常美好的时光，给人留下深刻的印象。

"整个宣教事工花费超过二万英镑，这笔钱是通过特别捐款筹集的。赞美诗的版税的安排与上次宣教期间非常相似，只是这次昆廷·霍格先生[187]（Quintin Hogg）和罗伯特·帕顿先生与我一起参与，并分担责任。我们与摩根先生（Morgan）和史考特先生（Scott）详细讨论了每一版书的版税安排，最终，我能够向美国汇款至少有一万英镑（约五万美元）。因慕迪先生渴望自款创办北田学校，这笔钱直接汇给了北田学校的受托人。自那以后，北田学校一直备受瞩目。"

一八八三年十一月四日，伦敦的长期宣教活动开始了。一号大厅被称为修院大厅（Priory Hall），建于伊斯灵顿的上街（Upper Street）。大厅可容纳五千人，其内部之构造，深得赞誉；而就声学效果而言，几乎完美无缺。

在开幕式上，慕迪先生说："我这次来到伦敦，充满希望和期待。比起八年前我来这里时，我的信心增加百倍。有人说，八年前在伦敦的宣教事工没能持续下去。我想说，从那时起，我就一直在美国各地传教——从缅因州到太平洋沿岸——无论我走到哪里，我都能找到伦敦事工所结的果实。它遍布世界各地。"

与此同时，罗切斯特（Rochester）的主教给布莱克希思（Blackheath）圣约翰教堂的牧师写了一封信，表达了他希望牧师"给我们的同胞——美国福音传教士——关切同心，这些传

187　昆廷·霍格（Quintin Hogg，1845-1903），英国商人、慈善家。

教士提议帮助我们今冬在南伦敦的繁重事工。"他说他认识这些人。"我不止一次在他们自己的国家遇到过他们，凡我所听到有关他们的评论，都是口碑载道。称他们为分裂分子是无中生有；怀疑他们有宗派动机是对他们极大的不公。他们的布道简单明了、虔诚，并且令人印象深刻。他们最近的劳作，不仅在我们最大的城镇，而且在两所伟大的英国大学，都经受住了时间最严峻的考验。若有人怀疑他们的教义是否纯正，他们的工作是否扎实，那就让他经历我曾亲身经历过，并希望再次经历的过程——亲临其境，实事求是。我自己的愿望，是神能培养出一万个这样的人来传讲祂的救赎之爱。"

在谈到第一周的会议时，《帕尔迈耶公报》说："有修养的阶层羞于了解慕迪先生和桑基先生及其同僚的任何事。基督教复兴运动，尤其是美国的复兴运动，极其平俗；然而，不幸的是，所有受欢迎的宗教和非宗教的民众运动都是如此。几乎所有的宗教都起源于低阶层人群；所以，那些创造或复兴人类信仰和相信超自然（原文：迷信）的渔夫和木匠之子，在当时的所谓光芒之子和领袖人物眼中，通常是非常讨厌的人。唯有当新信仰的最初热情开始冷却，其活力逐渐消失时，上流社会才会屈尊去探究它的起源，研究它所代表的社会现象。时间距离的魅力使自尊心超强的文化之子，能够在一个世纪之后来研究宗教复兴运动，而对他们的同时代人来说，这些宗教复兴运动太过平俗，除了一笑置之之外，是不会去注意的。

"然而，对死火山的火山灰和熔岩作分毫析厘的分析，而对正在喷发中的火山口却视若无睹，这实在是有些不合理。同样不合理的是，一个普通人，不明白仔细阅读那些枯燥乏味的书籍到底有什么意义——那些书籍描述了中世纪一些传教修士的热情，而他们往往是肮脏、偏执，粗俗的；而对后来的传教士，如现今的美国复兴者的辛勤劳动却置之不理——他们已经在伦敦北部搭起了可容纳五千人的移动型铁制建筑。

"的确，慕迪和桑基不是什么大学毕业生。他们是平民百姓中的一员，讲的语言、使用的方法并非高雅，而是具有普遍性的。尽管如此，比起任何其他人来，他们给相当多的英国男女士们留下了深刻的印象。无论我们如何看待他们，无论他们的方法如何激怒了我们中间那些终身奋斗、最终成功践行贵族风格的人，这些人的影响力，在构成影响当代英国生活的综合力量中，具有相当重要的分量。既然如此，舆论界理当给予他们应得的、比以往更多的关注；由此，我们在报纸整版刊登了有关昨晚美国复兴者及其事工的全面报道。对于这些报道，或许某些读者会饶有兴趣地研究，而其余的读者则会一跳而过（希望报道不会对他们的感情造成太大的震惊）。"

一八七五年首次伦敦复兴运动中，大批的人群分散聚集在几个大厅。但在第二次宣教中，这些大厅被集中迁移到住房拥挤的地区，目的是更接近那些生活拮据的人，这个行动得到一致的赞赏和落实。当年在拿撒勒犹太会堂，救主引用了以赛亚的预言："传福音给贫穷的人"（路4：18）。尽管在这一系列聚会中没有一个阶层被排除在外，受到福音的影响最大的是穷人。

罗杰斯牧师[188]（J. Guinness Rogers）当时写信给《伦敦公理会》报刊：

"慕迪先生对整个会议的主持，充分体现出他对宣教的激情是靠着他那非凡的智慧和精明机智的帮助。慕迪先生的特征是其自然常识的神圣化；这不仅充分体现在他的演讲中，而且体现在对会议进程的掌控上。他知道细节决定一切。因此，哪怕是最细微的事，他也非常关注。他懂得，许多自称以科学为本的人忘记

188　罗杰斯牧师（Rev. J. Guinness Rogers，1822-1911），英国新教牧师。

了，人既有身体亦有灵魂。这两个因素互相作用。因此，他尽自己最大的努力来避免身体不适和疲倦。这两样东西对哪怕是最好的布道，也能轻而易举地起到破坏作用。他有一个目标就是把这种概念灌输到人们的心中，假如他发现有什么东西妨碍他做到这一点，他会不遗余力地把它排除出去。"

在冬季宣教期间，伦敦各地都举行了布道会，这可以从在十一个不同地点临时搭建的建筑物这个事实看出：从北边的汉普斯特德荒野（Hampstead Heath）到南边的克罗伊登（Croydon），从东部的斯特普尼（Stepney）到西部的肯辛顿（Kensington）。这几个月来，慕迪先生每天在这些拥挤的大厅里，至少演讲两次；有些时候甚至是四到五次。据估计，在伦敦宣教期间，他向超过两百万人发表了演讲。有许多聚会，仅凭票才能入场；在这八个月内，总共发放了超过四百万张门票。

五月二十七日，在泰晤士河岸，靠近圣殿花园（Temple Gardens）附近空地上的大厅里，开始了为期三周的宣教活动。事实上，在圣殿花园大厅举行的开幕式，标志着伦敦宣教运动即将结束。此前七个月，这场宣教运动已经遍及大都市的偏远地区；因此，这场伟大的运动最终在市中心结束是再合适不过了。来参加会议的人数众多，囊括了社会各个阶层——从贵族到贫民。

桑基先生因健康原因，不得不在伦敦会议结束前返回美国修养。桑基先生的缺席给慕迪先生带来了额外负担。然而，这更凸显了他出色的适应力和忍耐力。从清晨到深夜，以及整个主日，他都在忙于演讲，积极参加咨询会议，就宣教事工与委员会讨论，并与有个人需求的人单独面谈。

这次传教运动，与其他宣教活动一样，是以一场专为基督徒举办的聚会结束。六月十七日至十九日被定为聚会的日期。下午，在慕迪先生作了有关圣灵的布道后，举行了主餐。在邀请会众留下来领受主餐时，他强调，只有那些接受基督为主并与主交通的人才能领受主餐。而且这才是正确遵守主的旨意。因此，所有留下来领受主餐的人都应该以此作为对基督的信仰告白。当人们看到成千上万的人聚集在一起领受神圣的主餐，不免想起在这里聚会的人都各自代表了对一些枝节问题的思想分歧时，这场景实在是令人深受感动。

慕迪先生在北田的居所

　　宣教结束时，慕迪先生接受了丹尼先生[189]（T. A. Denny）邀请，去丹尼先生的乡间别墅休息娱乐了几天。后来又去了丹尼先生的兄弟爱德华·丹尼[190]（Edward Denny）的家。与慕迪先生同行的，还有受邀请的二十多名在伦敦协助事工的人，其中包括德拉蒙德教授——他从非洲内陆之旅回来后参加了会议的最后几周。那些日子对慕迪先生来说非常愉快。他从繁重工作的劳累和压力中解脱出来，尽情享受社交生活，尤其是年轻人的游戏。

189　丹尼（T. A. Denny，1818-1909），爱尔兰熏肉商人，慈善家。
190　爱德华·丹尼（Edward Denny，1796-1889），英裔爱尔兰男爵、赞美诗作者。

圆顶山：慕迪的墓地所在
慕迪先生一生特别敬重的圣地

在这段休息期间，有一次，因慕迪先生一直执着地想从德拉蒙德那里获取一点德氏所拥有的丰富知识，他成功地为基督教世界获得了一项宝贵的发现。那是六月的一个美丽的主日下午，他们一起在离坦布里奇韦尔斯（Tunbridge Wells）不远的爱德华·丹尼先生的家中。就在那里，十三年后，经过数月的痛苦折磨，德拉蒙德终于得到了应得的奖赏。然而，在那些日子里，尽管他体力充实，并且他作为《精神世界的自然法则》一书的作者一夜成名，但他却是神最谦卑的珍贵（原文：贵族）人士之一。

当时，慕迪先生被紧急要求发表一次非正式演讲。"哦不，"慕迪先生回答道，"你们已经听了我八个月的演讲。我已经相当累了。德拉蒙德在这里，他会给我们读一段圣经。"

带着典型的不情愿，德拉蒙德勉强同意了。他从口袋里掏出一本袖珍圣经，读了《哥林多前书》第十三章。然后，没有任何笔记，且以最随意发挥的方式，他做了那篇精彩的演讲。后来，那篇演讲以《世上最伟大的事情》为名发表，为成千上万的人所熟知。三年后，在慕迪先生的特别邀请下，德拉蒙德访问了北田。在学生大会和八月大会上，德拉蒙德作了同样的演讲。后来，作为回应慕迪先生的紧急请求，演讲以现在的小册子形式出版。慕迪先生经常说，他希望这篇演讲每年能在北田的学校里宣读，并且希望，作为一件大好事，每个教堂每月都读一次，直到人们都能背诵下来为止。

一八七三年，当德拉蒙德教授在苏格兰初次与慕迪先生共事时，年仅二十二岁。后来，当德拉蒙德被批评之火围攻时，他的这位心地善良的朋友（慕迪）同他站在一起。尽管他也许不完全认同德拉蒙德的所有理论，慕迪先生真心诚意地信任他。他知道德拉蒙德是一位"始终践行《哥林多前书》第十三章"的基督徒。这两位心胸开阔、心地善良的人之间的感情成为一条牢不可破的纽带，这难道还奇怪吗？对于那些认识他们两人的人来说，这并不奇怪；在同一天的不同时间，当他们两人单独与亨利·克莱·特朗布尔博士交谈时，都会这样评价自己的朋友：

"他是我认识的最温和柔顺的基督徒。"

第二十七章

后期美国宣教

一八七五年至一八七六年，以及一八七六年至一八七七年在美国大城市开展的宣教运动，在随后的几年中，又在许多其他城市展开。巴尔的摩、克利夫兰、辛辛那提、圣路易斯、丹佛、旧金山、里士满和其他一些城市都举办了类似的大型宣教会。除了一八八一至八四年和一八九一至九二年在国外宣教之外，每年九月至来年的六月，在这八个月中，慕迪先生尽自己最大努力参加各项宣教活动。

一八七七至七八年秋冬期间，伯灵顿、曼彻斯特、普罗维登斯、斯普林菲尔德、哈特福德和纽黑文都举办了大型的宣教会。据说，整个新英格兰都曾感受到该季节宣教事工的影响。

一八七八至七九年在巴尔的摩的事工特别成功。其中一名皈依归正者是托德·霍尔（Todd B. Hall）。他是一名警局侦探。他为了逮捕一名罪犯而去了一次聚会。为了不引起骚动，他只好一直等到敬拜结束，才把罪犯带走，他说："我是被迫接受基督作为我的救主。"会后，他直接去了办公室，把他归正的事告诉给侦探队队长和同事。然后他回家告诉妻子，妻子也归信基督。二十多年来，他一直是一名虔诚的基督教警官；这对他所逮捕的许多犯人来说，是一个很大的祝福。

一八七九年至八零年冬天，慕迪在圣路易斯作了六个月的福音布道。那年冬天事工中的一件事给他留下了深刻的印象：

"有一位老人一直过着不敬虔的生活。但此人在年轻时曾信奉基督教。（一天）他走进咨询室，泪流满面。大约午夜时分，老人降服于神，找到了平安。他擦干眼泪，回家了。次日晚上，我在听众席上看到他，他的面色很难看。讲完道后，我立即去找他，说：'我的朋友，你是不是又回到黑暗中了？'

"他说：'哦，慕迪先生，这是我一生中最悲惨的一天。'

"'为什么？'

"'是这样的，今天早上，我一吃完早餐就出发了。我在这个城市有几个已婚的孩子，他们都有自己的家庭。我花了一整天时间四处走动，告诉他们神为我做了什么。我告诉他们我是如何尝到救赎的滋味，可是，慕迪先生，我所有的孩子，没有一个不嘲笑我！'"

正是在这次圣路易斯的宣教期间，瓦伦丁·伯克（Valentine Burke），一位臭名昭著的囚犯，因在一份日报上读到慕迪先生的一篇布道而认罪——一名记者将布道题名为"腓立比的狱卒是如何被抓住的"。伯克曾路过邻州的腓立比镇时，他还以为该镇的狱卒被逮捕了，因此很好奇是怎么回事。在读那篇布道时，他九次读到这样的话："信靠主耶稣基督，你就会得救。"他就把自己的心交给了神，成了一个全新的人。不到十年，他就被任命为警长办公室的财务主管，而且是一名积极的基督教工人。他一直担任着对社会有用的公职，直到一八九五年去世。

一八八零至八一年的冬天，慕迪先生在太平洋海岸宣教。有关加利福尼亚州的复兴，了解该州属灵状况的人坦承，当时所呈现出来的基督教热情，在此之前从未惊动过加利福尼亚州。其人为因素并不单一或简单。用一位卫理公会编辑的话来说，"灵命的停滞、肮脏的世俗、轻浮的享乐主义、教会的盲目妥协"在所有真正敬畏神的人中已经到了敲警钟的程度。普通民众正在沉睡。已经到了必须采取措施来唤醒他们的时刻。慕迪先生便是为此受邀来到西海岸。他的宣教运动带来了最鼓舞人心的结果。有关旧金山的事工，《太平洋报》说：

"过去五个月来赐福给我们城市的伟大福音工作即将结束。五个月来，日复一日，周复一周，人们的热情丝毫未减；同时，不只是一个教会，而是所有的教会，属灵生活的激情重新燃起，唤醒了教会成员们日渐低落的感恩之情，在基督徒心中燃起新的希望。落伍者得以复原；老基督徒那长期承受着重担和压抑的心重新得力；那些辛勤劳作、播种多收获少的牧师们因新生的灵魂加入信仰之家而欢欣——他们带来了新的生命和活力，还有新的责任。

"许多新皈依者还不甚了解基督教真理；但在每周的祷告会和圣经课中，他们将获得成长所必需的灵粮。许多宝贵的助手也加入已经在作工的基督教工作者的队伍——无论是繁忙还是空闲期，作为主日学校的新教师和其他慈善工作的助手。我们为在这个世俗城市里长久以来所盼望的这场蒙福的恩典之雨而感谢赞美神，

"今年最显著的事件是YMCA的巨额债务的解除。有谁曾有信心和勇气去承担这样一项看似无望的任务？三个多星期以来，慕迪先生一直坚持不懈地为这项宏大的事工努力。他那颗伟大的心被旧金山的需要所感动——这里，就在我们中间，大批年轻人昼夜不息地游荡在数以万计的邪恶和犯罪场所——那些孤独、生病和无依无靠的'流浪男孩'，他们唯一的庇护就是从遥远的家乡传来的母亲的祈祷。我们在乡镇的朋友同样对这个机构感兴趣，因为，当他们的孩子来到我们的城市时，我们正以基督教来影响他们。如今，YMCA——其在东部城市中，在强大的邪恶势力和大城市的年轻人之间有着强大有利的影响，可以不受阻碍地在本

地运行，来实现其创始人的初衷。"

一八八一至八四年在英国宣教期间，慕迪先生曾于一八八三年夏天回国休息。在返回欧洲之前，九月份，慕迪先生在芝加哥举办了为期三天、类似于之前在纽约、波士顿和费城举行的布道大会。每次会议，法威尔大厅挤满了牧师、城市传教士、协会秘书、主日学校管理人员和教师；其中还包括许多虔诚的妇女。

在一八八四至八五年，一八八五至八六年期间，慕迪先生将注意力集中在美国较小的城市。他的计划是安排一次巡回演讲，包括位于一些重要地带的城市，在每个地方停留大约三天。在这三天里，他每天讲道三次，集中精力讲授根据他的经验发现的最有效的论据和呼召。其余的时间大部分都花在咨询事工上。其他传教士在他前后也纷纷前往，每到一个地方，当地的牧师都收获颇丰，激起灵命觉醒。两年内，他走访了北美各地许多人口十万至二十万的城市。

一八九五年秋天，亚特兰大博览会（Atlanta Exposition）吸引了成千上万的观众，慕迪先生应邀前往该市，在可容纳数千人的礼拜堂里布道数周。

一八九零年，纽约的教会得到了巨大的祝福，以至六年后，专门成立了一个委员会来邀请慕迪先生当年秋天再次访问这个大都市。慕迪先生犹豫了一段时间，他告诉委员会，他认为纽约是他去过的城市中最难开展事工的。他在那里无法抓住那些不去教堂的人。任何教堂或礼拜堂的门一打开，座位就被参加过他主持的会议的教会成员坐满了。

"我对事实并非视而不见，也不会假装谦卑，"他说。"在许多地方，声誉其实是一种巨大的伤害，因为我们无法得到我们想要的人。"

最终，慕迪宣教团队决定接受纽约牧师们的邀请，并且定下库伯联盟学院为布道会场所。布道会在十一月初开始，一直持续到节假日。期间有部分时间会众超员，几座教堂和小教堂同时举办福音会，而演讲者则由主会场派出。在纽约宣教运动期间，慕迪先生曾有一两次去了费城，也去了波士顿，在这种情况下，他在库伯联盟学院的演讲则由朋友代替。

一八九七年一月和二月，慕迪先生在波士顿度过。除周六外，他每天举行两次布道会。虽然他已年近花甲，却不知疲倦。他的热情丝毫未减，对会众的感染力依然十分强烈。和以往一样，波士顿会议将社会各阶层和不同背景的人聚集在一起。

一天，在特里蒙特教堂（Tremont Temple）的聚会结束后，一位相貌堂堂的中年绅士走到慕迪先生面前说：

"慕迪先生，你不认识我，但我觉得我必须跟你谈谈，因为我今晚就要去加利福尼亚，我们也许再也不会见面了。二十五年前，你在伦敦演讲，我和另外两个泼皮伙伴走进来听你演讲。我们都是道德上的麻风病人，犯了各种罪孽。那天晚上，圣灵通过你的话语触动了我们的心。我们没有停下来和你说话，但当我们走出房子，上了人行道时，我们握了握手，轻声对彼此说：'从今晚开始，我们开始新的生活。'三人中，一个死在埃及，他当时是军团长，是一名真诚的基督徒战士。第二个是在非洲的英勇传教士。我是第三个。"

在波士顿，慕迪先生庆祝了自己六十周年诞辰。正巧也是因国际捐助，使得在黑门山建造教堂成为可能的日子。与此同时，媒体上出现对他的采访报道，其中他被问到，是什么事影响他成为一名福音传道者。

"没有什么特别的事，"他回答道。"我是在芝加哥开始积极参与基督教事工。我做得越多，就好像越有力量去做。这是由一连串的事件组成的——从第一次主日学工作开始。当一个人深知耶稣基督福音的力量和祂的爱时，他就应当义不容辞地传讲耶稣基督和祂的爱。”

"带给你生命中最重要的好事是什么？"

"有很多事都是好事，但也许没有什么比将我的意志交给神更好的了。"

"慕迪先生，你会给年轻人什么建议？"

"'先求他的国和他的义，这些东西都要加给你们了。'"（太6：33）

"假如他们的生活不圣洁，你会建议他们如何来改变他们的生活方式？"

"以基督的宝血洗净自己，通过纯洁的思想和圣灵来驱除污秽。"

谈到他的生日，慕迪先生说："我没有意识到我正在变老。我太忙了，没有时间特别关注生日。正如我常说的，我发现生活越过越好。"

一八九九年，在访问科罗拉多州卡农城（Canon）期间，该州州长听说慕迪先生将在感恩节那天在监狱发表演讲，便给他写了一封信，并附上了一份赦免令，赦免一名已经服刑三年的女子。按照刑判，这名女子还需再服刑七年。能成为这信息的传递者，慕迪先生格外高兴。该女子对即将到来的好运全然不知。演讲结束时，慕迪先生拿出赦免令，说道："我手上有一份赦免在场的一名囚犯的赦免令。"他本想再说几句，但立即发现这项声明造成极大的紧张程度，就不再往下说了。他叫了一声囚犯的名字，说道："叫到名字的人能上前来领受州长的感恩节礼物吗？"

那女子犹豫了片刻，然后站了起来，尖叫一声，双手交叉放在胸前，扑倒在旁边女同伴的腿上，又哭又笑。她站了起来，跟跟跄跄地走了几步，又扑倒在女狱警的脚边，把头埋在女狱警的腿上。其场景是如此强烈激动，结果，慕迪先生用这个场景来简单说明神所赐的赦免和平安。

后来他说，假如在他的布道会中出现这种热情或激动——当男男女女接受神对所有罪孽的赦免时——他本人会受到指责，说他极端狂热，过度煽动情绪。使他感到奇怪的是，人们好像更看重自己同胞的赦免，而不是神的饶恕。

在加利福尼亚期间，慕迪先生还收到了访问新西兰和澳大利亚的邀请。二月二十七日，他在洛杉矶回信说，如果仅考虑他个人的意愿，他会立即发电报表示同意，但有几桩事使他不能脱身。第一是学校，这已成为他一生事工的重要组成部分。其次，他觉得很难离开自己的国家，因为这里的情况似乎比以往任何时候都更需要他尽心竭力，尽职尽责。第三个不能接受邀请的原因是，根据医生们的建议，他已经放弃了一次漫长的海上航行。他原本计划环游世界，宣访印度和中国，但在医生们的紧急劝告下，他不得不放弃这一计划。

第二十八章

北田神学院

"服侍的奖赏是更多的服侍"是慕迪先生最喜欢的一句话，事实上，这句话完美地总结了他一生的事工。某天，回到家乡后不久，他和弟弟塞缪尔·慕迪（Samuel Moody）驾着马车行驶在北田镇附近的一条山路上。途中经过一座孤零零，几乎与世隔绝的小屋子。坐在小屋门口的是母女仨人，正忙着编织草帽。原来父亲瘫痪了，无法做事来养家糊口；因此，家庭重担落在了妇女们身上。然而，尽管父亲体力上无能为力，但他受过教育；他的女儿们有着超出眼前狭隘视野的抱负。

她们眼前条件的局限性以及明显对未来的绝望，给慕迪先生留下了深刻的印象。看到这些妇女在这偏僻的地方编织帽子，他下决心要成就邻近山区和社区中这些女孩子的特殊需求。

他弟弟塞缪尔的故事，无疑为慕迪先生的这一意向增添了动力。慕迪先生对这个家中最小的弟弟怀有特殊的爱。他身体不强壮，兴趣也有限。他曾读了一段时间的法律，有望成为一名优秀的律师。和他的哥哥一样，他喜欢青年人，并在北田创办了一个辩论社。由于当地学校未能为他的双胞胎妹妹的智力提升提供更多的机会，他一直对此抱有遗憾；而且经常表达希望在本地有更先进教育机会的愿望。

一八七六年，塞缪尔去世。但在去世之前，他已经在哥哥的心中植入了一种愿望，那就是让新英格兰山区的女孩子们也能够有机会获得高等教育，使她们做好准备，探索那比眼前更广阔的生活领域。

关于教育目的和方法的另一个建议来自波士顿的亨利·杜兰特。慕迪先生在六十年代结识了这位先生，并跟着他参观了曼荷莲神学院（Mount Holyoke Seminary）。一八七八年，慕迪先生在波士顿宣教期间，曾住在杜兰特先生家里。杜兰特先生当时刚刚创办了韦尔斯利学院（Wellesley College），很自然，他（杜兰特）每天的谈话内容都是有关他的计划。慕迪先生曾多次被邀请去参观学院，并成为学院的理事。

杜兰特先生创办韦尔斯利学院的目的，是要建立一所以圣经为基础的学院。在提供高等教育的同时，始终将基督和圣经置于首位。认识到劳动职责以及智力训练的益处，杜兰特先生坚持要让学生参与学校的事务劳动。慕迪先生亲眼看到这个计划的实施过程，当即决定在创办北田神学院时采用。

慕迪先生的个性特征充分反映在购买校址这件事上。一八七八年秋天的一天，他正和波士顿的马歇尔先生一起站在室外讨论这个项目，恰恰这时，那位拥有十六英亩相邻土地的地主，从他们身边经过。他们问地主是否愿意出售这块土地。当地主报价后，俩人立即邀请他进屋，填写了文件，还没等地主回过神来，土地已经从他手中转到买主手里。一年内，三四块相邻的地块也被买下来了。但是，这些地主们都没有意识到他们那贫瘠的农田有什么特殊价值。随着这些土地的购入，整个土地面积增加到了一百英亩。买来的土地大部分是光秃秃的沙丘，连放牧都不合适。然而，整块地的位置极佳，可以俯瞰康涅狄格山谷的美景。

一八七九年春天，一座可容纳一百名学生的朗诵厅开始动工修建。慕迪先生以他特有的当机立断，不等学生宿舍的建成，就将自己的房子改造用来作为学生宿舍。来报到的学生共有二十五名，超过了预期的八名。有了这些学生，北田女子神学院于一八七九年十一月三日正式开学。在第二年十二月朗诵厅完工之前，所有课程都是安排在慕迪先生家的餐厅里。

首批学生中，有他在山间小屋见到过的那两个女孩子。这两个女孩子非常聪明，很快就证明慕迪先生为她们所做的努力是值得的。

一八八零年四月，第一栋宿舍楼，东楼，破土动工。大楼於次年八月竣工，用于安置九月上旬参加第一届基督教工作人员大会的来宾。大会的最后一天，在一次早会结束时，慕迪先生邀请在场人员前往东楼的小教堂，为大楼的建成举行落成典礼。唱完一两首赞美诗后，慕迪先生发表了如下讲话：

"你们知道，不久前，神让我立定心志要为社会地位较低的青年女性创办一所学校；若没有这样的学校，她们就永远得不到基督教教育。我就和朋友们谈论了我的这个计划，一直谈到他们中的一些人愿意捐钱创办这所学校。有些人认为我应该创办一所男女共读学校。但我想，如果我送女儿去上学，我宁愿送她去一所只招收女孩子的学校。我曾希望有人能捐钱来创办一所男校，现在，一位在这里待了十天的先生对我的计划很感兴趣，并捐赠了两万五千美元用来创办一所男校。

"现在，当我们把这栋楼献给神时，我想给你们读一读这所学校的座右铭。"然后，他找到《以赛亚书》第二十七章第3节，读道：

"我耶和华是看守葡萄园的，我必时刻浇灌，昼夜看守，免得有人损害。"

现在看来，神的这个承诺已经得到充分的兑现；因为，在那之后的二十年里，神学院得到了极大的祝福。

在学校的每栋楼的基石上，都放着一本圣经。这象征着神的话语是学校生活的核心。事实上，这个理念是慕迪先生整个思想体系的基础、基石和头石。他认识到所有的学科都有其价值，但他相信这些价值如果与核心真理正确相连，其重要性就会增加。

神学院的课程包括三门主要学科。大学预科使学生能够凭借毕业证书进入任何一所顶尖大学。普通学科在拉丁语方面有着与大学预科相同的优势，但在选修课方面提供了更大的空间。英语学科则通过语言课（如拉丁语）的省略，为科学、历史和文学领域提供了更广泛的研究机会。在所有学科中，学生都受到激励进行独立思考和研究。学校非常重视学生的教育基础；因此，针对那些基础学科败考的学生，学校专门开设了一个预科系，提供整整两年的基础教学。

学校的介绍册里有一行字引起人们的关注和深思："学生们将承担学校的所有家务。"对于一个从未做过家务的人来说，立即被安排做一小时的家务也许会感觉很糟糕；但这一小时的家务是否意味着是苦差，则完全取决于学生的态度和工作精神。你可以和志趣相投的伙伴一起愉快地在厨房里履行职责，共度快乐时光——尽管这些职责并不总是被认为是宜人的。一个女孩子在家政方面的经验将会积累，尤其是当她所分担的家务多种多样——换句话说，她是一个"多面手姑娘"。当然，家务的时间安排主要参考个人的方便和能力，以免与学习和娱乐时间发生冲突。

女子神学院的理念并非专注于培养思想和灵魂，而是为了培养全面发展的女性气质。每人每天必须有至少半小时的户外活动。美丽而广阔的校园为户外活动提供了美好的环境。设备齐全的体育馆是学生经常光顾的地方。篮球和网球是最受欢迎的运动，宿舍之间的友好竞争和不同班级之间的挑战是比赛的动力。风景如画的沃纳梅克湖（Wanamaker Lake），冬季时，经常可以看到一群群快乐的滑冰者；而夏季和秋季美丽的午后，湖面上一片欢乐的划船景像。其他宜人的户外活动，有学校周边的长距离散步和攀岩。

神学院还举办各样的讲座、音乐会和娱乐活动，使得冬天的夜晚温暖明亮，并有助于发展学校的社交生活。招待会和班级娱乐活动是其他舒心的特色活动。通常在节日期间，各大厅里的别具一格的社交晚会给平日增添了欢喜，使朋友之间更加亲密。时事俱乐部旨在让其成员了解每周正在发生和记录下来的鲜活时事。基督教女青年会（YWCA）负责基督教活动的各个部门，同时保证学生们胸怀全球，时时了解让世界变得更美好的大运动。

北田女子神学院

去年六月（一八九九年），神学院举办了一次令人难忘的同学会，庆祝学校成立二十周年。充满爱和感激的话语从四面八方传到创始人的耳中。神学院令人难以置信的成长，足以让他欢欣鼓舞；从二十年前平凡的开始，到现在学校有近四百名学生，三十九名教职员工和女舍监。学校现占地面积为五百英亩，建有九栋宿舍楼、一个体育馆、一个图书馆、一个演出厅、一个礼堂，以及一些农场建筑。数百名参加同学会的毕业生证实，神学院的教育培训，影响持久。许多人初来这里，仅仅是为了获得足够的教育，以便过上更好的生活，或者能在较低领域里驾驭自如。但在神学院这几年，她们的整个人生轨迹和目标都发生了巨变。她们离开神学院时，不再是刚入学时心情急躁、以自我为中心的女孩子，而是虔诚、具有自我牺牲精神的基督徒，在为基督服务中找到了喜乐和幸福。

从"诱惑山"远眺黑门山学院
照片中为思诵楼和科学楼，远处是北田镇。

第二十九章

黑门山学院

北田女子神学院刚刚开始运作，就有人提议建立一所相应的男校。黑门山男青年学校（简称黑门山学院-译者）就以办女子神学院的相同原则开始创办。第一次购置土地是在一八七九年十一月，当时慕迪先生购得一块一百七十五英亩的农场。不久之后，康涅狄格州纽黑文（New Haven）的海勒姆·坎普先生[191]（Mr. Hiram Camp）同意捐款二万五千美元，购买了一些相邻的土地；学校便以大约二百七十五英亩的庄园和两座农舍开始成立。在坎普先生的建议下，学校采用了黑门山这个名字，"因为在那里有耶和华所命定的福，就是永远的生命。"（诗 133：3.）

一八八一年五月四日，首批男孩子入学。入学年龄从八岁到十二岁不等，慕迪先生最初的目的，是要让这些孩子们拥有一定的家庭生活和帮助，因为他们缺乏这方面的感受。但不久之后，学校的方向做了改变。当时，许多因各种原因缺乏早期教育的青年人申请入学。三年后，学校认为年龄较小的男孩子比年龄较大的青少年有更多机会在其他地方接受教育，并且从纪律的角度来看，年龄跨度过大并不可行，由此提高了入学年龄限制，决定不接受十六岁以下的申请者。

慕迪先生办学的目的并非纯粹出于慈善；因此他的学校不会

191　海勒姆·坎普（Hiram Camp，1811-1893），美国著名钟表匠、企业家、慈善家。

无偿提供特权。但他知道，最有前途的人才，往往出自受教育程度低或没有受过教育的人，而这些人负担不起学院生活的正常费用。为了向这样的人敞开大门，北田各学校每年收费定为一百美元，约占食宿费和学费的一半。换句话说，慕迪先生提议对那些能自己负担生活费用的人免费提供教育培训。

所有慕迪先生的院校都通行体力劳动制度，其中黑门山学院发展得最好。这里没有所谓的贵族。每个学生，无论个儿大小，高年级或预科生，都必须每天做一定量的体力劳动。工作量大小是根据个人的体力安排，与社会地位全然无关。光凭这一点，就足以让那些把上学当作游戏而不是作工的年轻人望而却步。这样，那些已经有坚定的人生目标、真正"认真做事"的学生比例就相应提高。每个学生对该项义务的诚信和工作效率都会有评分。这样，就为评估学生的品格提供了基础，慕迪先生和老师们认为这与课堂学习评估一样有价值。

从日常活动安排中可以看出，学生偷懒的机会很少。活动与活动之间，设有铃声，用来提醒学生时间已到，机不可失；一旦错过，时不再来：

6.00 A.M.	起床铃。
6.15 A.M.	楼层管理员（学生）巡视各个房间，确保没有人忘记起床。
6.30 – 6.50 A.M.	"静默时间"，个人祷告。
7.00 A.M.	早餐，之后整理床铺、打扫房间等。
7.10 – 11.50 A.M.	课程学习和复习时间。
11.55 A.M.	教堂活动，约半小时。
12.30 P.M.	午餐。
1.20 – 3.20 P.M.	劳动作工时间。
1.21 – 4.30 P.M.	学习或其他学校职责。
4.30 – 6.00 P.M.	休闲。

6.00 P.M.	晚餐；晚间祷告在饭前举行。
7.00 – 9.30 P.M.	自学时间。
9.30 –10.00 P.M.	晚间"静默时间"。
10.00 P.M.	熄灯，楼层管理员检查。

学校采用连续制，一年分为三个学期，每学期四个月。在这种制度下，学校设备在夏季也投入使用，而且费用最低。

普通智力方面课程的选择，在很大程度上是根据学生的个人需求。年少学生在年龄上有优势，可以为上大学做准备，或者英语学科的全修，同时可以增加一门圣经学习课程。年长的学生，由于失去了早期教育，常常为乘法表而苦恼，对简单句子的语法结构感到困惑，但他们的生活知识丰富，对圣经有更深的理解。

预科课程提供基本课程的指导。四年的经典课程为进大学提供了充分的准备——无需考试、凭学校毕业证书就可以进入许多知名大学。科学课程为上最好的技术学校打下基础，或者，为那些不准备上高等院校的人打好坚实的实践基础。对于那些要求在学科上更多自由选择的人，学校提供了选修课。

学校组织了三个社团，主要是辩论和其他文学创作。在学校众多奖项的角逐中，这些社团之间展开了激烈的友好竞争。

学校非常重视学生的灵命进深；而在这方面，其中最重要的因素，是宿舍的日常生活。日常生活中的与他人的交往，教学生如何和平无私地生活；每个人性格的棱角被磨平和——每天能学到忍耐和耐心的功课——这些功课虽然不在课程目录中，但作为培养健康的心理素质，为将来对社会有用的职业生涯做准备，具有同样的重要性。

在北田和黑门山，"教堂"和"静默时间"是每日活动的必然部分。慕迪先生经常说，因为学校是以基督教为宗旨，凡异教徒都无权享受学校的福利。虽然许多非基督徒被录取为学生，但学校会真诚努力地引导他们信奉基督。这些学生毕业时，只有极少数人没有归正。然而，强迫学生归信基督是绝不允许的。

这种校园生活一个立竿见影的效果是学生们的快乐和满足。来访者常常对学生之间的团结和快乐有着深刻的印象。

黑门山教会负责指导学生的基督教活动。教会地址是在纪念堂（Memorial Chapel），这是慕迪先生去世前学校增建的最后一座建筑。纪念堂建在一处高地上，慕迪先生戏称其为"诱惑山"，暗示某位朋友可能会愿意捐出建造纪念堂所需的资金。但由于他的暗示没有被领会，结果大家决定筹款，在他一八九七年的六十岁生日之际，建造这座急需的教堂。大家认为，这座教堂的建造给他带来的快乐，将远远超过送给他个人的任何礼物。就这样，建筑资金在他英国和美国的朋友中募捐。朋友们纷纷自愿捐款，筹集了所需的资金，来分享对慕迪先生的这份爱和感激之情。募捐分别由伦敦的迈耶牧师和波士顿的H. M. 摩尔[192]（H. M. Moore）负责。

黑门山学院寓意楼

192　H. M.摩尔，曾负责波士顿基督教男青年会，生卒年不详。

　　这座宽敞的教堂可容纳一千人。尽管建造这座教堂是为了纪念慕迪先生六十岁生日，但他不允许在门厅的铜碑上提及这一事实。铜碑上的铭文是这样写的：

　　"这座教堂是由英国和美国的基督教朋友共同捐资建造的，以荣耀神，并作为他们团结一致为基督服务的永远见证。"

黑门山学院建筑群

黑门山学院纪念堂（教堂）

　　北田这两所学校的最终目的是传授知识——与其说是一种成就，不如说是培养青年男女更好地为社会服务的一种手段。尽管学校的普通乃至高级学术课程都得到教育界完全认可，但是圣经才是学校出类拔萃的必修课，是精神教育的真正来源。每门课程都有圣经培训，无论是北田女子神学院还是黑门山学院，各校八百名学生每周都会接受两次专门的圣经教学。

正在渡过康涅狄格河的一艘古旧黑门山渡船

　　自两所学校成立以来二十年间，有近六千名学生深受学校圣经教育的影响，其中数百名学生将自己的毕生和才华奉献给宣讲福音——而这福音是他们亲自在北田领受的。其他人则从事各种职业；他们那默默的影响力，无论是在家中还是在工作中，处处都可以感受到。

　　纽约布鲁克林的亚历山大·麦加芬牧师[193]（Rev. Alexander McGaffin）曾是这所学校的学生，他是这样描述他称之为黑门学（hermonology）的学校精神：

193　亚历山大·麦加芬（Alexander McGaffin，1870-1929），爱尔兰人，毕业于黑门山学院，长老会牧师。

　　"我去黑门山的时候还是个孩子，没有任何特定的人生目标，也没有任何严肃的宗教信仰。在那里，我接触到了一种对我来说全新的基督教，一种充满基督教精神的教育训练。在黑门山，一个人不仅是为了学习而学习，也不只是为了信教而信教。有一个伟大目标一直是我们这些男孩子要为之奋斗的，而纯洁的动机灌输成为我们生命中永存的力量。

　　"学校教导我们，现在仅是手段，未来才是目的；神和人类在未来共存，我们的工作将与之紧密关联。永恒之神的最大需要是祂对世界发自肺腑的呼喊；而人类的最大需求是对神的无限渴望。

　　"学校教导我们，神的词汇中所强调的是'世界'和'救赎'这两个词。在黑门山，学校告诉我们，有一个神圣的声音，这声音用来自天堂的神圣语言向人类传递信息；还有一个人的声音，用人类的语言诉说着灵魂的渴望，如歧路亡羊，呜咽哭号。

　　"而我们则要成为中介，能听到天堂的声音，能理解神圣语言，同时能以人能理解的语言以及打动人心的语调，将这天上的信息传递给人类。

　　"无论我们在世界上从事什么职业，这是我们每个人实践基督教的责任。正如慕迪先生所说，我们不是所有人都能以'常规方法'传道，但我们可以用'非常规方法'传道。我们可以学会理解这两种语言（神的语言和人的语言—译者），从而成为人类的翻译。这是世上一项崇高的使命，也是黑门山不断展示给我们的使命。我们所有的培训，无论是教育方面还是基督教方面，都是为了让我们能够胜任这项事工。

　　"现在回想起来，我觉得我们在黑门山的信仰生活，在精神和行动上，比我后来所经历的基督教生活更接近于圣经新约的样式。在我们现在涉及的各个领域里，人们没有机会目睹展现在黑门山那种完整一致的基督教。经过多年来缺乏黑门山的生活和进一步的训练，我的心常常会回到那知识虽少，生活品质高尚的日子。的确，在黑门山做一名基督徒很容易；尽管那里的生活有其自身的诱惑，但对于我们中的一些人来说，对诱惑的挣扎和斗争是在离开黑门山之后才出现。而在那（黑门山）真诚岁月中根植于我们心中的真理和信念的锚，在这场争斗中显得格外的坚实牢固。

"除了学校日常指导和实践之外，我们从基督教思想和活动杰出领袖们那里所获得的，更是一种不可多得的培训——这些领袖们经常访问学校，并向学生发表演讲。这些培训给予我们的洞察力，光凭读书或个人努力，在相同的时间内是不可能获得的。随着这些年的经验积累，那些日子的教导仍然是分辨善恶的试金石。若没有它，我们很容易误入歧途。

"事实上，我无法想象，作为一个在黑门山度过两到四年，真诚追求基督教真理的人，会永远偏离福音派和积极的基督教路线。也许有人暂时瞎眼、失去理智——假如考虑到他童年所建立的信仰时，但我相信并确知，迟早他会再次转向黑门山所教导和见证的活生生的真理；就像一个因生命之迷而困惑、愤世嫉俗的人，再次转向母亲的爱一样。我很清楚，对某些人来说，我说的话千真万确；而对其他一些人来说，当他们面对'所谓的虚假科学'，发现自己仍然走在古老的道路上时，我说的话同样彻底坦诚——他们将发现阴影逐渐消散，道路越来越光明。

"据我所知，今天仍然处于黑暗和疑惑中的人，其中大多数是从未接受过正确指导的人，或者是从未亲眼目睹按照耶稣教导正确生活的人。如果你曾是黑门山的学生，就不可能错过这两点。我以感情说话，我以知识说话。对我来说，黑门山是通往天堂的大门，它一直不放弃我，直到我能够自立，为自己的基督教信仰而战。它帮助我珍惜每一个崇高的愿望。它激励我勇敢抵抗一切邪恶倾向。它在我面前树立了一个神圣的抱负，当它把我的小船推向深海时，船上有指南针和领航员——所以我到目前为止还没有搁浅。

"到目前为止，我还没有谈到黑门山的教育价值。它确实是独一无二的。离开学校七年后，我可以真诚地说，我遇到过的最好的老师就是教我希腊文的老师。就彻底性、细致入微和灵感而言，无人能与她相比。她的教学，就像黑门山所有人一样，目的真诚、动机纯洁。从那以后，我仅见过很少几个像她那样的老师。

"在黑门山，教学被视为一种神圣权力，要求持以真诚的基督教服侍精神。我个人认为，黑门山培养出来的学生，比大多数的中等教育机构培养出来的学生，更优秀。譬如，这所学校的两名毕业生，是东部三大学院中某一学院唯一能在每门学科上都获得第一名的新生。这对于了解这所学校的人来说，并不奇怪，但对于不了解这所学校的人来说，却很震惊。同样不足为奇的，是另外三名黑门山学生酷爱学习，在大学的大部分时间里，他们每周的最高生活费仅一美元二十五美分，还得在阁楼上自己做饭。结果其中一名学生身体逐渐虚弱——我曾目睹他的变化；但最近他进了一所西部神学院——作为一个赢家，他战胜困境，并荣获希伯来语奖。

"我在黑门山学校时的两名同班同学，在大学期间曾是各自班级的毕业生代表，而第三名同班同学则在另一所大学荣获该校历史上唯一的奖学金。这些只不过是我个人了解的几个成功例子；还有许多其他我不知道的大学内外的成功例子。

"假如我重新开始接受教育，且必须选择一所学校，考虑到我现在对预科学校的了解，我会选择黑门山学校。

"黑门山学校还有一个必须记住的特点。那就是所谓的人格培养。这是一种与宗教培养和教育培养截然不同，且难以定义的东西。在那里，学生每天都能感受到一种坚韧精神的存在，而学生只要一融入这种学校精神，它很快就会融入学生的血液中。在那里，民主独立精神盛行，就连最麻木不仁的人也必将受到影响。

"这所学校不是为富人子弟准备的。在那里他们没有特权。在那里不会有财富贵族。每个学生都清楚知道，他必须亲自开创自己的未来，无人例外。由此就产生了一种兄弟情谊，这种情谊淡化了'为生活而挣扎'的气氛，并将其基督化。唯一被认可的依赖（dependance）是相互之间的帮助支持（原文：相互依赖，interdependence）。唯一能获得领导地位的品质是善良、毅力和能力。言语不重要，重要的是结果。旧事已过，当前至重。

"因此，我想表达的是，对我来说，黑门山生活的男子气质的核心是只求公平的机会，不求特别照顾的精神。人人相信，只要做正事就会成功。

"我在黑门山度过的四年，是我一生中非常快乐的四年，也是最关键、最有影响力的四年。这四年对我人生的意义，是我无法想象有任何东西可以来代替。如果生命可以重来，我一定不会错过这四年。"

第三十章

圣经学院

圣经学院女子部的档案里有一封信，这封信表明慕迪先生当时对这所学校的看法：

"麻萨诸塞州北田东，

"一八九五年十二月十六日

"我亲爱的斯特朗小姐：

"我想让我的两个孙女在一九一六年的元旦住进女子宿舍。她们年龄相仿，如果能安排住在一起的话，我会很高兴。我要求她们学会如何挨家挨户地拜访。你最好把她们的名字记下来，这样的话，如果秋季开学时申请女子部的人满了，她们不至于被挤出去。她们的名字分别是艾琳·慕迪，一八九五年八月二十二日出生于黑门山，艾玛·慕迪·菲特，同年十二月十六日出生于北田东。

"我的愿望，是她们从北田女子神学院毕业后，能在圣经学院呆两年；由于我对本学院很有负担，希望您能优先考虑我的申请。我不是来讨奖学金的。我只是想确保她们能入学。我希望能安排她们做一些家务。我发现，安排年轻女孩子们来照管一间房子大有神益。如果以后她们有自己的房子，她们就会知道如何照料。

"您忠实的，

"D. L. 慕迪"

"我认为我们必须要有'中间人'——受过训练的、介於信徒和牧师之间的人。""中间人"是慕迪先生经常用来称呼这类基督教工作人员的名称。他觉得非常需要有更多的基督教平信徒工作人员。一方面，他发现许多献身基督的男女已准备好并渴望遵从神的旨意去行，另一方面，他看到工作的机会足够多，关键是这些平信徒要具备必要的培训和技能。他所要努力的就是要解决这个问题。因此，他紧急呼吁筹集资金来开办一所培训学校。这一呼吁得到了热烈的响应。人们认捐了资金，采取了初步措施，新组织以"芝加哥福音协会"的名义成立。

一八八六年十二月三十一日，慕迪先生在芝加哥开始了为期四个月的福音宣教运动，从一个教会到另一个教会，甚至利用了大型溜冰场来布道。每天中午，慕迪先生会在老法威尔大会堂的YMCA大楼会客厅举行一次会议——他一生中许多过去的经历都发生在这里。每周一中午，慕迪先生在这里听取来自各个教会和宣教活动的报告。

在这四个月里，当时被称为"培训学校"的计划正逐渐成形，但最后却出现了意想不到的障碍。在他逗留期间的最后一次中午会议上，慕迪先生问道："我走后这项宣教工作该如何进行？"

有人喊道："先搭个帐篷。"

"好吧，"慕迪先生说，"我先捐一百美元。接下来谁捐？"当下，为搭这个帐篷的资金全都筹集到了。就这样，一个直径八十英尺的福音帐篷搭建在一个被称为"小地狱"的地区。帐篷由一名福音传道者和一群助手负责管理。这些人手里都拿着圣经。几周后，帐篷被搬到其他地方。就这样，无论夏天还是冬天，布道会一直在继续。冬天的布道在教堂、宣教厅和剧院举行，夏天的布道就在帐篷里举行。一个小剧院的酒吧曾被用作咨询室，用啤酒桶当座位。众多社会最底层的人被带到基督面前。就这样，有关"我们如何接触大众？"的问题，有了一个实际解决的方法。

基督教工作人员接受了一系列简短的"圣经学院"培训——由几位优秀的圣经教师讲解圣经，传授基督教事工的实用方法。一八八九年五月，有关成立"学院"的会议在芝加哥大道教堂举行。慕迪先生发现，他原本希望参加的人数为二十人，结果却有近二百人参加。作为会议的结果，芝加哥圣经学院就此成立，并于当年秋天正式开学。

筹备委员会用五万五千美元的价格购买了芝加哥大道教堂附近的土地和建筑物。最初的购买中还包括拉萨尔大道上的三栋住宅——后来改建为女子部的办公楼。后来又增加了三栋楼，花费三万六千五百美元。在学院广场，花费了五万美元建起一座三层砖砌建筑，一百乘一百二十五英尺，为一个空心正方形，位于密集建筑区域的中心。其造型优势显然：四面光线充足，空气流通。就在世界博览会前，又增加了两层楼，花费一万五千美元。整座建筑包括教室、办公室以及可容纳二百名男生的宿舍；此外还有餐厅、厨房和洗衣房。各个部门的家具费超过二万美元。

一八八九年九月二十六日，学院正式开学，并举办了为期一周的庆祝大会。明尼阿波利斯公理会城市传教士协会的负责人叨雷牧师被任命为院长。叨雷牧师毕业于耶鲁大学神学院，并曾在莱比锡大学和埃尔兰根大学学习。

学院的学生来自世界各地，如今，学院注名册上不只是一个种族或少数几个国家而已。学院采用长期聘用教师的方式，来指导学生对英语圣经进行彻底的教义、分析、书籍研究。此外，学院还聘请了海峡两岸最杰出的圣经教师，就其个人最关注的主题举办讲座。在强调灵性阐释的同时，一切讲座都基于对圣经最严谨和最具学术性的研究。该课程为两年，每年十二个月；由于课程呈循环进行，学生可以随时入学，以两年时间来完成整个课程。

芝加哥圣经学院，男子部

芝加哥圣经学院女子部，照片仅显南段部分

　　慕迪先生一直清楚认识到福音歌曲的力量。在他看来，有关基督教事工的教育，若没有福音音乐这部分的教育，那么整个体系就是不完整的。由此看来，音乐系的设立是必然结果。那些在音乐方面有天赋的人，在这里可以得到福音歌唱艺术的精心训练。福音歌唱艺术是声乐文化的一个分支，而通常没有得到特别的关注。

　　（学生一天的时间按排为）上午是在教室里度过的，下午和晚上则分为学习和在未归正者中的实际工作。在这个庞大且邪恶的城市中心，可以有各种形式的宣教活动：如救援差传、挨家挨户探访、儿童会议、妇女会议、监狱事工、咨询会议事工、教堂探访，等等。几年来，每当夏季，学院搭起两三个大帐篷来举行街头会议。天气转冷时，对福音有追求的人则聚集在小屋里开会，参加人数从八人到五十人不等。有一段时候，曾经每周举行三十五次这样的小屋会议。

　　该学院的首个十年教学成果有力证明了它的成功。在此期间，有数千人经学院学习毕业，其中二百零二人参与家庭、城市和救援差传事工；一百八十人成为从事福音事工的传教士和歌手；三十八人从事教育和慈善工作；六十四人是城市差传事工的主管；三百六十八人为牧师、助理牧师和教会客座牧道；五十八人是主日学差传宣教人；二十五人为YMCA的秘书；三十二人从事基督教书报事工；以及一百八十六人为国外传教士。

　　整个学院今天拥有价值超过三十万美金的土地和建筑。它是一座国际性学院，接收来自国内外各个族群和许多国家的学生，并派遣男男女女毕业生向世界各地传播福音。圣经学院被称为基督教事工的"西点军校"。它致力于培养成功的基督教工作者的所有原则。学习和工作齐头并进。

　　慕迪先生希望将优秀的学生安置在芝加哥和北田接受基督教

培训，同时让有奉献精神的富有男士女士有机会参与这项工作，这一点可以从他写给纽约一位值得信赖的朋友的信件中看出：

"亲爱的：一八九一年，您和您妻子是否愿意各自资助我校的一名学生？每个学生只需一百五十美元，他们可以每三十天向您们汇报他们的现况。我发现，很多上过大学或神学院的人，尤其是女士，没有钱来这里——因为他们把所有的钱都花在之前的学校教育上；然而一百五十美元能使他们在这里勤奋学习工作三百六十五天。这样，他们将继续不中断地学习，同时行很多善事。我和我妻子每人决定资助一名学生，我想看看是否能让另外两百人也这样做，这样的话，我们任何人都不会感到有压力。

"我满怀感激地告诉您，我发现，我们的教会十四年来，还没有出现过像现今这样极佳的状态。神正在用这个团体振兴这座城市。芝加哥刚刚度过多年来最盛大的夏季，我希望继续保持这种势头。我将於一八九一年开始与工作人员一起同工，如果您能加入我们，我将非常高兴。"

一八九零年二月二十四日，他写信给一位与该学院事工有关的朋友，信中写道："我很高兴地告诉您，我有一些非常出色的男士和女士在基督教禾场事工。本校的事工在本世纪末之前还看不出有多少成就，但是，当我离开这个世界时，我会留下一些杰出的男男女女。我很高兴地告诉您，在慕捐上我一直都有收获……我希望您能助我一臂。假如您帮助不了，也请不要将我从您的慕捐名单中剔除。"

有三类特殊的学生，该学院特别致力于满足他们的需求：

1. 大学或神学院毕业生。这些人希望在学校的宝贵教育基础上，通过全面学习英语圣经以及积极的基督教事工方法来进一步装备自己。

2. 牧师、福音传教士、宣教归来的传教士和其他基督教
   工作者。他们在各自领域里有实际经验，希望花一些
   时间进深，准备发挥更大的作用。

3. 男士女士不打算毕生奉献给福音工作，但希望拥有丰
   富的圣经知识和基督教事工方法，这样，他们在完成
   世俗使命的同时，可以明智成功地为基督赢得他人。

在慕迪先生健康状况恶化的前一周，有人针对性地问他：

"你认为圣经学院是一大成功吗？假如你能重新开始，你会
遵循同样的计划吗？"

"是的，"他回答说，"这是一个巨大的成功和一个美妙的
祝福。我会再次这样做。"

接下来的冬天，当他在科罗拉多州时，他写道：

"来到这里，看到我们这些（圣经学院毕业—译者）小伙子
们做得如此出色，真是令人欢欣鼓舞。我们所做的一切都是值得
的；我觉得我要在将来做得更多。把有生命气息的人投入到事工
中是一件祝福的事，因为他们将激励其他人做工。"

若要进一步证明圣经学院所体现的慕迪思想的实用性，只需
指出，跟芝加哥圣经学院完全相同模式的院校如雨后春笋，在全
国各地纷纷涌现。加拿大的多伦多市和苏格兰的格拉斯哥市曾派
代表到芝加哥圣经学院学习取经；如今，这两座城市都仿照慕迪
先生的模式建立了圣经学院。慕迪先生生前亲眼目睹他的理念在
许多杰出的教育家中激起研究和实践的波澜。诸如对圣经的进深
研究，以及对圣经应用的系统实践指导（慕迪先生在过去十年中
为学生所倡导的），是查尔斯·卡斯伯特·霍尔校长[194]（President

---

194 查尔斯·卡斯伯特·霍尔（Charles Cuthbert Hall，1852-1908），美国神学家，曾任纽
   约协和神学院校长。

Charles Cuthbert Hall）、哈珀校长[195]（President Harper）、以及其他人，正在其领导的神学院中努力实现的两项主要教学改革。

流动福音：一辆圣经马车

芝加哥圣经学院女子部大楼局部
左边还有三栋楼没有显示出来

---

195 哈珀（William Rainey Harper，1856-1906），美国浸信会牧师，闪族研究学者，芝加哥大学和布拉德利大学第一任校长。

慕迪先生和学生在一起

第三十一章

在大学生中

无论慕迪先生在大城市中的布道工作取得了多大成功，无论他对有思想的人产生了多大的影响，他认为自己最不适合在大学社区工作。大学精神本身就具有极强的批判性。语言上的漏洞很快就会被发现，而敬畏的态度在普通学生中几乎不存在。慕迪先生非常清楚这一点，因此有一段时间，他回避甚至拒绝许多大学的邀请。他偶尔会接受耶鲁大学或普林斯顿大学的邀请，而且结果也非常令人欣慰，但他总认为自己的使命不是针对那些比他有更多教育特权的人。对于一群大学听众来说，慕迪的评估无疑是正确的；但实际上他犯了一个严重的错误，即他对学生群体的深层生活一无所知。学生的批判性确实是真实的，但在学生表面上的批判之下，却藏有学生对演讲者的真诚的鉴赏，这种鉴赏仅有极少数的听众能与之媲美。若演讲者能使大学生们确信他的真正价值和他那坚定不移的勇气，那么，他将得到的大学生的回应，比起大多数其他背景的听众，则更有共鸣性。这在很大程度上，解释了慕迪对许多教育机构的基督教生活所产生的影响。在那里，他直接而无畏传达的信息，受到了热烈的欢迎，并取得了显著的效果。他之所以赢得了学生团体的热烈响应，那是因为他和听众之间有着完全彻底的共鸣；也就是说，如果各大学很高兴听到他的演讲，那么，比起有其他背景的听众，慕迪先生更乐意向这些年轻人演讲。

慕迪先生首次重要的学生工作始于英国剑桥，当时（一八八三至一八八四年），他正在英国传教。如前所述，慕迪先生曾有几次访问了美国的一些大学——尤其是一八七六年的普林斯顿大学和一八七八年的耶鲁大学——并取得了令人满意的成果。然而，正是在英国，他才真正进入了学生世界。

慕迪先生对大学社区态度的显著转变，表现在他对剑桥和牛津大学学生邀请的回应。当时还是本科生的斯达德先生[196]（J. E. K. Studd）和斯通先生[197]（W. H. Stone），对慕迪先生这项宣教事工非常感兴趣，并通过他们的影响为事工的成功做出了巨大贡献。后者，现在是基尔伯恩圣玛丽教堂的牧长，获文学硕士的斯通牧师，在最近的一封信中描述了慕迪先生在剑桥大学的宣教：

"我面前有一本小书，上面写着：'致我的朋友 W. H. 斯通；D. L. 慕迪，剑桥，一八八二年 十一月十二日。'如今，十七年过去了，这本小书让我栩栩如生地回忆起那令人难忘的一周中所发生的事情。

"长假结束后回到剑桥，我应斯达德和剑桥大学基督教联盟的邀请，加入联盟下面的一个委员会，具体执行慕迪先生宣教活动（应联盟邀请）的安排。谷物交易所被确定为主日晚上的布道会场所，而位于市场通道的体育馆（现为保守党俱乐部）则为周间晚上的布道会场所。由圣约翰的摩根[198]（G. E. Morgan）指挥的男声大学生合唱团则定期练习布道会赞美诗。由所有学院代表组成的委员会向学校每一位本科生发出个人邀请。每天的祷告会都有很多人积极参加。一切准备就绪后，十一月五日主日晚上，我

196　斯达德，或简称JEK（J. E. K. Studd, 1858-1944），英国著名板球运动员、企业家、曾任伦敦市长。

197　斯通（W. H. Stone，生卒年不详），曾任基尔伯恩圣玛丽教堂的牧长，毕业于剑桥大学三一学院（Trinity College, Cambridge）。

198　生卒年不详。

们前往谷物交易所参加首次布道会。

"整座大楼及其旁楼已经坐满了大约两千五百人。唱诗班前面的讲台上站着牧师H. G. S. 穆尔（H. G. S. Moule）、約翰·巴顿（John Barton）、詹姆斯·朗（James Lang）、亨利·特罗特（Henry Trotter）和其他一些人。[199]一千七百名头上戴着学位帽，身上穿着学袍的男青年进入大楼。他们每人拿到一本赞美诗集。这些人有说有笑进来后，乱哄哄各自找自己朋友坐下，很少有人注意唱诗班的赞美诗演唱。甚至有人把一个鞭炮扔在窗户上，引起一阵骚乱。

"然后，慕迪先生请台上的一位牧师祷告，但人们不说'阿门'，却大喊'听着，听着！'桑基先生第一次独唱不但遭到了这些人的嘲笑，而且到处是'再唱一次'的狂叫。读圣经时经常被打断，慕迪先生的演讲几乎被交易所四面八方传来的嘲笑声和噪音所淹没。尽管如此，这位福音传教士仍然坚持不懈，心平气和。直到暴风雨暂时平息，他才有五分钟时间恳求'那些尊敬母亲，敬畏神的人'留下来参加一个简短的祷告会。唱完赞美诗后，许多人离开了会堂。但大约有四百人留下来参加祷告会。看到其中有许多最吵闹的人现在都安静下来，印象非常深刻。显然，这些人对他们刚才的行为感到羞愧。最后，我们怀着沉重的心情回到各自的学院；而慕迪先生看来毫不气馁，对事工的最终成功充满了希望。

"周一，我们在体育馆集合，但看到这一幕，即使是最乐观的人也会感到沮丧，因为只有一百人来参加会议。演讲结束后，慕迪先生对大楼里的每个人打招呼。当问到某个人是否是基督徒时，慕迪先生得到的回答，'不是，但我希望成为一名基督徒，'这使我们看到努力没有白费。就在那天晚上，一个后来参

199　这里所提到牧师们，生世不详。

加校划船队，毕业后成为在日本传教的人，决定侍奉主基督。周二晚上，又多来了一些人参加会议。周三，《学院评论》上刊登了一篇由斯达德撰写的文章。文章提醒学生们，慕迪先生和桑基先生是受某些本科生的邀请来学院宣教，他们有权享受通常给予受邀嘉宾的待遇。这篇文章在整个剑桥大学起了极佳作用，当天晚上大约有两百人来参加会议。

"周四下午，慕迪先生在亚历山大大厅召集了剑桥镇大约三百名母亲，以'母亲的儿子'为题，为大学生们祷告。慕迪先生说，这是他经历中独一无二的祷告会。母亲们，一个又一个，泪流满面，为学校的年轻人祷告。

"那天晚上，形势逆转。有幸目睹这一幕的人，有谁会忘记这一幕？我要提醒一下老剑桥人，你们知道体育馆里有一个用来当作击剑室的长廊，从体育馆下面有一条长长的楼梯台阶通到长廊。那天晚上，慕迪先生的主题是'羔羊的婚宴'。在演讲结束时，他要求打算参加这个婚宴的人，起身从楼梯台阶走到长廊——这是一个严峻的考验。在死一般的寂静中，一位年轻的三一学院的成员站起来，面对人群，从容不迫地走上楼梯。不一会儿，几十个人站起来，跟着他走到楼上的长廊。那天晚上，有许多人做出了重大决定。据我所知，当天晚上接受主耶稣基督作为个人救主的一些人，今天已经是身居要职、受人尊敬的神的仆人。周五晚上，听众人数有所增加。周六没有聚会。

"最后的周日晚上情况如何，这是每个人脑袋里在思考的问题。结果，有一千八百人聚集在谷物交易所，参加最后的布道。在一片寂静中，大家聆听了一场关于'基督福音'的简单演讲。旁楼是为布道会后的聚会预备的，在那里，有一百六十二名男子在聚会结束时签名，表示希望得到我前面提到的那本小书。那本书对想要进深了解基督福音力量的人非常有用。

"之后，有许多人到慕迪先生的酒店送行。这些人里面，有些人是来评头品足，有些人是来为第一晚的不雅行为道歉，还有好些人是来找慕迪先生帮助，用神赋予他的力量来帮助他们走上平安之路。

"这次宣教的印记仍然留在剑桥人的宗教生活中。其影响在（英国）国内许多教区，以及许多异教的黑暗地方都能感受到。参加这次宣教使命的人，不会试图颂扬人的因素或将成功归功于人的因素。这绝对是神在作工。慕迪先生不具备所谓适合影响英国大学学生的资才。他没有受过教育，也不了解大学生的习俗，但靠着神赋予他的力量，他完成了一项事工——这项事工直到基督再来之日才会得到充分的证明。"

慕迪一行从剑桥前往牛津。宣教於十一月十三日周一晚上开始，宣教团在谷物交易所举行布道会。人群迅速地挤满了大楼，甚至还挤满了附近的大厅。当慕迪开始读《以西结书》中的一章时，一些听众开始跺脚并大喊"听着，听着！"慕迪先生立即合上圣经，严厉斥责他们。

"与其说轻视神的话语，你们还不如跟闪电或致命恶疾玩命，"他说。

然后，他请那些希望他继续讲道的先生们站起来。除了几个年轻人外，全体会众立即起立。其结果令人震惊且效果显著，这一晚上就再也没有人打扰。第二天和第三天晚上，会众中依然有明显意图取笑布道会的气氛。第二天晚上，慕迪先生讲道的主题是"忏悔"，而第三天晚上讲道的主题是"种因得果"。周三傍晚，他的演讲开始不久，事情就变得很明显，从在场的负面批评声中，表明有许多人不愿意给演讲者一个发言的机会。

有一大群人是在香槟晚餐后参加会议，他们的喧闹声盖过演讲者的声音。赞美诗受到人们热烈的掌声，然而祷告时则伴有嘲笑的"阿门"。这群一心想搞恶作剧的人，参加了第二次学生会议，现在开始捣乱试图解散会议。

慕迪先生发现自己身处一群年轻人中间，而其中大多数人都是上次会议的捣乱者。凭借他常年来积累的聪明才智，他抓住机会，用最直白但彬彬有礼的措辞告诉这些年轻人，他对他们和他们应受谴责的行为的看法。他简单地称呼他们为"绅士"（如他们自称），并说，就他受到的待遇，他们应该向他道歉。他是应邀来和他们交谈的，他们至少应该对他的演讲有所尊重。

"我一直听说英国绅士阔爱公平竞争，"他说，"作为牛津的受邀嘉宾，我期望至少得到一个公平的机会来表达我的意见。我是应你们同学的邀请来这里的，对你们的这种行为，我唯一的解释就是你们香槟晚餐的结果"

这个推论显然触动了他们的神经，有几个人问慕迪先生是不是想说他们喝醉了。

"这样吧，先生们，我只能说这件事是少说为佳。在我看来，香槟晚餐是对你们行为最仁慈的解释。现在，"他最后说道，"你们当向我道歉，为了表明你们是真心的，我希望你们明天晚上都能出席会议，公平地听我讲话。"

他们同意他所说的一切，并因违反了基本礼仪规则作了口头道歉。慕迪先生接受了他们的道歉，但他坚持说，他们应该在次日晚上的会议上坐在显眼的座位上，安静地听他的发言，以作进一步的补偿。

结果完全证明了他的做法是正确的。在赢得了学生们的个人尊重后，他成功地让大家听到了他要传达的信息。次日晚上，这一批人全数到场，坐在显眼的座位上，整个会议过程中一直是全神贯注。从那时起，反对派的力量被打碎了。接下来的那天晚上，克拉伦登会议室（Clarendon Assembly Room）已经太小，无法容纳越来越多的本科生，结果他们只好在大堂聚会。当晚慕迪先生的演讲主题是关于在人们面前大胆承认基督的道德勇气的价值，要说明这一点，圣经中不乏其例。第一次布道会散后，许多人聚集在讲台附近，慕迪先生登上其中一个座位，以更口语化的讲话方式对众人说话。

"今晚，承认基督对你来说就是一个十字架，"他说，"但最好的办法就是背起它。如果你想见到神的国度，你就必须背起十字架。此时此刻是最容易不过了。'凡在人面前认我的，我在我天上的父面前也必认他'（太 10：32）想想耶稣基督承认你，说：'这是我的门徒。'难道，这里没有人愿意背起十字架，直截了当地说：'我愿意'？"

有一个人发出"我愿意"的回应；这给其他人带来了勇气，接踵而来的是一连串的"我愿意"。

"感谢神！"慕迪说，"我喜欢这些'我愿意'。年轻人，你们不知道这是多么令人振奋的事；它值得一生的辛劳。这让我充满了喜乐。感谢神给了你们勇气来公开告白。难道这里没有其他人愿意为基督勇敢地站出来吗？也许你们中的一些人会说，'为什么我不能在家里做这件事？'你当然可以，但是在这里更好。

"我还记得我第一次站起来为基督做见证。当时我的膝盖撞在一起，从头到脚都在颤抖。我脑子里是一片空白。我没说几句话就坐了下来。然而，我的灵魂得到了如此大的祝福，以至于它一直跟随我到现在。勇敢地站出来，让世界——无论是你的朋友还是敌人——知道你是站在主一边的，这样你将受益匪浅。一旦你站出来，侍奉祂就得心应手。如果你们中的一些人一起为神而站出来，你们就会改变这所大学的整个气氛。我可以站一整晚来听'我愿意'。这是天堂之外人们能听到的最甜蜜的话。"

慕迪先生从一开始就采取了坚定的立场。他知道他已经赢得了胜利。原本可以很容易就到此为止；但那些认识他的人知道，他不会单单因某人宣称承认基督而结束。他冒着有失败的可能作了进一步的尝试，尽管他说他对此尝试有些犹豫。他要求坐在前排前三个座位上的人让出座位，让刚刚开口说'我愿意'的人过来跪在那里，献身于主。这个要求刚一提出，五六排座位上就挤满了跪着的人。

"我们见过很多慕迪先生以及其他类似的福音布道会，"《基督徒》报刊的一位记者写道，"我们若相信我们的记忆，那么我们从未见过像这样的聚会。神的力量显得如此强大，以至这些年轻人——其中许多人是我们国家正在开放的智慧花朵——随慕迪先生的意志所左右，就像成熟的玉米在天堂的微风中摇曳一样。我们唯能在心里赞叹：这是耶和华所做的，在我们眼中看为稀奇（诗 118：23）。"

接下来的冬天，在伦敦的宣教活动中，慕迪先生最得力的助手，很多都是来自他当时宣访过的大学。毫无疑问，这对他在学生中的工作产生了很大的影响，同时他对YMCA学生工作的特别兴趣也始於这个时期。他在这项事工的早期就得到支持。几年来，他通过个人募捐筹集了支持该事工所需的资金。也正是回应他的恳切邀请，英国的斯达德和亨利·德拉蒙德于一八八六年冬天和一八八七年秋天访问了美国的主要大学。

在筹建北田"学生大会"时，慕迪先生对美国大学的基督教生活所做出的贡献，如同他在其他事工中的贡献一样举足轻重。一八八六年冬天，在南部各州旅行时，他遇到一位早期YMCA大学部的秘书。在一次关于工作需要的谈话中，慕迪先生提倡学生应该更加重视圣经学习。该秘书就此提议，建议慕迪先生应该在七月份每天给一些大学生上一门圣经课。慕迪先生同意了，条件是招待来客的细节将由YMCA的秘书负责管理。他们立即制定了首次学生大会的计划。自此，学生大会成为北田事工的一大特色。接受邀请参加北田学生大会的人，远超过预期的数字。就这样，首次大会决定当年七月份在黑门山学校举办。

七月七日，大会开幕，有二百五十名学生出席。他们来自二十五个州的八十所大学。慕迪先生主持上午的会议，会议主要以学习圣经为主，教学形式是随意的——非讲道式的。可以自由提问和回答。下午有体育运动以及灵修时间——灵修可以是单独的，也可以是集体的。大会的最后几天，大家彼此之间情同手足，蔼然可亲。

首次大会最突出的结果是激起了人们对海外宣教的关注。传教士的儿子们和来自异国的本地人在一些会议上发言。大会结束前，有近一百名学生宣告，他们打算在适当和需要的时候成为海外传教士。从这个小小的开端，学生志愿者运动已经发展成为当今教会宣教事工中最强大的部分。

尽管慕迪先生对宣教事业深有负担，然而，他所有事工的结果表明，志愿者运动最初并没有得到他的支持。他认为作为领袖，这种热衷是不明智的，因为它会给年轻人带来不应有的压力，导致他们冲动地决定投身于一项事工。而这项事工不是任何人在没有明确呼召的情况下就可以投身的，因为这呼召不是来自人，而是直接来自神的。慕迪先生的态度始终如一：任何人只要**愿意**做神要求他做的事情即可。正如他自己所说："年轻人在神呼召他们之前就承诺某种形式的基督教事工，这是非常遗憾的，因为神永远不会呼召一个尚未准备好的人。"许多炽热投身宣教事工的学生已经认识到这种智慧——大量未兑现的承诺和不适合宣教的候选人证明了慕迪先生对人性的深刻了解。

慕迪先生对自己在大学事工的使命的疑惑不定，因这次黑门山学校大会的成功，彻底有效地消除了。他衷心同意明年再次举行北田大会。从那时起，他经常在大学里举办福音布道会，并且进一步表现出他对学生中基督教事工的热心——正如他为支持学生YMCA的行政工作筹集数万美元所表明的那样。

这些大会的出席人数稳步增加，现在每年大约有七百名注册代表。此外，还有相当数量的嘉宾专程来到北田参加布道会。来自不同国家的传教士、大学校长和教授、主流教会的牧师和其他基督教工作者，在会上向来自美国、加拿大和英国，几乎所有著名学院和大学的学生们，发表演讲。在过去几年的年度大会上，亨利·德拉蒙德、约翰·穆德[200]（John Mott）、罗伯特·斯皮尔[201]（Robert E. Speer）、亚历山大·麦肯齐、叨雷、弗朗西斯·巴顿[202]（Francis L. Patton）和亨利·克莱·特朗布尔等，都是一些非常杰出的演讲者。

200　约翰·穆德（John Mott，1865-1955），美国基督教领袖、布道家、社会工作者，曾长期领导YMCA和学生志愿宣教运动（Student Volunteer Movement）。获诺贝尔和平奖（1946）。

201　罗伯特·斯皮尔（Robert E. Speer，1867-1947），美国长老会领袖，宣教运动领袖。

202　弗朗西斯·巴顿（Francis L. Patton，1843-1932），百慕大裔美国教育家、长老会领袖、神学家、第十二届普林斯顿大学校长。

第三十二章

北田大会

北田基督教工作者大会，或者，更广为人知的北田圣经大会——有别于七月份举办的学生大会，是首次在慕迪先生家乡举行的夏季聚会。这个大会特别有意义，因为它既显现了这位福音宣教领袖本人在过去二十年牧道中的灵命发展，同时也证明这是他为基督教会取得的持久性成果之一。

慕迪先生把北田作为自己家所在地有双重目的。作为父亲，他必然关注孩子们的身体和道德健康。他本人在健康的乡村生活中奠定了坚韧体格的基础，他希望自己的孩子们也能同样受益。另一方面，他认为，新英格兰小村庄的宁静气氛会给他充足的时间学习，这是在他繁忙的宣教活动中无法得到的。因此，为了实现这两个目的，他决定每年夏天在家乡度过几周，同时可以探望母亲。

然而，公共服务已成为他的第二天性。即使在这样短暂的休闲季节，他也很快安排了各种会议。周日他通常不在家，到邻近的乡镇布道。北田方圆二十五英里内的所有村镇，都很熟悉慕迪先生驾着他那匹老灰马"灰内莉"（Nellie Grey）的景象。他常常参加周间祷告会，并且从各个方面尽力帮助建设当地教堂。在北田的第二个夏天，他开始举办一系列非正式的圣经阅读活动，并邀请邻居们参加。这些聚会在他家里的餐厅举行，参加的人数经常挤满了餐厅，有许多人只好站在阳台上，紧靠着敞开的窗户。通常他亲自主持这些会议，但有时也会邀请一位知名访客来演讲。

一八八零年春天，爱丁堡的威廉·布莱基博士来拜访慕迪先生，他立即就被安排在北田神学院的新演讲厅（现为雷维尔厅）举行为期一周的圣经读书会。当时，这些安排还仅仅是他更深目标的偶然现象而已——他自己心中可能还很模糊，但他的目标最终在北田圣经大会的成立中得以实现。

一八七九年十一月，他在俄亥俄州克利夫兰开展福音宣教活动。在一系列宣教会议结束时，举办了基督教工作者的例行会议，哈茨勒牧师[203]（Rev. H. B. Hartzler）作了题为"为教会祷告"的演讲。慕迪先生坐在演讲者正前方，对哈茨勒牧师的演讲印象特别深刻。哈茨勒先生继续讲话时，慕迪先生低下头沉思了一会儿，然后，好像某个行动计划突然奏效，他抬起头，迅速瞥了一眼哈茨勒先生，接着又恢复原位。敬拜结束时，他立即把哈茨勒先生拉到牧师书房，对哈茨勒先生宣布说："我要您明年夏天来北田。您愿意吗？我想开一个大会来等候神，我需要您。"这对哈茨勒先生来说太突然了，因为他不可能这么早就定下时间。

然而，第二年八月四日，他收到了以下信件：

"麻萨诸塞州，北田

"亲爱的哈茨勒先生：随函附上一份通函，通函上面会解释清楚：[首次大会的邀请]。十一月一日，当您在您所在城市的会议上演讲时，我就开始着手准备。现在，您会来吗？这个国家的所有人中，我只需要您。不要拒绝我，来吧，让我们一起等候神。

"您忠实的，

"D. L. 慕迪。"

这次名为"祷告大会"的邀请函如下："深感这一巨大需

---

203 哈茨勒（H. B. Hartzler，1840-1920），美国福音布道家，圣诗作者，牧师。

求，并相信其奖赏将存留给所有真诚寻求它的人，现定于九月一日至十日在麻萨诸塞州北田镇举行聚会，其目的并非只是研究圣经（尽管每天都会从圣经中寻求指导和承诺），而是为了庄严的自我奉献，恳求神的承诺，并等待祂从上而来的权力恩膏。

"许多来自本国和海外的神的选民将出席本大会，与我们一起祷告和咨询。

"所有的牧师和平信徒们，以及那些在我主耶稣基督王国里和忍耐中与我们同舟共济的女士们——事实上，所有渴望与神亲密团契并获得为祂做工力量的基督徒——都请接受我们诚挚的邀请来参加大会。

"同时，我们也希望那些与我们同心，渴望获得这种新的力量，但不能到场的基督徒，能以书信向我们表达致意和问候；这样的话，以便我们在等待大会开幕的日子里，在全国各地与大家同心协力地祷告。

"D. L.慕迪。"

哈茨勒先生接受了邀请。慕迪先生敦促他负责并主持所有会议。他断然拒绝了这个请求——这也许是他拒绝慕迪先生的唯一请求。结果慕迪先生自己担任领会。后来，哈茨勒先生成为慕迪先生在北田最得力的助手之一——无论是在黑门山学校还是在北田大会上。慕迪先生经常感激不尽地提起他在克利夫兰与这位朋友的首次会面。

首次邀请有超过三百人回应。当时，人数之多以至北田神学院唯一的宿舍楼（东楼，East Hall）无法容纳，余下的人就挤满了演讲楼，挤满了惊奇轰动的小镇。有些人甚至在能找到的避风避雨的角落里搭起了帐篷。镇里的教堂不够大，无法作为聚会场所，结果在慕迪先生的房子后面搭起了一个大帐篷来代替。

第二届大会于次年举行。之后，由于慕迪先生在英国的宣教运动，大会中断了三年。但自一八八五年第三次集会以来，大会每年不间断的在八月初举行。

第一次大会主题主要是灵修，研究重点是有关圣灵的教义。许多人为北田新建的机构祷告——这些机构旨在成为培养基督徒的场所以及培训基督教工人的学校。整个大会成果丰硕，令人印象深刻。

"可以肯定地说，在现代，从未见过像首次北田大会这样的聚会，"哈茨勒先生写道。"就像耶路撒冷的五旬节一样，有虔诚的人从天下各国来（徒2：5）。美国、欧洲、亚洲和非洲都有代表。有趣的是，几乎每个联邦州都有弟兄在那里；还有来自墨西哥、加拿大、英格兰、苏格兰、威尔士、南非、雅典、士麦那、卡帕多西亚和许多其他国家和城市的人，其中有牧师和传教士、教授和编辑、长老和执事、虔诚的妇女和热心的青年，所有人都聚集在一起（徒2：1）。

"这次聚会的另一个显著特点，是人们对聚会的宗旨有着普遍的共鸣和支持，这体现在来自全国各地和其他国家数以百计的信件和电报。会议开始前几周，慕迪先生就开始收到这些来信，甚至到了会议闭幕那天，来信依然接连不断。基督教协会、大学、年轻女子神学院、教堂、营会、妇女祷告会、牧师和平信徒，几乎所有阶层和不同背景的基督徒都与在场的人进行了交流。尤其值得注意的是，这些信件中有很大一部分来自不同教派的牧师。

"到第九天结束时，慕迪先生的桌子上堆满了三千多封请求祷告的信。他一直把这些信搁置在一边，因为他认为在场的人首先需要为自己有效的祷告来亲近神，然后才能为他人祷告。他还了解到，许多地方都在举办有同样宗旨的会议。他没有为这次会议特意制定计划。刚开始时，他没有担当主要演讲者，而是请其他人来做演讲，但最终为了满足大家的愿望，他作了两三篇有关圣灵的布道。会议的主要目的，正如呼召（邀请）书中所阐明的那样，显然得到了神的认可，因此自始至终都牢牢遵守。其目的是'为了庄严的自我奉献，恳求神的承诺，并等待祂从上而来的权力恩膏'

新礼堂，北田镇。北田大会中心。

新礼堂讲台一景
桑基先生站在风琴后面，左边是黑门山四重奏。

"'从现在起，不要想你的家、你的家人、你的工作或你的教堂，'慕迪先生在一次会议上说。'除了你自己，不要为其他任何人或任何事祷告。只要单单关注你自己的心。'

"有一天，有个人站起来说，他已经在变相山上有五年之久。慕迪先生迅速瞥了一眼那人，当面提出一个尖锐的问题：

"'去年你带领了多少灵魂归向基督？'

"'这个吗，我不知道，'那人惊讶地回答。

"'你拯救过任何人吗？'慕迪先生坚持道。

"'我不曾有过，'那人沮丧地回答。

"'原来如此，'慕迪先生说，'我们不想要这样的山顶经验。当一个人站在这样的高处，却无法下来拯救罪人时，那一定是出了问题。'

"会议每天在神学院的教堂举行，也有的在慕迪先生家附近绿色小山丘上的大帐篷里举行。小山丘后来被称为'圆顶山'（Round Top），现在是慕迪先生（原文：这位福音宣教士）的葬地。男士们在这个帐篷里聚会，女士们则在神学院的教堂里开会。帐篷里的晨会结束后，其他会议是在波纳格伦（Bonar Glen）举行。波纳格伦是树荫葱葱的一个小峡谷，属于神学院。对许多人来说，这些会议仍然令人回味无穷，并将终生铭记。"

哈茨勒博士提起一次他认为特别神圣的会议。该会是在小山丘"圆顶山"的大帐篷里举行的。

"在群情激奋下，一个二十六人的小团体，人人彼此之间握紧手，站成一个圆圈，立下与神以及彼此之间庄严的奉献之约。有人提议，每个人要将其他人的姓名和地址记下，承诺每天彼此祷告，直到离世为止。

"'不对，'慕迪先生说，'不要强迫自己这样做。当然，要彼此祷告，但不要承诺每天都这样做，免得你的良心负担过重，把本应是令人愉快的特权变成一种令人厌烦的责任。’”

慕迪先生在会议结束时的一些告诫，现在仍然令人记忆犹新：

“散会以后，不要到处宣扬这些会议，反倒要宣扬基督；因为世界需要的是祂。

“神引领的每一个地方，都是你做工的场地。

“超出你经验的事情，哪怕是一丁点，都不要吹嘘。

“圣洁的生活将产生最深刻的印象。灯塔不吹号角，只会发光。

“必须向受你罪伤害的人忏悔。

“当心山脚下的魔鬼。”（参 太 4：5-10）

朋友们还记载了这次会议期间发生的许多有意思的逸事，在这里仅列出其中的两桩：

“中午时分，我们大约有一百人，坐在‘圆顶山’帐篷下干净的稻草上。慕迪先生主持了这次谈话。他稳稳地坐靠在帐篷中央的柱子上，突然提出了一个一针见血的问题：

“‘弟兄们，你们当中有多少人，恩典已经成熟到了一个程度，以至可以将你们的缺点告诉给众人？’

“有很多人当即举起了手。慕迪转过身来，迅速地，但并不尖锐或带有侮辱性，对着面前的一位年轻的圣公会牧师说：

“‘弟兄，三天里头，你已经在这里讲了足足有十三次，不过，你可能剥夺了其他十二人发言的机会。’

“情况确实如此。这个年轻人很霸道且指手画脚到处干涉。慕迪先生对他所说的话很公正。那年轻人举起手来，像是一个愿意因过错而受责备的人，然而，他实际上无法忍受这个批评。他不承认自己有错，也不感到痛苦，反而坚决为自己辩护。结果反倒使他的情况变得更糟。此时，坐在圈子外围的一位地地道道的老扬基人（英文：Yankee），脸色阴沉，站起来严厉斥责慕迪的率直。慕迪先生脸红了，但他一直听着，直到责骂结束；然后，他用手掌蒙住脸，暗示性的透过手指缝，说道：

"'弟兄们，我承认我朋友指责我的所有错误；但是，弟兄们，我没有举手[204]！'"

在某次基督教工作人员会议上，慕迪先生就牧养事工提出了一个非常崇高的理想。他严厉批评那些未能履行神圣使命的人。他的话非常尖锐。一位在场的年轻神学生听了之后，皱了皱眉，真诚地说："慕迪先生，我可没有遇见过像你所描述的那种牧师。"这是坦率直言的反对意见，但是并不粗鲁。

很快，慕迪就回应了："你还是个年轻人；你将来会看到很多这样的牧师。住在耶利哥，直到你的胡子长出来（撒下10：5）。"

这个回应不公平，也很伤人，但由于聚会现场气氛热烈，一时无法停下来。一位朋友在描述这一场景时说：

"事情继续发展。很明显，我们可以感觉到，这位福音传道者对参会宾客的热情礼貌有所下降。他原本可以将这件事忽略，因为他的口才滔滔，足以征服会众。然而，他最具征服力的讲话还在后面。从那时起，我就一直把这件事铭记在心；至今为止，只要一回想起这事，我的眼睛就湿润。毫无疑问，这是我见过慕迪所做的一件最伟大的事情。

"'朋友们，'他说，'我在这次会议开始时，非常愚蠢地回答了我亲爱的年轻朋友。我请求神原谅我，也请求我弟兄的原谅。'然后他立即走到那位年轻人身边，紧紧握住年轻人的手。这个会议到此就当划上句号，根本不需要会后的咨询会。这样的结局，无论是戏剧性还是精神上，都堪称完美。这位意志坚强的人证明，他已经掌握了地球上所有语言中最难出口的那句话：'我对不起你'。"

---

204 "举手"（*Hold up my hand*）在这里有表示反对或抗议的意思。

首次会议带来的许多祝福的见证促使慕迪先生在次年召开了第二次会议。整个八月，会议连续举办，没有中断过。安德鲁·波纳博士是会议的主要发言人，他在最近发表的日记中，是这样记载他对会议的印象：

"八月四日。北田。会议虽于昨天开始，但今天会议才真正召开。我应邀为会议作开幕辞，我以《出埃及记》第三十四章为题，作了'与神交通'的开幕辞。这是一次来自世界各地神子民的聚会。

"八月十三日。大量的实习应用，大量的交谈，均为了获得来自上天的力量。我很遗憾全天没有更多的祷告，但气氛非常喜乐——如此多的弟兄之爱，如此多的圣经真理，从赞美基督所得到如此多的喜悦。

"八月十四日。讲道内容是《约翰福音》三章30节。慕迪先生倾尽仁慈，在所有事工中都极其认真。"

一八九二年慕迪先生在国外时，波士顿的戈登博士负责主持会议。第二年，当世博会的活动占用了慕迪先生全部精力时，戈登博士在摩尔的协助下再次主持会议。

一八九一年，伦敦的迈耶牧师（英国凯西克会议的著名演讲者）出席了北田大会，他的演讲特别强调基督徒生活的主观方面。演讲中没有主张"无罪的完美"，但是清楚地陈述了过一个真正顺服神的生活的可能性，以及脱离罪的捆绑的生活的莫大荣幸。这位教师的信息在许多在场的人的生活和事工中产生了显著的成果。随后几年里，迈耶先生继续来北田参加大会，与此同时，其他来自英国的演讲者也非常重视这一方面的施教，这之中包括神牧韦伯-佩普洛[205]（Webb-Peploe）、慕安德烈[206]（Andrew

---

205　韦伯-佩普洛（Webb-Peploe，1836-1923），英国牧师，福音传教家，作家。
206　慕安德烈（Andrew Murray，1828-1917），南非基督教牧师，作家。

Murray）和坎伯·摩根[207]（G. Campbell Morgen）。

在这里，慕迪先生再次展现了指导他事工的合理判断——因为他拒绝将北田大会局限于基督教真理的某个部分。北田大会将代表圣经中所包含的全部真理。因此，在充分强调主观处事的重要性的同时，他还辅以美国领衔牧师的讲座：这些讲座涉及有关基督教事工方法、圣经解释、以及广泛仁慈的基督教思想和活动中获得的其他不同经验。来自世界各国的代表显示了宣教成就，而城市、西部边陲的福音事工也得到了应有的认可。

这一做法的智慧，充分体现在类似北田大会的众多会议的持续发展，以及众多蒙福参会者的见证中。

大会期间北田新礼堂内景

---

207 坎伯·摩根（G. Campbell Morgen，1863-1945），英国福音派布道家，牧师，圣经学者。因其卓越的解经，而被誉为"解经王子"。

参加北田大会的纽约长老会成员，一八九九年。

慕迪先生，时任北田大会主席

多年来，北田神学院的斯通厅（Stone Hall，演讲厅）一直被用作夏季大会的会厅，但随着时间的推移，这里变得过于拥挤；因此，一八九四年，在俯瞰校园的山顶上修建了一座美丽的大会堂，用来作为这些大型会议的聚会地点。

"我一直希望按照我的信心来建造这座大厅，"慕迪先生在大厅开幕之夜说。"这一次，我的朋友们认为我的信心有点异想天开。他们不相信我会看到这座建筑能挤满人。"一周之内，在首个主日的早上，大厅的座位、讲台、楼梯以及过道挤满了大约三千名听众，而且年年如此。

以下的邀请日期为一八八九年六月一日，是慕迪先生发出的最后一封大会邀请函：

"亲爱的朋友和同工们：

"第十七届基督教同工大会将于八月一日至二十日在北田举行，所有对研究祂的话语、发展自己的基督徒生活、复兴教会灵命生活、使罪人悔改、以及向世界传讲福音感兴趣的神的子民，都请接受我们诚挚的邀请前来参加。

"我很高兴向我的同工们发出这一邀请，因为我相信，今年正是最需要这样聚会的一年。许多有思想的人已经强烈地感觉到，当今教会的希望在于一场既深刻又广泛的复兴。我们面临着无法用其他方法解决的困难。敌人像洪水一样涌来。现在是所有相信超自然宗教的人仰望神举起旗帜反抗撒旦的时候。哦，愿复兴的力量如此强大，将席卷而来的不信和世俗的浪潮击退；愿每个基督徒的生命和力量提升到更高的层次；愿无数濒死的灵魂悔改归正于神！难道不能如此吗？神的膀臂并非缩短不能拯救，耳朵并非发沉不能听见（参 赛 59：1）。我相信桑树梢上的脚步声已经可以听到（参 撒下 5：24）。

"复兴的历史证明，这样的事工必须从神的殿（教会或人的内心—译者）开始。如果教会能够被彻底唤醒，不只是我们情感表面上轻描淡写的表现，而是一种深刻的心灵工作，使我们与神和好，在祷告和服务中赋予我们力量，那么，谁还会怀疑，本世纪的最后几个月将见证自五旬节以来圣灵最伟大的运动？本次大会就是为了帮助实现这一目标。

"难道还有牧师或教会不愿分享这份福祉？看到其他人在这运动中得到大力使用，而自己却被落在一边，其他田地因丰收而让人欢欣鼓舞，而自己的田地却依然贫瘠不结果实，这位做工的人将是多么悲伤！你大可不必如此。让我们开垦我们的荒地，寻求圣灵崭新的恩膏，然后勇敢前进，相信定能看到神的伟大成就。

"我们将邀请一些本国和英国最知名的神学教师——神已经印证了这些人的辛劳。我们将得到巨大的帮助——将有数百名热心的男士女士现场服务，这些人都在从事某种形式的基督教工作。我们有宽敞舒适的住宿条件，而且费用适中。我将会很高兴听到所有计划前来参加大会的人的消息。此外，我是否可以请基督徒现在就开始祷告，让圣灵浇灌在大会的每个会议上？

"为主服务，

"您的，

"D. L.慕迪。"

作为对这一邀请的回应，八月的头三周，北田举办了有史以来规模最大的聚会。纽约长老会租用了韦斯顿厅，有六十名牧师和教会成员在那里落宿，其中有几人还带着妻子。该市有三、四位领衔牧师是在大堂和"圆顶山"的山坡上作演讲的讲员。

在最近一次八月会议期间，慕迪先生开始了一项新的事工，即为年轻人建立为期一周的会议。这项事工得到了基督教奋进联合会（United Society of Christian Endeavor）的约翰·威利斯·

贝尔[208]（John Willis Baer）的热情合作。这次聚会目的是要接触教会中的年轻人，并通过非正式会议提出年轻人最佳事工方法。

在前一章中（第三十一章，译者），我们曾提起学生大会的发展。这次聚会，以及上一次八月会议的显著成果，促使基督教女青年会（YWCA）的负责人为青年女子设立了一个类似于青年男子大会的会议。该大会于一八九三年首次召开，随后几年，出席人数和影响力稳步增加。顶尖女子学院，以及许多著名YWCA，都派出大型代表团出席了这个聚会。

一八九九年，一个新的特色的引入，给了慕迪先生很大的鼓励，同时表明北田事工开始进入一个新阶段。洛厄尔（Lowell）YWCA一直差派一个庞大的代表团参加青年女子大会，一八九八至九九年冬天，该会秘书长路易斯·皮尔森小姐[209]（Louise Pierson）提议在北田修建一所房子，让二十五到三十名女青年能以较低费用住宿在那里，同时享受镇上的便利。因此，在神学院和北田酒店之间，"洛厄尔旅社"建成了，并于一八九九年八月十五日开业。圣经大会期间，有二十五名自费的女青年住在这栋楼里。其中一些人自管饮食，每周支付一美元住宿费，但大多数人在旅社用餐，多加两三美元的费用。慕迪先生在旅社落成典礼上致辞时说：

"我对这里所取得的成就深感欢喜。我们很乐意捐出这块土地，因为我们相信它将开启一个新的计划，我希望该计划不仅对北田镇，甚至对整个国家都是一个巨大的祝福。如果人们知道建成这样的房子的费用只需要一千美元，他们中的一些人就会效仿。我们将免费提供土地。如果女孩子们从洛厄尔来到这里，受到圣灵的鼓舞，她们回去之后为他人带来祝福，那么我们所捐出的这块

---

208 约翰·威利斯·贝尔（John Willis Baer，1861-1931），美国长老会牧师。曾担任基督教奋进联合会青年秘书长。

209 路易斯·皮尔森（Louise Pierson，生卒年不详）。

微不足道的土地将得到千倍的回报。我们不想在北田建造一座城市；我们要向四周扩张。因此没有理由不把整个山坡都利用起来。

"我们最大的挑战是招待来这里的人。你们可以想象，像过去几天那样，在这样一个小镇上突然多出一千二百人，那肯定会给镇上的人增添额外的负担。现在，若有人愿意建造食宿自理的宿舍，那对北田镇来说，将是极大的解围。这样的话，来住宿的人就可以有一个房间，每天以面包、牛奶和蓝草莓为食，每周花费大约两美元。我们不要求他们来这里纵情享受，而是来滋养心灵。

"我相信神的福祉将降临在这座房子和来这里住宿、参会的人身上。我觉得北田是地球上最接近天堂的地方。"

第三十三章

圣地之旅

早在一八八七年一月，苏格兰的彼得·麦金农夫妇就悉力邀请慕迪先生同他们一起前往巴勒斯坦。从他们收到的回信中可以看出，这一邀请深得慕迪先生喜爱：

"亲爱的麦金农夫人：

"今天收到了您一月十日来信。一想到要和你们一起去加略山、客西马尼和橄榄山，我就热泪盈眶。我的心和你们在一起，我无法不告诉您，对我来说，不能与你们同去是多么大的自我否定。多年来我一直想去圣地，尽管我一生中从未为了娱乐而放弃过工作，但我以为我这次应该会去——假如我的现况不是这样的话。三年来，芝加哥的友人一直想要我去那里宣访，我告诉他们，假如他们愿意完成某些事工，那么我会在芝加哥待三个月。现在，他们已经按照我的要求做了，所以我必须在芝加哥待到四月或五月。我很想去圣地一游，比起其他人，我更想与您和您的丈夫一起去；但我因另一件事而必须推辞：霍尔顿小姐[210]病入膏肓，假如我能抽身，我一定要去看她。她现在加利福尼亚，昨晚收到的信说她活不过三十天了——但我现在却不能去看她！可怜的范妮，她要放下手头的工作死去，这实在是太伤心了！不过我

210　原注：霍尔顿小姐（Miss Holton）是慕迪先生的表姐妹，多年来一直是慕迪家里的一员。在建立北田神学院的过程中，她一直是慕迪先生最得力的助手。范妮为霍尔顿小姐的名一译者。

很高兴，她已经准备好了，不再像从前那样害怕死亡。死亡不再是剜心之痛，但离开姐妹们而去世实在是艰难了。

"请代我向所有的老朋友问好；请在客西马尼园、橄榄山和加略山上时，把我放在心里，为我祷告；请细心走遍伯大尼，看看您是否能走遍主曾经到过的地方，并祷告求祂再回来。

"再次感谢您的厚爱，

"永远属于您的，

"D. L. 慕迪。"

一八九二年二月，麦金农夫妇再次发出慷慨诚挚的邀请。慕迪先生当时正在苏格兰宣教，不可能离开事工。下面是他的回复：

"佩斯利，苏格兰，一八九二年二月十日。

"我亲爱的麦金农夫人：

"我非常乐意去巴勒斯坦，但因一些原因我不得不留下来。首先是工作。现在离开会很遗憾——我已经承诺要待到四月一日。其次，四月份，当天气变暖和时，我会头痛，除非我呆在凉爽的地方，否则会很痛苦。第三，我妻子听说巴勒斯坦不卫生，春天没人去那里。所以我想，如果我真能看到亚伯拉罕和他子孙的土地，我将进入另一身躯后（复活后—译者）才能看到它，也许我会和基督祂自己一起看到它。我听说您丈夫好起来了，甭说我有多高兴了。告诉他，我每天为他祷告，相信神的旨意会让他再次振作起来。当我听说他病得很重，我才知道我是这么爱他。

"桑基先生已经去伦敦参加司布真先生的葬礼了；他们要我去，但我抽不开身。这里的教堂、大厅等全都用在事工上了，所以我走不开。我很感恩地告诉您，这里的事工很好，有很多激励我的事，但有时我会想家，渴望见到我的家人。愿神祝福您和您亲爱的丈夫。做此祷告的，乃是

"您真正的朋友，

"D. L.慕迪。"

像慕迪先生这样精力充沛的人很少有假期的时间。他虔诚地努力将七天中的一天作为安息日，不然的话，除了旅行，他一直都忙不过来；即使在旅行中，人们也会认出他来，并向他征求属灵的建议。而且他们不会遭到拒绝。近年来，随着他的学校、会议和其他促进基督事业的组织不断增多，他想要长时间退出这些需要他积极参与的事工的机会是越来越少。

麦金农夫妇仍然希望实施他们的计划，他们就把行程推迟到四月，最后终于说服慕迪先生陪同他们一起去巴勒斯坦。慕迪先生带着妻子和儿子保罗，经巴黎到罗马，准备在罗马加入麦金农先生的团队。一路上，他对周围的一切都很感兴趣，尤其是当地居民和他们的生活方式。

特别引起他注意的是山坡上的农耕。看到人们住在小房子里，像乌鸦一样，栖息在雪山边缘的巢穴里，然后开垦着一块块的土地，其中有些土地面积还不到二十平方英尺，他感到很惊讶。他常说："瞧这里！瞧这山坡上的农耕！这胜过我所见到过的一切。如果我再听到北田有人抱怨他的农场，我会全身扑倒在他身上。"这里明指着他庞大的体型，自然引起一阵欢笑。

麦金农夫妇抵达罗马后，也加入了他们的行列。早餐后，他们和导游一起游览了这座城市。慕迪先生在穿过美丽的教堂时异常沉默，只是偶尔说几句话。罗马斗兽场是一大景点。他坐在躺倒在地上的一根巨大的柱子上，俯瞰着整个露天剧场，遥想起在那里发生的、有着历史记载的谋杀、残酷、以及殉道的场景。

有一位身材魁梧的农民从一条石廊经过，慕迪先生拦住了他。

"告诉他，他是一个优秀强壮的人，"他对导游奥尔蒂尼说。奥尔蒂尼照做了。农民微笑着，用快速的意大利语对所有人说话。

"他在说些什么？"慕迪先生问道。

"他说他以前还要胖，他正在减肥。他太穷了，没钱喝酒。如果他有酒喝，他会看起来像你一样苗条。"

"告诉他，我是个禁酒主义者，"慕迪先生说。奥尔蒂尼照做了。那人难以置信地笑了笑，仿佛这是不可能的事。

"告诉他这是真的，"慕迪先生说。

那人仍然笑着，从外套下面掏出一块面包说，"你也许在饮酒方面是禁酒者，但在吃饭上你可不会禁食（原文：不是禁酒者）。"

那农民说他每天只赚两法郎来养活七个孩子。慕迪先生建议他去美国，然后给了他一枚两法郎的硬币。当团队继续前行时，那人叫住导游，跑回来，拿出那枚钱。

"怎么了？"慕迪先生问。

"他说这是教皇的钱，在罗马不能用。你能另给他一枚非教皇钱币吗？"

慕迪先生万万没有想到教皇银币在罗马不能用。不过他还是把换了一枚非教皇钱币给了那农民。

他对历史名胜印象深刻。凡是与使徒保罗生活有关的东西都深深地打动了他。一行人仔细寻找每一个可以证实与圣保罗有关的地方——因为保罗是慕迪眼里最伟大的圣经英雄。戈登·格雷带慕迪去了阿皮亚大道（Appian Way），到了原来的人行道时，他坚持下了马车，步行走过圣保罗当年进罗马时踩过的石头路。比起圣彼得大教堂以及现代罗马城各种奇观，帕拉蒂尼山上的尼禄宫殿废墟对他更有吸引力。见到罗马为保罗修建的许多纪念碑，他感到十分高兴；他说，以暴力统治世界的皇帝们留下的记忆，仅是废墟而已。

当他参观圣彼得大教堂时，他谈到了代表初期教会纯正信仰的圣餐仪式，如今已经退化到可悲的地步。

慕迪先生在耶路撒冷城外做题为"加略山"的布道
慕迪先生站在两颗星的直角处

耶路撒冷的小孩子们发现慕迪先生
是一个慷慨大方的给"小费"者

同女儿和外孙女在一起

晚上，慕迪先生在长老会教堂布道。格雷博士是该教会的牧师。大约有一百三十人到场。布道的内容同他在离开堪萨斯城的最后一个下午所做的一样，主题是"恩典"，基于以下经文：神救众人的恩典已经显明出来（多 2：11）。

四月八日星期五，一行人启程前往那不勒斯（Naples），再从那里乘蒸汽船前往塞得港（Port Said）。四天后到达。慕迪先生在塞得港写道：

"我们现在靠近以色列人出埃及时经过的地方。这里是一片贫瘠的沙土，但运河却是一个奇迹。身处这片曾是法老、摩西、亚伦和约瑟居住过的土地，有一种很奇怪的感觉。"

蒸汽船在塞得港加了煤后，沿着苏伊士运河驶向伊斯梅利亚（Ismailia）。那天晚上，一行人几乎没有睡觉。午夜时分，他们经过了坎达拉的叙利亚古道。在这里，古代犹太人和其他民族从欧洲和亚洲前往埃及。毫无疑问，约瑟是从这里被商队带到埃及。在伊斯梅利亚，有火车经过歌珊开往亚历山大。对每一位圣经学者而言，这一路到处都是有意义的地方。慕迪先生对知识的渴求也在这里得到了满足；像在其他地方一样，一大早，在其他人尚未起床之前，他就带着导游乘马车出行。从亚历山大，一行人乘船前往约帕。

耶稣受难日那天，他们在船上看到了圣地。然而直到下午晚些时候，船才在约帕靠岸。大约四点钟，他们启程前往耶路撒冷。晚餐是在拉姆拉（Ramleh）吃的。慕迪先生比其他人先吃完，然后说是出去透透气。当一行人准备出发时，发现他人不见了，出去叫他也无人回应。马车就只好出发，过了一会儿，走路的他被追上了。他之前曾告诉过导游，他要走着去耶路撒冷，但是现在他开始害怕了，因为他看到几个肤色黝黑的阿拉伯人经过时，对他怒目而视，还吐口水，所以他觉得乘坐马车更明智。

马车继续向前行驶，明亮的月亮升起在群山上。大约一点钟，车队在科洛尼耶（Colonieh）息脚，每人喝了一杯咖啡。路上渐渐可以看到生命的气息。载满货物的骆驼商队多次经过。周六凌晨三点，车队到达耶路撒冷。休息了几个小时后，一行人散步去城里，来到大卫墓。墓旁有一间小房子，房子楼上的房间，据说是主最后晚餐的地方。除了圣殿和加略山之外，慕迪先生对耶路撒冷所有的传统景观都表示怀疑。他说，大多数地方都很勉强，"但山丘是无法改变或移走的。"

参加这次旅行的纽约的乔治·麦凯先生[211]（George D. Makay）是这样描述在圣城的第一天：

"我们在锡安山周围散步，然后走到约帕门结束。走到约帕门之前，我们遇到了一群麻风病人。眼前的景象极其悲伤。我们最担心的是遭传染，因此匆匆而过，急于摆脱这种惨象。下午，

211　乔治·麦凯（George D. Makay），生卒年及生世，不详。

保罗（慕迪的儿子—译者）、唐纳德（麦凯先生的儿子）和我，骑着驴子到了橄榄山顶。途中经过加略山。"

复活节的清晨，慕迪先生带着圣经上了橄榄山。下午，他在英国教会传教士协会的赞助下向一大群听众讲道。至少有三百人到场，大部分是当地人和来访的基督徒。也有一些穆斯林和犹太人，因见到这么大的人群而跑过来听。慕迪先生精神抖擞，以一种他前所未有的情感讲道。他没有特别选一段经文为题，而一开始就说他已经讲道三十年了，但从未像此时此刻那样对神充满敬畏。

他指出眼前的各个景点，将这些景点与《圣经》中有关的故事联系起来——米斯巴和撒母耳、摩利亚山和亚伯拉罕、远处的摩押山和路得、橄榄山和耶稣。他把以撒的献祭与最终耶稣被当作献祭做了对比，并谈到耶稣童年时经过橄榄山时，知道祂将在这里献出自己的生命时，耶稣心里的感受。他谈到耶稣在圣殿遗址参加的各种节日，而祂在每个节日上的布道信息，都是圣灵力量的新生。最后，他说他一生中最大的祝福就是在圣灵中诞生，并呼吁每一位基督徒要寻求神，直到受圣灵施洗，就像以利亚在迦密山的祭坛上呼唤神将火降下来一样，在他们心中熊熊燃烧，如火如荼。

慕迪的布道充满激情，难以言表，给所有在场听众留下了永久的印象。会议结束时，为伦敦犹太人协会学校募了捐款——该校约有八十名男女学生参加了布道会。

周间，一行人参观了在耶路撒冷及其附近的名胜古迹。其中有一整天是在希伯伦。耶路撒冷所有具有神圣意义的地方，比如耶稣下葬的圣墓（Holy Sepulcher），要么不是十分确定，要么就是过于人工修饰，因此他都不甚满意。

周一，一行人去了伯利恒和所罗门池。在伯利恒，他们在大卫深爱的井边喝水，并在路边给一群阿拉伯人拍照。在那里，他们看到了大卫曾经放羊并写下许多诗篇的山丘，还有波阿斯的田地和牧羊人的田地。之后，他们参观了圣诞教堂（Church of the Nativity）。

慕迪先生最喜欢的地方是橄榄山。他多次到那里游览。还有就是处在橄榄山山麓的伯大尼小村。在这里，他深深知道，他正身处在主耶稣经常走过的景色之中。

当他和夫人、麦金农夫妇，还有洛夫小姐，一起去伯大尼时，像通常一样，他们的到来得到当地热烈的庆祝。一大群孩子被派去组成一个总接待委员会，不遗余力地从来访客人那里索要银、铜、铅和锌等"礼钱"（Baksheesh），而拿来交换的土耳其王国的硬币，则是各种各样的膺品。他们中有些人装成瞎子或聋子，以讨取访客的同情；有些人则抱着婴儿，婴儿伸出来的小手连硬币都拿不住。这些孩子马上围住慕迪先生。慕迪先生一直都很慷慨大方；而这一次尤其如此，因为这地方不同寻常，且有着非常美丽的传统。他问他们中间是否有人叫马利亚或马大，结果惊喜地得知其中有不少人叫马利亚或马大。这样一来，他的钱袋又打开了。他慷慨解囊的消息迅速传遍了整个村庄，人群中马上增添了新面孔和乞讨的手，所有人都疯狂地涌向他，人人都想分得最大一份战利品。他被围得水泄不通。人们从四面八方拥来。"Baksheesh"（礼钱），"Baksheesh！"他们叫喊着。一时间他动弹不得。伯大尼之行很快就变成了一场生存之战。情况已经到了不可收拾的地步，于是他要求停止一切（英文原文：停火）。他告诉翻译让人们安静，让他讲几句话。翻译照做了。然后慕迪先生开始讲话，翻译负责翻译。他大致说了如下的话：

"我从六千英里外，来探访这个伯大尼的小村。这是我主爱来的地方，我来这里是因为祂爱这里。我很高兴见到大家。我希望你们长大后都能成为善男善女。现在，我想一个人静处；我已经没有'礼钱'了，我要向你们大家说声'再见！'"

一位样子蛮好的男孩子，大约十六岁，说他想回复慕迪的讲话。这男孩子说话流利，有着演说家那样的优雅。他说：

"我们很高兴看到这位先生和他的朋友们不远万里来到这里。但这位先生千万不要以为他的举动与他来访一样重要。六千英里是一段漫长的路程，这位先生一定为这次来访牺牲了很多。因此，我们自然期望他会慷慨地赠送'礼钱'。可是他并没有这样做，所以我们希望他现在会给出更多！"

慕迪先生一开始为这个男孩子的口才和风度深感惊讶和欣喜，但听到最后这句话后，他感到非常厌恶，转身就疾步而走。

"我确实以为，除了'礼钱'之外，这男孩子还有一个灵魂。"他说。

有人随口问慕迪先生，他是否真的认为这些孩子中有人叫马利亚或马大。

"当然。为什么不呢？"

"没什么，只是他们都是男孩子。"

关于参观奥马尔清真寺（Mosque of Omar）的经历，麦凯先生是这样描述的：

"在清真寺里，我们都穿着毡拖鞋，他们把拖鞋套系在我们的鞋子上。麦金农先生拿了一双拖鞋穿上。穿拖鞋是必须的，任何异教徒的脚都不能直接接触神圣的地板。保罗·慕迪的一只拖鞋不知怎么掉了。令我们大吃一惊的是，一名清真寺官员发现了他露着鞋底，赤着脚在地板上走来走去。接下来的一幕足以让保罗害怕。空气中顿时充满了阿拉伯人的愤怒。他们有人冲撞，有人责骂，有人疯狂激动，令人感到越来越不安。

"保罗站在那里，抬起脚，免得玷污地板。他母亲脸色苍白，紧张不安，在一边帮助他。她看起来像是只要能活着出去，她愿意付出所有一切代价。阿拉伯人开始集中在一起，说话激烈。与此同时，一位聪明的工作人员拿来了一双新拖鞋。当保罗重新穿上鞋时，我们开始缓过气来，尤其当我们看到阿拉伯人变得平静，显然不打算惩罚我们。这时，我自己的鞋子从磨损的毛毡拖鞋中露了出来，当我一想到，若我的鞋底一半露出来，每走一步都能看得见，这样可能会重复我们刚刚经历过的场景时，我开始神经质地忐忑不安。"

慕迪先生的北田居所

慕迪先生家里的餐厅

慕迪先生正在跟一个朋友打招呼

乡邻所熟悉的慕迪先生

　　有一天早上五点，慕迪先生和麦凯先生一起去了橄榄山。天下起了雨，当他们登上山时，眼前一道美丽的彩虹横跨整座城市。彩虹的一端落在圣殿庭院上，另一端落在希律王门外，看起来就像一道神荣耀的约的虹再次降临耶路撒冷。当他们到达山顶时，慕迪先生很惊讶，因为他没想到在这里可以一览犹大山、死海和约旦河谷的壮丽景色。他非常高兴。他们特别想去的是升天山（Mount of Ascension），因为他们对导游带他们去的地点不满意。在伯大尼山的山脊上，俩人又诵读了（圣经中）拉撒路和耶稣升天的故事。他们一起祷告。慕迪先生求主快快再降临，并求主让他们在恩典上成长，从而使这次访问成为圣洁。他感激不尽，恳切祷告。他们回来时已经是十一点整。在山上待了将近五个小时。下午，他们去了犹太人的哭墙和西罗亚池。

　　下雨的时候，慕迪先生就派人去请两位伦敦犹太人协会的成员来旅馆，他和其他一些人花了两个小时，向两位成员询问耶路撒冷值得一游的亮点。

有一次，他看到东圣殿墙上有一些罂粟花，他说："瞧那里！一滴滴的血，象征着（耶稣）为罪而流淌的血！像是这片土地本身正在为基督作见证，反对这座城市的不信。"

耶路撒冷本地的儿童特别使他开心。他走出旅馆时，总会被一群衣衫褴褛的小阿拉伯人围住，然后他欢喜地给他们"礼钱"。本地的成年人也让他感兴趣。他常常与他们交谈，问他们当地的习俗。到了周末，他对当地人的生活方式、农业状况、政府制度和其他十几件事都了如指掌。

在耶路撒冷的第二个主日，慕迪先生四点钟就起床，去橄榄山看日出。他想看看太阳从摩押山山后升起的情景。他这次上山很成功，下山后，他很高兴地和同伴们一起用早餐。他说他看到了日出，当他鸟瞰这片应许之地时，想像中他仿佛看到了摩西的脸被太阳的光环所环绕。而橄榄山东边美丽的景色使他欣喜若狂——约旦河谷、死海、摩押山——尽管有二十多英里远，看起来似乎只有五英里远。下午，慕迪先生在加略山下西边布道。有流言说，政府禁止任何土耳其人参加加略山的会议，否则将被逮捕；但这不是事实。上个主日，穆斯林批评慕迪先生在他们墓地的墓碑前布道。慕迪先生说：

"我不怪他们。我也不希望任何人站在我父亲的坟墓前布道。"事实上，加略山上的墓地已经破败不堪，来访者都以为它是一座荒废的墓地；而事实也确实如此。

慕迪先生以"好撒玛利亚人"为主题布道，听众人数与复活节那天的人数差不多。在布道结束时，他宣布上周日募捐得到的金额为二十英镑，尽管他只要求十英镑。现在他希望再多筹集十英镑，可以让一个盲童进入教会传教士协会的学校学习一年。收捐款的帽子传开了，结果又筹集了二十英镑。

周一早上，慕迪先生和夫人以及保罗再次前往橄榄山。中午，他们动身前往约帕。麦凯先生写道，"就这样，我和慕迪先生在一起的三个星期结束了。这对我来说是一次蒙福的经历。"

麦金农先生的团队随后返回埃及。他们在开罗待了几天，参观了金字塔和其他景点，五月的第一周，团队启程前往意大利。五月份他们去了那不勒斯和佛罗伦萨，以及意大利的湖区和瑞士。五月底，慕迪先生又回到了英国。他足足离开了两个月——这可能是自他十七岁进入商场以来最长的假期。然而，这并不是一次完全的休息，因为他曾在罗马、耶路撒冷、开罗、那不勒斯和巴黎布道，有时甚至一天两次；此外，他还带领了多次圣经阅读，以满足英国和美国朋友们的恳求；因为无论走到哪里，人们都能认出他来。更甚之，他还常常在不太可能的场合，与非想象中的人直接谈论他们的灵命。

"慕迪先生，"一位社会地位很高的女士说，"以前从未有人这样跟我说话。"

"那么，看来应当是有人要跟你这么说话的时候了，"他回答道，从那以后他们一直是好朋友。

他对圣地的访问是一个生动难忘的记忆。他在私下谈话时，在公开演讲中，经常提到此事。一方面，他为巴勒斯坦目前的恶劣状况感到遗憾，然而，他认为这种状况是符合预言的；另一方面，他又满怀喜悦地期待着它的重建，那时弥赛亚的双脚将再次站在橄榄山上。

第三十四章

工作才能

对于熟悉慕迪先生的人来说，不难理解他勤奋工作的秘诀。他那天生优秀体格使他能够承担需要持续努力和特别付出的工作。除此之外，当他竭尽全力时，他能够抛弃所有的心理负担。"忧虑会杀死你，"他会说；在完成艰巨的工作后，他能够摆脱所有的焦虑，像小孩子一样安静休息。他相信神会继续祂自己的事工，在尽他所能之后，他会把重担交给神。因此，他几乎可以"按时"睡觉。在去向一大群听众发表演讲前，他会躺下小睡一会儿，请某人十到十五分钟后叫醒他。此外，他还具有天才般的领袖才能，凡是其他人能够胜任的工作，他都会将工作委托给这些人；这样，他就不用为各种细节操心。

慕迪先生的宣教热情，光凭英国和美国的宣教是永远无法满足的。关于其他国家会说英语人群中有着巨大机会的报告，始终是一个强大的动力，促使他接受频繁的邀请，前往东方生活的伟大中心访问（如中国、印度、日本—译者）。环游世界是他长期以来的计划，因此，一八八八年秋天，慕迪先生离开家，打算先去日本和中国，然后去印度。抵达太平洋海岸后，他发现，要想从暂时接受的几次主持会议的邀请中脱身，是不可能的。结果他当时无法踏上旅程，只好在冬天宣访了从温哥华到圣地亚哥的太平洋海岸城市。他继续多次收到访问印度和中国的邀请。一八九一年秋天，他再次考虑前往两国旅行。结果他又只好放弃。这次放弃的原因，是在抵达伦敦后，几位医生都告诉他，说那里的气候对他这个年纪的人来说很危险，而且容易中暑。事实上他有晕船的毛病，在热带气候下航行对他来说更不合适。这使他非常失望。但此时他在英国的事工，就体力耐力而言，除了世博会期间的宣教运动之外，比他曾经完成过的任何其他事工都要耗费体力。在他离开家的几个月前，正值北田基督教大会期间，爱丁堡的约翰·史密斯牧师（Rev. John Smith）和莫克西博士（Dr. Moxey）曾来到北田。[212]在一次会议上，史密斯先生走到讲台前面，手里拿着一大捆东西。他接着解释说，这是苏格兰五十个城镇给慕迪先生的邀请书，请他再去苏格兰进行一次福音宣教。在代表莫克西博士和他本人向慕迪先生递交邀请书时，他说这是苏格兰有史以来献给一位基督教工作者的最了不起的纪念品。长达一百五十英尺，厚达一英尺的邀请书卷轴上有二千五百个签名，包括所有苏格兰教会和思想流派的代表。

史密斯先生简要谈了慕迪先生在苏格兰工作的特殊需要，说慕迪先生比任何人都更受众教会的信任，并且将给众多福音传道者带来其他人无法给的福祉。

慕迪先生收到邀请书后一言不发，把它放在他面前的演讲桌里，然后要求人们默祷"以便我们能得到（圣灵）关于这些事情的指导"。之后，他没有在公开场合进一步谈起邀请这件事，但却做出决定，并于当年秋天开始苏格兰宣教巡回活动。

十一月下旬抵达苏格兰后，他召开了一系列的布道会，一直持续到三月底。他的老朋友、爱丁堡卡鲁伯克洛斯传教团的威廉·罗伯逊先生[213]（William Robertson）受全权委托安排了一份行程。

---

212 约翰·史密斯牧师（Rev. John Smith）和莫克西博士（Dr. Moxey），俩人生卒年不详。

213 威廉·罗伯逊（William Robertson，生卒年不详），曾在苏格兰爱丁堡卡鲁伯克洛斯传教团（Carrubber's Close Mission）服侍。

罗伯逊先生在谈到这四个月的工作时说："我有一份慕迪先生访问苏格兰时走访过的城镇名单。共有一百个不同的地方，所有这些地方都举办了布道会。"整个冬天，慕迪先生平均每天要举办三次布道会，而且通常是在拥挤、通风不良的大厅和教堂里。

圣诞节时，苏格兰的朋友们多次邀请慕迪先生共度节日。然而，他更愿意把这一天腾出来，以便给许多有福的特殊地方再添加一天的福祉。例如，在威克（Wick）召开的布道会成果颇丰，随着节日的临近，慕迪先生决定再次回到这个小镇参加晚间会议。有关这一天的经历（其实这是一次相当典型的经历，表明慕迪非常善于利用时间），罗伯逊先生讲述说："我们驾车过奥德河（Ord）前往威克，距离有三十七英里。我们离开赫尔姆斯代尔（Helmsdale）时，太阳冉冉升起。不久，我们进入了一条山沟，从那里我们又看见日出。再往前开，到了一个点，看见太阳又出现在丘陵上。慕迪先生说这将是一个令人难忘的圣诞节，因为他已经三次看到日出了。当我们经过波特兰公爵的府邸贝里代尔（Berriedale）时，遇到了一些朋友。他们先前听说我们要开车经过那里，就安排了一次简短的敬拜。十五分钟内，我们做了两次祷告，唱了一首圣诗，慕迪先生作了一个简短的圣诞致辞。到了莱布斯特（Leibster），我们又停了下来，在自由教堂又举行了一次人数拥挤的会议。两点过后不久，我们到达威克。三点举办了圣经朗读会，晚上开了一次盛大的群众大会。第二天一大早，我们就乘火车前往埃尔金（Elgin）。"

（慕迪）这一整天的工作就是节日！

在这里，想要详细介绍每个走访过的地点的事工，那是不可能的。苏格兰宣教以在爱丁堡的最后一次会议作为结束。值得注意的是，在最后一次会议上，即将成立的英国国教和自由教会联合大会的当选主持人查特里斯教授和布莱基教授都出席了，由于主席台过于拥挤，他们轮流坐在主席座上。此举被视为兄弟般无宗派精神的最佳体现。在苏格兰，凡举办宣教会议的地方，到处呈现出这种无宗派精神。

同年晚些时候，作者本人偕同慕迪先生一起，在爱尔兰进行了为期六周的宣教，也有过相同的个人经历。那个周日晚上，慕迪先生结束在英国南安普敦的短暂宣教后，乘坐午夜后发出、没有卧铺车厢的火车前往爱尔兰都柏林。天亮前火车抵达伦敦后，他从维多利亚火车站，坐马车到尤斯顿火车站，赶上去霍利黑德的火车。在霍利黑德坐船，四个小时横跨爱尔兰海峡，结果在途中他晕船，全身体力不支。下午六点钟，船抵达都柏林；匆匆吃过晚饭后，慕迪先生便在一大型会议上发表演讲。听众们已经在这里等候了一段时间，气氛很沉重。会议结束时，许多老朋友蜂拥而上，握手，说上几句欢迎的话。就这样，一直到午夜时分，慕迪先生才上床休息。住在郊外的彼得·德拉蒙德[214]（Peter Drummond）接待了他。次日，他早早就辞别了主人，坐车前往都柏林，然后乘坐早上七点的火车前往贝尔法斯特。他早已被安排在一周后，在贝尔法斯特的大会厅进行为期两周的宣教。抵达贝尔法斯特后，邀请他前来贝尔法斯特布道的牧师和平信徒委员会与他会面，商讨宣教计划，并同他一起在威廉森牧师[215]（Rev. Dr. Williamson）家共进午餐。

到了伦敦德里后，他匆匆吃了晚饭，然后就去参加一个集会。参加集会的人数众多，并且已经等了他一个多小时。那天晚上很晚他才有机会休息。一周余下几天是同样的劳累——他在周三、周四和周五接连访问了其他六个城镇，常常在人头攒动的大厅里演讲，有两次还是在露天演讲。爱尔兰人的热情好客使他更

214　疑为苏格兰火车工程师，主管彼得·德拉蒙德（Peter Drummond，1850–1918）。
215　威廉森牧师（Rev. Dr. Williamson，1856-1926），苏格兰教会牧师，曾任蓟学院院长。

加疲惫，在好几个地方，正当他需要休息放松时，他会受邀请和特意来访的人一同吃饭。不过，周六的时候，他在费纳吉的詹姆斯·怀特（James White）[216]总算得到了休息。次日，他就开始贝尔法斯特的宣教，在该市的会议厅，向挤在一起的一万人讲道。

他在爱尔兰宣教的最后三个星期，集中在南部各郡举办布道会。在那里，行程安排同样紧凑。会议经常是在四面通风的大厅，甚至经贸市场举行。有些地方，由于缺乏教育，偏执迷信，当地群众不止一次的威胁骚扰会议。对慕迪先生来说，从来没有比这个季节更艰难的条件。在宣教即将结束时，他开始出现因工作压力所造成的身体影响。

在随后的英国布道行程中，他在爱尔兰患上的重感冒变得越发严重，当他到达伦敦，在司布真的教堂进行为期八天的宣教时，他的声音几乎完全消失了。因陪同他的斯特宾斯先生和他儿子的迫切恳求，他同意去看医生。就在那时，慕迪先生第一次得知他患有心脏病（他最终死于该病）。斯特宾斯先生在写到这件事时，说道：

"我第三次出国协助慕迪先生是在一八九二年秋天。他有约要去访问英国的几个大城市，之后还要在司布真教会举行为期八天的宣教活动。几天来，他的喉咙一直不适，他非常担心这会影响他的工作。因此，我们一到伦敦，在征得他的同意后，就派人去请哈伯森医生[217]（Dr. Habershon）。哈伯森医生是一位著名的年轻医生，后来成为格莱斯顿先生的私人医生之一。哈伯森医生仔细检查了慕迪先生的喉咙和肺部，又顺便检查了他的心率。在跟我们分手之前，医生把我拉到一边，告诉我说他发现心率不规律，问我是否应该告诉慕迪先生。

216　生卒年不详。

217　疑为塞缪尔·哈伯森（Samuel Habershon，1858-1915），著名英国医生。其妹妹为著名圣诗作者、作家艾达·露丝·哈伯森。

"'当然，'我说；'他想知道是否有比较麻烦的疾病。'哈伯森医生把自己的发现告诉了慕迪先生，并向他解释没有必要惊慌，但需要谨慎，以免过度疲劳。然后，他表示希望慕迪先生能允许他跟安德鲁·克拉克爵士[218]（Sir Andrew Clarke）预约会诊一下，因为安德鲁·克拉克爵士是心脏病方面的著名权威。他不希望在此事上完全依赖自己的判断。

"在离开伦敦前不久，慕迪先生去见了安德鲁·克拉克爵士。他在乔治·威廉斯爵士[219]（Sir George Williams）和其他许多朋友举办的告别早餐后，立即驾车前往克拉克爵士的办公室。经过彻底检查，克拉克医生证实了哈伯森医生对慕迪先生病情的看法。

"在回答慕迪先生关于是什么造成这样的病情，以及应该如何避免病情加深的问题时，这位著名的医生反过来问慕迪先生平均每天讲几次道。

"'哦，我通常一天讲道三次。'

"'一周讲道几天？'

"'一周讲道五天，周日讲道四五次。'

"'你真是个傻瓜，先生；你是个傻瓜！'医生直截了当地说，'你这是在自杀。'

"'好吧，医生，'慕迪先生说，'我周六休息。我能问你每天工作几个小时吗？'

"'哦，我每天工作十六或十七个小时。'

"'一周工作几天？'

"'每天工作，先生；每天。'

"'好了，医生，我看你比我更傻，你会先于我自杀。'

218　安德鲁·克拉克爵士（Sir Andrew Clarke，1826-1893），著名苏格兰医生、病理学家。

219　乔治·威廉斯爵士（Sir George Williams，1821-1905），英国商人、慈善家、基督教青年会创始人。

"寒暄之后，两人就分手了。结果，这位著名医生继续他神奇的医疗服务仅仅一年多一点，而慕迪先生则继续工作了七年，尽管他知道自己随时可能被主召唤，安息主怀。"

"寒暄之后，两人就分手了。结果，这位著名医生继续他神奇的医疗服务仅仅一年多一点，而慕迪先生则继续工作了七年，尽管他知道自己随时可能被主召唤，安息主怀。"

第三十五章

深海遇险

在这次异常艰苦的宣教结束时，慕迪先生经历了一次在他脑海里留下最深刻恒久印象的海上事件。

十一月，在离开家乡十二个多月后，他和儿子将乘坐北德意志劳埃德公司的邮轮，从南安普敦前往纽约。一小群朋友聚集在伦敦火车站向他送别。在那里，他和两个朋友以及儿子一起，出发前往南安普敦。途中慕迪先生精神抖擞。再次踏上回家的路给了他盼望已久的喜乐。预计一周后他就会到达美国。

在南安普敦，一行人同当地友人作了最后告别，然后登上施普雷号邮轮。该邮轮在当时算是这家航运公司速度最快的船只之一。

接下来发生的海上事件，慕迪先生是这样描述的：

"我记得，船航行了大约三天后，就像我通常在海上坐船时的样子，躺在沙发上，为自己的好运庆幸，并由衷地感谢神。我认为自己是一个非常幸运的人，因为在我所有陆上和海上旅行中，从未遇到过任何严重的事故。

"当我沉浸在这些感恩的思想中时，一声可怕的撞击震动声把我吓了一跳——船如同撞到了岩石上。一开始我并没有感到太多的焦虑。也许我病得太重了，无法考虑这件事。我儿子从他的铺位上跳下来，冲到甲板上。几分钟后，他回来了，喊着说轴断了，船正在下沉。起初我不相信情况会这么糟，但还是决定穿好衣服，去到甲板上看看情况如何。事实果真如我儿子报告的那样。船上的乘客很自然都被惊醒了，但对于他们惊恐的询问，得到的回答只是安慰性的，说仅是一根轴断了而已。

"然而，事情的严重性很快就显明了；有乘客冲上甲板，说他们的船舱正在迅速进水。后来发现，原来轴的两端在旋转时折断了艉轴管，导致水进入两个尾舱。舱里很快就被水灌满。船舱之间的隔板立即被关闭，并用多根木梁支撑来抵抗水压。整整两天，船就一直处于这种无助的状态。被水淹没的舱中，巨大的水压力一瞬间就可能造成灾难。随着船的摇晃，水流以巨大力量冲击着下一个船舱。若不是威利格罗德船长、工程师梅塞尔先生和鲍姆先生的高超技能，船很快就会沉没。

"高层管理人员和船员竭尽全力挽救这艘船。但很快发现，抽水泵用处不大，因为水涌入船内的速度太快，无法控制。人已经无能为力，船完全无助，乘客们只能站在随波逐流、正在下沉的船上，眼睁睁看着自己有可能葬身海底。

"整段时间里，乘客们不知道，高层管理人员其实正在为最后的结果做准备。救生艇都准备好了，食物也准备好了，救生圈也拿出来了，每个高层管理人员手里都拿着左轮手枪，用来强行执行命令。接下去的问题，只是什么时候放救生艇下水而已。而此时的海浪太凶猛，救生艇放下去也无用。

"中午时分，船长告诉乘客，他已经控制住了进水，希望船能向着过往船只的航向漂流。船头现在是高高翘起，而船尾似乎越来越往下沉。海面波涛汹涌；船剧烈的左右摇晃。船长试图给焦虑的人们带来希望，告诉他们说，下午三点左右可能会遇见一艘船，但夜幕降临了，仍然不见船的踪影。

"那是一个可怕的夜晚，是我们一生中最黑暗的夜晚——几百个男人、女人和孩子，等待着即将降临在我们身上的厄运！没有人敢睡觉。我们都聚在头等舱的客厅里——犹太人、新教徒、天主教徒和怀疑论者——尽管我怀疑，在当时这种情况下，我们中间是否还有怀疑论者。痛苦和悬念难以言表。乘客们个个面色苍白，内心颤抖，面面相觑，仿佛要从周围人的脸上读出谁都不敢说的话来。火箭式的信号弹冲上天空，但却没有回应。我们正在渐渐漂离大轮船要经过的航道。危险有增无减。

"到了主日早晨，我们还是没有得到帮助。甚至看起来渺无希望。到那时为止，还没有人提议举行主日敬拜。如果真要是这样做，肯定会引起恐慌。在弥漫着可怕的悬念和恐惧的气氛中，一句关于宗教的话就会意味着最可怕的事情将发生在乘客身上。所以，只要有可能，就必需分散乘客的注意力，否则的话，他们会在压力下崩溃。但到了第二天晚上，我请求与我们在一起的霍华德将军[220]（Gen. O. O. Howard）征求船长的同意，在大厅举行敬拜。船长说：

"'当然可以；我也是信神的人（原文：我也是这样的人）。'

"我们发了会议通知，令我们吃惊的是，差不多所有乘客都参加了；我想，每个人都应该作了祷告，包括怀疑论者。

"我用一只胳膊搂住一根柱子，在摇晃的船上稳住自己；然后我试着读《诗篇》第九十一篇，我们祈祷神能将波涛汹涌的大海平静下来，把我们带到理想中的避风港。从那片刻起，这对我来说就是一首新的诗篇。第十一节深深地触动了我。它就像一个神圣的确据，当我读到它时，它就像是一件非常真实的事情：他要为你吩咐他的使者，在你行的一切道路上保护你。祂确实做到了！我也读了《诗篇》第一百零七篇20-31节。一位女士认为这些话一定是为这个场合写的，之后，她要求亲自看看这本书。当我

220　霍华德将军（Gen. O. O. Howard，1830-1909）。美国陆军军官、南北战争时期联邦将军。

在读这篇经文的时候，为了让船上所有的同胞受益，有一位德国人逐节翻译。

"我正经历着一种新的体验。我曾认为自己已经战胜对死亡的恐惧。我经常就这个主题布道，并敦促基督徒实现这一信心的胜利。在内战期间，我毫无畏惧地身处战火之中。霍乱大爆发期间，我在芝加哥和医生们一起探望病人和垂死的人。这些医生们能照顾病人的身体，而我说我能照顾他们的灵魂。我记得有一个霍乱病人，其病情难以描述，但我一次又一次地来到这位可怜患者的床边，拿着圣经，为他向耶稣祷告。在所有这一切中，我并不害怕死亡。

"但在即将沉没的船上，情况就不同了。我的灵魂和我的救主之间没有云雾。我清楚知道我的罪孽已经被除去了，如果我死在那里，醒来时一定是在天堂。这一切早已尘埃落定。但当我的思绪转向家中的亲人——我的妻子、我的孩子、我大洋两岸的朋友，以及学校和所有我珍视的事和物——当我意识到，也许接下来的一个小时将永远把我与这个世界分开时，我承认我几乎崩溃了。那是我一生中最黑暗的时刻。

"我无法忍受这种黑暗。我必须要得到解脱，而解脱来自祷告。神听到了我的呼喊，让我能够从灵魂深处说，'愿祢的旨意成就！'甜蜜的平安涌入我的心中。无论现在是在北田还是在天堂，一切都一样。于是我去上床睡觉，立刻就睡着了。我一生中从来没有睡得这么香。我从深渊向我主呼喊，祂聆听我的呼喊，把我从所有的惧怕中解救出来。我不再怀疑神回应了我的祷告，就像我不再怀疑我自己的存在一样。

"大约清晨三点钟，我被儿子的声音从酣睡中唤醒：'爸爸，快上甲板。'我跟着他上到甲板，他指着远处海面上一盏一闪一闪忽明忽暗的灯。原来那是解救我们的信号。那是从蒙特利尔开往利物浦的休伦湖号轮船发出的灯。船上的瞭望员看到了我们的求救信号，还以为是一艘着火的船。哦，当七百名绝望的乘客看到这艘船驶来时，那快乐的一刻！难道有谁还能忘记那一幕？

"但现在的问题是，这艘小汽轮船是否能把瘫痪的施普雷号船拖到一千英里外的昆士敦？每一刻都在处心积虑和迫切的祷告中度过。这是一项勇敢而危险的任务。两艘船终于用两根大缆绳连接起来了。如果暴风雨来袭，这两根缆绳就会像一根线那样绷断，我们也就只好听天由命了。但我并不惧怕。神将完成祂已经开启的工作。海浪平静了，缆绳牢系，我们的轮船在休伦湖号轮船的尾流中前行。我们周围都是暴风雨，但却没有靠近我们这艘破船。事故发生七天后，在神仁慈之手的庇护下，我们在昆士敦港口举行了一场欢乐的感恩崇拜。在我们遇难时，神差派来的救援船，刚好有足够的动力拖曳我们的轮船，并且将轮船拖进港口。这艘救援船的船长是一位虔诚的祷告者；他祈求神帮助他们完成危险而艰巨的任务；神回应了所有遇险航海者的齐心祷告，把我们带到了我们所渴望的避风港。"

从石墩（Stone Chair）鸟瞰康涅狄格山谷

北田神学院

学院大会期间的营地

马昆德大楼，北田神学院

北田神学院校园（从东面望去）

康涅狄格河
康涅狄格河，远处是北田神学院
照片上的路通往南弗农山（South Vernon）

　　正如人们所说，大西洋上那些日子的经历给慕迪先生留下难以抹去的印象，但在那些日子里，他始终想到的是他人。当他目睹母亲为孩子哭泣，父亲祈求神不要让他们看到儿子被毁灭的场景时，他那颗温柔的心撕裂了。当得知危险后的最初几个小时里，他几乎没有话可说。有一次，他向儿子谈到了遇难带来的可能的后果："我原本希望再工作几年。我原本计划明年夏天在芝加哥宣讲福音，同时我也想为北田和芝加哥的学校做更多的工作。但是，假如我的事工就此告终，那也没关系。不过，这对你来说很艰难，因为你的生活和事业才刚刚开始。然而，若这是神的旨意，那么，这一切都是最好的安排。"说完他就离开了。

奇怪的是，这次经历却治愈了慕迪先生的顽症——晕船，乘坐伊特鲁里亚号邮轮从昆士敦到纽约的航途中，他能够尽情享受旅途中的每一刻。

抵达美国时，他受到了热烈而真诚的祝贺。在跟欢迎他的朋友们简短交谈后，慕迪先生和家人便启程回家，傍晚的时候抵达北田。当渐渐接近他心爱的家时，他所受到的欢迎是如此热烈！

当特快列车冲出黑暗，停靠在黑门山学校火车站时，数百支火把在黑夜里闪烁，一支铜管乐队奏起欢迎曲，接着，有三百名学生欢呼雀跃。

一大群年轻人涌向车窗和站台。

"他在哪儿？"许多人喊道。声音未落，就有人回应：

"在这里，在后面。"

车厢平台的下层台阶上站着他们要找的那个人，他光着头，脸上洋溢着喜悦。一年多未见面，这些"孩子们"见到他是多么的兴奋！

当火车离站驶向南弗农时，欢呼声依然不绝。

慕迪先生和夫人在南弗农下了火车，乘马车过河前往北田。在神学院的首座建筑雷维尔大楼，他的"女孩子们"聚集在一起，欢迎他的归来。这些女孩子虽然不如男孩子那么喧闹，但同样热情洋溢。

慕迪先生在马车上告诉她们，神回应了她们在他危难时刻为他的祷告，现在他又回到了她们的身边。他的第一句话，一定是要见证神的信实和仁慈。作为他心地善良的特点，在回自己家之前，他首先去附近的房子看望了他年迈的母亲。也正因如此，他深受学生爱戴。

第二天早晨，一个清爽晴朗的新英格兰冬天的安息日，黑门山的男孩们步行四英里，与神学院的年轻女孩子和镇上的居民一起，参加北田教堂的晨间敬拜。慕迪先生没有像往常一样布道，而是用简单真挚的语言讲述了这次航行中惊心动魄的故事。

第三十六章

芝加哥世博会

作为一名职业宣教士，慕迪先生具有许多天赋，其中之一便是善于发现机遇。他的这种天赋的最佳体现，反映在一八九三年芝加哥世界博览会期间的宣教活动。将这样的狂欢节作为广传福音的场所的想法既新颖又大胆。但是，具体计划是在博览会大楼还在建造时制定的，并且经过好几个月的深思熟虑才形成。在前一季，当他还在英国宣教时，就经常提起他的这个目的，并且为此而寻求世界各地基督徒的祷告。

同他的救主一样，每当慕迪先生看到众多的人，心里便顿生怜悯。大城市总是吸引他，原因是那里所提供的事工机会多。而芝加哥在世界博览会期间，用他自己的话来说，更是"百年难逢的机会"。成千上万外来人口的涌入，使该城市的国际人口膨胀，而其中许多人属于社会最底层。平日里，芝加哥的基督教事工就很难开展，何况是在世博会期间，各种干扰和活动更是成倍增加。此外，平时基督教活动在夏季常常是处于停滞状态，这使得世博会期间的宣教前景更加不容乐观。该市最有经验的牧师和平信徒，都对世博会期间的宣教抱有疑虑和担忧，而这种担忧并非是没有道理的。

"问题是，"一位领衔牧师说，"我们不知道在六个月内会变成什么样子。我们知道这将是一个令人兴奋的时期，但是，至于教会的灵命生活将会变成什么样子，我们不知道。"

早在他的圣地之旅期间，慕迪先生就期待着这项事工的到来。他坐在橄榄山上，望着救世主为之哭泣的城市（耶路撒冷），想起作为他早期基督教事业起点的城市（芝加哥）——一座有着伟大的教堂和衷心至诚的传教士、忠诚的主日学校和YMCA工作人员、以及虔诚的基督徒和慈善家的城市。而在这圣殿和圣徒之城旁边，他又看到了另一座城市，居住在里面的人们对这些东西毫不关心；他看到的是金碧辉煌的赌场和肮脏的酒吧，羞耻的色情场所和悲惨下流的酒店，亵渎神明的音乐厅和庸俗的综艺节目——合在一起亵渎安息日。他看到了很少有人能看到的，分裂阶级的鸿沟。他知道，即使芝加哥的每个街区都有一座教堂，仍然会有大量不信的人存在。整座城市正在走向死亡，他们中的许多人可怜地哭喊着：

"没有人关心我的灵魂！"

他看到，大批的人从这个国家的各个州、领地和城镇，从天下的每个国家，涌入这一座既充满富裕、文化和虔诚，同时又满是贫穷、无知和犯罪的城市。当这些人到达目的地之后，他们会转去哪里呢？他们会去白城[221]（White City），但同时也会去那罪恶和令人悲哀的地方。关闭的教堂和敞开的酒吧，黑暗的神之家和灯火通明的魔鬼巢穴，善与恶的共存，使他的灵魂如牛负重。比照亦成了激励；在之后十三个月的时间里，他一直为一个伟大的目标奋力工作。他说：

"在我最近一次准备离开伦敦的时候，我去看了一位著名的医生。医生告诉我说，我的心脏正日渐衰弱，要我必须停止工作，自己必须格外小心。我回家时，心里打算回来后不会再拼命

221　白城（White City），指的是一八九三年芝加哥世博会的建筑群。因大多数建筑物外层是用石膏、水泥和黄麻纖維造成，並漆成白色而被称为"白城"。

工作。但当我在斯普雷号轮船上，听到广播说轮船正在下沉，而我们却无助的困在大海中时，没有人知道我当时经历了什么。因为，我突然想到，我的工作就此结束了，我再也不会有传讲神儿子福音的恩典。就在那个漆黑的夜晚——也就是事故发生的头一个晚上，我向神立下誓约，假如神能免我一死，让我回到美国，我就会去芝加哥，用祂赋予我的一切力量在世博会上宣讲福音。"

芝加哥大道教堂内部
该教堂的建筑费用大多数来自圣诗书的版
税和主日学儿童们的奉献

讲堂，芝加哥圣经学院
照片里叨雷校长正在授课

办公室，芝加哥圣经学院女子系

接待室，芝加哥圣经学院男子系

　　这是他唯一的目的——传讲福音。对他来说，讨论有关不同宗教的价值的会议毫无吸引力，因为他不觉得有必要为基督教辩护。但是，六个月来，他努力让福音为自己说话。

　　当博览会的主管们决定博览会周日继续开放时，有人说："让我们来抵制博览会。"而另一些人说："让我们诉诸法律，迫使博览会在周日关门。"但慕迪先生说："让我们开设更多的宣教场所，以极具吸引力的方式来传讲福音，以至人们愿意前来聆听。"

　　他的宣教计划很简单。分叉的芝加哥河，自然地将芝加哥分成三个地区：北区、西区和南区。在每个地区中，选择一个教堂作为宣教中心：北区为芝加哥大道教堂或"慕迪教堂"，西区是第一公理会教堂，南区是以马内利浸信会教堂。后来，许多其他教堂也开放作为宣教场所。

　　慕迪先生无法独自开展这项工作。他同来自美国和欧洲各地许多杰出的基督教工作者一起合作。足够容纳大量观众的建筑物和帐篷得以确保；而且，从经商者的角度来看，最重要的，是用于支付演讲者、唱圣歌者、建筑物租金和广告费用的资金筹集成功。光是筹集资金的具体操作，就足以让人耗尽全力。有一段时间，大厅租金、广告费、演讲者、工作人员、以及其他人的工资和娱乐费用，每天高达八百美元。筹集这笔钱不得不借助慕迪先生的个人努力来完成。在他的指导下，秘书们撰写了募捐信，同时，参与合作的基督教媒体也积极地为此作宣传，从而得到了基督教公众的慷慨支持。

但这仅是慕迪先生致力工作的一部分而已。他每天早上六点钟起床，用一个小时的时间，独自与神交通。然后，紧接着就是一天的例行公事。圣经学院的日常工作，包括讲座和课程，照常进行；事实证明，圣经学院的三百名学生对博览会的福音事工大有帮助。在慕迪先生的亲自监督下，宣教会议全面展开。由于传播福音的范围很大，有些大地区即便有一座教堂，居民们（因地理位置）也不会去那里；因此，慕迪先生决定租用一些剧院来便利群众。他愿意出一大笔钱，租用剧院大厅用于周日聚会，但结果还是租不到。不过，很快干草市场剧院的租赁有了着落，就这样，除了两个周日他不在城里之外，每个周日早上他都在那里布道，一直到宣教运动结束。随着宣教运动的发展，其他剧院和大厅也愿意出租。结果，有八九个剧院和大厅都让慕迪先生使用——有些只有周日可以使用，有些则整个星期任何一天都可以使用。

（博览会期间）五顶帐篷一直都在使用。这些帐篷搭在没有教堂的社区的交通要处。两辆福音马车也投入使用——用来分发传单、发表演讲；或当马车停在人口密集的贫民窟时，向聚集在马车前形形色色的听众唱赞美诗。市中心的一家商店被租下，装修成福音宣教厅。许多圣经学院学生就住宿在那里。那地方不仅每天下午和晚上举行各样的会议，而且每天晚上十点钟，就有一支特别小支队前来，向那些在凌晨时分徘徊在附近的醉汉和妓女传讲福音。

受福音影响较大的是博览会附近的社区。在这片开阔的地区，酒店和其他建筑物就像蘑菇一样生长起来，然而，相应的教堂却没有建立起来。尽管如此，慕迪先生却获得了数个帐篷、会所和酒店客厅的使用权。从大众角度来看，这场宣教中最引人注目的，是在塔特索尔大厅和福里波马戏团帐篷里举行的宣教会议。在可容纳一万到一万五千人的塔特索尔大厅里，当慕迪先生宣布会议时，他说："我们有比军事锦标赛更好的大厅，我们必须吸引比锦标赛更多的观众。"宣教团此时所希望的就是有大量的观众。

六月，福里波马戏团（Forepaugh's Circus）来到芝加哥，在湖边安顿扎营。马戏团经理将帐篷租给慕迪先生周日上午使用，下午和晚上的时间则用来表演。马戏团广告贴出时，经理把上午的会议也包括在广告内：

"嗨！嗨！嗨！

"三场大型演出！

"早上是慕迪！

"下午、晚上是福里波！"

马戏团的帆布帐篷覆盖了巨大的面积，里面设有一万人的座位，外加有一万人的站立空间。在给会议做准备时，有个马戏团工作人员开玩笑问慕迪先生，他是否预计会有三千名听众出席。这位工作人员的好奇心也许应该得到满足——连续两个周日，帐篷已经容不下渴望聆听"古旧福音"的人。在竞技场的中心，还为演讲者和唱歌的人建了一个简陋的平台，唱诗团的其余人员则聚集在他们周围。一位观察者是这样描述了当时的场景：

"周围是马戏团常见的道具——绳索、秋千、色彩华丽的装饰品等等，而毗邻的帆布建筑物则是一个大型动物园——里面有十一头大象。还有小丑、马夫、马戏团骑手、男人、女人和孩子——共有一万八千人——而且是在星期天早上！我不知道以前传福音是否也在这样的环境里。不管怎么说，无论是听还是看，这一切都是这样的美妙。"

当那庞大的人群唱起赞美诗"与主更近"（Nearer, My God, to Thee）时，很明显，整个人群呈现出一种敬畏感。经过一个小时唱歌祷告后，慕迪先生站起来讲道。他讲道用的圣经经句是《路加福音》十九章11节：人子来，为要寻找、拯救失丧的人。圣灵充满现场。整个会场沉浸在天堂般的安宁中。演讲快要结束时，出现了小小的骚动，一个"迷路孩子"被带到了讲台上。慕迪先生把她抱举起来，让她的父母能看到她；当她焦急的父亲走上讲台时，慕迪先生把孩子抱在怀里，说道："这就是耶稣基督来的目的，寻找拯救迷途的罪人，让他们重新回到天父的怀抱。"

慕迪先生租了两个星期天的马戏团帐篷。马戏团经理惊讶地发现有这么多人来听圣诗和布道。而他周日下午和晚上的演出，观众很少。因此他放弃了周日的演出。他要求慕迪先生为他提供一位福音传道者，周日在其他城市的帐篷里举行福音布道会，并承诺承担旅行和所有其他费用。尽管这样的机会在芝加哥是很难得的，但对于这样的要求，还是遭到大家强烈的反对。

在博览会的所在场地，有各样的福音聚会：男人、女人、儿童聚会；禁酒会议、军人会议、监狱会议；露天和小屋子聚会；有为德国人、波兰人、波希米亚人、法国人、犹太人，甚至阿拉伯人举行的会议；赞美祷告会；全天及整夜的会议。

无论何时，芝加哥都是一个国际大都市。不言而喻，这在著名的时节，国际化更为显著。有成千上万世界各地的陌生人来到芝加哥。因此，慕迪先生的目的，是尽一切可能将福音传给来自所有国家的所有人。为此，他寻求欧洲著名牧师和福音传道者的帮助。西里西亚的平多尔（Pindor）来向波兰人传教；俄罗斯的拉比诺维茨（Robinowitz）来向犹太人传教；巴黎的莫诺德（Monod）来向法国人传教；柏林的斯托克（Stoecker）来向德国人传教。[222]如果加上那些用德语、瑞典语、波希米亚语和其他语言以及英语传教的美国传教士，那么，这个国家大多数著名福音传教士、教师和唱圣诗者的名字都在其内。新赫布里底群岛的约翰·帕顿[223]（John Paton）、澳大利亚的托马斯·司布真[224]（Thomas Spurgeon）和瓦利[225]（Henry Varley），以及来自英格兰、苏格兰和爱尔兰的主持人也在其中。许多世博会的参观者，如柏林的伯恩斯托夫伯爵（Count Bernstorff）和伦敦的金奈尔德勋爵（Lord Kinnaird），在芝加哥逗留期间，也应邀参加合作。随着世博会最后几周的到来，这项工作更是方兴未艾。市中心大厅也被租用，每天中午在此举行两小时的敬拜活动。

慕迪先生激励各地的基督徒此时更要坚持不懈地祷告和工作。他说：

"看起来，过去几周我们好像仅仅是在游戏。现在，我们要开始工作了。之前，我们只是在岸边钓鱼，现在，我们要出海捕鱼了。朋友们，请帮忙把教堂装满人吧。看看我们是否能唤醒整个城市。在我们面前，现在是这个国家有史以来最大的传播神国的机会。在世博会的最后几周，将有数十万人前来参观。我们有机会向所有这些人传讲福音。我们希望在世博会附近找到更多的会议场所。我们将租用所有能租到的剧院。我将用你们捐献的所有钱来推动这项工作。我们现在每天在这项事工上花费大约八百

222　这些人的生卒年及生世均不详。

223　约翰·帕顿（John Paton，1824-1907），出生于苏格兰，新教传教士。

224　托马斯·司布真（Thomas Spurgeon，1856-1917），英国改革宗浸信会传教士，

225　亨利·瓦利（Henry Varley，1835-1912），著名宣教士。

美元，如果有钱的话，我们每天可以花费八千美元。我们正以最快的速度获得新的会议地点。我们希望以前所未有的成果来结束世博会的最后几天。"

最后几个周日，慕迪先生管理监督多达一百二十五个不同的会议——必要时，承担租金和杂费、支付演讲者和圣诗歌手的费用，并安排计划出席人数——每个周日的出席人数总计超过十万人。工作日的出席人数的高峰出现在十月八日，即芝加哥日。那一天，芝加哥决定大规模纪念一八七一年芝加哥大火二十二周年。慕迪先生亦决定做出特别努力。博览会安排了额外的精彩活动，当天有七十多万人进场。慕迪先生则在三个大型城市中心大厅连续举办宣教会议，有一次，因出席人数太多，结果演讲者费了好大劲才挤进去。

在艰难的事工环境中，慕迪先生在组织人力方面的指挥能力，仅次于他对工作的信心，以及他机智避免内部问题的手段。只有那些熟悉宣教运动内部运作的人，才意识到他的职责有时是多么艰难；需要卓越的勇敢大胆、谦逊和技巧，才能使大批的协助人员毫无摩擦地投入到如此艰巨的事工中。

在运动结束时的一次记者采访中，慕迪先生本人对事工成果的评估生动描述了这六个月的努力。

在回答各种问题时，他说："我们六个月事工的主要成果，是数百万人听到了世界上最有天赋的传教士所宣讲的简单明了的福音。有成千上万的人真正归于基督。同时，全国各地的基督徒都被带入更深的灵命生活，并为拯救他人而激发出更积极的基督教力量。"

"经过六个月的事工，从你的经历和观察中，你有没有学到有关基督教工作的新经验或建议？"

"我的经验是，夏天，远非是最糟糕的时候，反倒是我们城市里开展基督教事工的最佳时机。同时，我比以往任何时候都更珍惜基督教团结一致的行动所蕴含的力量。令我印象深刻的，正是本土的基督徒们，对世博会这样的展览会兴趣浓厚并且给予支持。"

"那么，像如此广泛、长期的福音布道会，在其他时间和地点，是否可行可取？"

"当然可以。我相信，今年夏天在芝加哥举行的福音运动，在任何其他大城市都是可行的，即使那里没有博览会。"

"你认为在开展你的福音运动中，最有效的方法是什么？"

"宣讲、歌唱古老的福音，以及圣灵的力量。"

"为了好奇的公众，你能否公布一下六个月的总费用？"

"全部费用，不包括圣经学院的普通费用，为六万美元；在活动开始之前，还必须额外花费一大笔钱来扩建建筑物。"

"你不介意告诉我这些巨额费用是如何得到的吗？"

"这些钱都是美国、加拿大和英国各地的基督教个人和团体的慷慨捐赠。这些钱中的有些部分是响应我个人呼吁而捐赠的，另有一些是自发的。"

"刚开始时，你为什么确信——如果有的话，会有资金来开展这项事工？"

"我只知道这项事工必须要完成。我知道我们有一位神，祂会一直支持我们做我们当做的事工。"

许多去芝加哥参加博览会的人对福音会兴趣之大，结果把自己的时间分为博览会和福音会两部分。弗雷德里克·坎贝尔博士[226]（Dr. Frederick Campbell）——当时是芝加哥的牧师，在撰写这次活动时，说：

"整个世博会期间的一大特色，就是由慕迪先生主持的一系列

226　弗雷德里克·坎贝尔（Frederick Campbell，生卒年不详），牧师。

的福音大会。可以说，整个基督教会历史中，也许没有什么事工能与之匹敌；甚至连使徒们都不曾见过以这种方式完成的事工。慕迪先生真正的故乡是在芝加哥，那里的一切都是以巨大的规模和能量来完成的。他再次证明自己是神手中用来完成神圣计划的最杰出的器皿。作为一名基督徒，他完全沉浸在福音精神中，受圣灵彻底的洗礼。作为一名组织者，他是一位统帅——以最了不起的方式召集、分配和监督男女工作人员。我还未曾听说他的计划有失败之处。他的信心和勇气——为基督承担闻所未闻的事工，是其成功的保证。如果普通传教士能多一点他那样的勇气、信心和行动，那么他们就能取得更伟大的成就。"

慕迪先生带着外孙女出游——最喜欢的闲暇时间

慕迪先生和孙子

一间棕色书房

第三十七章

善用媒体

据说，慕迪先生最突出的特点是他近乎神圣化的常识。最好的例证之一，就是他敏锐地认识到媒体所具备传播福音的巨大潜力。多年来，芝加哥的报纸对他的传教努力不以为然；"疯狂的"慕迪，或慕迪"弟兄"，他的这些俗称，是把他作为许多善意玩笑对象的结果。他后来对"弟兄"这个称呼的厌恶，也许归因于他早年的这些经历。因为我们从未听过他使用这个词。

随着慕迪先生事工的发展和不断取得的成果，事实逐渐显明，在所有的情况下，当他的激情伴有合理的判断时，世俗媒体就变得十分友好。他成功地为他的学校筹集资金并聘请到教师，有钱人对他筹建YMCA大楼的努力所表现出来的信任，他坚持不懈地联系并留用那些在其他地方不受欢迎或不予重视的人，他为士兵们所做的实际工作，他在主日学大会上日益增长的人气——所有这些都使他逐渐赢得那些最初仅把他的激情当作笑料的人们的尊重。

慕迪先生很少回应报纸上对他的错误评论，但是，在他早期宣教生涯中，当媒体申明他从宗教事工中获得丰厚的收入时，他对这些批评做了回应。他眼含泪水，声音颤抖地说：

"我从心里知道，在神面前，我从未让金钱的欲望来决定我的行为。我知道我在很多方面都很软弱，有欠缺，但在金钱上，魔鬼没有控制我。经我的工作筹集到的资金，哪怕只有一块美金，我个人从未从中获利。比起其他事来，受到这样的指控，让我非常难过。愿神饶恕那些这样说我的人。"

赞美诗的版税收入超过一百十二万五千美元，而这笔钱全部用于慈善事业。慕迪先生擅长理财。他懂得金钱的价值，但他从未用它来积累财富。他需要金钱仅仅是因为可以用它来做善工。

有两次，慕迪先生公开否认报纸的报道——不是为了个人的声誉，而是因为报道对他的事工造成损害。一八七七年，波士顿的报纸指控他花了四千美元买了一匹赛马。慕迪先生发现，有人相信这一说法，并由此对他产生偏见。于是他坦率地陈述了实情。他确实买了一匹马，这匹马的特别之处是适合作为家马的温顺，而不是作为赛马的速度。他还直言，价格被夸张了，应该去掉三千七百五十美元，因为他只付了二百五十美元。

慕迪先生第二次公开否认的声明出因，是一份在弗吉尼亚州里士满市流传的报纸报道。当时他正在该市传道。当地一家报纸刊登了一封信，作者在信中写到，有一次他听到慕迪先生（在演讲中）对罗伯特·李将军（General Robert Lee）和"石墙"杰克逊将军（General "Stonewall" Jackson）出言不逊。刚开始时，人们对此谣言不予理睬。后来发现，布道会因此谣言受到严重影响，强烈的反对声浪正在迅速增长。慕迪先生对两位将军的敬重，以及他在公开场合对俩人的纪念，由于他的知名度有限，不足以向公众证明这个故事是捏造的。幸运的是，当指控出来的时候，他的演讲稿也已经出版了。于是，他在一次布道会上断然否认这一指控，并拿出已经出版的演讲稿，挑战所有人找出他贬低这两位他最敬重的英勇将军的不逊之辞。结果，原本明显对事工是严重的障碍，转化为推动事工的有利因素。随之而来的，是一次非常成功的宣教活动。

尽管对于公共媒体，慕迪先生是一位颇为赞赏的朋友，但对于媒体的弊端，他犀利谴责，从不妥协。他不能容忍周日报纸，但从来不费心费时谴责报纸的编辑和记者。相反，他认为编辑和记者都是他最好的盟友。他的听众范围仅限于演讲场所的墙内，但编辑记者能够将他的信息传递到墙外，传到那些牧师或城市宣教士无法到达的地方。籍着他们的帮助，他的听众人数要比仅教堂或大厅所能容纳的人数，要多出百倍。因此，虽然他对新闻界代表从不阿谀奉承，但对他们非常热情，同时，能将许多人的悔改归正，归因于这些人的新闻作品。

在英国，新闻界最初对美国人持怀疑态度；然而，最终郑重其事，一栏又一栏专门报道慕迪先生的布道和宣教事工。回到美国后，在他进行大规模布道活动的城市，都会有一两份日报全面或部分报道他的布道。通常，同一份日报还会以速记形式来报道所有布道、祷告和赞美诗的内容——即使一系列会议有三到六个月的持续。

慕迪先生曾说："报纸不让我休息，（想一想）在这座城市，六个月来，我说的一字一句，每天都会刊登在一份报纸上。"但是，这一系列会议促成的最重要的归信基督的例子之一，不是在拥挤的大厅里，而是在市监狱的一个狭小的牢房里；在那里，瓦伦丁·伯克（Valentine Burke），一名罪犯，通过阅读一份慕迪先生的布道而归向基督。而这仅仅是成千上万从未听到过这位福音传道者的声音而受益的人的一个代表而已。

各个日报的广告栏也被使用，如同在商业界，其原则公认有用。"有些牧师认为，将他们的服侍登广告有损尊严，"他有一次说道。"我认为，对着空荡荡的教堂讲道更无尊严。"他认为基督教牧师应该有一定的听众，而那些专门针对不受教会影响的人的特殊服侍应该引起公众的注意；这样的话，这些人即使没有受教会影响，也同样得到福音救赎的恩典，因此不当再有借口。

　　北田大会的报道很快成为《纽约论坛报》和春田（Springfield）《共和党报》和《联盟报》的一大显著特色。慕迪先生以各样方式鼓励世俗媒体报道这些夏季集会，并向媒体的代表保证提供一切便利。

　　为了永久保存大会演讲稿，既让听过演讲的人能够保留这些讲稿，同时也能够将演讲稿发给无法参加大会的人，《北田回声报》于一八九四年创办。该报每年发行四期，分别在六月、七月、八月和九月。第一期是一般性报道，刊登的文章主要是介绍北田、其学校、大会计划内容等等。第二期报道的是在世界学生大会（World's Student Conference，其实是男青年大会）上的演讲；第三期是有关女青年大会（Young Women's Conference）的报道；第四期则是圣经大会（Bible Conference）的报道。

　　由于如此虔诚地信奉圣经，因此，在慕迪先生心里一直有增加对圣经的研究计划也就不足为奇了。一八八一年，他敦促惠特尔少校制定一项每日圣经阅读计划，并附上笔记，定期发布。这是作为对即将出版的期刊《基督教事工记录》的补充。该期刊是慕迪先生建议的产物，其目的是报道福音宣教、宣教事工和圣经学习计划。十八年来，这个月刊定期出版，它的每日圣经注释有成千上万人阅读——这些人在惠特尔少校的指导下，从圣经的连续课程中获益匪浅。在慕迪先生生命的最后几个月里，他对这项工作产生了更深的情感，特意将这本杂志安排作为他创办的所有机构的特别刊物。

位於康涅狄格河畔的北田神学院校景
——慕迪先生永恒的纪念碑

夏日中的沃纳梅克湖

冬日的北田神学院

　　慕迪先生总是担心他与某些出版物的直接关系，比如赞美诗集或演讲稿，会被视为他赚钱的途径。因此，虽然出版的赞美诗集必须要有他的名字，他不同意任何授权版本的布道集。他的这些布道常在日报上发表，有时是全文，更常见的是摘要，许多出版商非常愿意将它们改编成书，结果，《慕迪布道集》曾以各种可以想象的形式出现了好几年，但没有任何一本书的付梓出版得到慕迪先生的授权。

　　比方说，有一本布道集就是他在本国（美国）的首次系列布道会演讲稿的汇集。他在纽约、费城、波士顿、芝加哥和其他主要城市的布道会，常常由一家或多家报纸逐字报道；当布道会结束时，大量的报道被收集成书出版。然而，慕迪先生并没有参与这些书的编撰。因此，尽管这些书的销售量非常可观，他（或他的事工）却连一分利润都没有得到。

　　他最初克服这种授权出版书籍的犹豫，是在出版一本简平作品《精选布道十二篇》时。这本书曾在英国和美国发行过。但在出版后的几年里，他没有同意出版续本。只到最后，他确信通过这种方式可以接触到大量的读者，同时，他对印刷布道集的零散性颇为烦恼，才授权出版了其他一些书集。这些书集不定期出版。除了前述的单本精选布道集外，总共出版了二十五本类似的布道集。

他早期的出版的作品之一名为《天堂》。有一天，在火车上，他听到有个报童在喊："注意了，瞧着，瞧着，英格索尔（Ingersol）论'地狱'！"报童一边喊，一边腋下夹着一捆书。他抓住男孩，把他自己的书放在男孩手里，说："嘿，小家伙，这是另一本书；把这本书也给他们吧。"那男孩就接着在车厢里喊道："英格索尔论'地狱'；慕迪论'天堂'！英格索尔论'地狱'；慕迪论'天堂'！"

此处，也许可以浅谈一下慕迪先生对已故著名天才，不可知论者英格索尔上校的态度和想法。一八九九年夏天，英格索尔上校去世，他的家人悲痛欲绝。当时基督教女青年会正在北田召开大会。就在这个场合，慕迪先生首次公开提起英格索尔先生，他说：

"英格索尔先生和我差不多出生在同一时候，又是在同一个州。当然，我一直都很关注他的职业生涯，但直到今晚我才在公开场合提到他的名字。而且我认为在一个人死后谈论他不是很合适。我为他的妻子和孩子感到难过，据说他是一位善良的丈夫和父亲。我不想在伤口上撒盐。我对他一直怀有最深切的怜悯之情，因为像他这样的生活看起来一切如此贫瘠，反倒让我的生活显得充满欢乐和幸福（慕迪在此的意思是他真的感到不合理，而不是自我陶醉—译者）。

"作为一个人，对他来说，生活一定是非常黑暗。他自己承认，生命就像'两个永恒的山峰之间的狭窄山谷；我们大声呼喊，得到的唯一答案就是我们呼唤的回音'，而对他来说，死亡就像'一跃而入黑暗'。这与一位基督徒的信仰是多么不同！

对基督徒来说，不仅现在的生活充满了神的平安，而且未来也充满希望的光芒。他知道，对他而言，死亡只不过是把一个临时的帐篷转换成一座永恒的豪宅。如果英格索尔上校的悲伤妻子和女儿真的相信他所教导的绝望教义，当她们站在亲人静默的尸体旁时，她们是多么需要我们的祷告！"

"你认为英格索尔先生的影响力被高估了吗？"一位朋友问道。

"我不想谈论这件事，"慕迪先生回答道。"我相信英格索尔远离基督教的原因是由于基督徒的肆虐。他被他们辱骂，看到了基督教的阴暗面。他年轻时心态就被扭曲了。"

"你认为他死时对未来不抱任何希望吗？"

"我不知道。我很难想象，一个人没有这样的希望怎么能活下去。不然一定很可怕。我们不是他的审判官。唯有神才能审判他。"

如所有由慕迪先生创立的机构和组织一样，圣经学院的"印刷出版协会"（或称为科尔波蒂奇协会，Colportage Association）的成立，源于他在传福音工作中四处奔走时观察到的需求。一八九四年秋天，他在（美国）西部的一个小镇举行会议，想要买些书来赠送。他去了当地的一家书店，尽管书架上摆满了各种小说，却连一本基督教书籍都找不到。

这促使他做了调查。他发现，在中西部的一个大州，没有一家书店出售哪怕是有限数量的宗教书籍。问起是否存有基督教书籍，回答都是直接的否定，连句客套话都没有。他决心做点什么事来填补他所发现的空白。于是他回到芝加哥，咨询了一些著名的基督教工作者，他们回答说："人们不会买宗教书籍；它们太贵了。"

"那么，它们的价格必须降下来，"慕迪先生说。唯一能降低价格的方法，假如不是慈善捐赠的话，那就是大量印刷来降低成本。就这样，慕迪先生与圣经学院（他在芝加哥的基督教工作者培训学校）合作，成立了一个印刷兼出版部门（或称为科尔波蒂奇部门）。

刚开始时，出版社主要是采用普通降低价格的方法来销售好书。到了一八九五年的春季，这个方法被制定为条规并付诸实施。当时的情况是有需求的书很难得到，慕迪先生对书的价格尚不满意。大家认为，在这项事工能够大力拓展之前，必须先获得一些当时市场上买不到的书籍。因此，科尔波蒂奇图书馆（Colportage Library）计划结合以下这些基本的特点：（1）通俗易懂；（2）知名作家，或具有现有声誉的书籍；（3）严格不分教派；（4）一流的做工；（5）价格低廉。

一本《天路》（The Way to God）[227]的十万册订单一次就拿到。此后，其他书籍的大量版本也被订购。

这项事工的发展异常迅速，四年内，慕迪先生发现，出版的书籍不仅遍布整个美州大陆，还传到了国外。除了英文版外，图书馆里还有德语、丹麦语、挪威语和瑞典语的版本，外加西班牙语、波兰语、波希米亚语、荷兰语、法语和其他语言的翻译请求。

一八九五年，慕迪先生惊讶地听说，这个国家有至少七十五万名男女属于罪犯阶层——也就是不断进出监狱的人。直到他做了一份仔细调查，他几乎不敢相信。对他来说，认识到这些人有福音需要，那就要想方设法来满足这种需要。他一到某个州访问，就去视察该州的监狱。他发现，基督教机构将许多地方的县监狱完全忽视了。只有零零星星的基督徒对这些监狱有负担。监狱里有图书馆和读物，但他访问的许多监狱——其中包括一个关押了三百名囚犯的监狱——都缺乏好的读物。

227　本书中英版，以及慕迪的其他著作（中英版）皆能从Aneko Press 获得。

当他问囚犯能为他们做些什么，得到的回答是，如果他们有书可读，那将有助于消磨时间。当问到是否愿意阅读布道或基督教书籍的问题时，他们回答说愿意。于是，慕迪就把一些书送到监狱里。他们当中有些人不识字，这些人就要求识字的人大声朗读给他们听。他们阅读司布真的布道，以及慕迪送来的其他演讲稿。不久，慕迪先生就开始听说有人归正基督教。然后他又寄了《新约圣经》。很快他就十分深入这项事工，开始给各个县的警长写信（这个国家有二千七百个县，几乎每个县都有一所监狱）。所有寄出的信中，仅有一封信收到了不敬的回复。

在他传道生涯的最后四年里，他几乎每次离开一个城镇前，都会为当地囚犯们作特别的呼吁请求。结果非常令人满意。他说：

"不能认为所有囚犯都是惯犯。许多年轻人都是在一时愤怒中，或酒精的影响下犯的罪。记录显示，近一半的囚犯年龄在二十五岁以下。在人生的这个阶段，年轻人的性格还没有固定下来。如果能在他开始越来越滑入堕落之前，他能够触及到福音信息，那么他今生和来世都有希望得到救赎。"

慕迪先生特别同情那些要坐等数月才审判、期间无事可做的囚犯。在某些州，这些人进入监狱后，法律禁止他们参加与外部劳动力竞争的工作。囚犯最害怕的是无所事事。事实证明，在这种状况下，他们宁愿自杀也不愿就这样活下去。凭借他对人性的了解，他认为，此刻正是触动一个人的内心，促使他思考的时候——当他与旧交断绝关系、远离威士忌和赌博时。他说：

"这才是你要让一个人做的事。是什么让浪子回家？是他开始思考。当这些囚犯开始意识到自己过着多么悲惨的生活时，这是将福音传给他们的最佳时机。他们很高兴有一本书或一份报纸来占据他们的时间（原文：思想）。这样，基督教的教义也许会通过这个渠道影响他们，他们的整个命运或将永远改变。我们的建议是，当这些人关在监狱里的时候，基督徒应该更积极地向他们传福音。若不是因为无神论和不信，监狱也就不存在了。问题的根源是罪；唯一的治疗方法是重生，和一颗崭新的心，以及在耶稣基督里的新生命。"

慕迪先生的计划是促使人们积极投入这项事工，如果他们不能寄更多的书，就寄一本书，然后以祷告的方法跟进。慕迪先生开始这项事工后，几乎每天他都会听到，由于这样的方法，有人皈依归正，得到祝福的鲜明例子。

第三十八章

预备讲道

亨利·德拉蒙德在描述他的朋友（慕迪—译者）作为传道人时说："若有人问，从人的角度来看，慕迪先生的讲道中的有效成分是什么，人们会发现很难找到答案。"他继续说道：

"或许最重要的成分是讲道言辞内蕴含的坚定信念。其次是论点和方向。每次抨击都直中要害，且次次中标。无论这些讲道触犯了某些社会准则，无论批评家们在讲道艺术、修辞甚至神学理论中发现什么缺陷，（慕迪）讲道都能以非凡的力量吸引听众。如果衡量口才的标准是对听众的影响，而不是句子的精心雕琢和语气的抑扬顿挫，那么这些演讲的口才堪称顶级。就纯粹的说服力而言，慕迪先生是无可匹敌的。尽管他的布道在某些人看来略显粗俗，但他的布道中所蕴含的悲情，没有多少演说家能够达到。而且，他具有一种令人感怀的温柔，这种温柔不仅弥补了他粗犷的一面，而且常常将演讲升华到更崇高的境界。迄今为止，没有一个报道能公正（哪怕是稀微的）评价他演讲中的这一特征，以及其他的特征。就拿（以下）这个摘录来说吧，

"'我可以想象，当基督对他周围的一小群人说："你们往普天下去，传福音给万民听（可 16：15）"时，彼得说："主啊，你这么说是真的要我们回耶路撒冷，传福音给那些杀害你的人吗？""是的，"基督说，"去把那个朝我脸上吐唾沫的人

找出来。告诉他，他仍然能在我的国度里拥有一席之地。是的，彼得，去把那个用荆棘编成残酷冠冕戴在我头上的人找出来。告诉他，当他进入我的国度时，我会为他准备好一顶没有荆棘的冠冕。去把那个把芦苇砍倒，留下残酷荆棘，将荆棘刺进我额头的人找出来。告诉他，如果他接受救恩，我会把权杖放在他手中，他就能统治地上的万国。去把那个用矛刺进我肋旁的人找出来。告诉他，有一条比那矛刺更接近我心的道路。告诉他，我白白地赦免他。只要他接受救恩作为礼物，他就能得救。"'

"无论是预先准备好的还是即兴的，有哪位剧作家的文字能超越这句震撼人心的话：'告诉他，有一条比那矛刺更接近我心的道路'？"

多年来，慕迪先生除了在给主日学的孩子们做五到十分钟的讲道时下些功夫之外，他从未想过在讲道方面下很多的功夫。后来，他弄到一本《专题教科书》来帮助学习圣经，并开始准备一篇关于圣经的讲道。这是他在有关读经这个主题上的第一次尝试。他的方法很简单，很适合当时的情况。他会请听众中某一位人读一段经文，籍此他可以有时间整理思绪。然后，他会说几句话，或讲一件轶事来阐明经文。当他发现自己讲得差不多了，就会叫其他人读另一段经文，然后以相似的方式对经文作些评论。然而，当听众越来越多时，他必须亲自诵读经文，这样，他就必须事先做好更充分准备，因为即兴评论的机会不多。

于是，这些"读经聚会"首先是在他朋友D. W. 麦克威廉姆斯[228]（D. W. McWilliams）的布鲁克林家中进行的。当时，慕迪先生正在拉斐特大道长老会教会（Lafayette Avenue Presbyterian Church）坎伯兰街的小教堂里主持一系列福音布道会，教会的一位女士请他帮助他们更好地理解圣经的主要教义。为此，慕迪先

---

228 D.W.麦克威廉姆斯（D. W. McWilliams, 1838-1919），美国银行家、企业家、曾任曼哈顿铁路秘书长兼财务总裁。纽约YMCA主席、主日学校长。慕迪好友。

生非正式地会见了几位有兴趣的朋友。麦克威廉姆斯先生的客厅就是会面的地方。这种读经方法对所有人来说都很新颖，对领头人亦是如此。研读者会选择一个主题，或者一个词，例如恩典、希望、收养、确据、爱等等。然后，他们通过圣经索引和专题教科书来查找所有与该主题相关的经文。从而经文得以强调和阐明。慕迪先生对这种以经解经的奇妙方式比其他任何人都印象深刻。这个计划为他的研读和讲道指明了新的方向。凯勒博士说：

"当时（一八七二年二月），慕迪先生在布鲁克林还不太为人所知。那时天气异常寒冷，参加读经的人很少。但我的妻子和女儿告诉我，慕迪先生那些鼓舞人心的演讲，让他们享受了一场属灵的盛宴。一天晚上，我参加了聚会（当时参加人数不超过三四十人），聚会结束后，我对他说：'慕迪弟兄，这工作似乎进展缓慢。'

"'确实如此，'我这位睿智的弟兄回答说；'这工作确实进展缓慢。但如果你想点火，就去收集一把松木屑，用火柴点燃，不停地吹，直到木屑燃烧起来。然后你就可以把木柴放上去。所以，我在这里与一小群基督徒一起工作，努力用对基督的爱温暖他们。如果他们暖和起来了，复兴就会到来，罪人就会悔改。'他是对的。复兴确实来了，它在拉斐特大道教会会众中拓展开来，一大批的皈依者在我们的圣餐桌前公开认信基督。

"那间小屋子里的快乐经历在几份基督教报纸上都有提及，并且教会了许多牧师如何通过圣灵的气息来点燃火焰的秘诀。"

慕迪先生当时与西奥多·凯勒博士的结识，最终发展成为温暖且终生的友谊。当慕迪先生决定去苏格兰时，他提出有一封介绍信或许会有帮助。凯勒博士给格拉斯哥的安德鲁·波纳博士写了一封感人至深的信。这封信刊登在格拉斯哥的报纸上。

"当我现在回想起那件事，"凯勒博士说，"感觉就好像保罗为了在哥林多或雅典得到平等接待，向耶路撒冷的某位弟兄请求介绍信一样，非常有意思。慕迪和桑基在古老的苏格兰所做的工作，比在其他任何地方都辉煌（就如保罗在哥林多或雅典一样—译者）。"

布鲁克林经历之后，一八七二年，慕迪先生短暂访问英国期间，在几次小型的公共集会上又举办了这些读经会。回到芝加哥后，慕迪先生急切地想在自己的城市重复这些"读经会"。古德温夫人，第一公理会牧师的妻子，兴致勃勃地描述了这件事的经过。她这样说道：

"慕迪先生在我们芝加哥的教堂里开始了读经会。事情经过是这样的：我们听说他在英国和纽约的读经活动非常成功，因此，受古德温先生的委托，我去问慕迪先生是否愿意在我们教堂开办一项读经活动。手里拿着帽子，他在门口迎接我，并邀请我进到客厅。我告诉他我的来意。他听了非常激动，泪流满面地回答说：'古德温夫人，我曾拿着帽子去见古德温博士，看看他是否愿意让我开一个读经班。我在芝加哥生活了很多年，只知道一个真理，并认为这是唯一必要的真理，因此忽略了所有相关的事实，直到我在自己周围筑起了一道偏见之墙。我不知道芝加哥是否有哪位牧师能让我进他的教堂，但我想到我应该去找古德温博士试试。'"

慕迪先生开办了一个共有十二场讲座的系列会议，其主题如下：

十月二十二日，星期二：爱

十月二十九日，星期二：血

十月三十日，星期三：祷告

十一月五日，星期二：信心

十一月六日，星期三：应许

十一月十二日，星期二：信实

十一月十九日，星期二：圣灵

十一月二十六日，星期二：基督与我们何干？

十二月三日，星期二：恩典

十二月十日，星期二：相信

十二月十七日，星期二：与神同行

十二月十八日，星期三：天国

这些讲座大部分都是新的，慕迪先生为此不辞辛劳地做准备。他的热情近乎白热化。效果令人震惊。看起来，他每一次讲座都比前一次超越自己，而且一发而不可收。在准备关于"恩典"的讲座时，他激动不已，抓起帽子，走到街上，突如其来地对遇到的第一个人问道："你知道什么是恩典吗？"

这一系列讲座结束后，另一场讲座安排在第三长老会教堂举行。基特里奇博士[229]（Dr. A. E. Kittredge）是教会的牧师。随后，又安排了另一系列的讲座，参加者来自联合西区各教会，讲座在诺布尔博士[230]（Dr. F. A. Noble）为牧师的联合公园教会（Union Park Church）举办。

慕迪先生是一位孜孜不倦的圣经学者。夏天，他通常在黎明时分起床，趁头脑尚清醒，在宁静中独自与圣经和神相处。他的图书馆，从地板到天花板，靠墙全是书架。书架上摆满了书籍。他常说，要是能得到一个好的想法，走千里路都值得。怀着如此深切的渴望，他聆听其他传道人的讲道，来摄取美好的思想和例证！当他从裤兜里掏出笔记本时，他的脸立时容光焕发！他敦促他人养成习惯，把读到听到的美好事物都记录下来，相信这样会使圣经一天比一天更加引人入胜。他从未改变过布道方法。其方法大致如下：决定就某段经文或主题（他更喜欢以"主题"布道）

229　基特里奇博士（Dr. A. E. Kittredge，1834-1912），美国长老会牧师，领袖人物。
230　诺布尔博士（Dr. F. A. Noble，1832-1917），美国长老会牧师。

准备演讲稿后，他首先会拿出一个大信封，在信封外面写上标题或参考资料："天国"、"诗篇二十三篇"、"背道者"、"让恶人离弃"、"如何对待求问者"等等。

有许多人想了解他布道的秘密。他对一群年轻人说：

"我没有秘密。我花更多的时间来研究主题而不是经文。如果我在阅读时，发现任何关于这些主题的好材料，我就会把它放进合适的信封里，让它存在那里。我总是随身带着一个笔记本，如果我在某人的讲道中听到能启发某个主题的内容，我就会把它写下来，放进信封里。也许我会让它在信封里存上一年甚至更久。当我要准备一篇新的讲道时，我会把所有积累的笔记都拿出来。我在那里找到的资料加上我自己学习的成果，我就有了足够的素材。

"然后，我有充足的时间预备、审阅我的讲道；这里删一点，那里加一点。这样，这些讲稿就永远不会过时。讲道时，我从不羞于重复。有很多人害怕重复。我听说过有个人讲道，讲了一篇他以前讲过很多次的讲道，当他讲完后，另一个传道人对他说：'这篇讲道，过去五年里，我至少听过你讲了五遍。我都能背下来了。'

"那人回答说：'我五年前听过你讲道，但我什么都没有记住。'

"如果你有一篇真正有用的讲道，就把它传出去。如果主今晚在这里祝福它，祂为什么不能在十英里之外，或者十年后祝福它呢？按主题来研究，彻底充分理解你的主题，以至你所要做的就是站起来，在规定的时间内尽可能多说一些。有些话题，我觉得我可以毫无困难地讲上八、九、甚至十个晚上。刚开始的时候，我讲不了五分钟。结果我就讲五分钟，然后坐下。渐渐地，我就能讲十五分钟了。

"若有人问我是何时开始讲道，我无法告诉他。我一开始是给孩子们讲道。最终他们带着父母来听我讲道。到了后来我注意到，大约一半的听众都是成年人。

"我喜欢把圣经人物搞个彻底。当我遇到一个精通圣经的人时，我会不断地问他问题。能够获得这些人毕生研究追寻的思想，真是一种莫大的荣幸。"

他的书房里有数百个布道信封——其中有许多看起来有频繁使用的迹象，还有许多看起来像是处在布道的雏形。

当他想就某个主题布道时，他会查阅装有各种剪报的信封，然后从中挑选出要点和轶事，应用在当天的讲道。他把这些剪报内容编写成提纲（在纸上），写下口号警句，然后用橡皮筋把这些纸捆在圣经里。

他发现这种布道方法有很多优点。它给了他充分的即兴演讲机会，因为他没有作茧自缚将自己束缚在手稿上。慕迪先生许多最精彩、最常被引用的名言都是即兴发表的。他一直坚持认为，教会需要的是"能够随机应变的人"。

有些讲道内容他重复过几百遍，但听众听来总是耳目一新。毫无疑问，其秘诀，部分在于他所讲主题的性质，部分在于他所表达的新鲜感；但也必须归功于他讲道的方法，这种方法给予讲道的大纲一种灵活性，意味着他可以随时调整讲道的内容，并籍此灵活安排要点和轶事。

慕迪先生建议每位基督徒都应备有三本书：（1）一本内容丰富、字迹清晰的大本圣经；（2）《克鲁登圣经索引》；[231]（3）《圣经专题课本》。

我们前面已经谈到，他在准备读经会时是如何运用《圣经专题课本》。他书房里总是放着一本专题课本和一本圣经索引。尽

231　克鲁登圣经索引（Cruden's Concordance）是由亚历山大·克鲁登（Alexander Cruden，1699 –1770）编写。

管他都信主五年了，才听说有圣经索引。信主后不久，波士顿有一个怀疑论者与他争论，当时慕迪力图为圣经和基督教辩护。怀疑论者引用了一段错误的经文。慕迪说圣经里没有这段经文，结果他花了好多天才证明怀疑论者是错的。然后他意识到，假如有一本圣经索引，几分钟他就能找到那段有疑问的经文。

慕迪先生留下的最珍贵宝藏之一就是他的圣经。他常用的圣经超过二十本。在他的书房里，可以看到几本几乎完全磨损的圣经。这些圣经书页松散，边缘磨损，但由于页边和空白处手写的注释和建议，反而显得弥足珍贵。他有十几本"插页式"圣经——也就是说，这些圣经每隔一页就有一空白插页，留作注释和评论。慕迪先生发现笔记本和剪报堆积起来很快，很可能搁置在一边不再翻阅；因此，他采用了这种插页圣经，以便随时作记录。从这些圣经本里，他过去常常在聚会时分发一些"金句"。当他的朋友们借这些圣经本来抄写他的笔记时，慕迪先生要求他们在归还圣经之前写下一些自己的"金句"作为"回报"。

"不要怕出借圣经，"他常说。"前段时间，有人想把我的圣经带回家，从中摄取一些东西。圣经归还后，我发现里面有这些字条：

"称义：状态的改变，在神面前的新地位。

"悔改：心意的改变，对神的新认识。

"重生：本性的改变，从神而来的一颗新心。

"归信：生命的改变，为神而生的新生命。

"得名分：家庭的改变，与神建立新的关系。

"成圣：事奉的改变，分别为圣归向神。

"得荣耀：状况的改变，与神同在。"

"同样的笔迹，我发现如下的句字：

"唯独耶稣：

"天国的光是耶稣的面容。

"天国的喜乐是耶稣的同在。

"天国的旋律是耶稣之名。

"天国的和谐是对耶稣的赞美。

"天国的主题是耶稣的工作。

"天国的职业是服侍耶稣。

"天国的丰盛就是耶稣本身。

"天堂的存续就是耶稣的永恒。"

贝琪·慕迪小屋，北田神学院

雷维尔楼：专为神学宗旨首建

北田镇教堂

北田旅馆

在他所有的藏书中，他最珍视的是一本巨大的讲台圣经，上面刻着如下铭文：

"D. L. 慕迪先生，C. H. 司布真夫人赠。

"谨以此圣经，深切缅怀已归回天家的挚爱。我挚爱的丈夫曾经使用这本圣经，现在我真诚地将其赠予一位将继续并扩展其应用的人。

"S. 司布真。

"韦斯特伍德，伦敦，一八九二年十一月二十日。"

这是司布真先生的原始圣经，专门用来记录他的布道文印刷版的发表日期。他通过页边空白处的红墨水记录，立刻就能知道哪本书或杂志里有哪篇讲道。这并非是司布真先生每日使用的圣经，但司布真夫人从那本日用圣经上抄下了题词，贴在她送给慕迪先生的圣经的扉页上。题词如下：

"C. H. 司布真

"我书房的油灯。一八五八年。

"灯光依然如此明亮。一八六一年。

"哦，但愿我的眼睛能更加明亮！一八六四年。

"曾磨损至碎裂，修原于一八七零年。油灯已修好，那灯光令我眼睛一如既往充满喜悦。"

有了司布真的圣经以及司布真的全套讲道集之后，慕迪先生习惯先翻阅一下司布真的圣经，看看他正在学习的部分司布真是否曾经作过讲道。

第三十九章

问与答

慕迪先生天生就是个教师，同时也是一名优秀的好学者。他从接触到的人那里汲取信息的能力令人赞叹不已。如果他到了一个新地方，他会驾着马车到处走，非要把当地的风土人情，尤其是当地人的属灵状况，了解彻底才罢休。若是与哪位牧师同行，他会汲取该牧师关于圣经章节——尤其是他当时特别关注的部分——最有智慧的诠释。在他公开演讲初期，他会聚集圣经教师、传道人和牧师同自己在一起，向他们收集关于他演讲主题的最佳意见。然后，他会直接从那里赶到布道会，发表一篇发人深省的演讲，而演讲的材料便是他从朋友那里收集、吸收，同时融入自己的思想而构成。有人问他，作为一位年轻人，在多大程度上可以自由引用他人的观点，他回答说：

"你若可以的话，那就应当给予他人当得的荣誉；若不能，或者你不想提及他人的名字，就说'有人曾说过'。不要害怕引用他人的观点。很有可能，你从他那里获得的信息是他曾经在哪里读到过。事实上，原创性的东西很少。与其采用思想糟粕——哪怕是原创的，不如引用他人的思想精华。"

在主日学大会、基督教事工、复兴会、研讨会，以及在他的学校里，他都会留出时间来回答问题。有时，他会坐在讲台上，让一位重要的牧师坐在证人席上，连续向那牧师提问一个小时，给听众带来极大的启迪和心灵的净化。其他时候，他会自己当作证人，让听众来向他提问。为了避免让愚蠢的问题，或纯粹为了讨论而非为了灵魂受益的问题，来浪费时间，他坚持要求以书面形式提交问题。常常是，每次复兴会结束时，都会开讨论会，基督教同工们此时可以讨论如何在自己的教会开展福音工作。

以下是一些实用问题和有帮助的回答，可以窥见他在这方面的教导：

问："如何来对抗酗酒？"（原文：还能做些什么来对抗酗酒？）

答："回答这个问题需要一整天的时间。事情有两个方面，我想将两方面都谈到。我认为，每个基督教教会都应该是一个禁酒社团。看看那些被酒精这巨大邪恶所困扰、最终走进醉汉坟墓的人！我是一个完全戒酒的人。从未沾过酒，也从未打算沾酒。我可以不喝酒完成一天的工作。

"现在谈谈另一方面。我认为，那些禁酒人士犯了一个很大的错误，那就是他们对这个问题总是纠缠不清。凡事各得其所。如果我去参加祷告会，我不想听人没完没了谈禁酒或高尚的基督徒生活。我们城里有个人每天都来参加祷告会，不管我们讨论什么话题，他总是站起来谈论更高尚的生活。谈到禁酒时也是如此。我告诉你，当你有机会说话的时候，就一句话；禁止卖烈酒。"

问："那么，主日晚上开禁酒会议又是如何呢？"

答："我不会在主日晚上开禁酒会议。我会把主日晚上分别为圣，用来宣讲神儿子的福音。圣经里有无数的主题，但如果你每周讲一次禁酒的道，人们会厌倦的。福音涵盖了禁酒和其他一切。有很多人不会参加禁酒会，但会参加福音会，而且会中很可能会讲到禁酒。"

问："我们怎样才能使祷告会更有活力？"

答："哈，你自己要更有活力。这是方法之一。我见过很多祷告会毫无生气，都是让领会的人给搞死了。你去参会的时候，你也许会这样：进去时，衣冠楚楚，目中无人；说话毫无生气，僵硬死板。刚开始时，你说自己没什么可说的，结果一说就是半小时。如果此时祷告会还没死，那我就是个假先知。然后，你宣布会议开始，接着就站起来责骂那些不参加讨论（会议）的人。就我个人而言，我不明白我们为什么要以这种冷冰冰、一本正经的样子去教堂。我们去教堂的时候，为什么不拉着弟兄的手，抛开僵硬死板，让每个人都感到是在自家家里一样呢？"

问："假如教会的牧师不赞成传福音的事工，那么除了祷告，平信徒还能做什么来推动属灵事工呢？"

答："我要做的远不止祷告。我相信，平信徒行动起来的时候到了。我说的'平信徒'，包括男男女女都在内。如果你不能在教会做工，不要抛弃（福音事工），出去，举办乡村聚会。在乡下，找个学校校舍。那是一个很棒的事工地点。如果学校董事会禁止使用校舍，那就去山顶上举办会议。基督就是这样做的。求神让圣灵充满你。没有什么东西能阻挡一个充满圣灵、满腔热情的人。如果我们无法请人们来教会，那就让我们走进他们的家。

"我相信，一个充满圣灵的人，无论男女，一定能够触动人心，能够在任何地方带人归信。有那么一群人不相信复兴，也不相信我们所讲的归信。不要同他们争吵，而是立即行动，去促成归信。一个有才干却不发挥，并且因为牧师反对福音会议而不去传福音，只是为了减轻良心负担，每周或每月为教会祷告一次的人，是行在歧路上的人。"

同北田露营地的露营者在一起

圆顶山上的学生会议

圆顶山上的女大学生会议

问："你会建议牧师每个主日晚上都举办福音会吗？"

答："每年五十二个主日我都会举行福音会。主日晚上比其他任何时间都好。因为多数人除了主日晚上出门之外，其他晚上都是呆在家里。工人和技工没有其他时间——如果你主日晚上不去接触他们，那就根本无法接触他们。主日早上教堂的听众大多是基督徒，而这正是牧师喂养羊群、建立教会的时候。如果他们得到适当的喂养，所有成员都会成为传道人，这样的话，主日晚上就不再只有牧师的聚会，而是有二十个这样的会议。在'圆顶山'五英里范围内，只要我们安排顺利，每个主日晚上都会有十到十二场福音会议。我相信这可以在全美国推广。

"我听说，有一位牧师对他教会里的一位法官说：'我要去一所学校讲道；你有马，我想请你驾马车与我同去。'法官说他很乐意这么做。路上，牧师说：'法官，待会我要请你发言。'

"'哦，'法官说，'那我可不行。'

"'但是，'牧师说，'那天我在法庭，听你给陪审团解释法律程序，那是我所听到过的最佳解释。'

"牧师很有点办法，他走上讲台时说：'现在，我要祷告，读一段经文，然后我要把法官请到证人席上来问他。'他问问题，结果法官（回答问题）就像做了一整篇讲道。我们的法官和律师们也能为基督做工。如果我们能让会众都走上讲台，很快就可以将福音传遍整个国家；但是，光靠牧师们单枪匹马是绝对做不到的。"

问："你每个主日晚上都会有会后聚会吗？"

答："是的，每次我讲完福音，我都会看看结果。聚会有三到四种。当我们来到主的圣餐桌前，那就是敬拜。当我们讲解圣经，那就是喂养神的教会。但是，当我们邀请人们归向神，我们就应该期待他们当即就做出决定。"

问："那你会如何主持会后聚会呢？"

答："我绝不会连续五十二个主日都以同样方法主持会后聚会。能成功做到这一点的人寥寥无几。如果讲道在八点半结束，而听众打算待到九点，那么多待半个小时他们的心情不会太差。有两种方法邀请人们留下来参加会后聚会。一种就是让他们都回家。闭会祝福（Benediction）实际上是礼貌地请他们散会回家。我不会在第一次聚会时就做闭会祝福，也不会说'*假如有人关心自己的灵魂，请留下来*'。如果你在他们面前竖一个四英尺高的'*假如*'，那么只有地震才能把他们逐进咨询室。我信主后，花了三个月才鼓起勇气接受教会委员会的入堂审查。（因此）你还不妨试着让一个人去见治安法官。我会说，'现在我们要举行第二次聚会了，如果有人必须离开，你是否能趁我们唱歌的时候溜出去？'我这么说的意思，就是我不希望有人离去。"

问："你认为主日晚上使用投影仪是件好事吗？"

答："我不会这样做。因为每个主日晚上我都会为咨询者举办一次会后聚会，如果我用投影仪讲道之后，我做不好这件事。这样的讲座在工作日晚上可能效果很好，但主日晚上我会以最简练的方式宣讲福音，接着便举行会后聚会。"

问："如果牧师请不到传道人，他怎么能举办特别会议呢？"

答："在英国，以及本国一些地区，有一个行之有效的计划。让一位满有传福音恩赐的牧师，把两周时间让给一位弟兄牧师，然后让这位弟兄牧师在中间的那个主日替他讲道。这样，这位牧师就有两周的时间走遍他的教区，邀请大家来听讲道——有些人是他羞于邀请来听他自己的讲道（但他可以邀请来听弟兄牧师的讲道）。他可以让他的整个教会成员按同样方法去做。这样的话，如果人们归正了，教会成员就更有可能照顾他们——跟在一些大型的联合大会上归正的人的情况相比的话。这个计划对替他讲道的弟兄牧师也有帮助。这位牧师回到自己教会时充满激情，并且怀着更新的心志向他的会众讲道。"

"连续性聚会是件好事，因为如果一个人在主日被唤醒，假如周一有聚会，他很有可能会来，同时印象会加深。周二印象会更加深刻，然后他会参加周三或周四的后续会议。我想，如果能做到这一点，许多教会的成员人数会立刻翻一番。这完全可行。让一位牧师离开自己教会十天，尽其所能地在弟兄牧师的教会讲道。他讲道，然后除了祷告、默想和学习之外什么也不用做，而那位弟兄牧师则带着他的教会会员出去招集听众。"

问："你会建议年轻人去当牧师吗？"

答："永远不会。假如是神呼召，那是另外一码事；但我见过太多的人造牧师。如果一个人被神呼召，他将会成功；但如果他是人差遣的，他将会失败。我建议每个人都参与基督教事工，但不要放弃其他职业，光靠讲台生活。神呼召所有人成为门徒和见证人，但要成为使徒则需要特别呼召。"

问："牧师学习公开演讲是好事吗？"

答："是，也不是。学会好好朗读是件有益的事。但说到现代演讲，讲台上那些刻意练习的手势——我敢说，我真是厌恶透了！有些人的手势让我想起风车。如果摩西去了埃及，试着用演说来征服法老，他会成功吗？我喜欢能打动人的演说，但我讨厌那种故作姿态的演说。"

问："如果你是某个城镇的牧师，该城镇有五座教堂，但只允许再有一座教堂，你会怎么办？"

答："赶紧离开。世上没有任何力量能让我相信这是神的旨意。当一个城镇里有了卫理公会、浸信会、公理会、长老会和圣公会的教会，就不能再增添一个或二个其他教会？这些教会的信条几乎没有什么区别，[232]在这样的城镇里传教简直是浪费时间。我相信这种事是魔鬼的作为。"

问："在一个大约有一百户人家，但没有教堂，除了一个敬虔的家庭之外，没有其他基督徒的社区里，你会怎么做？"

答："一个敬虔的家庭可以轻而易举地向一百个家庭传福音。让任何一个既识字又会朗诵的男人或女人，从一位杰出的布道家那里得到一篇精彩的讲道，接着宣布这篇讲道将在主日早上或晚上宣读。然后把人们召集在一起，阅读这篇讲道，并祷告求神祝福。跟现场的讲道相比，它也许一样有效。所有的矿区都是这样做的。在科罗拉多州，主日的景象是，矿工们从山深处走出来，聚集在学校校舍里或树下，某个英国老矿工站起来，朗读查尔斯·司布真的讲道。很快就有人悔改归正了。"

问："在大城市里，我们如何来寻找陌生人（非基督徒）？"

答："我认为，如果在教堂的每张座椅上放一张空白卡片，那

---

232 原注：悲哀的是，有些教派的信条，与慕迪时代相比，已经有了很大的改变。

么可以用来写姓名和住址；然后，牧师在有陌生人来访时告诉他们，若把姓名和地址写在卡片上，把卡片留在长椅上，他和他的妻子很乐意去拜访他们。我相信，如果牧师经常这样做，就能接触到很多人，把他们带进教堂。每个城市里，都有很多人感到孤独、想家。他们渴望有人同情，但不知道如何来获得。我听说，有个人去教堂六个月，却无人跟他说话。当然，他和教堂都应该受到责备。然后，有一天早上，牧师讲道时谈到了如何来认识天上的朋友；这个人出去的时候，就让教堂执事问问牧师，能否讲讲如何认识地上的朋友——因为他已经来教堂半年了，却无人跟他说话。看来，最好在教堂门口有一小组迎新的人，不要让新来的人离开时，连句'欢迎'的话都没有。"

问："如果你要讲道的消息已经公布，但由于天气不好，听众很少，是否最好把它改成祷告会？"

答："不能这样，先生，我完全不这么认为。如果我预计会有五千人到场，结果只来了五人，我同样会尽全力给出最好的讲道。还有一点，不要因为没有人来而亏待那些来的人。风雨交加的夜晚，我期待的，是神最大祝福的时候，因为人们做出了牺牲来参加聚会。有一次，我在波士顿演讲的消息已经公布出去了，而且发出了三千张门票。结果那天波士顿却遭遇了八九年来最大的暴风雪。我费了好大劲才到达城里，然后又扒开厚厚的雪堆，艰难跋涉到会议厅。当时，大厅里的人数不到一百人，主管们想知道是不是最好先结束会议，等暴风雪过去再说。我说，'不，差远了。'对着那一百人，我这辈子从来没有那么用心地讲道。我一共准备了六篇讲道，结果全讲给他们听了。一个人若在那样的雪地里，艰难跋涉来听我讲道，我应该尽全力来回馈他的到来。我们要的是反败为胜。一个人若不能做到这一点，那他就是一个失败者。"

问："一个人若还没有得到重生，能允许他加入教会吗？"

答："不能。不然的话，既伤害了教会，也伤害了这个人。很多教会以为，接纳一个人加入教会，就能在良好的影响下促使他归信。但他们发现，这样做适得其反。他会沉溺于自义，结果越来越难以触及他。你刚要开始跟他说话，他就会像避雷针一样。'哦，我得救了！我是教会的一员！'他就这么自我认为。"

问："让尚未归信的男女在福音派教会里做事，这样对吗？"

答："我从不让未信主的男女去作工。但是，基督徒自己需要热身，然后去作工，使那些非基督徒归信主。"

问："你会告诉一个说话伤害聚会的人，不要参加祷告会吗？"

答："会的。而且很快。我宁愿伤了那个人的感情，也不愿破坏整个聚会。前段时间，我对一个人说：'你今晚不应该说那种话。而且，你的履历很糟糕，根本不应该来参加会议。'

"'先生，'他说，'你伤了我的感情。'

"'是的，'我说，'你伤了我的感情。我和你一样有感情，而且你还伤害了另外五百人的感情。'"

问："如果你的会众里有人与其他人争吵不休，不愿和解，你会怎么做？"

答："我会一直奉劝他们，直到他们和好或离开教会。只要教会成员领圣餐，还要公开争吵，教会就不可能得到任何祝福。我相信，很多教会归信人数如此之少，就是因为教会内部的纷争。神不会祝福处于这种状态的教会。"

问："怎样才能影响教会和主日学里那些还不是基督徒的年青人？"

答："这完全取决于他们是哪一类年青人。明智的做法，也许是先把他们聚在一起，搞一些社交活动。邀请他们到你家喝茶，和他们熟悉一下。了解他们能干什么，以及他们想干什么。另一个好方法是亲自拜访他们。男人喜欢被当作男人对待。他们喜欢有个男人对他们感兴趣。如果牧师去办公室、商店或农场拜访这些男人，他们通常会设法去听他讲道。"

问："讲道的人该如何克服紧张情绪？"

答："我的朋友，这是一个很现实的问题。你还记得第一次站起来讲道，膝盖发抖咚咚作响吗？我来告诉你怎么做。全身心投入到你的讲道主题中，以至于忘记自己。专注于主题，你就应该没问题了。这就引出了讲道的问题。我在这里要说的是，我更喜欢用'谈话'而不是'讲道'这个词。因为，我若能让人们觉得我是在同他们说话，而不是在讲道，那就更容易使他们集中注意力。有天晚上，我在黑暗中走回家，身后有两个人在谈论会议。其中一个人问：'慕迪今晚讲道了吗？'另一个人说：'没有，他没讲道，他只是在讲话。'

"'你以前听过他讲道吗？'

"'听过。'

"'你喜欢他吗？'

"'哈，我们不喜欢他。他从来不搞敬拜服侍，他不穿牧师长袍；然后是他的讲道——哇嚓，他根本不在讲道，只是在说话而已。'

"我觉得这实在是恭维。我很高兴——我能让人们觉得我是在和他们说话。我觉得有时候我们讲道几乎把人讲死。老是讲道、讲道、讲道。如果你能去掉他们的先见——你要向他们讲道，让他们认为你只是要讲话，那你就更有可能触及他们。

"还有一件事：自然一些（be yourself）。我讨厌那种人：一跟你谈论宗教话题就装出一副宗教腔调，还带着一种奇怪的呜咽声。要自然。像谈论其他话题一样谈论宗教话题。"

问："一个年轻人如何才能抓住人们的注意力？"

答："抓住他们的好奇心。如果你仔细听格思里博士的布道，你会发现，他一开始就离题万里；明显是跑题了，你当时会纳闷他怎么才能回到主题。当他使会众的好奇心高涨时，他就会回到他的主题上来。你会发现，他几乎总是这样开头。还有一点，如果你有好的东西要说，一开始就说出来。不要墨守成规，要开辟一条你自己的道路。不要说'首先'、'其次'、'第三'，然后是'最后'、'结论是'、'最终'等等。把全部真理或主题都直接扔给他们，然后再努力让他们明白。"

"据说，伟大的罗马演说家西塞罗[233]讲完后，每个人走出会场时，都说：'多么精彩的演讲啊！''真是个雄辩家！'但是，当希腊雄辩家狄摩西尼[234]讲完后，人们会说：'我们去和腓力决一死战吧！'[235]狄摩西尼用一个主题来激发人们的斗志；这也是我们想要达到的——把人们的注意力从我们身上转移到主题上。"

问："你若看到观众席里有个人睡着了，你会如何处理？"

答："最好是停下来，说：'能不能打开窗户，透透气？这里有位先生睡着了。'这样会把所有人都惊醒。当一个人睡着时，你无法触及他。人们或许会在梦中说话，但你无法和睡着的人说话。这样的介入并没有什么坏处，尤其是它让人们觉得不是你的讲道，而是坏空气让那人睡着了。很多时候，你用手指着他就能把他弄醒。有的时候我看到一个人正要睡觉，我就会跺脚。只要一个人睡着了，那就等于向全体听众宣告，你是一位说话枯燥的布道者。"

233　西塞罗（Cicero，106BC-43BC），古罗马哲学家、雄辩家。
234　狄摩西尼（Demosthenes，384BC-322BC），古希腊政治家、演说家。
235　这里指的是腓力二世（马其顿）（Philip II of Macedon，382BC-336BC）。

慕迪先生和夫人同孙辈们在一起

四辈同堂：慕迪母亲、慕迪、慕迪长子威廉和孙女艾琳

问："一篇布道应该有多长？"

答："与其让人说你讲道冗长，不如赢得讲道简洁的名声。尽可能言简意赅，讲明白就停。有些人会不停地讲，好像要找个合适的停顿点。我宁愿突然停下来，也不愿那样做。不要浪费时间。记住，我们生活在一个紧张时代。人们的思维比以前更快了。以前，如果有人想在波士顿做点小生意，他会写五六页纸，然后邮寄出去。现在，他把所有事情写成十个字的电报。我们讲道要做到精简。赢得简洁的名声，人们就会愿意听你讲道。"

问："如果诗班打扰你，你会怎么做？"

答："我记得有一次在利默里克（Limerick）讲道，当时我们的圣诗本还是新的。有个年轻人走了进来，加入了诗班。台上大约有三四百人，他坐在前排。我刚开始讲道，他就拿起一本圣诗集，翻阅起来。他从第一首圣诗开始，好像要把圣诗集的每一页都翻阅一遍。我心想：'难道我非得讲到他把圣诗本读完，才能引起大家的注意吗？’我不知道该怎么办。最后我用他做了个比喻。我讲到一位美国年轻人，就说：‘他的年龄大概和这位正在读圣诗本的年轻人差不多。’其结果为，当我请所有在场的需要为其祷告的人站起来时，他站了起来。这位年轻人是神在利默里克赐给我的第一个灵魂。如果他继续读圣诗本，那我几乎不可能抓住他或听众的注意力。要设法抓住听众的注意力。如果你想成为一名公众演讲者，就必须为此进行训练。”

问："抓住听众的注意力后，该怎么做？"

答："瞄准人心。只要不断地冲击那人的心，你就能得着那颗心。如果你得着他的心，你就能得着他的头、他的脚，以及他所有的一切——你就能得着整个人。浪子回头的故事会融化任何人的心。好撒玛利亚人的故事也是如此。或者，任何一个治愈的奇迹——基督如何看到一个瞎子或瘫子，来到他身边，对他心生怜悯。只要向人们敞开基督的心，并引导人们来到祂身边。如果你想抓住听众，就瞄准他们的心；没有任何东西能像耶稣基督的福音那样温暖人心了。"

第四十章

YMCA的后续经历

人们经常提及慕迪先生早期为基督教男青年会（YMCA）所做的工作。在以后的岁月中，尽管直接依靠他支持的各种机构在不断增长，但他对YMCA的忠心从未减弱。确实，他强调具有直接基督教特色的事工（宣讲福音，引人归主—译者），高于其他各方面的努力，并且认为YMCA的基督教生活是该组织真正发挥最大作用的重要力量。他认为，教育特权和体育发展机会有次于YMCA原来目的和宗旨。在他看来，协会只是达到目的的一种手段。他并不认同，为了所谓的"协会方法"而甘愿牺牲传播福音的精神。他强烈反对将女性排除在YMCA的主日福音会之外，他认为在很多情况下，母亲、姐妹或朋友可以作为有效的帮助者，将YMCA原本应该面向的男性带来参加主日福音会。他相信，如果YMCA能够面向不同阶层的听众，那么出席福音会的人数将会非常可观，而不是只有少数年长的基督徒来参加而已。

他经常表达这些观点，结果，有些人认为慕迪先生对YMCA不忠诚。然而，如果说他早年大力为YMCA服务，那么，在他最后二十五年的（为基督）服侍生涯中，他代表YMCA做工所得出的成果仍然是非常丰硕。

慕迪先生在美国早期的福音工作中，抓住每一个机会，来争取地方YMCA的合作，并且从不错过任何一个机会为YMCA的利益服务。在对YMCA各种建筑项目的金融援助方面，确切地说，慕迪先生的合作为YMCA的永久房产基金增加了一百多万美元。一八七五年从英国宣教回国后，他从自己掌管的基督教工作基金中拨给YMCA国际委员会的年度捐款，其数额远超其他任何一位捐赠者的捐款。后来，为了支持YMCA国际学生部的工作，他持续多年，每年募捐数千美元。

慕迪先生尤其希望YMCA的属灵活动充满热情和福音精神。他有时会批评YMCA，就像他批评教会一样。但是，正如他深爱基督教会的各个分支，并致力于它们的发展，他也致力于YMCA的建立发展。他于一八八六年开始举办的学生大会就是这种致力合作的众多例证之一——这些大会的计划和安排主要由YMCA成员负责。布鲁克林YMCA秘书长桑顿·彭菲尔德[236]（Thornton B. Penfield）写道：

"一八七五年，布鲁克林福音运动结束时，他向该协会寻求帮助，希望协会成为众教会照顾归正者的宝贵助手。然而，协会当时因资金匮乏而陷入困境，濒临解散。尽管慕迪先生因过分劳作而疲惫不堪，但他一直待在布鲁克林，直到筹集到约八千美元的捐款。这笔捐款用以减轻协会的债务负担，协助协会扩大其活动范围和效用。从那时起，协会就从未退缩过。一八八四年，他开始有意筹集十五万美元的捐赠基金，并为此多次来布鲁克林帮助。本协会迄今为止在教堂募捐到的最大一笔捐款，是在慕迪先生的一次募捐会上的发言结束时。发言持续了大约十分钟，他谈到了YMCA的工作价值和必要性，同时表达了他对YMCA为他所做的一切的感激之情。一八八五年，慕迪先生在富尔顿街502号为YMCA的中央大楼奠基。甚至在那一天，他向众人发出呼吁当即接受基督救赎，使一些在建筑工地工作的工人归正基督。"

236　桑顿·彭菲尔德（Thornton B. Penfield，1867-1958），美国长老会牧师，曾任布鲁克林YMCA秘书长。

沉浸在处理信件之中

慕迪先生兴致勃勃地观看北田神学院学生的"鸭子爬石头"[237]的游戏

---

237 鸭子爬石头（Duck-On-The-Rock）是一种从中世纪流传下来的游戏。

在纽约大型竞技场举行的复兴会期间，YMCA主席威廉·道奇受托全面负责此次活动，罗伯特·麦克伯尼[238]（Robert R. McBurney）和理查德·莫尔斯是咨询会的领导者之一。大部分工作都在位于二十三街的YMCA大楼展开。复兴活动结束时，以YMCA的名义举办了一场募捐会。共筹集到二十万美元。其中十五万美元用于偿还二十三街大楼的债务，余下五万美元则用于在包厘街（Bowery）建立基督教男青年会学院（Young Men's Christian Association Institute）。

为在芝加哥建造YMCA大楼，慕迪先生曾两次筹款。如今该大楼的房产价值超过一百万美元。在他的努力下，许多主要组织（YMCA）在经济困难时期获得了巨大的资金帮助。费城基督教青年会秘书长沃尔特·道格拉斯先生[239]（Walter C. Douglas）在以下信中记录了两个特别值得关注的例子：

"一八七九至八零年冬天，我在圣路易斯担任秘书长时，该市的YMCA是一个年轻、实力相对较弱的组织。当时是在租房里办公。慕迪先生到圣路易斯举办大规模的福音宣教运动时，该协会出了大力。他在这里度过了整整一个冬天。YMCA在宣教运动中非常活跃。我很高兴整个冬天都能与慕迪先生密切合作。宣教运动结束时，他自告奋勇筹集了三万七千五佰美元，用现金购买了位于第十一街和蝗虫街交界的联合卫理公会教堂的房产，并将其赠予YMCA。尽管当时该社区比较保守，对YMCA的事工不感兴趣，但慕迪先生的卓越能力和影响力使该计划取得了成功。"金额募集到了，房产无债购得，并过户给了受托人。几年后，YMCA以十二万八千美元的价格出售了这块房产，这笔钱是协会今天的宏伟建筑和广泛拓展事业的基金。

---

238 罗伯特·R·麦克伯尼（Robert R. McBurney，1837-1898），美国基督教男青年会（YMCA）秘书长。
239 沃尔特·C·道格拉斯（Walter C. Douglas，生卒年不详），曾任费城YMCA秘书长。

"在费城，YMCA的中心大楼建于一八七三年的金融危机和随后的艰难时期。结果，大楼竣工后，YMCA背负了二十万美元的债务。一八八二年，这笔债务增至四十万美元，其中二十万美元是票据。协会当时处境危急，看起来将要失去房产。这对费城的事工将是灾难性的，其沮丧的士气也将波及全国。

"慕迪先生得知这一消息后，立即以他的无私精神和卓越的执行能力给与救援。他从赞美诗基金中获得了一大笔捐款。此外，他还从纽约市知名人士那里获得了捐款。他带着六万美元的捐款来到费城，然后，又经过努力在费城筹集了十四万美元，足足凑足了二十万美元，用来偿还全部浮动债务（票据），最后仅剩二十万美元的房贷。就这样，慕迪先生用他的私人资金，以及凭着他的个人努力，这一有价值的房产得以保全；同时，也使美国YMCA的声誉免受重大打击。最近，有人出价七十五万美元来购买这一房产，但受托人拒绝出售。这一房产是经过慕迪先生的努力而保全的。

"几年后，他再次来到费城，开始募集二十万美元的活动，以偿还该房产的房贷。这次募捐得到了尊敬的约翰·沃纳梅克先生等人的支持，一共筹集了十五万美元，用来付偿房贷。前一次募捐中，沃纳梅克先生与慕迪先生合作，亲自捐赠了五万美元。在这次募捐中，沃纳梅克先生同样奉献了大量的时间和金钱。

"在简单介绍这两个例子后，我想据我所知补充一点。慕迪先生本着基督教服务精神开展了这项筹款工作，他所行的，给所有与他接触的人，带来巨大的祝福。"

在弗吉尼亚州里士满传教期间，慕迪先生承办筹集足够的资金，在该市建造一座用以YMCA事工的大楼。他筹集了约三万五千美元后，大楼开始动工。然而，在竣工前，他发现还需要一万五千美元才能偿还债务。而这笔债款在几年内增加到二万美元。一八九四年，慕迪先生第二次回到里士满宣教，在宣教期间成功地筹集了捐款来偿还这笔债款。特拉弗斯先生[240]（S. W. Travers）是这样描述此事：

"当时我是协会的主席。应协会的请求，并得到各教派基督教牧师联盟的支持，慕迪先生同意重访里士满。乔治·蒂比茨先生[241]（George F. Tibbitts）当时是秘书长。里士满建起了一座巨大的建筑，可容纳五千多人，并在那里成功举办了一系列福音会。在其中一次会议上，慕迪先生代表里士满YMCA指责里士满市民和基督徒缺乏对YMCA的支持。一八九四年，他仅做了这件事而已。但这已经足够了。会议结束后不久，慕迪先生离开了我们，董事会在当地媒体的支持下发起了一项呼吁，筹集到的捐款总额，我记得大概是二万一千或二万二千美元。

"我确信，里士满YMCA能有今天，在很大程度上要归功于慕迪先生；为此，里士满市欠他一份永久的感激之情，而且我确信，里士满全体人民对他有发自内心的怀念。"

可以毫不夸张地说，慕迪先生的福音宣教之旅，可以通过他对这些地方机构的影响来追溯。有关慕迪先生在旧金山市所做出的努力，该市的麦考伊先生[242]（H. J. McCoy）写道：

"在YMCA致力于保护青年人的道德和精神不受恶势力影响这方面的事工，慕迪先生功不可没。该会在整个加州，尤其是在本市的发展壮大，很大程度上要归功于他的努力和及时的帮助。一八八一年，他来到旧金山，蒙神的祝福，拯救了本市的YMCA，并在萨特街的房产上筹集了八万四千美元的债款。凭借他的智慧和远见，本会得以重组，奠定了坚实的基础，并开始为青年人服务的正当认可的工作。慕迪先生慷慨捐出自己的私人资金来偿还

240　特拉弗斯（S. W. Travers, 1828-1923），美国企业家，曾任里士满YMCA主席。

241　乔治·蒂比茨（George F. Tibbitts，生卒年不详），曾任里士满、马里兰YMCA秘书长。

242　生卒年不详。

债务。慕迪先生应YMCA国际委员会的邀请来到此海岸。该委员会积极热情地同他合作，并大力协助他当时的事工。该事工对太平洋海岸的青年来说，实在是意义重大。

"经他努力，我于一八八一年八月担任旧金山YMCA的秘书长。二十五年来，他一直是我亲密的私人朋友，我之所以能从事基督教工作，比起其他在世或已故的人，更要归功于他的影响。"

丹佛YMCA秘书长丹纳先生[243]（W. M. Danner）也作了类似的见证，见证慕迪先生在他最后一年的福音宣教工作中对YMCA事工的积极投入：

"慕迪先生一八八九年在丹佛的工作，为YMCA筹集了三千六百美元的日常开支。对于慕迪先生的一系列大型布道会来说，这笔钱只是附带性的，但也足以使（丹佛）YMCA摆脱多年来一直困扰该组织的巨额赤字。"

慕迪先生代表YMCA所发挥的间接影响，也同样在物质方面起到巨大帮助。奥尔巴尼（Albany）YMCA的一位前秘书长写道：

"一八八六年，慕迪先生在纽约州奥尔巴尼举办了一场或多场的布道会，YMCA在此次宣教活动的管理中发挥了重要作用。慕迪先生如往常一样在大会闭幕式上，恳切呼吁奥尔巴尼市民为青年人的事工提供更好的设施，并热切宣传为协会建造一栋大楼的必要性。他表示，在神的恩赐下，YMCA在培养他在基督教服侍方面，比任何其他机构都有更大付出。他的呼吁获得了成果。查尔斯·沃特曼先生[244]（Charles F. Waterman）受此启发，慷慨解囊，并热切倡导建造这样的一栋搂。通过沃特曼先生和慕迪先生对这项运动的积极倡导，詹姆斯·杰曼先生[245]（James B. Jermain）对YMCA产生了关注，并将现在这座建筑捐赠给了YMCA。后来，

243　生卒年不详。
244　生卒年不详。
245　詹姆斯·杰曼（James B. Jermain，1809-1897），商人、律师、慈善家。

他又大幅增加了捐款金额，最终对YMCA的全部捐款超过了十万美元。我完全相信，建造这座楼的建议应该归功于慕迪先生。"

宾夕法尼亚州匹兹堡的塔格特牧师[246]（S. A. Taggart），多年来一直担任宾州YMCA秘书长，他详细描述了慕迪先生为宾州青年所做出的努力：

"慕迪先生是美洲大陆YMCA的先驱者之一。在南北战争（1861-1865）之前，这个国家的YMCA数量很少，仅有立足之地而已。其中最老的协会也不过成立了十年。许多协会在战乱年代解散，剩下的大都也只是有名无实。直到战争结束后，这些协会才开始积极进取的精神生活。

"在这些开创性积极进取的运动中，慕迪先生很早就活跃其中。基督徒士兵回到自己的家乡后，回想起战时在各个营地由YMCA举办的令人印象深刻的会议，就提出了一个问题：'为什么不在我们这里也建立一个YMCA？'很快，慕迪先生就受邀请在西北地区宣传推广成立协会。也正是在这个时候，他被选为芝加哥YMCA的首席执行官。"

"他告诉我，他曾为了YMCA的利益首次访问匹兹堡。一八六六年，他去费城，途中在匹兹堡换乘火车时曾在城里小憩。他说：'我当时时间有限。我跑到街上，在一家商店前停了下来，问见到的第一个人说："请你告诉我你们最热心的几位牧师的名字。"他说："我的牧师就是其中一位。""他叫什么名字？""赫里克·约翰逊，"他回答。"他住哪里？"他告诉我怎么找到牧师的家。我按了牧师家的门铃。进去以后发现牧师家正在晚餐聚会。参加聚会的人对我的突然到来感到惊讶。我当时充满激情。我告诉约翰逊博士，匹兹堡应该成立YMCA，并且谈了很长时间。他当即同意我的看法，并说当时正在起步成立这样

---

246 塔格特（Samuel A. Taggart，生卒年不详），美国YMCA先驱者之一。

一个组织。'

"不到两个月（一八六七年一月），慕迪先生回到匹兹堡来参加一个基督教大会。他当时为这个年轻组织所做的努力非常有效。得到极大的赞赏。冬天尚未结束，整个匹兹堡充满了浓厚的基督教热情，许多年轻人受引导开始基督徒生活。很快，他的服侍就受到了各协会的热烈欢迎，不仅在芝加哥地区，而且远至波士顿和费城等东部地区。

"一八七零年，他参加了在印第安纳波利斯举行的（YMCA）大会。正是在这次大会上，他发表了这些精辟的名言：'律法说去行，恩典说成了；律法说以行而活，恩典说以活而行；福音对罪人说"来"，而对基督徒说"去"。'这些名言很快在全国每个地方协会的会堂里引起了回响。名言很容易被扩充，并构成了慕迪先生日后实践神学理论的重要组成部分。

"三十多年前，我曾在芝加哥小住了一两天。因着我的亲身观察，我对慕迪先生有了第一印象。有一天，我正沿着麦迪逊街行走，YMCA协会大楼的公告牌引起了我的注意。牌上贴着一条公告：'明晚七点半在法威尔大厅开会。D. L. 慕迪，演讲人。主题，耶稣。'几分钟后，我参加了由慕迪先生主讲的午间会议。他演讲的主题也是'耶稣'，但他似乎并不担心会将明晚上的主题给讲完了。他身上有一种超乎寻常的紧迫感。他对基督的理解如此生动、宏大，以至于他必须将其倾述。若我能从那时候起，将他在所有基督教聚会上所讲的内容，用一个词概括起来，那就是'耶稣'。

"不到两年，我就当选为宾夕法尼亚州YMCA的秘书长。这是一个全新的职位，在联邦任何州都没有先例。尽管这个职位看起来吸引眼球，但我很快发现，它涉及到一些特殊的问题和困难。于是，我向那些年长且经验丰富的人寻求建议和帮助。我想到慕迪先生，并于一八七一年秋天在芝加哥拜访了他。我在芝加哥YMCA的就业部门办公室里找到了他，他正在处理失业青年的问题。我告诉他，我是来寻求帮助的。他说：‘我不能保证帮助任何人；我太忙了。如果我能把自己分成两三个人，我就没有空余时间了。’

"我们商讨的结果是，如果他有时间的话，他同意第二年冬天来费城、匹兹堡、斯克兰顿（Scranton）、哈里斯堡（Harrisburg）、伊利（Erie）和其他地方，帮助YMCA大会的召开。会面之后还不到一周，就传来了芝加哥大火的消息。慕迪先生的宣教机构和YMCA大楼，以及他的家都化为灰烬。成千上万的人无家可归，一贫如洗。他又肩负起许多新的重担。我以为他答应来宾州的事将是遥遥无期。

"一八七三年初，我在费城，有机会拜访了我们州委会的约翰·沃纳梅克先生。沃纳梅克夫人当时在场，说道：‘无论如何要让慕迪先生来宾州。他一直在我们教堂和布鲁克林的凯勒博士那里开会。他是美国最杰出的人物，能促使人们思考自己的罪以及另一个世界。凯勒博士同意我的看法。’

"一八七三年五月的最后一周，匹兹堡YMCA一直在举行特别会议，慕迪先生在五月二十七日的会上作了一次有关圣经的演讲。这是他离开美国前往英国宣教之前主持的最后一次敬拜活动——后来证明他的英国之行是一次奇妙的宣教。我从未忘记那次演讲。我没有做笔记，但近二十七年来，我一直记得演讲的主题及其四个要点。他的主题是神的爱。其四个要点是：第一，神赐下祂儿子的爱；第二，神的爱浇灌在我们心中是为侍奉祂做好准备；第三，神在祂子民的苦难中所赐的爱；第四，死亡中神所赐的爱。

"关于最后一点，他的话似乎是他临终时的预言。‘人们对我说，你有死亡的恩典吗？我说没有；我现在只有恩典来举办这场会议。主应许在我们需要的时候，而非之前，赐下恩典；即当死亡来临时，而不是在死亡之前，祂会赐下临终的恩典。有人问我："你怎么知道，我们死后，祂会与我们同在呢？"我说，因为祂在祂自己的话语中告诉我们：在耶和华眼中，看圣民之死极为宝贵（诗116：15）。祂的灵感动祂的一位仆人写下这段话来安慰我们：因为我深信：无论是死，是生，是天使，是掌权的，是有能的，是现在的事，是将来的事，是高处的，是低处的，是别的受造之物，都不能叫我们与神的爱隔绝；这爱是在我们的主基督耶稣里的（罗8：38-39）。就好像预见有人会怀疑似的，祂说的第一件事就是："因为我深信死亡不能叫我们与神的爱隔绝。"我的朋友们，当我们被呼召去死的时候，如果我们爱神，我们立刻就会知道神会照顾我们所爱的人。与我们所爱的人分离会让我们难过，但祂会给我们光明。或许，在死亡的那一刻，神会乐意在我们离开肉体之前，让我们一睹未来的荣耀。如果是这样，这个世界将永远被毁坏；我们甚至不想回头看这个世界。我们很快就会知道，神会照顾我们所爱的人。'

"我禁不住将这些话与二十六年后慕迪先生临终时所说的话进行比较：'大地在退去，天堂在我面前敞开。我已超越大门。神在召唤。别再叫我回来。'我不禁想到，他一定已经看到了未来的荣耀。

"在会议结束时，他说：'我将前往英国的制造业城镇，用三个月的时间传扬福音。同时，我们在芝加哥的教堂即将竣工。我需要你们为我祷告，使我充满神的爱，以至于我所传讲的唯有耶稣基督并祂被钉十字架。'我们这些听他演讲的人，几乎没有想到，不到六个月，就有五千到一万人在苏格兰爱丁堡听他讲述十字架的故事；也没有想到，他的事工将引发如此广泛的灵命觉醒，结果，他用了二十六个月而不是三个月的时间在国外传教。

"早在慕迪先生回国之前，美国YMCA各协会就感受到了他在国外事工中所带来的巨大灵命觉醒。这可以在YMCA州会和YMCA国际大会上，以及许多组织日益高涨的传福音精神上得到证实。在他回国后，这种精神愈发强烈。

"慕迪先生后半生的二十五年，跟任何YMCA地方协会之间都没有正式关系。然而，在此期间，他的精神力量——体现在他的辛勤劳作中，如同一股强大的动力，通过各种会议传递给遍布整个美洲大陆的众多YMCA协会。他对美国各协会生活的影响如此深远，以至于很难想象，假如没有这种关系，这些协会的发展将会是怎样。这不仅体现在协会的精神生活上，在很大程度上，体现在协会的建筑和设施上。YMCA的许多建筑，整体或部分，都归功于慕迪先生无私的努力。尤其突出的是，宾夕法尼亚州的费城、斯克兰顿、雷丁（Reading）和威廉斯波特（Williamsport）。

"一八八五年，在牧师和协会的联合邀请和合作下，他在以下几个地方分别举办了数天的宣教活动，依次为：哈里斯堡、斯克兰顿、日耳曼敦（Germantown，费城）、纽卡斯尔（New Castle）、匹兹堡、雷丁、威廉斯波特、贝尔丰特（Bellefonte）、阿尔图纳（Altoona）、约克（York）和切斯特（Chester）。

"这些会议具有联合大会的性质，通常每天举行三场。晚间会议以传福音为主。城市与城市之间并非是连续访问，而是当他有一定时间的时候访问。最早访问的城市是在一月，最后访问的城市是在十二月。

"在大多数这些地方，当地筹备委员会可以利用不久前兴建的大型滑冰场。滑冰场设有座位，温暖舒适，可容纳大量人群。我保守地估计，至少有五十万人听到了他的演讲，有十五万人亲身参加了这些聚会。与会者兴致勃勃。我听说在某个地方，有近两百名城外的牧师出席了会议。其他地方的情况也大体如此。会后聚会也有很多咨询者参加，与会的牧师们的报告也证实了会议取得了丰硕的成果。

"在斯克兰顿的一次会议上，慕迪先生请我就'我们还能为这座城市的年轻人做些什么？'这一主题发表演讲。演讲后，他接着就宣布，当晚将募捐七万五千美元，为斯克兰顿YMCA修建一座大楼。作为这个主题的实践部分，这样的做法对大家来说是很新鲜的。我看到许多人都摇头表示怀疑。与此同时，协会的经理会利用这次机会，邀请了一批特别嘉宾当晚到酒店与慕迪先生共进晚餐。晚餐中，共为新会堂募集了二万五千美元。有一位很富有，受特别邀请出席餐会的人（原本希望他能够提供帮助），却没有出席。慕迪先生提议在当晚会议开始前立即去拜访他。有些人摇摇头说，这恐怕不会有什么用处。慕迪对博伊斯上校[247]（Colonel Boies）说：'开会之前，驾着你的雪橇，跟我一起去见见这个人。我喜欢同富人交流，尤其是当他们不愿意奉献的时候。他们是被忽视的阶层，需要有传教士的关怀。从来没有人想过要跟他们谈谈灵魂或作为神的管家的职责。'

"他去见了这个人，对他说：'我们需要一个像摩西一样的人，为斯克兰顿的年轻人引路。协会几乎整天都在街上讨钱来维持生存，而它本应该努力拯救城里一万名年青人。我们希望你捐二万美元，领头来为协会建造一栋楼。'这个请求让老先生一时语塞，无言以对，最终说他捐不了。慕迪先生又跟他谈捐一万美元，同样没有答复。慕迪先生问他：'你今晚会来参加会议吗？''会的，'老先生回答。'太好了，我想请你在台上坐。'

"开会的时候，我们费尽周折才来到讲台上。慕迪先生对我说：'你看到XX先生了吗？'我还没来得及回答，他就看到站在

247　博伊斯上校（Colonel Boies，1837-1903），美国商人、银行家、国民警卫队上校。斯克兰顿著名人士。

讲台边上的XX先生，赶紧凑过去，低声喊道：'多少钱？一万，一万？''哦，不，'XX先生回答，'只有一半，只有一半。'

"当天晚上，当宣布此人，以及其他几个人，每人捐赠五千美元时，给人留下了深刻的印象。原因是那人一向以不情愿捐款出名。但正因如此，这件事鼓舞了全城的人，大家相信这个项目一定会成功。从那时起，此人就对这个建筑项目产生了浓厚的兴趣，他本人也因捐赠而蒙祝福。当晚的募捐活动最终筹集到的资金不到三万五千美元，但后续情况表明慕迪先生知道此景况。他得知，许多对斯克兰顿商业感兴趣的人居住在纽约市和其他地方，因此他向斯克兰顿人民保证，这座大楼很快就会建成。

"那天晚上，我们乘火车前往下一个聚会地点，费城的日耳曼敦（Germantown）。我为斯克兰顿的情况感到焦虑，不知道剩下的建筑资金将从哪里来。慕迪先生对我说：'写信给你在纽约的朋友，问问特拉华、拉克万纳和西部铁路公司总裁塞缪尔·斯隆先生星期六是否会在他的办公室，以及具体时间，然后让他们电报给你在费城的住址。'日耳曼敦会议结束后，我们受邀星期六去约翰·沃纳梅克先生家用早餐，当时有一大群人出席。用餐时，我收到一封电报，说斯隆先生当天某个时间会在纽约的办公室。我把电报递给慕迪先生。他读完后，立即从餐桌旁起身，说道：'朋友们，很遗憾要离开你们，但国王的事需要赶紧办。'几分钟后，他就坐上去纽约的火车。

"他拜访了斯隆先生，很快就得到了斯隆先生对拟建的斯克兰顿大楼的全力合作。俩人正在谈话，一位老先生走了进来，斯隆先生向他介绍慕迪先生，说：'这正是你想见的人，他可以在斯克兰顿帮你忙。'慕迪先生还没来得及说话，老先生就说：'这就是那位在斯克兰顿引起轰动的人吗？我担心他让人们捐赠超过他们能力范围的钱。我不会捐任何东西；我在短时间内

已经为各样事情捐赠了七十多万美元。你为什么不去找那些什么都不捐的人，反而来找我们这些捐赠的人呢？'

"慕迪先生说：'我想给你讲一个小故事。''不用，'老先生说，'我不想听任何故事。''你必须坐下来听这个故事，'斯隆先生插话道，'慕迪先生，你可千万别灰心；每次他在决定施舍的时候，总是这样。'

"终于，这位心思不安的老先生开始听慕迪先生讲的故事。'从前有个人出去募捐，遇到一个和你意见相佐的人，问他："为什么不去找那些从来不给钱的人，而来找我们这些常常给钱的人？"募捐人回答说："如果你想要一桶好牛奶，你会去找一头常常能挤出奶的奶牛，还是去找一头很久才挤过一次奶的奶牛？"'

"这个故事取得了预期的效果，斯隆先生向慕迪先生保证说，'别看我们的朋友现在不笑，你离开这里不到十分钟，他就会跑遍这栋楼的所有办公室，把慕迪的精彩故事讲给大家听。'

"慕迪先生没再说什么。几天后，这位老先生就捐了五千美元。慕迪先生在他的休息天在纽约为斯克兰顿基金努力，募集到近三万美元。然后，不到四天捐款就达到六万多美元。建楼所需的全部金额七万五千美元，在不到六周的时间内就全部到位。慕迪先生常提起这段经历，称之为'红字周'[248]。

"我曾一度想找一位慕迪先生不熟悉，但可以为他在北田的教育工作提供额外资助的人。经过一番深思熟虑后，我告诉慕迪先生说：'我在油田地区有个朋友，我们认识很久了。我刚认识他的时候他很穷，现在他很富裕，而且他的富裕对他的基督徒品格没有影响。我希望你能写信给他，解释一下你的事工和需要。'不久以后，我收到了慕迪先生的来信，他在信中说：'主回应祷

---

248 红字（red-letter）表示具有特殊意义。

告，我必须见证祂的良善。我给你的朋友写了信，写完信后，我祈求神，如果他有能力的话，愿他能捐出我所提出的金额。他已经把五千美元的支票寄给我了。'

"过了一些日子，我正巧在该朋友家所在之地，就去拜访了他。他对我说：'我想，是你安排慕迪先生来找我的，因为我从未见过他的面。我收到他的一封信，信中要求我为他在北田的学校捐款五千美元。读完信后，开始我想我捐不了什么，但后来我决定无论如何也要捐五百美元。过了一会儿，我把金额提高到了一千美元。在回家吃午饭的路上，我想到数百名贫困的青年男女每年只需花一百美元就能接受教育，而余下的一大笔费用则由慕迪先生承担，为此他必须要有所准备。于是一个念头就临到我，"那就捐二千五百美元吧。"到家之前，我想，如果妻子同意，我就捐五千美元。当我把信给妻子看后，她说，"他要多少就给他多少。"这一切发生在一个小时内，当天下午我就把全额支票寄给了他。'"

乔治·霍尔牧师[249]（George A Hall），现任纽约YMCA州务秘书之一，是慕迪先生二十五年来最亲密的朋友之一。他非常珍惜慕迪先生写给他的两封信。这两封信分别是在他们亲密友谊的开始和末了收到的。第一封信写於一八七五年十一月，慕迪先生离开布鲁克林前往费城，并让霍尔先生负责布鲁克林的青年聚会。信中写道：

"亲爱的霍尔：我希望你能写封信给我，告诉我工作进展如何。我真心希望你能安排今年冬天住在布鲁克林。如果你可以的话，我会尽量在今年冬天或春天找个时间来帮你。那里的事工已经激励了城市里的年轻人。一项伟大的事工已经开始，尽管我还

249　乔治·霍尔（George A Hall，生卒年不详），曾任华盛顿特区YMCA秘书长、纽约州YMCA资深秘书（1876-1904）。

没有对那些尚未归信的人说过一句话。我确信神今年冬天会做一件伟大的事，我真心希望你能支持我。现在，全世界的目光都聚焦在布鲁克林。在那里继续开展工作非常重要。我向所有的年轻人致以深深的爱。"

一八九九年十一月八日，慕迪先生在前往堪萨斯城的途中，在费城停留，然后写了下面这第二封信作为告别信：

"亲爱的霍尔：能再次和你一起参加会议真是一种荣幸。如果神允许，我会同你在一起。自从我们在伊利诺伊州庞蒂亚克和我们的朋友卡尔弗在一起，差不多有三十年过去了。而卡尔弗已回天家。从那以后，有多少人已回天家！当我们都聚集在天家时，我们将会一起度过多么美好的时光！我现在要去堪萨斯城了。"

慕迪先生的辛勤工作并非仅限于美国YMCA。在他的建议和努力下，奥弗顿勋爵[250]（Lord Overtoun）创办了苏格兰格拉斯哥圣经培训学院，致力于为基督教服侍培养训练有素的工作人员。在阿伯丁（Aberdeen），慕迪先生筹集了二万五千美元，为当地的YMCA建造了一栋搂。在邓迪（Dundee），他又成功筹集了二万七美元，用于类似的用途。在其他城市，他间接地支持了YMCA的事工，诸如一八七六年为利物浦YMCA奠基，一八九六年为科克（Cork）YMCA奠基。

由于他的努力，好些宣教机构得以建立，成为福音传教事业持久性的鲜活见证。这些宣教机构中，YMCA地方协会都有联系并积极合作。

慕迪先生逝世后，芝加哥YMCA举行了追思会。追思会上，芝加哥YMCA通过了以下决议，简要回顾了他与该组织的关系，并对他表达了敬意：

250　奥弗顿勋爵，或约翰·怀特（Lord Overtoun, or John White，1843-1908），苏格兰企业家、慈善家、长老会教徒。是一位有争议的人士。

缅怀德怀特·**L**·慕迪

芝加哥基督教青年会举办此次追悼会，旨在缅怀德怀特·L·慕迪先生和他杰出的品格。慕迪先生一生的伟大事工并不局限于地方范围。他的名字早已不再属于芝加哥。然而，尽管两大洲都以深情的赞赏之声来缅怀他的功绩，我们仍然可以在此回顾那些为他伟大的事业做准备的日子和事迹。

慕迪先生在协会成立初期所做出的贡献是无法估量的。从一八六一年到一八七零年，他是协会事工最积极执着的领导者。在此期间，他曾担任过图书管理员——该职位后来发展成为总秘书。一八六五年至一八六九年，他担任协会的代理会长。他将自己在协会最初几年的精力都奉献给了基督教事工。在此之前，一位知名商人（慕迪先生曾就职于他的商店）这样评价他："如果慕迪先生手头没有那么多其他事情要做，他会成为一名非常优秀的店员。"

这些"其他事情"即是他同胞的永恒福祉。像他这样的灵魂，不能被长久束缚在那些用来谋生的日常工作中。而这些日常工作恰恰是把大多数人捆绑起来的绳索。怀着难以磨灭的热情和坚持不懈的活力，慕迪先生投身于神所呼召他的事工中。就是在这里，他开始了这项更宏大的事工，也就是在这里，他获得了日后事工所需要的装备。这将永远是本协会的珍贵回忆。他后来为社区和国家所做出贡献，如同他在本协会成立初期所做出的贡献那样伟大。

大学学院学生大会

学院露营地一角

慕迪先生同孙女艾琳

　　本协会称他为协会唯一一位最伟大的卫士。多年来，他一直是本协会参加YMCA年会的首席代表。在YMCA年会上，他坚决主张福音工作在协会事工中是至高无上的，甚至可以说是责无旁贷。在南北战争黑暗岁月中，他起了主导作用，使协会成为联邦军队和普通民众中的良善力量。在建造芝加哥YMCA的第一、第二和第三座大楼时，他起了积极有效的作用。首座建筑，法威尔大厅（Farwell Hall），也是世界上第一座YMCA自己的建筑，于一八六七年开放。当时慕迪先生是协会的主席。四个月后，它被大火夷为平地。火势最猛烈的时候，慕迪先生发出祷告的呼吁；

因此，在通常祷告赞美的时间，人们每天都在卫理公会教堂的演讲室里，举行祷告会来祷告和赞美。一八七一年的芝加哥大火，烧毁了第二座建筑。之后，慕迪先生在协会的一个委员会里，负责救灾工作。此后，有很长一段时间，他还为协会提供了各种重要的服侍。就在去年，在协会四十周年庆典仪式上，他还表达了希望："协会最伟大的工作和最辉煌的成就还在前方"。

芝加哥YMCA协会向德怀特·L·慕迪深表敬重和缅怀，感谢他在这里所付出的贡献，以及他为世界传扬福音所做的更伟大的事工，并且取得了如此巨大的成功。令人欣喜的是，一位在服侍本协会期间获得基督教工作训练的人，被神大大的使用，在人世间拓展祂的国度。在此沉痛时刻，协会向他的家人致以诚挚的安慰。

第四十一章

咨询室

值得一提的是，就在一八七一年芝加哥被大火焚毁前，慕迪先生曾让一群听众散去，让他们回家思考如何来面对基督。此后，他就再也没有见到过他们。他认为这次解散是他一生中最大的错误之一，并决心永不再犯。从那时起，他就非常重视在福音演讲结束后的会谈，在会谈中，他试图引导听众就他刚刚提出的重大问题立即做出决定。这些会谈或许是他工作中最具特色、最有原始性的部分。慕迪先生在谈到咨询室及其用途时说：

"个人的交往至关重要。在宣讲福音后，没有人知道，有多少个灵魂因缺乏个人跟进而迷失。令人痛惜的是，教会成员中很少有人有资格与咨询的人打交道。可惜的是，这恰恰是他们能够最有效地协助牧师的一项事工。通常人们不会在牧师的讲道时归信。而在咨询会中，他们最有可能被带到基督面前。

"有些人看不出咨询会有什么用处。他们认为这是个新鲜事物，我们没有任何权威来证明其有效。但咨询并非是创新。在整本圣经中，我们到处能读到咨询的故事。施洗约翰讲道时，就有人插入问问题。如果有人能时不时在牧师讲道时插入，问问牧师那些抽象的东西是什么意思，那将是一件好事。能确保人们理解牧师所讲内容的唯一方法，就是让他们提问。我不知道，当有人站起来问："我该怎么做才能得救？"时，那些把所有的东西都写下来的人会怎么做。然而，这样的问题比你所有其他的东西都更有益处。它们会唤醒人们的探寻精神。

"有些人说：'你只要把讲道讲得通俗易懂，连普通人都能理解，不就行了吗。'啊哈，基督是一位简明直接的传道人，然而祂却问：'这一切的话你们都明白了吗？'（太13：51）祂鼓励人们求问。有时我想，当牧师讲的东西下面的人不知所云时，如果牧师停下来，问一问人们是否明白，那么人们就会有极大的收获。讲道人唯一目的就是要把神的话语讲清楚。基督是一位简明朴素的传道人，但当祂向扫罗讲道时，扫罗却被唤醒了。基督完全可以让扫罗知罪悔改，但祂尊重人的作用，差遣亚拿尼亚去向扫罗传讲那救赎之道。同样，腓利被差遣到旷野去同车上的一个人谈话。如果我们想要有结果，那就必须要有个人的工作——手把手的工作。

"我承认，在对待咨询者时，你不能制定规则。世上没有两个人是完全一样。马太和保罗相差甚远，我们所接触的人也许相差甚远。有些东西对一个人来说是良药，而对另一个人来说则可能是毒药。在《路加福音》十五章中，大儿子和小儿子的情况截然相反。对某人而言也许是金玉良言，对另一人来说却可能是污言秽语。神从不把两个人造成一模一样。如果是我们来造人，或许会把他们都造成一样，哪怕必须把他们粉碎，放在模子里来塑造。但这不是神的方法。宇宙万物千差万别。腓立比的狱卒需要个别等待。基督对待尼哥底母是一种方式，对待井边的女人又是另一种方式。很难说人们究竟该如何得救，然而，圣经中的某些部分，对处理某些类型的咨询者可以有所借鉴。

"我认为，在与咨询者打交道时，讲你自己的经历是一个很大的错误。经历或许有其必要性，但我认为在与人交谈时，它们并不适用。与你交谈的人首先会做的，就是在他的实例里寻找你的经历。他不想要你的经历；他要的是他自己的经历。没有两个人的转变方式是相同的。假设巴底买去耶路撒冷，对那个生来就瞎眼的人说：'告诉我们，主是如何治愈你的。'那位耶路撒冷人也许会说：'他只是往地上吐了口唾沫，然后用泥土抹了我的眼睛。''呸！'巴底买会说，'我不相信你已经恢复了视力。谁听说过这样的方法？哎呀，用泥土抹一个人的眼睛就足以把眼睛都弄瞎了！'这两个人都是瞎子，但他们是以不同的方法给治愈的。许多人被拒之于神国之外，就是因为他们在自己身上寻找别人的经历——他们的祖母、姑妈或家人的经历。

"在与人传福音时，务必使用你的圣经。不要相信自己的记忆力，而要让对方自己将经文读出来。不要依赖打印的单张或书籍。因此，如果方便的话，请一定随身携带一本圣经或新约。

"能让一个人跪下来忏悔是件好事，但不要在他尚未准备好之前就让他跪下。你也许需要和他谈上两个小时才能让他明白。但当你认为他差不多准备好的时候，就说：'我们何不求神在这一点上给我们指明方向（原文：给我们亮光）？'

"有的时候，几分钟的祷告比两个小时的谈话更能感动人。当神的灵引导他愿意同你一起祷告时，他离天国不远了。请他为他自己祷告。如果他不想祷告，就让他用一句经文祷告。例如，'主啊，帮助我！'告诉那人，'如果主帮助了那个可怜的女人，那么你若做同样的祷告，祂也会帮助你。如果你的祷告是发自内心的，祂将给你一颗崭新的心。'不要把人送回家去祷告。他当然应该在家里祷告，但我更希望他立刻就开口祷告。一个人能听到自己的祷告声是件好事。他能听到自己的呼喊，'神啊，开恩可怜我这个罪人！'（路 18：13）那是件大好事。

"你要敦促一个人立即做出决定，但千万不要告诉他，说他已经悔改了。千万别告诉他，说他得救了。让圣灵将救赎启示给他。你可以射杀一个人，然后确信他死了，但你无法知道一个人何时获得永生。在这个重大问题上，对任何人你都承担不起欺骗的后果。但这不妨碍你帮助他建立信心和信靠，并正确地引导他。

"总要准备好做个人的事工。当德法战争爆发时，德国将军毛奇伯爵[251]（Count von Moltke）早有准备。深夜，当战争爆发的消息传到他时，他已经上床睡觉了。'哈，好的，'他对信使说，'左边第三个公文包！'然后又睡着了。

"要勇敢地去做事。传福音时，不要找那些社会地位高于你的人。作为一项原则，找那些境况与你相同的人。如果能另行安排，不要和异性打交道。对那些可怜挣扎的灵魂，尽你所能去解答那至关重要的问题：'我当怎样行才可以得救？'（徒 16：30）"

慕迪先生就这个重要问题总结了以下建议：

1. 常备一本便携式，有注释的圣经、一本克鲁登圣经汇编（*Cruden's Concordance*）和一本主题辞典（*Topical Textbook*）。

2. 口袋里常备一本圣经或新约，不要羞于让别人看到你在火车上以及其他地方读圣经。

3. 不要怕在圣经或新约上做标记或旁注。标记那些包含应许、劝勉、对罪人和基督徒的警告、对未信者的福音邀请等等的经文。

4. 每天至少留出十五分钟的时间来学习和默想。这短短的时间必将带来丰硕的成果，并且永远不会后悔。

5. 定志考究遵行耶和华的律法。（拉 7：10）

6. 常常求神开启你的悟性之眼，使你能够看见真理，并期

---

[251] 馮·毛奇伯爵（Count von Moltke，800-1891），普鲁士和德意志帝国军事将领。毛奇家族在军事上均有建树。

望祂会回应你的祷告。

7. 将一切疑惑的重担卸给主。*他永不叫义人动摇*（诗 55：22）*不要害怕寻求你们心中盼望的缘由*（彼前 3：15）。

8. 相信圣经是神对你的启示，并照着行。不要因为圣经包含超自然的事，或者因为你无法理解，而拒绝圣经的任何部分。要敬畏整本圣经。记住神自己对圣经的评价："*因你使你的话显为大，过于你所应许的。*"（诗 138：2）

9. 每天至少学习一节经文。背诵的经文将对你的日常生活和行事为人大有裨益。*我将你的话藏在心里，免得我得罪你。*（诗 119：11）有些基督徒引用莎士比亚和朗费罗[252]（Longfellow）的话胜过圣经。

10. 如果你是传道人或主日学老师，无论如何都要努力精通圣经。你应该比你的会众或主日学班里的任何人对圣经更熟娴。

11. 引用圣经时，力求精准。

12. 制定系统的圣经学习计划：可以按话题（topical），也可以按主题（subjects）学习，例如"宝血"、"祷告"、"盼望"等；也可以按书卷学习，或者按照前文概述的其他学习计划。

13. 学习了解圣经每卷书的写作目的及对象。将旧约与新约结合起来。将希伯来书和利未记、使徒行传和使徒书信、旧约先知书和历史书结合起来学习。

---

252 朗费罗，全名亨利·沃兹沃思·朗费罗（Henry Wadsworth Longfellow，1897-1882），美国诗人。

14. 学习如何运用圣经，以便在亲密交通中"与神同行"，并获得实用的圣经知识，从而引导他人归向基督。一位老牧师常说，他耳边总是回响着那些被忽视的经文的呼喊声，问他为什么没有将它们的重要性表明。

15. 不要满足于每天走马观花地读一章书。至少要研读理解一节经文的含义。

第四十二章

信与行

慕迪先生从事公共事业的早期，由于他的事工独立于教会体制之外，常常受到教会神职人员的误解。他认为，每个教派中至少有数十人比他更能接触到民众。关键在于，这些人要能放下所谓的宗教尊严，让教会外面的人感受到教会同主一样渴望他们能得救赎。在他晚年的时候，他与牧师们的合作更为融洽，赢得了绝大多数人的信任。每年都有数百人应他的邀请前往北田。

当他觉得批评是一项责任时，他说话直言不讳。他脑海里的那幅画面既悲哀又令人发笑——某人专心致志地听牧师讲道，然后，边听边从圣经里剪掉牧师所说的不真实的内容。有一天，这人拿着一本残缺的圣经去找牧师——圣经里许多书页和书页某些部分都被剪掉了，他对牧师说："牧师，这是你的圣经。"

"我的圣经？"牧师不耐烦地说。

"是的。我把你说的寓言、比喻、民间传说，以及神话和所谓不真实的部分都剪掉了。剩下的就是这些。"

"把书给我吧，"牧师说。

"不，你不能拿去，"那人回答。"你讲道还没点到封面呢，至少现在我要把它们保留起来。"

"我相信，"慕迪先生说，"如今有很多学者，就像保罗在世时一样，他们自称为聪明，反成了愚拙（罗1：22）。不过我认为，他们并不是持守圣经启示的人。我说过，那些以剔除的方法曲解圣经的福音传道人，今天否认摩西，明天否认以赛亚，再下一天否认但以理，再下下一天否认约拿，正在给教会带来极大的伤害。我坚持我的说法。我不是说他们是恶人。他们也许是好人，不过这样的话，后果就更严重。难道他们以为，从圣经中剔除超自然元素，就能让人有限而堕落的理性接受圣经吗？恰恰相反！这些人的做法正在清空教堂，驱使这一代的年轻人成为不信者。"

还有一次，他说："我对所提出的问题，即有关基督教与不信（无论其名称如何）的相对价值，已经有了钢铁般的回答。有人曾请查尔斯·索姆奈[253]（Charles Sumner）听听有关奴隶制的另一面意见。'听听另一面？'他回答说，'这里不存在另一面。'，讨论基督教与不信的相对价值，就好像讨论公认的道德法则一样愚蠢。"

对于有真诚怀疑的人，他怀有极大的同情心。且不遗余力引导那人做出正确的决定。但对于那些仅仅是为了辩论而提出难题的人，他根本不予理睬。没有人比他更能分辨真假。他经常谈起这样的一个经历："有个人拿着圣经里一段难懂的经文来找我，说：'慕迪先生，你会怎么处理这段经文？'

'我不用处理这段经文。'

'那你怎么理解它？'

'我不必理解。'

'那你怎么解释它呢？'

'我用不着解释。'

'那你怎么处理这段经文呢？'

'我用不着处理这段经文。'

'那你是不相信这段经文，是不是？'

---

253 查尔斯·索姆奈（Charles Sumner，1811-1874），美国政治家，废奴主义者。

'我相信，我当然相信这段经文。'

'这么说吧，你不会接受任何你无法理解的东西，对吗？'

'错了，我当然会接受我无法理解的东西。有很多事情我不明白，但我信。我对高等数学一无所知，但我相信。我不懂天文学，但我相信天文学。你能告诉我，为什么同一种食物，取决于让哪种动物给吃了，会变成肉、鱼、头发、羽毛或蹄子吗？不久前，有个人告诉我，说他不会相信他从未见过的东西，我问他是否见过自己的大脑？你有没有注意到，人们最不以为然的事情，正是基督所印证的事情？'"

当一位自由派传教士宣称约拿和鲸鱼的故事是一个神话时，记者们问慕迪先生关于这个问题的看法。他的回答只有四个字，却远近闻名："我支持约拿。"

他坚守《圣经》是神所启示的话语，并且以加尔文主义的热情宣讲教义（因信称义-译者），同时他也同情那些从不同角度看待真理的人——假如这种差异仅仅是知性上的。一八九九年，当奥弗顿勋爵以众多苏格兰基督徒的名义，邀请慕迪先生返回苏格兰举行福音布道会时，慕迪先生谢绝了，为此他说：

"我自己国家的福音事工从未像现在这样充满希望。一边是破坏性神学（Destructive Theology），另一边是同样邪恶的极端不宽容精神，在美国许多社区中已经造成了极大的纷争。人们非但没有强调以真理来对抗谬误，反而热衷于'吹毛求疵'的争论，并且常常表现出非基督教的苦毒精神。这种现象常常导致教会人数减少，并为更大的谬误开通了道路。在这种情况下，谁是圣经各卷书作者的问题，相比对圣经本身的理解，其重要性就不是那么紧迫。关于有两位以赛亚的问题的重要性，就不如熟悉预言本身那么紧迫。"

在这方面，有意义的是，他非常坚定地信靠圣经（神的话语）：

"既然我已经找到了一种从未失败过的医治罪孽的方法，为什么还要寻求新的治疗方法？福音已经经历了十八个世纪的考验。我知道它能为被罪所困扰的灵魂做些什么。我已经尝试了四十年它的力量了。令人悲哀的事实是，受过良好教育的人中，很少有人熟悉英文圣经。我可以找到一百个能很好教授希腊语和拉丁语的人，但只能找到一个能很好教授圣经的人。"

"拿起圣经。研读它。把批判留给神学家。以圣经为粮；然后出去作工。如果你想成为一个全面的基督徒，就把两者——研读和作工——结合起来。圣经正在经受前所未有的攻击。异教徒把它扔到海里，但它总是游到岸边。它的教义、应许、以及爱的信息，今天依然像首次传扬时那样鲜活。传递神的信息。顺服神的旨意。不要浪费时间来争论。把推断和理论化交给那些喜欢研究的人。随时都愿意为主做一些微小的事工。"

在他生命的最后一个夏天，慕迪先生这样定义北田的纲领：

"北田大会的核心思想是基督教的合一。因此，我函请所有的教派和教派的各个分支的代表都来参加大会。同时，大家都明白，基督教合一的思想是与圣经本身相一致的。在会议上，我们寻求信仰的共同点。太多时候，当基督徒聚在一起时，他们寻找彼此分歧的观点，然后展开争论。基督教教派常常呈现出一种政党分裂、无法进行有效斗争的局面。你知道吗，在这个国家，每二十四小时就有三百人死于酗酒？在过去四年里，这个国家发生了三万八千五百十二起谋杀案。这些都是需要团结起来共同抗争的事情。"

对于所有他认为致力于人类进步的人，慕迪先生都抱有好感。尽管他对许多名不副实、所谓的教会持有异议，但他从未说过一句不友善的话。他的理念是，与其花时间去拆毁教会，不如去建设教会。

直至去世，慕迪先生一直是芝加哥"芝加哥大道教会"的成员。虽然该教会是按照公理会的模式建立，但却是一个非教派组织。教会最初建立起来，是为慕迪先生在北市场大厅传教后皈依归正的人提供住所。其宗旨如下：

我们的教会：不分宗派，而是同所有爱主耶稣基督的人相交。

我们的主旨：耶稣基督被钉十字架。祂是万有之上，永远蒙神称颂的。

我们的目标：成全圣徒；拯救失丧的人。

我们的盼望：主耶稣基督的再来。

目前教会成员约一千人。参加主日学的儿童平均近两千人。会众中，富人和穷人共济一堂。受过教育的人和没有受过教育的人并肩而坐，愉快且受益地聆听叨雷博士诚挚的讲道。会后聚会经常举行，皈依归正者源源不绝。

北田教会是神学院学生来参加敬拜的地方。慕迪先生的子女是该教会成员。教会曾得到慕迪先生本人全身心的支持。在黑门山教堂建成之前，神学院的学生每个主日都步行去那里参加晨间敬拜。

斯科菲尔德博士[254]（Dr. C. I. Scofield）在谈到慕迪先生作为福音传道人时，特别提到他在试探下所展现的力量和对主的忠诚：

"强者的人生中将面对三种最大的考验——贫穷和默默无闻，繁荣和掌声，以及苦难的考验。有许多人初入人生时，尽管模糊，但意识到自己拥有巨大的潜能。遗憾的是，这些人却因被忽视、境遇窘迫和缺乏赏识而变得愤世嫉俗。另一些人，即使成功通过了第一种考验，却因成功和吹捧而沦为腐败或衰弱。许多能在默默无闻或功成名就中站立的人，却在苦难的考验下彻底失败。蒙神的恩典，慕迪先生安然无恙地度过了所有这一切。或许

254　C. I. 斯科菲尔德（C. I. Scofield，1843-1921），美国神学家、牧师。

很少有人会遇到这种情况：当他们突然被提升到世上尊贵名流的行列中时，他们平静的心态和处事方式却丝毫不受影响。

"毫无疑问，这种泰然自若的精神在一定程度上是一种遗传——新英格兰山区小镇的人惯有的自尊。但毫无疑问，慕迪先生也深知，即使是神之子女中最微不足道的一员，也拥有其内在的尊严。因此他几乎不受世俗头衔或个人名声的影响。有一次，有人激动地悄悄告诉他，有一位显赫人物走进了大厅。慕迪先生平静地回答道：'我希望她能蒙福。'这种独立性，源于他高尚而朴实的性格，而非出于自以为是。并且使慕迪先生赢得了所有人的赞誉。

"从表面上看，首先给目击者留下深刻印象的，总是慕迪先生的统帅才能，以及他对众多集会者的掌控力。由此得出的（错误）结论，是慕迪先生对听众的掌控力并不是由于他作为传道人的（演讲）力量。其他人，例如怀特菲尔德和卫斯理，以及杰出的威尔士田野传道者们，当这些具有'高超讲道艺术'的大师们站起来演讲时，无论开场时听众有多么喧嚣，当即便能使这些人鸦雀无声，并且，最终能使他们受到强有力的影响。但是，慕迪先生不一样。慕迪先生只有在听众同他本人几乎完美地融合在一起后，才开始讲道。这是他与其他伟大传道人相比之下的独特之处。

"为了取得这一效果，他设制了一套适合自己风格的方法。不过，在他的模仿者手中，这套方法就不一定会成功。简而言之，他首先指导一场非常紧凑、充满灵命的敬拜预备仪式，包括唱诗和祷告，其间穿插着他自己简短、直接、独具特色的话语。从他出现在听众面前，到他站起来讲道这段时间里，他让全体听众完全沉浸在一些活泼有趣的事情中。除了中间停下来祷告外，各样的唱诗——包括大型合唱团、四重唱、二重唱、独唱以及全体会众一起唱，一直持续不断。但是，如果认为慕迪先生这样做的目的或产生的实际效果是单单为了娱乐听众，那就大错特错了。他本人的言行举止展现了他极大的热忱和对灵魂的深切关怀。

"从纯学术性布道学的角度，作为一名传道人，D. L. 慕迪受到了很多批评。与此同时，也没有人会为他的讲道方法辩护。然而事实是，这位自学成才的传道人，连续三十五年，在英语世界的文化和思想中心，吸引了比任何现代演讲者在任何主题上都要庞大的听众。这一事实，我们可以无愧地说，教布道学的教师们应该意识到，他们或许可以从他身上学到一些东西。

"他的布道方法绝无神秘之处。从圣经中汲取素材，他完全抛弃自我介绍，直接就进入主题。他很早就掌握了丰富的撒克逊词汇[255]（Saxon Vocabulary），并且意识到短句和简洁的价值。

"所有这些，当他站在听众面前时，他自己却全然不知。他极其认真，绝对真诚，完全不必绞尽脑汁来挤出难以忘怀的词语。他拥有至高的圣灵；加上他强大的理解力，使他免于矫揉造作、辞藻华丽、故作姿态和故弄玄虚。如同所有天生的演说家一样，他善于运用例证，而且效果显著。然而，他这样做并非纯粹是为了效果。他说轶事，或引用圣经故事，最根本的目的是为了能将他的观点清晰表明。

"他的天赋包括幽默（总是那么优雅），悲情、以及源于洞察力的描述能力。很少有人能像他一样，能在听众面前，将圣经事件的背景完整地展现出来。他拥有简洁至上的优雅。他知道何时收尾，并且在结束时从来不做总结来削弱其讲道的力度。"

255　撒克逊词汇或撒克逊语言（Saxon Vocabulary or Language）是五世纪至十一世纪（有十二世纪之说）英格兰人的语言，其特点是短小、实用。

第四十三章

品质和特征

有人说，有些杰出的传道人，当你看到他们站在讲台上时，你希望他们永远不要离开；但当你看到他们在讲台下那光景，你反倒希望他们永远不要再站在讲台（意即讲台上讲的与讲台下行的完全不一致—译者）。但这话绝对不会发生在慕迪身上。他的品格经得起严格的审视。正如他的一位挚友所说："毫无疑问，他肯定有缺点，但我却从未发现过。"如果说他在讲台上向成千上万的人演讲时，他的讲道很有说服力，那么，他真正展现出说服力的时候，是在他安静隐居的家庭生活中，或者是和几位挚友在一起。他生性冲动、精力充沛、意志坚定，但同时拥有极大的耐心、同情心和无私等静谧的力量。

在外人看来，慕迪最突出的特征是他做事的热情。像使徒保罗一样，他可以说，因我活着就是基督（腓 1：21），作为这样生命的结果，他得到的奖赏是他在世上的生涯结束时。我只有一件事是他一生服侍的关键（腓 3：13）。一八七四年，他在苏格兰给惠特尔少校的信中写道："我此行只做了一件事，而且非常出色。只有一件事，这就是我的座右铭。"没有任何东西可以动摇他这一根深蒂固的人生目标。所以，在他倾注全力的各种教育和出版事工中，他只有一个动机：通过各种媒介来传播福音。

但这热情完全是由他最卓越的品质来掌控；这品质即是前面提

起的"他那超群的常识"。他的热情使他能抓住每一个事工机会，但他那敏锐的洞察力，使他能够判断事工的环境和条件是否适合他的努力投入。正因为如此，他常常公开反对朋友的建议——这并不等于他不欢迎或不欣赏这些建议，而是对他来说，建议主要是建设性的，假如对事工没有新的观点，就不太可能被采纳。事实确实如此，甚至可以肯定地说，在他所有最杰出最成功事工的初始，他都是坚持己见，反对那些对事工最有判断力的人的建议；唯独例外的，是他最敬重的顾问——他一生的伴侣，他的妻子。

外祖父慕迪

慕迪先生巡视北田建筑物

北田神学院

　　正因如此，他不顾所有朋友的劝阻，开始了在英国的首次宣教活动；不顾所有人的反对，他担保了《慕迪和桑基赞美诗》首次出版的财务责任；北田学校和芝加哥圣经学院都是在面临巨大反对的情况下建立的，并且在取得成功之前一直是众矢之的。至于科尔波特协会[256]（Colportage Association）的成立，人们普遍认为，至少在这项事工中，慕迪先生已经超过了他的能限。但所有这些项目，以及其他许多项目，其结果不仅令他的顾问们感到惊讶，甚至远远超出了他本人的预期。

对于许多心地不那么单纯的人来说，这种明显的优越判断力会导致令人无法容忍的自负。然而，尽管慕迪先生是自主自立，或者更确切地说，是信靠神的，他在一定程度上是很谦卑的。他始终对人们渴望听他讲道感到惊奇。在北田大会上，只有经人们一再极力恳求，他才同意加入演讲者之列。"有这么多伟大的传道人在这里，我实在没脸站起来演讲，"他会这样回应这些迫切的邀请。

一位著名演讲社的负责人回忆说，慕迪先生担任芝加哥YMCA主席时，他正和亨利·沃德·比彻[257]（Henry Ward Beecher）在一起，他于是请慕迪先生在比彻演讲的当晚介绍一下比彻。"什么，"慕迪先生回答说，"让我介绍比彻？我不够资格。让我擦他的靴子，那我很乐意。"众所周知，慕迪先生对比彻先生作为一名有力的传道人印象深刻，并相信比彻先生能够更大地扩大自己的影响力，尤其是在青年人中。为此，他访问了布鲁克林，并不断地敦促比彻先生投身于福音传道工作。据说，比彻先生确实考虑过这个建议，并且曾一度严肃考虑过参与这项工作。

在布鲁克林早期传教活动即将结束之际，慕迪先生接受了一位世俗媒体代表的采访。当被问及他是否接受过福音工作方面的培训时，他做了以下典型的回答：

"我是这个国家最被高估的人。不知何故，人们把我当作伟人来看，但我只是一个平信徒传教士，学识浅薄。如果报纸继续

256　科尔波特协会（Colportage Association）即现今的慕迪出版社。
257　亨利·沃德·比彻（Henry Ward Beecher，1813-1887），美国公理会牧师、社会改革家、演说家。

刊登我所有的布道，我不知道我会变成什么样子。我手头的布道资料迟早要耗尽，我必须重复过去的思想和教义。每个周日，布鲁克林都能听到很多比我讲得更好的布道。我无法做出像斯托尔斯博士、布丁顿博士、凯勒博士、塔尔梅奇博士，以及其他许多人那样出色的布道。这些人每周都在这里布道。"

很明显的是，慕迪先生对任何谄媚的言行都深恶痛绝。其厌恶程度如此强烈，以至于有时他会格外谨慎，避免被介绍给出席他会议的贵宾。有一次，他在华盛顿演讲时，一位显要人物坐在他身后的讲台上。敬拜结束后，他特意避免介绍给那人。他事后解释说："很多人在他周围挤来挤去，鞠躬行礼，我不太喜欢这种礼节。"

据说，在他早期的一次出国宣教旅行中，当他在一个拥挤的大厅里开始布道时，有人将他隆重地介绍给一位勋爵。"很高兴见到您，勋爵，"他的致意非常简短；然后他指着刚进来的两位女士，对勋爵说"请您让那两位老太太坐在中间座位上好吗？"

然而，尽管慕迪先生厌恶阿谀奉承，他却是一位热忱的崇拜英雄者。只要一谈起亚伯拉罕·林肯，他很少不流泪；而且他有大量的，他喜爱的轶事轶闻来展现林肯的高尚品格。他会充满同样的精神来谈论罗伯特·李、尤利西斯·格兰特、"石墙"杰克逊和威廉·格莱斯顿。他的钦佩之情不仅限于那些无可非议的人物，也热烈表达了对当时创造国家历史的政治家们的敬意。他认为麦金莱总统[258]（President McKinley）与林肯和格兰特一样伟大；美西战争期间，在这位总统负有责任重大的黑暗岁月里，没有一位同情者比慕迪先生更虔诚地为他祈祷，也没有人比慕迪先生更热情地赞扬他杰出的政策。

据记载，慕迪经常选择一条在他的朋友们看来并不明智的行

258　麦金莱总统（William McKinley，1843-1901），美国第25任总统。

动路线。这意味着他们对前景被看似不可逾越的障碍所困扰。然而，这些障碍却从未遮蔽慕迪先生的视野。因为，一旦他认为这是值得去实现的目标，他就会以唯他那毅力才能匹配的热情和活力去实现它。他的成功，在很大程度上，正是由于这种特质所促成。如果不是那么勇敢执着，他的许多事业都会被放弃。对他来说，障碍只是激励他更加努力的一种动力。"我讨厌'不能'这个词，"他说。"当某人说'你做不到'时，我总是想证明我能行。"

大自然的美丽带给他无穷的快乐。北田以其美丽的自然风光而闻名。马车行驶在周边乡村的山间道路上，景色随着季节的变化而不断更新。在这些美好的短途出行中，慕迪先生会向他最亲密的朋友倾诉他内心深处的秘密和心驰神往的目的。周围的环境对他影响巨大；在这些出行中，他常常会突然中断谈话，勒住马，倾心赞美神的怜悯，或用简单的祷告求神指引，解脱他灵魂的负担。

这些自发性的祷告揭示了他的生活情调，那就是与神经常不断的交通。这就是为什么不奇怪，他很少有像某些人那样漫长而痛苦的祷告；因为他与神的交通是一种持续不断的体验，并非局限于某个特殊场合。

他对这一件事[259]的坚定信念和专注使其全身心沉浸其中，结果常常以唐突著称。有一次，他主持敬拜，从头到尾一直沉浸在虔诚中，敬拜之后，有一位说是十几年前相识的人找他叙旧，结果他拒绝谈这些琐事。又比如说，若他正在同一位焦虑的咨询者交谈时，某个衣冠楚楚的年青神学生插进来问他布道能力的秘密，他的态度就会显得非常唐突。

---

259 这里的一件事是出自圣经《腓立比书》三章13-14节，也是本书中多处提到的：忘记背后，努力面前的，向着标竿直跑，要得神在基督耶稣里从上面召我来得的奖赏。

他对于任何形式的争议，或那些惯于扰乱基督教团结的人，不以为然；也从不允许自己被性别抱怨者所困扰。"主啊，救我们远离长发男人和短发女人吧！"是他祷告的一部分。

有一次，在八月大会的一次晨会结束后，有个人责备他没有教导有关圣洁的教义。"我已经好多年没犯罪了，"那陌生人说道。"你真的没有吗？"慕迪先生说，"这样吧，在我接受你的说法之前，我想听听你妻子的意见。"听完这话，这位"完美主义者"立刻大发脾气，使得旁观的人对他妻子顿生同情，并且赞同慕迪的责疑。

人们常说慕迪拥有超人的直觉，能够迅速做出明智的决定。乍一看似乎如此，但实际上，这种印象源于对他本人的肤浅了解。事实上，他是通过快速推理而得出结论。丰富的经验结晶成一些清规明律，确立了某些标准。这可以从他既快又精准地对礼堂或教堂容量估算的例子来显明。这种估算很难凭空而出，而且想要获取可靠的数据也非常困难。即使是最有判断力的人也容易高估这些数字。"老伊利诺伊街教堂的面积只有100乘50，我总是以此来衡量我心中的一切，"是他在这方面估算的精准度的解释。即使在检测那些最大的觐见厅时，他也总是提到他最初参与建造的教堂。秉着同样的原则，他常以第一印象来判断一个人的品格，而且很少有出错的时候。"当你和一个人握手时，如果他的手软得像死鱼一样，你就要当心了，"他经常这样警告。还有一次，他警告过那些"初次见面就说自己什么都知道"的人。

在公开演讲中，他评判听众的方法也具有同样性质。"我总是在听众中这里那里选几个人，对他们讲话。如果我的讲话能引起这几个人的兴趣并抓住他们的注意力，我就赢得了全体听众。如果其中某个人睡着了或失去兴趣，我就专门努力来吸引他的注意力。"

慕迪先生朋友很多，遍布美国和英国各地。这些朋友对他的信任和尊重毋庸赘言，他们帮助他在北田和芝加哥建功立业所付出的奉献，清楚表明了对他的目标和判断力的欣赏。二十年来，慕迪先生平均每年筹集超过十万美元的捐款，用来支持他的各项事工。此外，他在学校的永久性设备上的投资超过一百万美元，而且在其公共生涯中筹集了数十万美元用于支持YMCA和其他组织的各项小型事工。

他将任何真正的友谊都视为一种不容轻视、特别的祝福。然而，据说他的朋友中只有极少数人能与他有非常亲密的关系。局部来说，这是真的，很少有人能进入他那种亲密的、能让他吐露内心深处秘密的密友圈子。然而，就是有少数这样的人，清楚知道他们之间的友谊是真诚的，亨利·德拉蒙德就是其中之一。用慕迪自己的话说，他对德拉蒙德的爱，就像大卫对乔纳森的爱一样。尽管性格教养截然不同，两人之间的互相敬重，是他们深厚温情的最显著体现。慕迪视德拉蒙德为兄弟，对他深沉的虔诚极为欣赏，曾这样评价他："他是我认识的人中最像基督的人。"德拉蒙德对慕迪先生的了解和赞赏之深切，仅少数人能达到这样的程度。他以同样生动的语言描述了慕迪的品格。在《麦克卢尔杂志》上发表的一篇慕迪简短传记中，他给予如下的赞赏：

"尽管此人如同他周围环境一样朴实无华，但美国此时此刻再也没有比他更杰出的人物了。即使在美国最杰出的儿子中，也没有人像他那样为国家或时代做出过如此杰出、持久的贡献。然而，没有哪位公众人物比D. L. 慕迪更遭人曲解——尤其是在思想界。

"这并不是说人们不知道他的存在，甚至不尊重他；而是他的行为举止如此特殊，他的事工发展与通常认为的理性进展过程如此相异，以至鲜有人觉得有必要认真对待他（要对他刮目相待）。事实上，他那一代人对他的真实地位知之甚少，因此本文所记录的初步评价必然显得有点夸大其辞。许多人会惊讶地发现，慕迪先生与他那个阶层的所谓典型群体的差异，如同昼夜——尽管他也许是最后一位反对这一说法的人（他并不反对自己出生卑微—译者）。他虽然每天都以福音传道者的工作而愈来愈感到荣耀，但事实上他也像最无情的批评家一样，清晰地洞察到那个阶层的弱点、狭隘和局限性。

"尤其令许多人惊讶的是，虽然向大众布道是慕迪先生一生主要的对外工作，但他涉足的领域（或直译：火中的熨斗），包括教育、慈善、宗教，也许比任何在世的人都要广泛。他作为大型布道家的公共影响面非常广泛，而他的个人感染力和品格对他在世时以及整个一代人的影响绝不亚于前者。无论是以构成他个性的道德品质来衡量，还是以他的个性给整个大西洋两岸社会留下的深刻印象来衡量，当今活着的人中，也许没有比D. L. 慕迪更伟大的人物了。

"我曾遇见过许多人；并认识许多来自不同国家、不同阶层、不同宗教、不同信仰的男男女女。无论是从贫穷到富有，无知到睿智，慕迪都在这些人身上烙下了不可磨灭的道德印记。我发现，无论是在英国还是在美国，没有哪个大城市他没有去过，没有在那里生活过——无论是几天、几周还是几个月。每到之处，他都留下了至今仍鲜活的精神启发；这些精神启发自诞生之日起，就不断在促进家庭幸福与平安、慈善事业、社会、宗教，甚至市政和国事中，彰显出它们的价值。"

那些有机会通过亲密持久的交往而深入了解慕迪先生的人，对他的淳朴、坦率和无私的性格，给予最坦率、最自然的见证。桑基先生的经历在很大程度上应当是这一整体事实的记录，但他在下文中概括了他的感受：

"对他的布道最大的赞美之一，是他的布道不仅能使会众中最有智慧的人全神贯注，也能使在场的孩子们同样热切地聆听。任何人——每个人——都理解他在说什么。他所要讲的意思对每个孩子来说都很清楚。对老年人来说也同样令人信服。没有其他传教士能够掌握这门艺术——假如说慕迪先生身上有什么东西可以被称为艺术的话——能够同时得到老年人和青年人的理解。他的语言简洁明了。每一句话都充分体现出他强烈的个性。他那强大的天性之美在他的事工中熠熠发光。

"他之所以能如此成功地带领灵魂归向神，原因之一在于他绝对地、坚定地相信他传授给世人的信息。他的信仰如孩童般虔诚。任何疑虑都从未动摇他对圣经的信心。对他来说，圣经就是真理，是全部的真理。

"他从不坐下来双手抱胸，等待主来实现他的愿望。他不相信消极的基督教。

"慕迪先生从不试图抬高自己——从不考虑自己。他从不尝试富丽堂皇的演讲或使用华丽的辞藻。他曾说过：'基督用比喻说话。哦，我多么希望我也能用比喻说话！假如我有足够的知识，我就会！'他那朴实直接的工作方式有口皆碑。他极其热诚，精力充沛，性格可爱，而最重要的是他那颗赤子之心，赢得了数百万人的心。凡是遇见他的人，无一不钦佩他。凡是认识他的人，无一不爱他。无论富人、学者、穷人、快乐的人还是悲惨的人——无论是铁窗囚徒，还是世间的伟人——都发现，他给每个人都带来一个信息。

"如今，世上最崇高的灵魂之一已离我们远去，世人皆为之哀伤。我们的慰藉在于，终有一天——'当迷雾散去'——我们会再次与他相见。"[260]

---

[260] 《当迷雾散去》是一首赞美诗，由安妮·巴克（Annie Barker，1844-1932）作词，桑基作曲。

慕迪先生晚年最得力的助手之一是汤纳教授（D. B. Towner）。[261] 从一八八五年秋季辛辛那提大会开始，汤纳教授一直陪伴着慕迪先生，一同度过了他人生的最后十四年。此后，汤纳教授负责所有学院大会的音乐；他还参加了几次八月大会，协助桑基和斯特宾斯演唱。自一八九三年以来，他一直与圣经学院保持着联系。谈到慕迪先生，他说：

"这些年来，我们之间从无不虞之隙。我从未见过像他这样如此接近基督标准的人。他绝对无私，总是与他的助手们分享一切，如同父亲般关怀照顾他们。在我与他交往的十四年里，他从未对我开口伤人，一直以礼相待。对我的安康福祉，即使我生父的关怀慈爱也不过如此。我对他的爱胜过对世界上任何一个人，他对我人生的正面影响比我认识的任何十个人的影响加起来都要大。我从未有过这样的朋友，我将永远感谢神，让我有幸认识他并与他同工。

"一八九九年春，在加州奥克兰（Oakland）的聚会结束后，我作为他的歌手，同他一起乘火车前往圣克鲁斯（Santa Cruz）。我们刚坐下，一群年轻人就进来了。其中一人喝得酩酊大醉，神态恍惚，一只眼睛完全闭着，脸色惨白。他一眼就认出了慕迪先生，便开始唱赞美诗，大声喧哗。慕迪先生拿起行李，说：'汤纳，我们出去吧。'我提醒他另一节车厢已经坐满了人，他才安静下来，抗议火车公司不应当让一个醉汉这样侮辱整节车厢的人。不多时，列车员就来了，慕迪先生让他注意车厢后座的醉酒家伙。列车员执责走到那个青年人身边，低声对他说了几句话，那家伙就跟着他进了行李车厢。在那里，年轻人清洗了眼睛，用手帕包扎好，之后很快就睡着了。

"慕迪先生沉思了一会儿，然后说道：'汤纳，这对我来说

---

261 汤纳（D. B. Towner, 1850-1919），美国作曲家，赞美诗作者。

真是一个严厉的斥责。昨晚我向大家布道，谴责法利赛主义，劝诫他们效法良善的撒玛利亚人。今天早上，神给了我一个机会来实践我所宣讲的，我却发现自己正同时站在祭司和利未人的立场上。'去圣克鲁斯的路上，他一路沉默不语。那天晚上他把这件事告诉给听众，承认自己的羞辱。

"在芝加哥哥伦布运动期间，[262]慕迪先生常在芝加哥西区的干草市场剧院布道。有一天晚上，因人群来得早，他比平时提前结束了聚会。接他回圣经学院住处的马车尚未到达。知道路上会遇到马车，于是他沿着麦迪逊街步行回去。但没走多远，就被一个长相粗鲁的家伙拦住，向他要钱。慕迪先生告诉那人，他身上一分钱也没有。那人好像是被冒犯了，开始抱怨自己受到的待遇，说自己快饿死了，必须要钱。慕迪先生不敢再往前走，生怕他会跟着自己，给自己添麻烦，于是便和陌生人攀谈起来。这时马车很快就开了过来。

"'能借我一块钱吗？'慕迪对马车夫说。

"'当然可以，慕迪先生。'车夫回答道。

"听到这话，那人问：'你是传教士慕迪吗？'

"慕迪先生说是的，他刚刚在干草市场讲完道，同时把马车夫塞给他的一块钱递给那人。这时那家伙却退缩了，说道：'不，不，我父亲是卫理公会的穷传教士；慕迪先生，我宁愿饿死也不愿从你那里拿一分钱。'

"还有一次，他遇到了一群粗莽的家伙。他不想让他们看出来他是在故意躲避，但又不愿径直穿过这群人，于是他大胆地走到一个身材魁梧、看样子是领头的家伙面前，说道：'请你帮我拿一下外套好吗？'又对另一个人说：'请帮我拿着圣经好吗？'穿上外套后，他说：'谢谢，先生们。等你们老了，身体

---

262 哥伦布运动（Columbian campaign）——美国十九世纪的基督教复兴运动。

虚弱了，我希望有人也能这么善待你们。'不消说，这时候他就能安全通过了。"

尽管慕迪先生是一位忠诚的朋友，但他绝不纵容他所爱之人的过错。有时候，他会同他认为犯错的人断绝关系，但这常常让他承受着唯有真诚忠实的心才能体会到的痛苦。但在另一方面，为了帮助朋友他愿意做出个人牺牲，而且常常为了帮助陷入困境的朋友而付出，不仅仅是暂时的不便，甚至是巨大的个人损失。

家，胜过一切，是一个人最能真实展现自我的地方。而慕迪先生正是在这里展现出他最美好的一面。对他来说，家是世上最甜蜜的地方。如果他仅仅选择自己的舒适快乐，那么他会将晚年奉献给北田镇，以及他开办的学校，而不必理会外界的召唤。他参与家里的所有计划，对家人需要关注的每件事都充满兴趣，把家人的生活当作自己的生活。孩子的快乐给他带来无穷的乐趣，学生的学校或大学经历让他感同身受，而他对商业事务甚至家庭问题的建议受到高度重视。没有什么琐事是他无法关注的。在家里和社区里，他成了承担最大负担的人。

晚年，他习惯于从十月到来年的四月在外从事福音工作，大约在五月初返回北田。这里是他最喜爱的地方。夏季里，即使是短暂的离开，他也总是感到遗憾。

他的信件很多，但他坚持亲自打开每一封信。跟学校相关的询问信件会被分开交给下属，而一般信件通常交给他的秘书。在特殊情况下，他会用简短的便条指示应如何回复。信件会得到迅速处理；即使是来自不友善的人的来信，通常也会礼貌地回复。有位朋友写道：

"慕迪先生的统帅才能，最能体现在他对细节的关注能力上。他对任何细小的事都左思右想，因为他深知结果在很大程度上取决于细节。除了这种注重细节的天才外，他还拥有非凡敏捷的洞察力和决策能力。"

一位镇报记者在描述慕迪作为一位公民和邻居时写道：

"那句古老的箴言'大凡先知，除了本地、亲属、本家之外，没有不被人尊敬的'（可6：4）用在D. L.慕迪身上却不恰当，因为没有人能比他更受到家乡人民的真挚爱戴和尊敬。镇上各阶层人士（对他的离世）都表达哀悼之情。如果每人的敬意能以一朵花献在他的墓前，那么，那里必定会堆满鲜花。北田镇的民众为他作为一名公民、一个人和一个基督教工作者而感到自豪。尽管并非所有人都认同他的宗教信仰，但他们对他的诚实和真诚深信不移，并坚信他毕生工作的成果将经久不衰，对子孙后代具有不可估量的价值。他们知道，正是由于这位先生的精力和毅力，北田已经从一个相对来说落后的宁静农业小镇，变成了一个稳步发展的繁荣城镇；而且北田和黑门山还建立了全州最好学校中的两所学校。他竭尽全力，要让镇上的男孩女孩都能进入这些学校接受教育。同时，因他的努力，许多有抱负的父母如愿以偿，能够让自己的孩子得到教育。

"去年夏天，他听说有一位妇女靠洗衣来维持生计。她的女儿已经到了上学院的年龄，但她对自己送女儿去学校的能力感到绝望。慕迪先生立即回复道：'告诉校长，把女孩子列入免费名单，并在学校里给她找个房间。镇上的女孩必须优先得到帮助。'

"这只是众多例子中的一个。几年前，按照某些条款，他给北田和吉尔镇的所有男孩在黑门山学校的第一年免交学费。此后，每年都有几个男孩获得这个机会。

"他随时行动，准备好资金和事工，来推进任何有利于北田镇的计划。在乡村改善协会成立时，他捐款一百美元用于改善街道——知道这笔钱将用在远离学校和他住所的村庄里。自协会成立以来，他每年都慷慨解囊，并给於宝贵明智的建议和意见。

"他为村里那些参天大树感到无比自豪，没有什么比任何试图破坏它们的行为更使他恼火了。他在自己的住所周围和神学院的院子里种植了大量的树和灌木。看到六月神学院山上的绚丽景象，他感到无比欣慰，因为他知道，在他童年的时候，这里曾被认为是镇上最贫瘠的地方之一。一位老人曾说过，在他小的时候，那座山坡上连白豆都结不出来。

"他是一位善良的邻居，每当有人生病或遇到困难时，他总是热情地给予同情和物质帮助。他花园和果园里的果实，走进了许多平民之家。他鼓励妻子和女儿热心帮助镇上各个角落的病人和贫困者。

"秋季里，当水果丰收时，神学院的女生们可以自由进入他的果园和葡萄园享用水果，并把装满水果的篮子拿回房间。每年秋天，他都会把自己果园和神学院校园里剩余的苹果，以及他从邻近农场募集到的苹果，足足数百筐，全部分发给波士顿和纽约的穷人。

"他非常讨厌委员会。几个月前，镇公署正在成立一个组织，有人提议任命一些委员会。慕迪先生站起来说：'我们不需要什么委员会。你想做什么事，就告诉某某先生去做，你就能有所成就。一个人就足以抵过任何委员会。如果真的任命了一个委员会，诺亚方舟就永远也造不出来。'"

波士顿有些人指责慕迪先生有辱讲台，因为他宣称教会应该去寻找那些不寻求教会的人。他回答说："如果有辱讲台意味着把讲台带给人民，我向神祈祷我可以做到。如果我要攻打波士顿，你不会认为我会把枪架在邦克山纪念碑（Bunker Hill Monument）顶上朝天开火吧？"

一八九五年四月二十一日，星期日傍晚，慕迪先生在德克萨斯州沃斯堡市（Fort Worth）一栋专为布道建造的建筑物里举行布道会。这栋建筑物的屋顶是平的，支撑力不够。在傍晚的一次会议中，出席人数约有四千人，期间突然下起了大雨，水积满了平屋顶。就在慕迪先生布道正中时，一声巨响，巨大的礼堂中央的一大片屋顶塌陷了下来。当时在得克萨斯州达拉斯担任牧师的司可福博士[263]（C. I. Scofield）说道：

"我当时坐在离前排不远的地方，旁边坐着一位杰出的南方邦联将军。我和所有在场的人一样，被慕迪先生的沉着冷静以及他控制观众的方式所震撼。他成功阻止了一场踩踏事件，否则的话，必然会导致人们肢体严重受伤，甚至有可能造成死亡。当现场恢复平静，人们安全地撤离了礼堂后，这位将军转过身对我说：'司可福博士，我一生中见过许多勇士身处险境，我相信，当我看到一个人经受考验时，我就能识别出他是否是一个勇敢的人。我告诉你，我从未见过比D. L. 慕迪更勇敢的人。'"

慕迪先生能迅速地了解情况，并能立刻回答许多人需要深思熟虑才能作出回答的问题。一位朋友在谈到他身上体现出的这种特质时说道：

"我非常想知道慕迪先生对一位名叫X博士的牧师的看法，他当时是某个空缺牧师的理想人选。我斗胆问道：'慕迪先生，私下里问一下，您觉得X博士配得上这样的牧师职位吗？'

"慕迪先生站起身来，走到窗边，向外望了好几分钟，一言不发。我担心冒犯了他。然后他转过身说：'他全身都是战斧（Tomahawk；意即充满了暴力）。'我们继续愉快地谈论其他事情，而这位牧师后来的经历证明了慕迪先生的判断是正确的。"

一位牧师去北田采访慕迪先生，想听听慕迪先生对他想招募从事基督教工作的一位人选的意见。他得到的答复也同样耐人寻味。采访时，慕迪先生提到了这件事，没有透露时间，也没有做进

263　C. I.司可福博士（C. I. Scofield，1843-1921），美国基督教神学家，牧师。

一步的解释，只是说："如果你能的话，就把他的靴子（boots）弄来吧；它们比大多数人的全身都好。"

慕迪先生不太在意形式主义，而且不总是遵守会议程序的要求。一天下午，神学院的理事们正在商讨方法和手段时，一位董事会成员必需在会议结束前退场。他正要上车，慕迪先生打开窗户说道："如果我也愿意捐一千美元，您愿意捐吗？"

"行。"对方回答。慕迪先生关上窗户时说，他自己没有一千美元，但他会想办法筹集到。作为回应，一位理事笑着说这程序有点不规范，但慕迪先生回答道："哦，是的，我们这里做事和别人不一样。"

有一次，他驾着马车在树林里行驶，发现一座小桥的桥面上断了一块木板。回来后，他叫来一个在旅馆场地上干活的农场工人，说道："桥上有一块木板断了，"然后告诉他桥的位置，说："拿一块新的木板过去装上去。"

那人犹豫了一下，然后说："那座桥不属于我们地区！"

"我知道，"慕迪先生说，"我的马也不属于那个地区，但它的腿很可能就断在那里了。"

慕迪先生对细节的关注不亚于他对宏伟计划的关注。在讲道时，如有必要，他会中途停下来，说："引座员能打开窗户透透气吗？这里越来越闷了。"有时，他会这样唤醒听众："我跟你们讲确据的时候，你们都快睡着了。我不想让你们觉得我是个沉闷的传道人；你们需要一点新鲜空气。"几分钟后，他又说："请关上窗户。我看他们正在披上围巾。"

慕迪先生不喜欢拍照，开始福音宣教事工后，他只单独拍过两次照。然而，当他的孙辈出生后，他开始重新调整自己的观点，他的一些最好的照片就是同孙辈们的合照。

在慕迪先生福音宣教事工早期，纽约中部教区的亨廷顿主教

[264]（Bishop Huntington）来到北田，用他的话说，是来"采访有关福音宣教的经验"：

"当我到了那里，我发现他正在谷仓里卸燕麦。我们在院子里的一棵树下，进行了一次严肃坦诚的谈话。谈话中，他说的一些话，我曾回忆、重复过不知多少次。这些话是：'我深知，无论我到哪里传道，那里都会有许多比我更优秀、更知名、更受人尊敬的传道人；我唯一能说的就是，主在使用我。'我认为，这就是他整个杰出宣教生涯的精神信仰，也是他力量的神圣秘密。他坚强，因为他单纯。他获胜并取得成功，因为他真诚——因为他甘愿成为神旨意的器皿。"

阿舒洛特河和河边的路
慕迪先生住所附近优美的景色之一

---

[264] 亨廷顿主教（Frederic Dan Huntington，1819-1904），美国牧师，纽约中部圣公会教区的第一位新教主教。

北田神学院东楼

一个安静的地方——沃纳梅克湖——神学院场地

　　有一天早上，为了研究和准备学生大会晨会的发言稿，慕迪先生比平时起得早了一些。他走到窗边，向外看看是否是个晴天。

这时，他看到一个学生正提着一个沉重的旅行箱在走路。显然，这个年轻人正要去车站赶早班火车。

"我已经开始读圣经了，"慕迪先生事后谈起这件事时说，"但不知何故，我就是无法将注意力集中在圣经上。当我读的时候，我眼前就出现那个年轻人拖着沉重的行李箱艰难地走着。也许前一天当我募捐时，他已经把坐马车去火车站的二十五美分捐了出来。是的，而且他还要走将近两英里的路。那箱子肯定很重！我再也受不了了。我赶紧去马厩，套上马，追上那个年轻人，把他和他的行李驮到车站。当我回到家后，我很轻松地就将注意力集中在我正在研读的内容上。"

他对医学界抱有极大的信心，用他自己的话来说：

"在我多年的工作生涯中，我从未碰见过这样一位能干的医生，当我告诉他某个贫穷孤苦的人患病或需要帮助时，他却没有立即前往施救。他不仅医治，甚至分文不收。这些人却被信仰治疗师称为魔鬼。神通过医生和药物来治愈疾病。你问我如果我病了会怎么做？去找城里最好的医生，相信他，相信主会通过他来医治。"

当公理会教堂举行特别敬拜时，他告诉人们，他们没有尽到足够的努力去招集自己的邻居来教堂。

"你为什么不用你的大马车带些人来教堂呢？"他指着一位富裕的农民，点名问道。

"因为我的马车总是装满了我自己家里的人，"那人回答。

慕迪先生当即表示无论如何都要弄一辆马车，并说他自己投资二十五美元，然后呼吁大家捐款。在场听众捐了一百美元，后来又有人捐了八十美元。这就是教堂马车的由来。在夏季，人们可以看到马车从酒店驶过街道，免费接送人们往返于敬拜场所和酒店。

慕迪先生经常被要求担任的最艰难的职位之一就是听忏悔的神父。然而，想要阻止（即便有意愿）那些良心发现和内心负担沉重的人透露他们的特殊情况，那是不可能的。一桩特别有意思的案例发生在慕迪先生的圣路易斯传教活动中。当时，一位非常有绅士风度的男士找到慕迪先生，承认自己违反了法律。他的罪行一直摆在他面前。如果他向当局认罪，其结果无疑将是长期监禁。"慕迪先生，"那人情绪沉重地说道，"我需要您的建议。我愿意为我的罪受苦——但我有一个美丽的家，一个忠诚的妻子，几个可爱的孩子。公开认罪意味着给我的家庭带来耻辱和贫困。我在神面前有何责任？我已经得到了祂的宽恕；我只想知道什么是我该做的；无论后果如何，我相信我愿意去做。"

慕迪先生深受感动。他觉得有必要回答，就说："我的朋友，我无法承担给你建议的责任。你必须去问神。"

次日，那人又找来说："慕迪先生，我觉得我现在不需要你的建议了。我已经完全确定做什么是正确的。我打算自首。"他又和妻子儿女待了一个星期，然后把自己交给了法律，被判处长期监禁。妻子不得不养活自己和孩子。她这样做了一段时间。期间，慕迪先生竭力为这位忏悔者争取赦免，但未能成功。几年后，他再次努力。他满怀希望，专程前往州首府拜会州长。在那里，慕迪先生受到了热情的接待。但当他说明来访的目的时，请求却被断然拒绝，慕迪先生悲痛万分地返回家中。后来，在另一届政府执政时，此人获得了赦免。如今这一家人幸福地团聚在一起。

亨利·克莱·特朗布尔博士（牧师）说，慕迪先生的力量之一在于他言行举止中无所畏惧的独立性。他敢于我行我素，但绝不会冒险尝试成为他人。一八七八年，他在巴尔的摩举行会议时，曾致电特朗布尔博士，询问他是否愿意前来协助工作。特朗布尔博士讲述了与那次出行相关的以下事件：

"我去了那里，参加了他的聚会，然后在他的临时住所过夜。早上，他请我在他的家庭小组里主持敬拜。我说我会读下周日讲道用的经文，《税吏撒该》。他注意到我念撒该名字时的发音，就问：'可以这样叫吗？'

"'是的，'我说，'正确的发音是'Zach-che'us'，但我们北方佬总是把重音念得太早了——'Zach'-che-us！'

"'Zach-*che*'us'，'Zach-*che*'us'，慕迪张开耳朵，试着念这个词；然后补充道：'我想我最好还是按老方法念。'他像其它许多时候一样，正确地衡量了自己。

"慕迪深知自己的能力，也知道自己的不足，并且对两者都给予了应有的尊重。他从不尝试超出自己能力范围的事情，但他无所畏惧地运用自己所拥有的一切。

"慕迪并非东方学者，也从未妄想以东方背景描绘圣经。但他确实按照自己的想法，以及他希望听众也能体会到的方式描述了圣经中的一些场景。我曾听他讲述但以理的故事。他特意拿出自己的手表，当作但以理，正午时分拿出表来看时间，以此作为画面，表明无论有没有狮子，但以理都会像往常一样祷告。他以真诚、绘画般、生动的方式，将这一场景描绘得如此真实，没有人认为他有任何不当之处。

"因此，当他讲述挪亚在洪水前的警告这个故事，他描绘了洪水迟迟未至，当时那些嘲笑挪亚的人的反应时，说：'他们会互相说："老挪亚的暴雨还没有任何迹象。"他们晚上会在街角的酒店里议论这件事。'

"然后，他又像是在解释那样地补充道：'朋友们，我告诉你们，在世界变得像挪亚时代那样糟糕之前，街角肯定有酒店。'这些话谁都能听懂。

"然而，慕迪是个用功的学生，随着时间的推移，他的智力和知识不断增长。他告诉我，有个人发现他在书房里摊开书看，那人感到很惊讶。

"'慕迪，你该不会是说你用了圣经注释吧？'

"'我当然用了。'

"'既然我现在知道了，那我就不会像以前那样欣赏你的布道了。'

"'你以前喜欢我的布道？'

"'当然啦。'

"'那么你也喜欢慕迪的圣经注释，对吗？'"

塔格特牧师，任宾夕法尼亚州YMCA的州秘书长，曾陪同慕迪先生参加了该州的多次会议。他讲了几件颇具代表性的事件，说：

"慕迪先生对事物的适宜性有敏锐的洞察力。在某个举办会议的城市，一位基督教事工的著名代表来拜访他。此人仪表堂堂，看似很有智慧，手里拿着一根精致的金头手杖。我看到慕迪先生盯着那根手杖，它仿佛成了自由交谈的障碍似的。那人走后，他对我说：'你为什么不带根金头手杖？'我告诉他我不够身份。

"'你为什么不带一根？'我反问道。他回答说：'今晚我去参加一个咨询会议，我若带着一根手杖，会显得很有气派。我想，来咨询的人会眼睛盯着手杖，而不是听我说话。很久以前，我去南方，一个代表团在旅馆等候我，送给我一根这样的手杖。很快我就发现，我在旅馆要额外付钱。搬行李工、报童和擦鞋匠的收费几乎翻了一番。我问一个报童为什么这么收费。"哦，"他看着我的手杖说，"你们这些人买得起这手杖，而且你们也不常来。"因为担心钱很快会用完，我赶紧去了芝加哥，把手杖放在了壁橱里，从此就再也没有带着它。'

"在另一座城市，慕迪先生对我说：'这里好像有些不对劲的东西，阻碍了事工，使伟大的祝福受阻。'第二天我发现，镇上有很多自由思想家，即理论上的异教徒，他们来到聚会现场，如他们所说，来看看慕迪先生如何用催眠术迷惑皈依归正者。我把情况告诉了慕迪先生。每次聚会前，他总是在房间里热切祷告，那天晚上更加热切。他内心的负担非常沉重。他非常热诚地布道，然后呼召所有想参加会后聚会的人留下来。结果几乎所有会众都留下了。

"他走下讲台，走到咨询的人们身边。他开始教导他们。过了一会儿，他站到一把椅子上，以便更好地观察他的听众，接下来作了一场极其精彩的演讲。他对罪恶的谴责和对良心的责备令人震撼。他引用圣经，并加以阐释，堪称得心应手。他好像在与一种看不见的力量搏斗，就如同以利亚在迦密山上那样。我看到人们的脸色因良心的谴责而变得苍白。然后，他以一种温柔而令人心碎的恳求，开始讲述福音的仁慈，尚在他讲完之前，整个听众似乎彻底崩溃了。其中一个人站起来说：'慕迪先生，我想成为一名基督徒。'只过了片刻，就有四五十个人站起来，做了相同的宣告。就在那天晚上，我唯一一次听到慕迪先生对他的布道发表评论，他说：'感谢神赐予我这场胜利。'

"慕迪先生认识了匹兹堡的威廉·索，知道索为各种善事慷慨解囊，印象非常深刻。有一次，他去找索先生，请求他为学校捐款一万美元。索先生告诉他，他已经改变了捐赠方式。他不再大笔捐款，而是捐款次数增多、量减少、捐的项目更多。他告诉慕迪通常每次捐赠的金额在五十到五百美元之间。'不过，我给你破个例，给你五千美元，'他说。

"慕迪先生回答说：'索先生，我非常忙，很难想象能每个月找出时间来见你一次把剩下的五千美元分期取回来。'索先生听了慕迪先生这个说法，觉得既有意思又有道理，立刻就把全部捐款都给了他。

"以利亚是慕迪先生理想中的人物之一，但以利亚在罗腾树下的事却使他极为反感。仅有一次，我看见慕迪先生好像情绪很低落。那一次是在他主持会议的地方，有人阴险地散布谣言，说他靠宣教赚了一大笔钱。他听说这件事后，深感不安。他说：'我真想坐火车回家。我想，除了这种事，我什么都能忍受。'

"我跟他说，我很自信那里没有一个基督徒会相信这样的谣言。他对我说：'如果委员会或其他人问你我收费多少，跟他们说我不收一分钱；如果他们要付给我钱或任何东西，你都要拒绝。'然而，谣言反而让当地的人知道，慕迪先生在教育数百名青年男女方面背负着沉重的经济负担，结果那里的捐款奉献非常慷慨。当将捐款呈献给他时，人们清楚地表明，他们深知他的负担，希望能帮助他承担一些。"

慕迪先生常常表现出他对音乐的高度欣赏，尤其是声乐。在所有敬拜仪式中，他对以诗歌来赞美神的重视就是明证。不过，很少有人知道，他完全没有音乐天赋，无法区分不同的曲调。尽管这看起来很矛盾，但没有人比他更容易察觉到歌唱中困难的地方，或更欣赏训练有素的合唱。他极有效地在敬拜仪式中运用音乐。

唱歌具有极大的、有时甚至是压倒性的宗教价值。在传道人出现在讲台之前，人们常常深受赞美诗的感动。事实证明，许多重大的归信基督的决定实际上是在唱赞美诗的时候做出的。有批评说"慕迪仅仅是利用音乐来吸引人"，那实在是最轻率无知不过了。

为了从各个方面和角度来展现这位传教士的秉性——作为一位福音传道者、一位美国人、一位公民、一位经管、一位朋友和一位父亲——作者仅能做的，唯有提及他的朋友们最容易察觉到的部分。然而，所有这一切的主旨却体现在以下的轶事中，它刊登出在《青年之友》（Youth's Companion）中：

　　"一位远在中国内陆的年轻传教士为一个小孩施洗。孩子取的名字叫慕帝（Moo Dee），这个名字组合非常特别，传教士便询问小孩的父亲它的由来。'我听说过你们的神人慕迪，'他回答道。'在我们的方言中，慕的意思是爱，帝的意思是神。我希望我的孩子也爱神。'慕迪先生不懂中文，但仅凭他的名字以中文来表明，就能说出他人生的秘密。"

第四十四章

家庭圈子

"城市不适合我。如果不是我被呼召做的事工，我永远不会再出现在这座城市或任何其他城市。这里总是车水马龙，过度紧张。我多么渴望北田那宁静的日子！"

正如前面那段文字，摘自一八九六年他在纽约宣教时写的一封信，慕迪先生常常表达他对大自然淳朴的品味和热爱。

一八九七年四月，他在圣路易斯写道：

"我正想着下周三早上，我将眺望那亲爱的老北田，四处走走，看看风景。我多么渴望见到你们，呼吸一下清晨的新鲜空气。想到这么短的时间我就要再次获得自由，真是太高兴了。

"报纸铺天盖地报道会议，新闻传遍了四面八方，神正在极大地使用媒体。今年来，我一直充满极大的喜乐；在工作了四十年后，我仍然被神使用，没有被闲置，我完全有理由感谢神赐予我的健康；没有一次感冒，没有一次头痛，工作中充满了喜悦、力量和快乐。"

然而，他最大的火热还是他对工作的投入。他一生的目标一直是传扬福音，并从中得到最大的喜乐。"我真心希望主能像在这里一样，在英国帮助我，"一八九二年，他从爱尔兰写信道。"如果我能像最近一样被使用，那我活着就是一种荣幸。"

慕迪先生的爱好是他的花园和鸡。他需要有生命的东西，他喜欢看着万物生长。"给我寄一封农场佳信吧，"他经常这样写信回家。养鸡给了他锻炼身体的借口。他会花几个小时在鸡窝和花园里"闲逛"（用他的话说），但整个时间内，他的思想却离不开随时准备处理更重要的事情。他身边也经常有一些同工寻求建议或讨论计划。他的花园是用来静心的地方，而不是用来赚钱的。

他通常大约五点起床，把清晨的时间用来研读圣经。慕迪先生无疑是一位勤奋的传福音者，但他在家的四个月里完成的功课比一年中其他时间都要多。有位朋友是这样描述他在家一天的安排：

"他早早起床，骑着马在他的农场周围转，去酒店和与神学院相连的谷仓马厩，这里吩咐几句，那里提点建议，并热情地与路过的人打招呼。早餐后，他驾马车前往神学院。九时整，他向神学院的女孩子们讲解圣灵，如同平常的布道一样，提供给她们许多有帮助的想法。然后，他前往村里的教堂，十一点钟要在那里举行的富兰克林公理会年会上做演讲。途中，他停下来接受一位记者的采访，谈有关他冬季的计划以及他对当天演讲的看法。演讲结束后，因慕迪夫人为会议代表准备的一大篮食物，他演讲的那些亮点显得更加突出。中午，他驱车四英里前往黑门山，向那里的年轻人发表演讲。"

他对年迈母亲的体贴和细腻关怀，为许多不那么忙碌的人树立了榜样。当他在外时，他几乎每天都会给她捎个信，无论是短信还是报纸对他的事工的报道。在家时，无论多忙，他总是抽出时间去看望母亲——他对她的恩情无法衡量。她的生日同他的生日恰好是同一天（二月五日），他每逢生日给她写的信都格外的温柔。

"您和我今天在从尘世到天堂的路上又跨过了一座里程碑，"他曾写道。"我们都有理由感谢神赐予我们的一切恩惠。"

"当您收到这封信时，"一八九二年，他从苏格兰珀斯写信道，"您将跨过又一座里程碑，更接近永恒之城。我谨向您致以最美好的祝愿，祝您新年充满喜乐，阳光和平安。"

他写给她的最后一封祝贺生日的信，是一八九五年二月二日从德克萨斯州圣安东尼奥（San Antonio）寄出的：

"当您收到这封信的时候，您已经九十一岁了。想想看，您来到这个世界的时候，拿破仑还在征战！回顾历史，这似乎是一个漫长的岁月。民族兴起衰落。国家来了又去。然而，您依然健在，耳聪目明，身心健康。您有太多值得感谢神的东西，所有您的孩子们为您能长久地陪伴我们而深感欣喜。"

在他母亲去世前一两个小时发生的一件事，展现了这位伟大人物在悲痛时刻表现出来的真正无私和忘我精神。得知祖母即将离世的消息后，慕迪先生的女儿非常渴望祖母在去世前能见到她当时只有六周大的孩子。慕迪先生知道后，便急忙赶到女儿家，让她立刻过来。

他们一进房间，他就把小艾玛抱在怀里，走到母亲面前，说道："妈妈，这是艾玛的孩子，她在这里。"见没有回应，他便走到床的另一边，想引起母亲的注意。他绕着床走了好几圈，把孩子换了不同姿势，一会儿高，一会儿低，但都无济于事。最后，他跪在床边，用左臂抱着婴儿，握住母亲的手，将手放在孩子的头上，说："曾祖母祝福你。"但这也无法让他满意，他还是渴望母亲能察觉到正在发生什么事，便说道："妈，如果您知道发生了什么事，请用什么办法让我们知道一下。"这时候，母亲作为回答，将嘴唇微微动了一下。至此，慕迪先生才满意，他转身对女儿说："母亲知道了；她已经见到过你的孩子了。"

在葬礼上，他对母亲的智慧和慈爱表达了最深情的敬意。他手里拿着家里的旧圣经和因经久而磨损的灵修书，站在逝者的遗体旁，说道：

　　"也许，让一个儿子来加入这样的场合是不合惯例的。然而，如果我能控制住自己，我想要说几句话。我深感荣幸能成为这样一位母亲的儿子。我不知道从何说起；我对她的赞美实在是无以言表。首先，我的母亲是一位非常睿智的女人。从某种意义上说，她比所罗门还要有智慧；她知道如何教育自己的孩子。她有九个孩子，九个孩子都热爱自己的家。她赢得了他们的心和爱。她可以为他们做任何事。

　　"每当我需要真正、合理的建议时，我总会去找我的母亲。我去到过很多地方，见过很多做母亲的，但我从未见到过像她这样精明强干的人。她和孩子们的关系如此紧密，以至于对他们来说，离开家是一个巨大的灾难。我有两个兄弟住在堪萨斯州，且都在那里去世。他们最大的愿望就是回到母亲身边。我那位不久前在堪萨斯州去世的兄弟，他一直在订阅格林菲尔德（Greenfield）的报纸，想看看能不能在本地买个农场。他在堪萨斯州那里有一个很不错的农场，但他从来没有感到满足；他只想回到母亲身边。这就是她能赢得家人的方法——她赢得了他们心。

　　"在过去的四十八小时里，我听到了一些事情——几乎让我心碎。我大姐告诉我，父亲去世后的第一年里，母亲每晚都哭着入睡。但在孩子们面前，她总是显得开朗乐观。她的悲伤驱使她走向主。我小时候夜里经常醒来，醒来后听到她在那里祷告。她总是确保孩子们都睡着了，然后才会流泪哭泣。

　　"我母亲还有一件很特别的事。如果她爱某个孩子胜过其他孩子，没有人会发现。以赛亚，是她的第一个儿子；没有以赛亚，她就活不下去。科妮莉亚，是她的第一个女儿；没有科妮莉亚，她就活不下去，因为科妮莉亚会帮着照顾双胞胎。还有乔治，她不能没有乔治。没有乔治，她还能做什么？无论顺境逆境，乔治都陪在她身边。她不能没有乔治。还有埃德温，他和她的丈夫同名。还有德怀特，我不知道她对他的看法如何。路德是她最亲爱的孩子，因为他不得不远行，去外面谋生。他总是想家，想回到母亲身边。还有沃伦，父亲去世时，沃伦年龄最小；似乎母亲与他比其他所有孩子都更亲近。山姆和莉齐，这对双胞胎，是她巨大悲伤中的曙光。

"她从不抱怨自己的孩子。有这样一位母亲真是太美好了，所以今天我站在这里，想到的就是赞美她。趁我现在还记得，我想说，你们不知道在她早年挣扎的日子里，她是多么感激大家对她的关爱。有时我回家后会抱怨说，'有个人做了这样那样的事'，她会回答，'别这么说，德怀特；他对我很好。'

"朋友们，现在不是哀悼的时候。我要你们明白，我们不哀悼。我们为有这样一位母亲而感到自豪。她给我们留下了一份美好的遗产。我还能说什么呢？你们和她一起生活过，你们了解她。我想给你们一句话，那是她的信条。信条很短。你们知道是什么吗？我会告诉你们。当一切都不顺她意时，她总是说：'我信靠神。'"

他早期的许多布道中，常以他孩子们的日常生活来作为例证，同时，他对其他家庭的孩子们的生活也产生了巨大的影响。

没有什么工作有那么重要，可以让他忽视家庭责任和特权。他对儿子们在中小学校和大学的经历非常感兴趣，并且带着同学般那样的热情，分享他们的快乐，为他们的体育运动而兴奋。家里任何成员，即使是最小的孩子，只要有一点小事感到悲伤或痛苦，他都立刻亲自关怀；任何家务或农场的苦差事，他都会留意关心。他学会了与所有人成为知己的秘诀，分担他人的负担，与哀哭的人同哭，与喜乐的人同乐（参罗 12：15）。

作为祖父，他尤其快乐，与那些抓住他心的小家伙们有着最甜蜜幸福的关系。艾琳·慕迪（Irene Moody）出生于一八九五年八月二十日，艾玛·慕迪·菲特（Emma Moody Fitt）出生于同年十二月十六日，是他疼爱的两位最大的孙辈。

"你知道我有个孙女吗？我要带个生日礼物给她。"在他最大的孙女生日那天，他坐在马车里，指着身边一篮甜甜圈对一位朋友喊道。他开心得像个放了假的小学生，逢人便告知这个消息。那天晚些时候，他还第二次去了黑门山看望小宝宝。这次他带了一棵硕大的花椰菜，这可是他菜园里最好的花椰菜。

一八九六年一月七日，他写给小艾玛·菲特的首封信中同样展现了他那妙趣横生的天性，当时她才生下来三周：

"这是我写给我亲爱的小外孙女的第一封信。我想在你长出第一颗牙齿之前给你写封信。趁着天气还没热起来，赶紧把牙齿都长出来，因为我会给你买糖果，你需要用牙来嚼。我希望你快快长大，这样我一大早就能来你家，趁你父母还熟睡的时候，骑马带你出去。我们会偷偷地过河去看艾琳，好好玩一玩。你妈妈为你感到如此骄傲。而你的保姆却又那么爱管闲事。艾玛，想想你妈妈前几天说的话——我，你外公，竟然不能吻你的嘴唇！你听说过这样的说法吗？不过，我还是吻了你的嘴唇，我回到家后还会再吻你很多次。"

几个月后，他写道：

"我刚刚听说，我家的牛奶不合你的口味。但我觉得问题不在于牛奶，而在于厨师们。你知道，或者说你已经到了该知道的年龄，当你把牛奶煮好装进奶瓶，再装上橡胶奶嘴——等你长大一点，知道你父母是怎么对待你的，你会觉得很恶心！你可千万别怪我的老牛，她已经是尽她所能了。我不想让你和你父母反目成仇，但如果他们待你不好，就溜到我家来吃甜甜圈和冰淇淋吧。"

在给艾玛的另一封信中，他写道：

"再过六天你就一岁了。你外婆会给你做一个蛋糕，上面撒满白糖，插上一根小小的蜡烛……明年夏天，我打算趁你父母起床之前，偷偷溜到你家，骑马带你出去走。想想吧，六月的一个美丽早晨，我们可以去'情侣静居'玩。鸟儿们会为你唱一首美妙的歌。我们会在一起度过多么美好的时光！一想到此，我就非常想家……现在，我亲爱的艾玛，我为你祷告，愿神日日夜夜守护你，保佑你免受一切伤害。你真不知道你外公是多么爱你！我将很高兴能再次把你拥入怀中。"

他将慈爱的心倾注在孙辈身上，而他们也同样爱他。有一天，他夸耀孙辈们总是对他百依百顺，一位家庭成员问起他的秘诀。

"我非常小心，从不要求他们做我不确定他们是否愿意做的事情，"他笑着回答。他仔细观察人，只要有可能，凡事引领而不是迫使。夏天的时候，人们常常看到他驾着马车在镇上转，旁边坐着一个或几个小家伙。

"一天早上，我看到他驾着马车，带着四岁的小孙女，进了家院门，"一位朋友写道。"那孩子在马车里睡着了，靠在他身上。为了不惊醒她，慕迪先生让人轻轻地解开马具，牵走马，而两人则坐在车上原封不动。没一会儿，他自己也睡着了。"

除了无尽的喜乐之外，神还赐给这位幸福的祖父其他东西。他唯一的孙子，跟他同名，出生于一八九七年十一月七日，一年后，一八九八年十一月三十日回天家。当时慕迪先生人在科罗拉多州。在一封从科罗拉多斯普林斯（Colorado Springs）写给小家伙父母的信中，他这样写道：

"……我知道德怀特过得很开心，我们应该和他同喜。没有小孩子，天堂会是什么样子？他是最后一个来到我们家，却是第一个去到天家！（参太 20：16）如此安全，如此解脱——摆脱了我们正在经历的所有哀痛！我真心感谢神赐予这样的人生。围绕他的将是微笑，将是灿烂阳光，他将拥有多么荣耀的身体，他将喜悦地等待你们的到来！神赐予我们如此浓烈的爱，不只是几天或几年，而是直到永远。这个亲爱的小家伙将一生一世陪伴着你们，爱也将与日俱增。主需要他，否则祂不会呼召他回天家；你们应该感到无比荣耀，因为你们家中拥有祂所要的一切。

"我不能想象他是属世的。我越想他，就越觉得他是主派到我们身边，让我们彼此之间更加亲近，一起走向光明喜乐的世界。即使他能得到世间的一切，我也不会希望他（从天上）回来。然后，想一想救主会如此悉心照料他！不会误入歧途，没有病痛，没有死亡。亲爱的，亲爱的小家伙！我非常喜欢想到他——如此甜美，如此安全，如此可爱！他的一生不仅无可指摘，而且完美无瑕。如果他在世上的生活如此甜蜜，那在天上的生活将会怎样？我相信，他从世上带走的唯一东西就是那甜美的微笑。我毫不怀疑，当他看到救主时，他会如同看到你们时一样地微笑，而我脑海中不断浮现的词是：'孩子平安。'（参王下4：26）只要想想他的转化吧！感谢神，德怀特平安回到天家，我们很快就会见到他。

"爱你们的父亲，

"D. L. 慕迪。"

接下来的几个月里，家里充满了焦虑。慕迪先生的长孙女小艾琳（Irene）刚刚慢慢地从一场旷日持久的肺炎中恢复过来。结果后来医生发现，肺结核的病菌已经侵入了她虚弱的身体，经几周病痛折磨后，她也跟着弟弟一起回到天家。就在四个月后，他们的祖父也随之而去。

慕迪先生对丧亲之痛的深切哀伤，掩埋在对艾琳父母无私的安慰和鼓励之中。在小艾琳的葬礼上，未经事先通知，他出人意料地起身，向他深爱的小生命表达了如下的敬意：

"今天早上，我一直在想，很多年前，那位年迈的先知（以利亚—译者）在约旦河谷等待着神的战车把他带回天家。昨天早上六点半左右，神的战车再次来到康涅狄格河谷，把我们的小艾琳带回了天家。那一次是在许多年的积极服侍之后，而这一次却是在青春晨曦之时。然而，先知的服侍并非比主的小婢女的服侍更完全，因为是神呼召了他们。神从不中断对祂自己的服侍。

"艾琳已走完了她的路程。她在世上的工作做得很好。她所取得的成就比许多七十岁老人还要多。她不会再回到我们身边，尽管她的声音是我在世上听到过的最甜美的声音。从她三个月大的时候起，到最后那痛苦的几天，每次见到我，她脸上都挂着笑容。不过，基督在天上为她安排了一些服侍。她在地上的事奉使我的生活更加美好。她使我们所有人都变得更好。

慕迪夫人同孙女们在一起

堪萨斯城大会堂内景。慕迪先生最后的布道会在此举行。
照片是在会众进入会堂时拍摄。一九零零年四月四日，大会堂毁於火灾。

"她是今年所有在这里举办的大会的祝福。她为这些会议带来了我们前所未有的丰富的同情。在青年男子会议期间，我试图保守秘密，但当我在讲台上时，我的心却在家里。大会结束后的第二天，她就去了阿迪朗达克山脉（Adirondacks）。我们担心也许再也见不到她了。在妇女大会期间，我的心却飘向了萨拉纳克（Saranac）的山中。会议的最后一晚，我一边努力向青年姑娘们说些欢喜鼓励的话，一边不时惦记着那个小女孩。不到十二个小时，我就来到了她身边。

"过去几天对我来说是蒙福的日子。我学到了很多新的、宝贵的功课。她非常喜欢和我一起骑马。周一早上，在她安息入睡前二十四小时，她要我驾马车带她出去兜风。六点半我们一起出发了。她从未像那天那样如此美丽。她正预备进入天堂。她太美丽了，不属于这尘世。今天早上，我感谢神赐给我们永生的盼望。我知道有一天清早我会见到她，在她复活的荣耀中，她比在世上更加美丽。"

一八九九年十一月十三日，第四个孙辈——玛丽·惠特尔·慕迪——出生了。第二天一早，她父母收到了以下电信。祖父的喜悦之杯再次被填满："感谢好消息。愿她名扬天国是她祖父D. L.慕迪的祈祷。"

"亲爱的威尔：今天我充满赞美和感恩，想到梅和你有了一个女儿，我感到欣慰。亲爱的小孩子，我的心已经牵挂着她。请代我亲吻这可爱的宝贝。我真心觉得我们的祷告得到了回应。感谢神赐予我另一个孙辈。"

这些电信是从堪萨斯城寄出的。而且就在他不得不放弃工作的前两天。同时，他还给他唯一在世的另一个孙辈，当时快四岁的埃玛·菲特写了一封简单而充满爱的信，这封信以永恒的爱将他的孙辈们紧紧地联系在一起。信的内容如下："亲爱的埃玛：我很高兴你有了一个小表妹。你能代我亲吻她吗？你能给她看看你外祖父的照片吗？（他指的是他附上的一张剪报）。我想她不会认识我，但你可以把我的事都告诉她，这样她长大后就会认识我，我们就可以一起玩了。我要给她一个小小的吻，就一个。

"你的外祖父，

"D. L. 慕迪。

"我会把这个吻装进一个小盒子里，你可以带给她。"

小玛丽，这个新生的婴儿，十天后被抱到了爷爷家。不过，她将只有从这些珍贵的信件和照片中，了解到爷爷那颗充满爱、风趣又温柔的心。如今，全家都因保存这些信件和照片而心怀感激。

"爷爷去耶稣家了吗？"

"是的。"

"德怀特和艾琳也在那里？"

"是的。"

"既然如此，我也想去，见到外公我就抱抱他，我们可以一起玩。"这些问题是由尚在世的那个四岁外孙女埃玛，在得知自己再也无法在世上见到外祖父时提出的。

随着岁月的流逝，慕迪先生不像许多老人那样暴躁易怒，而是在去天国的成熟过程中变得更加温柔和蔼。孩子们被他吸引，就像被他的主吸引一样；同时，有这些孩子的相伴，他像是在预尝如今他正在享受的那个族群，因为，经上不是说过，在天国的正是这样的人吗（太 19：14）？

第四十五章

徘徊於天门内外

"霍利，你曾经想念过天家吗？"一天，当漫长而疲惫的工作即将结束时，慕迪先生问道。"你知道吗，我刚刚读了撒母耳·卢瑟福[265]的一些书。我想我能理解他有时候的感受。看看这个，"然后他递给霍利一本书，上面标着这样一段话：

"祂的缺席如一座大山压在我沉重的心上；噢，我们何时才能相见？

"噢，婚礼的日子还有多久：噢，亲爱的主耶稣，请迈开大步。

"噢，我的新妇啊，好像獐鹿或小鹿，从离别山奔逃。

"噢，祂要将天地像一件外衣卷起来，除去时间和年日，预备好羔羊的新妇来迎接新郎。

"自从祂找到我，我心不再属己；祂已携带着我心奔向天国。

"风甜如蜜——那风从基督的居所吹出！"

这段对话发生在六十年代初（十九世纪-译者）。在他尘世生涯的最后几年，他对天国的向往愈发强烈。这种向往，反映在他对于亲人去世所表现出来的罕见的平静，当他安葬九十一岁的老母亲时，他唯有一种喜悦的胜利感：神如此长久地赐予她身心完好。

正是出于他对他人的关怀，他向他最亲近的人隐瞒了自己最

265　撒母耳·卢瑟福或塞缪尔·卢瑟福（Samuel Rutherford，1600-1661），苏格兰长老会牧师、神学家。

初身体出现毛病的迹象。当然，毫无疑问，他本人很少意识到这些迹象的严重性。家中当时正好有一人生病，他觉得慕迪夫人必须留在北田。同时，他请她放心他的健康。

此时慕迪先生接受了一份邀请，在堪萨斯城大会厅主持一系列的宣教会议。于是，他於十一月初启程前往西部。在那里，凯斯先生[266]（C. C. Case）和他一起同工，在大会期间指挥赞美诗合唱团。凯斯先生是这样描述慕迪先生十一月十七日返回北田前那几天的病痛：

"星期二早上吃早餐时，我看到他脸色苍白，吃得很少。我问他休息得怎么样，他说：'我整个晚上都坐在椅子上睡觉。'我当然知道，如果他不能躺下睡觉，那他肯定有病。我问他怎么回事，他说他胸口疼了好几个星期，还说：'我没有让家人知道，不然的话他们不会让我来这里。'我花了一两个小时劝告催促，他才最终同意叫医生来会诊。医生在他的胸口贴了一块芥末膏药，疼痛立刻缓解了。之后他讲了六篇道，但我看得出他越来越虚弱，最后两天他不得不由马车送到大厅——尽管他下榻的地方离大厅只隔着两条街。他刚开始讲话时，没有显露出虚弱，而是以往日的激情和精神布道；但当他回到房间时，我看得出他已经是疲惫不堪。我劝他告诉家人他的病情，但他一直没有照做，直到回家那天才开口。

"从他跟我说的情况来看，我觉得他像往常一样享受堪萨斯城的事工。现场的观众人数，是我和他一起事工的布道会中，最多的一次。赞美歌声让他非常高兴，因为我的唱诗班有近千名歌唱者。我们有一个'老人四重唱团'，他特别喜欢。这些人的年龄从67岁到82岁不等。他宣布他们的选曲时这样说：'我要让我的小家伙们唱这首歌。'"

---

266 凯斯（C. C. Case，1843-1918），美国圣诗作者，歌唱家。

当时，慕迪先生写给苏格兰一位挚友的信如下：

"堪萨斯城，一八九九年十一月十二日。

"我亲爱的麦金农夫人：

"在这里，我独自一人回想着过去。此时，你和你亲爱的丈夫浮现在我的脑海里。我真渴望能再次见到你们。与你们见面，并且再一次沿着[苏格兰]西海岸骑行，将使我的眼目焕然一新。不过，我不知道，我是否会像喜欢你的老房子那样，喜欢你的新房子。

"我无法形容我是多么想念亲爱的德拉蒙德。我也许能在世上再次见到他。但当我们去到天家时，我们将拥有多么美好的时光！想想看，自从一八七三年我们第一次见面以来，有多少人回到天家。我有时会想念他们，但直到完成神赋予我的工作之前，我不会离开这里。现在的事工比以往任何时候都更加甜蜜。我想我已经开启了一些永远流淌的溪流。能在主的庄稼地里收割，伸手参与神的事工，那真是莫大的喜乐！

"你愿意把我最热烈的爱送给所有的老朋友，同时也多多地留给自己？

"你亲爱的朋友，

"D. L. 慕迪。"

在与维宁先生[267]（Mr. Vining）（一位挚友，也是黑门山学校的校友）的交谈中，他谈到了他创办的那些机构；并表示，他相信堪萨斯城的事工，如同神赋予他的其他事工一样伟大。他谈到了过去一年里家中发生的丧亲之痛，并拿起他的一本著作，《书斋集思》（Thoughts from My Library），[268]读了一段如今格外有意义的选段。选段是对《诗篇》三十章5节的注释：一宿虽然有

267　应为查尔斯·维宁（Charles M. Vining，生卒年不详），是慕迪长子的校友。
268　现在版英文书名为One Thousand and One Thoughts from My Library。

哭泣，早晨便必欢呼。选段以如下摘录结尾：

"我曾在我出生的光明之地听到过此话。这一刻必将来临，即使不是飞速而来，也是稳步前进。那时候，主耶和华必擦去各人脸上的眼泪（赛25：8），这个疲惫的世界终将获得喜悦和欢欣，悲伤和叹息将远离而去。所以，你们当用这些话彼此劝慰。（帖前4：18）"

在论到即将来临的世界末日，他在堪萨斯城最后一次布道中的以下段落具有重大意义。他微笑着告诉观众，一年前他在报纸上看到"老慕迪在镇上"这个报道的感受：

"我并不认同我们最好的日子已经过去的想法。嘿，我才六十二岁。跟即将到来的永恒相比，我只是个婴儿。

"我们说这里是生存之地！但事实并非如此。这里是死亡之地。我们在此的生命，难道不过是一缕薄雾而已？灵柩车是最常见的景象。一个个家庭破碎。那里失去了一位父亲；那里失去一位母亲；那里空无一人；那里再也听不到一位姐妹的名字；那里永失一位兄弟的爱。在这个世界上，死亡在我们中间肆虐。就在昨天，我遇见一位失去婴儿的母亲。死亡就在我们面前，在我们身后，在我们左右。看看我们这块土地上无数的医院，精神病院，盲人院，还有老人院。

"看看我们国家有那么多的监狱。有七万名罪犯。但是，看看另一个世界。没有死亡，没有痛苦，没有悲伤，没有衰老，没有疾病，没有弯曲的身躯，没有混浊的双眼，没有眼泪。只有喜乐、平安、爱、幸福。没有白发。都是青年人。生命之河为万民带来医治，带来永生。想一想！生命！生命！永无止境的生命！然而，还是有那么多的人选择在地上的今生，而不是天国的生命。不要将你的心扉关闭来拒绝永生。接受这份礼物，接受它。你愿意吗？"

在一次敬拜快结束时，慕迪先生倚在风琴上，问牧师们："各位牧师，能允许我对各位说句话吗？"

"当然，当然，你想说什么就说吧，"他们回答道。

"是这样，我不是先知，但我有个推测，我认为这是个会成真的预言。你们今天听到太多关于二十世纪传教士的说法。你们知道他会是什么样的人吗？他会是那种打开圣经，照着圣经讲道的传教士。哦，我厌倦了这种咬文嚼字式的布道！我受够了这种'花言巧语的演说家'式的布道！我喜欢听宣教士的布道，而不是一成不变，风车式的布道。"

他若知道这是他最后一次布道，他还能说出比下面这番话更紧迫更独特的结束语吗？

"假设我们今晚就把这份请假条写出来？听起来会怎么样？'致天国的君王：一八九九年十一月十六日，当我坐在密苏里州堪萨斯城的大会厅里时，我收到祢一位仆人的紧急邀请，请我出席祢独生子的婚宴。我祈求祢准我请假。'

"年轻人，你会签名吗？这位母亲，你会签名吗？你会走到记录员的桌子前，拿起笔，在这份请假条上签上你的名字吗？你会说：'在我签名之前，情愿我的右手忘记技巧，情愿我的舌头贴于上膛。'（参诗 137：5-6）我怀疑，这里会有一人签名。既然这样，难道你们还不理睬神的邀请吗？我恳求你们，切勿不以为意。这是慈爱的神邀请你们赴宴。神是不可轻慢的。去玩闪电吧，去跟瘟疫疾病闹着玩吧，但千万不可玩弄神。

"让我再写一封回信：'致天国的君王：一八九九年十一月十六日，当我坐在密苏里州堪萨斯城的大会厅里时，我收到了祢的一位使者的迫切邀请，请我出席祢独生子的婚宴。我赶紧回复。蒙神的恩典，我一定会出席。'"

在医生的强令下，慕迪先生勉强同意停止工作。他乘坐晚班火车离开堪萨斯城，直接回家。一天两夜，中途没有停留。途中发生了一件事，让他大为振奋和鼓舞。事情是这样的：从圣路易斯到底特律，火车因机车炉栅烧坏而晚点，人们担心接下去会错过换乘。新来的工程师，负责将火车从底特律开往圣托马斯，当得知慕迪先生在火车上，生病回家，便捎话给他，说他会尽最大努力弥补损失的时间。"告诉他，"他说，"我十五年前在他那里悔改归正成了基督徒，我现在的一切都归功于他。"那天晚上，从底特律到圣托马斯，包括中途停靠，列车在隆隆黑夜里以平均每分钟一英里快速前行，最终确保接上铁路东线的列车。

慕迪先生的家人第一次得知他生病的消息是他的一封电报："医生认为我需要休息。我正在回家的路上。"随后，又陆续收到其他电报：

"病情迅速好转。一周以来都没有这么舒服过。"

"今天真美好。没有发烧。心脏一直在好转。没有疼痛。我正在好好照顾自己，不仅为了我所爱的人，也为了神仍然要我在地上继续做的工作。"

火车抵达格林菲尔德后，有人来接慕迪先生，驱车十二英里回家。他不费力地上楼，准备稍息后下楼来用茶点，但可惜的是，他再也没能够走下楼来。

抵达北田后，他给堪萨斯城的朋友们发了如下电报：

"（我）已安全到家。四十年来，我来回辗转各地旅行，从未如本次感觉这么好。非常遗憾被迫离开（堪城）。如果今晚我和你们在一起，我会宣讲：*你离神的国不远了*（参可12：34）。我的祷告是，愿更多的人在叨雷先生的证道引领下进入天国。我感谢堪萨斯城善良人们的慈爱和祷告。"

人们普遍的希望是彻底的休息可以恢复他衰弱的心脏。专家咨询的结论，认为他最终能恢复健康；即使无法恢复如往日那样的活力。然而，一天一天过去，他的虚弱反而加剧。一开始难以察觉，但日趋明显。最后，即使最轻微的用力都使他精疲力竭。

直到临终前几天，他对每样东西，每件事，都表现出极大的兴趣；而且坚持要了解南非战争的所有最新消息。他对这场战争深感忧虑。在最后被主召走前的某天，他正闭目静养，突然间说道："如果我是老克鲁格，我知道我会怎么做。"[269]

以为他在做梦，他儿子便问他是否休息好了。

"我没有睡着，"他回答说，"我正在想那场可怕的战争。"

"那好，爸爸，如果你是克鲁格，你会做什么呢？"

"噢，我会给索尔兹伯里勋爵[270]（Lord Salisbury）捎信，告诉他布尔人那边已死了好几百人，英国人也死了不少。我还要说，作为一个老人，很快我就会站在神面前，我不想带着良心上的污血去见祂；我会告诉英国，让他们自己提出和平条件。"

有人暗示，英国本身并非完全无辜。"确实如此；但如果克鲁格在展现了他的战斗力之后，把自己置于那个位置，英国就必须做出最好的安排；否则的话，就要对本国精英，以及整个文明世界，做出回应。"

神曾用过很多方式来考验祂的仆人，不过，值得怀疑的是，他是否经历过比过去几周更严峻的考验。六十二年异常忙碌的生活，记忆中只有一两天轻微的病痛，如今突然被搁置一旁，在极度虚弱中耐心等候神的旨意，这的确是一次严峻的考验。但就在这种情况下，他被发现"并无所缺"，他带着欢欣鼓舞和胜利的喜悦来到主的面前，听到主说："好，你这又良善又忠心的仆人。"（太 25：23）

269　克鲁格或保罗·克鲁格（Paul Kruger，1825-1904），南非共和国总统。第二次南非战争期间，领导布尔人脱离英国殖民统治。

270　索尔兹伯里勋爵，全名罗伯特·加斯科因-塞西尔（Robert Gascoyne-Cecil，Lord Salisbury，1830-1903），英国政治家，曾任三届英国首相，包括第二次南非战争期间。

随着时间慢慢流逝——慢，这是对于一个如此忙碌的人而言——他说他每天晚上都渴望早晨的到来。随着他愈渐虚弱，他说他现在明白了那句经文的含义：蚱蜢成为重担（传 12：5）。十二月二十一日，星期四，他看起来比平时更焦虑；但尽管如此，他仍然愉快地谈论自己。当问及是否舒适时，他说："哦，是的！神对我很好——我的家人也一样。"

没有人比他更热爱自己的家庭和毕生事业，他常说："生活对我来说无比甜蜜，任何权力或财富都无法诱惑我离开神赐予的宝座。"

对世人来说，星期五，十二月二十二日是一年中最短的一天，但对德怀特·L·慕迪来说，这一天的黎明迎来了那永无黑夜的永恒。四十六年来，他一直是一位拥有神圣生命的人，因此，从可见的世界到不可见的世界，从短暂的国度到永恒的国度，这一转变并非是他生命的中断——这生命是他朋友们所熟悉的。近半个世纪以来，他人生的唯一目标就是遵行神的旨意，而且是神一呼即应，成竹在胸。就在他离世前几天，在谈到未来计划时，他提到他的毕生事业也许即将完成。在回应劝诫和鼓励时，他说道："我并不灰心。我相信，我还有很多艰苦的工作要做。只要我还有用，我就要活下去，但当我的工作完成后，我当立刻起身去天家。"

在临终前几天，他所展现的，是其独特的信心和行动相结合的画面。虽然有最好的医疗建议，但他仍然遵守圣徒雅各的训诫，请诸长老来奉主名抹油，为康复祷告（雅 5：14-15）。

在临终前几小时，慕迪先生告诉家人，他相信他正在好转。他最后的任务之一是负责出版一份月刊，刊物是作为新"北田拓展"事工的喉舌。在新管理层的管理下，首期刊物于周四早上出版。他立即要求看复印本。家人告诫他暂缓一段时间，不要耗尽体力。他坚持至少让他浏览一下，拿他的话说，"只是看看它是什么样子"，接着花了几分钟仔细审阅。

经过一夜辗转不眠，他静静地睡了一个多小时，醒来时身体却十分衰弱。夜里早些时候，他的女婿菲特先生（Mr. Fitt）守在他的床边，那时他大部分时间都在休息睡觉。凌晨三点，大儿子换班看守；这时候，慕迪先生一连几个小时翻来复去，无法入睡。大约六点钟，他安静下来，很快，就进入自然睡眠；睡了大约一小时后醒来。突然间，大儿子听到他缓慢沉稳地说话。他说的是，"大地退去；天国在我面前敞开。"

儿子的第一个反应就是想把他从似梦似幻的境况中唤醒。"不，这不是梦，威尔，"他回答道。"很美。就像是在恍惚中。如果这就是死亡，那它很甜蜜。这里没有山谷。神在召唤我，我必须去。"

与此同时，护士正在召集家人和在屋里过夜的医生。慕迪先生继续轻声细语，仿佛是从另一个世界向即将分手的亲人们传达最后的信息。

"我一直是个雄心勃勃的人，"他说，"我雄心勃勃，不会留下任何财富或财产，但会留下很多工作给你们做。威尔，你将继续负责黑门山的事工。保罗长大后将接手神学院；菲特将负责大学院，安伯特（他的侄子）将协助你处理具体事务。"然后，他仿佛看到了幕后，因为他惊呼道："这是我的胜利；这是我的加冕日！我盼望已久。"他的脸绽放出光芒，用欣喜若狂的声音说道："德怀特！艾琳！我看到孩子们的脸了，"他指的是神在过去一年里从他生命中带走的两个小孙辈。然后，当他以为自己快要失去意识时，他说："代我向他们问好。"他转过身对妻子喊道："妈妈，你是我的好妻子！"说完，他就昏迷过去。

有一段时间，他似乎已经进入了未知世界。但在心脏兴奋剂的作用下，他又慢慢苏醒过来，便突然用胳膊肘撑起身子，惊呼，"这一切是什么意思？你们都在这里干什么？"有人告诉他，他身体有疾，他立刻明白了一切，说道，"这真是怪事。我已越过死亡之门，来到天国之门，现在又回来了。这太奇怪了。"接着他又谈到要做的事情，安排儿子们负责北田学校，女儿和女婿去芝加哥圣经学院。

然后，他对于女儿的问题："可是，爸爸，妈妈怎么办？"他回答说，"哦，她就像夏娃，我们所有人的母亲。"很显然，这暗示着她就像夏娃一样，是所有人的母亲，是所有人的利益，也是小孩子们有益的顾问和平衡者，就像她多年来一直是他的顾问和平衡者。

当女儿恳求他不要离开他们时，他说："我不会放弃我的生命。我会尽可能长久地留下来，但如果是我的时候到了，我已经准备好了。"

然后，一个新的想法占据了他的心头，他大声说道，"我根本不确定神是否会行奇迹让我复活。我要起来。如果神想用这种方式用奇迹治愈我，那当然好；如果不是，我可以坐在椅子上迎接死亡，就像在这床上一样。"然后，他转向一位正在给他敷温热毛巾的护理员，说道，"来，把这些拿走。如果神要行奇迹，我们不需要它们，我想我们首先要做的就是让医生回家。"

当然，他没有坚持那样做。但他坚决起身，无法劝阻。接着，他穿过房间，走到一张安乐椅边上，坐了下来。坐了一会儿，他再次失去知觉，筋疲力尽。回到床上，静静地躺了一个小时，等待着生命的终结。直到生命的最后一刻，他仍在为身边的人着想，思念着他们。临终前不久，他转向妻子，说，"母亲，这对您来说太难承受了。我很抱歉让您如此难过。一直处于如此愁苦焦虑之中，真的很难受。"医生最后一次过来给他皮下注射硝酸甘油时，他用疑惑犹豫的眼神看着他，用非常自然平静的语气说道，"医生，我不知道这东西成不成。您觉得这是最好的吗？这只会让家人继续焦虑不安。"

过了一会儿，他再次陷入昏迷。醒来时，他便与他深爱的、侍奉已久的、虔诚的神同在。这不像是死亡，因为他静静地、安详地"睡着了"。

我们现在无法知道，在那道将可见与不可见分隔开来的薄薄帷幕背后，他的意识是如何苏醒过来的。但我们可以肯定，在他时常怀有独特思乡之情的那座城市，他一定得到了热烈欢迎。他自己岂不曾作证，他曾"身处城门之内"，也曾"身处城门之外"，瞥见过"多年契阔，我心所爱"的那些孩童们的笑颜？在他尘世的朝圣旅途中，他未能吟唱那充满圣灵的甜美欢快的旋律；但在这个圣诞季节，他同唱天国荣耀的赞美诗来赞美祂，那位爱如烈火般炽烈，他在尘世时曾如此虔诚侍奉的主。

关于那更伟大的生命，他曾毫不含糊地谈论过。他曾说：

"总有一天，你会在报纸上读到，北田东的D. L. 慕迪死了。你一个字都别信！

"那一刻，我会比现在更有活力。我会升得更高，就这样——从这个老土墓，进入一座不朽的殿堂；一个死亡无法触及、罪不能玷污的身体，一个与祂荣耀的身体那样被塑造的身体。一八三七年，我以肉体出生。一八五六年，我由圣灵而生。以肉体而生的将死去，由圣灵而生的将永远活着。"

第四十六章

安息圆顶山

似乎与慕迪先生的感受"真信徒面前的一切都是美好壮丽"相吻合，在他尘世的帐幕安葬于圆顶山的那天，大自然也丝毫没有哀哭的迹象。十二月二十六日选为葬礼的日子，如有人所称，是"主自己的日子之一"。冬天的第一场雪覆盖着远处佛蒙特州南部和新罕布什尔州的群山。晴朗的天空，加上寒冷的空气，使这一天显得格外的明亮。早晨，来自四面八方的朋友们，代表着社会各个阶层和基督教各种神学信仰，纷纷赶来北田。

慕迪先生的遗愿得到严格细致的遵循，丝毫没有露出任何哀悼的迹象。家中的一切陈设都和往常一样。门上没有黑纱，百叶窗也全部敞开着。在他"安息在耶稣里"的房间里，只有那慈爱的遗体带来的宁静详和。看着他躺在灵柩上的样子，人们会以为他正在打盹——这是他习惯在主持敬拜前恢复精神的小憩。

在家里，由北田教堂的牧师司可福博士和芝加哥大道教堂的叩雷牧师主持了一场简短的追思仪式后，灵柩被放在灵柩架上，由三十二名黑门山学生抬到半英里外的公理会教堂。

银装素裹的圆顶山

静卧在圆顶山上

　　四个月前，慕迪先生曾为他的孙女艾琳安排了葬礼。"这一次，就让我按我的方法办吧，"他恳求道，结果每个人都很乐意接受他那简单的安排。去葬地的时候，十二名黑门山的学生——这个小家伙的挚友们——抬着白色的灵柩。家人和朋友跟在灵柩旁。当时，慕迪先生曾对他儿子说：“这正是我想要的。没有灵车，没有哀哭，让黑门山的男孩子们扛着我去安息之地。”然而，没有人会想到，就在这么短的时间内，这个愿望便得以实现。

在教堂里，人们有机会最后一次见一见这位被那么多人所深爱的人。在所有悲伤的面孔中，唯有他的面孔看起来安详无忧。他的遗体静静地躺着，等待着那一刻，当基督将它变成和祂自己荣耀的身体相似（腓3：21）。而他自己，这个深受人爱戴的灵魂，却离开了身体，与主同住（林后5：8）。

公共追思礼拜于下午二点三十分举行。老朋友们，邻居和亲戚们，从四面八方赶来。慕迪的几位朋友和同工献上简单的爱之颂赞和喜乐的赞美。

司可福博士主持了追思礼拜。礼拜以慕迪先生最喜爱的赞美诗之一《以马内利之地》开场。结束时，黑门山四重唱队（慕迪先生最喜爱的）演唱了由惠特尔少校作词，他的女儿，也就是慕迪先生的儿媳作曲的歌：

> 黑夜里一盏灯，悲伤时一首歌，
> 伟大快乐之希望，唯靠信心能获得；
> 用明天的荣耀，镀上逝去的日子，
> 是主再来的盼望。
>
> 蒙福的盼望，蒙福的盼望，
> 主再来的盼望！
> 痛苦心受鼓舞，
> 泪眼闪闪发光，
> 主再来的希望！

如天上一颗星，是指路的明灯，

是暴风雨中的锚，

是我灵的避难所，让我安身于宁静中，

那是主再来的盼望。

来自那位至亲的话语，

耶，动听的话语，祂是我们的至亲；

宝贵话语中，最甜美明亮清晰，

是主再来的盼望！

这场追思礼拜的主旨是欢欣鼓舞的胜利。让人强烈地感到，个人丧亲之痛和悲伤淹没在慕迪先生凯旋而归的胜利，以及他尽心尽力侍奉的主的热烈欢迎之中。礼拜中所有的信息都归于一句鼓舞人心的话语，以及对伟大事奉的一个呼召——即使在他去世后，他依然在宣扬他一生的讯息：为主服务。

礼拜接近尾声时，出现了一个奇异的场景。在此之前，午后的天空一直是烟云蒙蒙，没有阳光照进教堂里。突然间，一缕阳光从教堂后面、正对着讲台的上层窗户射进来。它落在灵柩的侧面，靠近灵柩的头部。然后，随着太阳的下沉，它缓缓移动，仿佛在寻找它的目标，最后落在了那张裸露的脸上———一道来自天堂的光环——光照着那熟悉而自然的面容，熠熠生辉，仿佛是在彰显那生命中跳跃的快乐心灵。阳光没有照射到其他物体。只照亮了那张脸。然后，仿佛它的使命已经完成，来自上天的异象已确定，那太阳徐徐落在远处的山后面。

司可福博士以《哥林多后书》五章6节作了简短的致辞：

"我们知道：我们时常坦然无惧。这就是基督徒面对死亡奥秘的态度。就是在这种欢欣鼓舞的确信中，德怀特·L·慕迪曾经活着，然后于上周五正午逝世。亲爱的朋友们，我们相聚（今天），不是为了一场失败而哭泣，而是为了庆祝一场胜利。他与神同行，神将他取去，他就不在世了（创5：24）。这里没有失落感。这位坚韧不拔的灵魂并非注定要让自己的力量慢慢衰败。在西部时，当时有一万两千名同胞同在，是神告诉他放下一切劳作，回家。他本应如此安排。神赐予他足够的力量，让他踏上返回他挚爱的北田的旅程。神添加他的力量，让他在两个世界之间徘徊，直到我们能够安心做好他归回天家的准备。然后，他安然入睡。

"这里不适合，我本人也并非合适，来详谈德怀特·L·慕迪的生平和性格。毫无疑问，今天，我们将一位伟人的遗体安葬在大地那仁慈的心中。无论是以人格品质、智力水平，还是以成就来衡量，我们必须承认，德怀特·L·慕迪都堪称伟大。

"慕迪先生的性格以真诚为本。他从骨子里厌恶所有形式的虚伪，不真实和伪装。他最痛恨宗教的虚假或伪善。除了真诚这一基本品质外，他还酷爱正义。他对任何提议首先会问：'这样做对吗？'然而，这两种基本品质——所有其他高尚品格的根基，因神的恩典，在他身上得以充满、升华。除此之外，他还极其勇敢、高尚、无私。

"毫无疑问，这个未受过教育的新英格兰乡村男孩能够成为今天的他，乃是蒙神的恩典。德怀特·L·慕迪能力的秘诀在于：首先，他确确实实经历了基督的救赎恩典。他已经出死入生，这点他心里很清楚。其次，他相信圣经的神圣权威。对他来说，圣经就是神的话语，他使圣经在人们的良知中产生共鸣。第三，他受圣灵之洗，他本人深知这一点。对他来说，这同他悔改归信一样，是一次明确的经历。第四，他是一位虔诚祷告的人。他信一位神圣全能的神。第五，他相信多行善事的功效，不懈的努力，智慧的供应，以及组织和宣传的力量。他期望超自然力量通过自然来运作。他志存高远，但他始终脚踏实地，学而不厌。

"我喜欢思想德怀特·L·慕迪在天堂的场景。我喜欢思想他与主，以及以利亚、但以理、保罗、奥古斯丁、路德、卫斯理和芬尼在一起的情景。后会有期，伟大的心灵。愿圣灵加倍赐予我们这些留下来的人。"

克罗泽神学院院长韦斯顿[271]（H.G. Weston）在司可福博士之后讲话。在献上他对朋友的美好颂赞时，他说：

"我把与慕迪先生相识这件事，当作我一生中最大的福祉之一，包括他对我的影响，以及有幸从他的人生和工作中学习神的方法。他是本世纪最伟大的基督教人物。我们本能地将每个在吸引和影响其他人方面成功的杰出人士，归因于该人士某种特殊的天赋、教育和训练，或是一种独特的、具有磁性的个性。慕迪先生没有这些东西，但他的吸引力和影响力无人能及；无论是对普通群众，还是对性格突出，执行力强，资源丰富的个人，他都用钢铁般的钩子将这些人紧紧地拴在自己身上，使他们不仅成为自己终生的朋友，也成为自己行善事的忠实伙伴。他的这种神奇的能力，多年来发挥尽致，始终不减，我们无法用任何一种（前述）特殊的天赋来解释。他也没有这些特殊的天赋。

"那么他有什么？他有生命。我指的'生命'不是所谓的生活方式，而是圣经中关于'生命'一词的含义——即当基督宣告祂降临的目的时所指的含义：我来了，是要叫羊得生命，并且得的更丰盛（约10：10）神赐予他生命，使他与神的性情有份；从他得生命的那一刻起，将这生命发展、成长和彰显就成了他存在的全部目标。他将自己的全部力量都奉献给了这个目的。而正是这种奉献精神激发了他天性中所有潜在的能量，使他成为一个完整、全面、多面的人，拥有本能的判断力和机智，并赋予他处理人事方面的精湛能力。

271　韦斯顿（H.G. Weston，1820-1909），美国神学家，教育家。

"他藉着虔诚信奉神的话语，滋养并坚固了这生命。他视神的话语为财富，使自己在尘世的生命更加丰富。他完全实现了基督的话语：人活着不是单靠食物，乃是靠神口里所出的一切话（太4：4）。他将神的话语深藏在心中，如同将种子埋藏在土里，发芽生长。他把它藏在心里，在任何场合和紧急情况下随时准备使用。对他来说，神的话语比蜂蜜和蜂房更甜蜜。他的心思意念全都倾注在神的话语上。

"然而，他的生命，如同基督的生命一样，是为了他人得生命。他研读圣经不是为了增加自己的知识，而是为了拯救他人脱离罪恶。他首要且主要的目的是让每个人都能领受他所拥有的生命。他的布道也致力于此。除非达到这一点，否则他视一切为有损，并且他渴望拥有所有方法，来发展壮大这种生命。眼见贫困的少男少女被剥夺了受教育的机会，他奋发努力，不肯罢休，直到他能提供某种方法来丰富他们的生活，以至符合神造他们的原旨。他在这片美丽的平原上建造房屋，让青年男女能够有资源拓展人生，造福同胞。他的事工与基督的神迹相似，从来不以土地、金钱或资源来丰富对象，而是赋予生命力量，使瞎眼重见光明，哑巴说话，耳聋复听，瘸腿复行，以及祂最伟大的奇迹，使死人复活。

"他与基督的样式相仿，他认识基督复活的大能，并且与基督同死，成为每个人都认为他极为诚信的原因。也正是因为如此，人们听从他、相信他，并且无论群体或个人，都受到他的影响。人们所看见的不是他这个人，而是他所宣讲的真理。他拥有一种神奇的能力，可以不断谈论自己，却从不引人注目。如同在耶稣那里，人们从他身上和一切所言所行中，看到了真理。

"之所以如此，是因为慕迪先生能够充分运用基督那伟大的话语：我来了，是要叫羊得生命，并且得的更丰盛（约10：10）。

因为这句话表达了他的全部人生，我爱他，尊敬他，珍视他；同样，因为他就是这样的人，由此，他就是如此行，比起世上任何活着的人，我宁愿成为死去的德怀特·慕迪，躺在他的灵柩里。"

韦斯顿博士之后，卫理公会主教马拉利厄[272]（W. F. Mallalieu），发表了如下讲话：

> "神的仆人，您做得好！
>
> 您光荣的争战已成过去；
>
> 战斗已打完，胜利在握，
>
> 您终于加冕为王。[273]

"我第一次遇见并且逐渐结识的这位我们哀悼的逝者，是在一八七五年夏天的伦敦。从他感动世界大都会民众的那一天起，到他回应神的召唤升天的这一刻，我一直认识他，尊敬他，爱他。我们可以肯定地说，世界也将认同这一说法，他的逝世，代表着美好的十九世纪中，最真诚、最勇敢、最纯洁、最具影响力的人物之一，安息并获得了奖励。怀着难以言喻的损失和悲痛，我们聚集在德怀特·L·慕迪遗体的灵柩旁。然而，当我们回想起他的品格和成就时，我们每个人都会感到无比的振奋和鼓舞，因为他（如诗人罗伯特·勃朗宁的诗所说）：

> 永不回头，挺胸前进；
>
> 乌云终将散去，
>
> 正义必胜邪恶。[274]

"从头到脚，从里到外，他是一位典型的新英格兰人。他是新英格兰最优秀家族的后裔。他的母亲是新英格兰人；他从小就

---

272 马拉利厄（W. F. Mallalieu, 1828-1911），美国卫理公会主教。

273 原注：这是查理·卫斯理（Charles Wesley, 1707-1788）所作的一篇圣诗中的第一节。

274 摘自罗伯特·勃朗宁（Robert Browning, 1812-1889）的诗《阿索兰多》（Asolando）。

呼吸着家乡山峦的自由空气，并且在对神的认识，以及神圣传统和辉煌历史中孕育成长。他注定会成为一名具有鲜明特征的基督徒，因为他将自己完全彻底、坚定地奉献给神和人类的服务。我们的朋友那颗伟大、慷慨、充满爱的心，比任何圣徒都更真诚、更富有同情心、更完全无私的忠诚。

"因为他坚守《圣经》的绝对真理，坚信《圣经》是神无误的圣言；因为他宣讲福音而不是闲谈福音；因为他使用母语——简洁、清晰、响亮、直白的撒克逊语；因为他对所有贫穷、不幸，甚至被排斥的人怀有最深切的兄弟情谊；因为他对软弱和有罪的人怀有真挚的温柔和耐心；因为他憎恨邪恶，正如他热爱善良一样彻底；因为他深知如何引导忏悔的灵魂归向救世主；因为他善于唤起基督徒对自己义务的深刻认识，并激励他们履行职责；因为他在自己的灵魂深处体验到救赎的喜乐，人们蜂拥而至，来参加他的布道会，他们高兴地听他的讲道，受引导来到基督面前。他倍受所有教派的重视和尊敬，因此今天，所有新教教派都公认他是神的仆人，基督的使者，被拣选的器皿——向列国传扬耶稣之名。我们再也不会见到他那雄壮有力的身影，听见他激动人心的声音，被他神圣般的品格所感动，但如果我们真诚忠于我们的主，我们将在荣耀中见到他。因为，他已经行走在天国的街道上，与无数身着白袍的圣徒们一起歌唱，亲眼目睹君王的荣美，等候着我们的到来。愿神赐福给我们，在我们当得的时候，在天国与他相见。"

叨雷牧师在致辞中说道：

"此时此刻，神在我心中安置了两个想法。第一个想法来自保罗在《哥林多前书》第十五章10节中所说的话：然而我今日成了何等人，是蒙神的恩才成的。在D. L. 慕迪身上，神奇妙地彰显了祂的爱与恩典。神因他的出生而彰显。六十二年前，诞生在那边山上的婴儿，在他身上包裹着所有的希望，是神赐予这世界的礼物。这份礼物对世界意义非凡！世界因此得到多少的祝福和益处，我们只有等到主再来时才能知晓。神的恩典因他的归信而彰显。他和我们所有人一样，生于罪中，然而，神藉着祂的护理，藉着祂话语的大能，藉着祂圣灵重生的大能，使他成为神大能的勇士。四十四年前，波士顿那个男孩的归信对世界的意义有多深远，无人能以言宣，但这一切都是神的恩典所成就的。神的爱与恩典再次在他品格的塑造中彰显，使他今天在所有的国家受人爱戴和尊崇。他拥有极少数人类精英才有的坚强而美好的品格，但这一切都来自神。他之所以与众不同，唯独归功于神的作为。

"另一个想法可以在《约书亚记》第一章2节中找到：我的仆人摩西死了，现在你要起来，和众百姓过这约旦河，往我所要赐给以色列人的地去。慕迪先生的死是一个向前进的呼召——对他的子孙、他的同事、各地的牧师、整个教会的呼召。'我们的领袖已经倒下了；让我们放弃工作吧！'有人会说。这样的说法哪怕片刻都不行。听听神是怎么说的：'你们的领袖倒下了；继续前进。我的仆人摩西死了；所以起来，进去占领那地。你当刚强壮胆，不要害怕。我怎样与慕迪同在，也必照样与你同在。我必不撇下你，也不丢弃你。'

"所有与他共事的人，在这一点上，有着非同寻常的一致性。他在北田、黑门山和芝加哥建立的伟大机构，以及它们所代表的事工，必须得到前所未有的重视。

"当慕迪先生在堪萨斯城感受到死亡在召唤时，他本人曾说，'我知道，对我来说，离开这里将会更好。但我们正处于一场如同一八五七年那样的伟大复兴运动的前沿，我想要参与其中。'毫无疑问，他仍然将在其中发挥强大的作用。他的去世，以及环绕他去世的一片凯旋景象，是神对复兴祷告的回应方式的一部分——这样的复兴祷告在我们国家已经兴起很久了。"

接下来，毕尔逊牧师[275]（A. T. Pierson）发言说：

"一棵大树倒下，你不仅能从它的枝干，还能从它的根系，它倒下时撕裂拱起的土壤面积来判断它的伟大程度。据我所知，本世纪里，没有谁比这位刚刚离世的人，在倒下时连根拔起的土地面积更大。

"我一直在思想过去二十五年里逝世的四位人物——伦敦的查尔斯·司布真、波士顿的A. J. 戈登、救世军之母凯瑟琳·布斯[276]（Catherine Booth），以及英国布里斯托尔（Bristol）的乔治·穆勒。他们之中，没有一个人比德怀特·L·慕迪的逝世对世界的震撼更大。

"现在，我认为我们应该非常谨慎地说话。人们很容易说出过多不该说的话，在神面前，我们应该谨慎地说话。这是一个荣耀神的时刻。

"德怀特·L·慕迪是一位伟人，但他的伟大之处在于他善良的天赋。一八五六年，在经过十个月的考验期后，他加入了波士顿的教会。在那段时间里，人们一直对他敬而远之，因为担心他不是一个坚定的信徒。这个被教会有意疏远的人，如今已经成为传教士中的传教士，教师中的教师，福音传道者中的传道者。

"一八五八年，当他决定全身心全时间奉献给神时，他就把自己未来交给了神。从那以后，我敢说，凡慕迪所接触到的事工，无论是作为福音传教士，还是作为教育家和组织者，没有一样是不成功的。你知道吗，经过仔细估算，自从他成为基督徒以来，经他的口和笔，他已经触及到总计一亿人？思考一下，他写的书，包括被翻译成各种语言，接触到的人有多少！除了福音

---

275 毕尔逊牧师（A. T. Pierson，1837-1911），美国长老会牧师，作家。

276 凯瑟琳·布斯（Catherine Booth，1829-1890），英国卫理公会改革教会教徒，同她的丈夫卜威廉一同创建了救世军（Salvation Army）。

事工之外，看看他的教育工作：他所创办的学校，芝加哥圣经学院，以及这里的培训学校！作为奉献给神的器皿，世界上有多少人的属灵生命和能力都归功于德怀特·L·慕迪！

"我想谈谈慕迪先生进入天国的片刻。他进入天堂时，想必那里一定充满了不同寻常的欢欣。我问你们，在过去的半个世纪里，你们还能想到何人，会在天国之门受到如此多灵魂的欢迎？那是凯旋而归地进入荣耀。

"所有与他一起从事基督教事工的人，没有一个不清楚地看到，他活着只有一个目的，那就是全然为神而活。慕迪所坚信的，也是人们在未来世纪中仍将坚信的目标，就是他只为神而活。毫无疑问，他犯过错误。假如我们当中有一人没有罪，我们可以拿石头砸慕迪。但我很满意，他的错误不过是一条溪流因满溢而流出堤岸的结果。溪流满溢而出，远比干枯无水要强多了。"

费城的约翰·沃纳梅克说：

"值此之际，我要表达的头一个想法是，慕迪先生的一生让我们更好地认识了耶稣基督在世上作为人的生命。因慕迪先生活在世人之中，他给了我们一个精彩的圣经注释。他的一生是保罗和尼希米的缩影。慕迪先生身上有很多与奥利弗·克伦威尔[277]（Oliver Cromwell）相似之处。我们完全可以称慕迪先生为本世纪神的教会的'石墙杰克逊'（Stonewall Jackson）。[278]

"他结实、坚强、进取，然而，难道还有比他性格中的温柔和善良更美好的吗？他像家人那样接纳我们每一个认识他的人。

"不仅仅有一亿人从他口中听到福音，而且，北田的建筑物、教会、YMCA的建筑物、以及通过他的复兴事工而建立的众多学校，使整个美国蒙受了极大的祝福。因他充沛的精力和不懈的努力所成

---

277 奥利弗·克伦威尔（Oliver Cromwell，1599-1658），英国政治家。
278 托马斯·乔纳森·杰克逊或石墙杰克逊（Stonewall Jackson，1824-1863），美国南北战争期间著名南军将领。

就的伟大事业，使我们许多人的生命与他相比，都显得如此渺小。

"回顾他的一生——自从我认识他（大约一八五九年）开始，这四十年间，我能想起许多商界、铁路企业和公众事务中成就卓著的人，但我从未听说过有谁能将人生发挥得如此淋漓尽致；或者这么说，假如有人能开口宣称，他会非常高兴地说自己选择了慕迪先生那样的道路，从而充分发挥人生的美好潜力。我们所有人中，他所完成的事业是最杰出伟大的。因他的缘故，神的事工如今对我们来说，比以往任何时候都更显重要。

"回想起我最后一次与慕迪先生的会面，就像是一个异象。那是去年十一月十日左右。当时，为了回复他的电报，我在费城火车站与他见面。他正要前往堪萨斯城。他只能在火车停留时同我面谈，面谈的目的是确认他冬季在费城事工的具体情况。我们聊了将近一个小时关于事工的前景。之后，我回家告诉家人，那天晚上慕迪先生看着我的眼神，就像先知以利亚和何西阿的眼神一样。我告诉他们，就如我现在告诉你们，他眼里噙满了泪水，一次又一次地叹息，说，'但愿神让我以一个冬天的聚会来复兴这座城市！我希望在我死前能做到这一点，或许，从费城，复兴的影响力会拓展到其他大城市。'

"不知何故，听着他说话，我的心情变得沉重起来。我亲眼目睹（在我看来）他内心深处似乎充满了痛苦——为整个教会操心，为复兴而焦虑。正是扛着这种负担，他坐上火车，踏上了疲惫的千里旅途；同样在这重担下，他跟跟跄跄地走向死亡。对于我们这些与他年纪相仿的人，我想说，六十花甲的年岁瞬间而逝，我们最好赶紧完成尚待完成的事工。"

公共追思礼拜结束后，躺着备受爱戴的遗体的灵柩被黑门山的学生们抬到圆顶山，也就是北田的橄榄山。就在这座小山顶上，每年有许多最精彩的聚会在这里举行。

聚集在墓前的人们唱着："耶稣，爱我灵的主。"叨雷博士献上祷告，司可福博士带领众人领受神的祝福。然后，挚爱的遗体被安葬，直到黎明破晓，那时不再有死亡和悲哀（即主再来时-译者）。

慕迪先生希望主再来时，他还活着。一天傍晚，他和一位朋友一起步行去大礼堂。途中他坐在圆顶山的草地上休息。望着眼前美丽的夏日景色，夕阳西下，金灿灿的光芒洒在地上，他说："当基督再来时，我希望我能在这里！"他的愿望在他生前未能实现，但他的遗体安息于此，静候天使长的声音和神号角的吹响。

从安葬慕迪先生墓地的山顶，可以看到他的出生地。再往西一点，便是他过去二十五年居住的家。往北，可以看到神学院的建筑，其中一些只有两分钟步行的距离。科尔波塔奇大楼（Colportage building）就在不远处，而黑门山上最后建成的两座建筑——小教堂和奥弗顿大厅——则在四英里外，坐落在美丽的康涅狄格山谷。

他无疑"开启了一些永流不息的溪流"！而他身处其中，不断激励着后人继续推动他的事工。

第四十七章

追思礼拜

慕迪先生的离世带来世界各地人民的哀悼。连续数日数周，来自美国各地乃至遥远国度的基督教组织纷纷发来电报、电信、信件和决议副本。他们众口如一——不分社会阶层——表达了对这位神谦卑仆人的敬爱和钦佩。

美国和英国的许多主要城市都举行了追思礼拜；他的前同事们在会上讲述了他宣教事工的成果。纽约市举行了两次大型追思礼拜。在布鲁克林、波士顿、费城、巴尔的摩、华盛顿和旧金山等地，各教派的代表也聚集在一起，感谢他毕生致力于教会事业。随后，伦敦也传来了相似集会的消息——一次在埃克塞特大厅，另一次在圣詹姆斯大厅。其他集会分别在利物浦、爱丁堡和格拉斯哥举行；此后，日本和其他国家也纷纷响应，举办了纪念集会。

或许，没有什么比这些集会更能体现慕迪先生事工的普世性质了。在伦敦的聚会上，迈耶牧师、吉尼斯·罗杰斯牧师、芒罗·吉布森牧师、休·普莱斯·休斯牧师、H. W. 韦伯-佩普洛牧师和金奈尔德勋爵（代表不同的教派）都向他致以崇高的敬礼；在美国的集会上，具有同样代表性的演讲者们纷纷出席。

在波士顿，特里蒙特圣殿座无虚席。各个教派的神职人员挤满了讲台。当经常在大厅里协助慕迪先生布道会的唱诗班唱起《眼睛未曾看见》时，不难想象，这就像是慕迪先生早年主持的集会之一。亨利·摩尔，慕迪先生三十年来最亲密的朋友和最得力的助手之一，是这次追悼会主持者。其他上台致辞的，包括主教马拉利厄、贝茨博士、普拉姆博士、乔治·洛里默博士、怀特博士和约翰·威利斯·贝尔博士。大约在同一时间，约瑟夫·库克博士在波士顿公园街教堂的另一场追思会上致辞，参会的都是慕迪先生的老朋友。

在布鲁克林，慕迪先生在前往堪萨斯城之前曾在那里布道，也举行了追思礼拜。卡森博士、西奥多·凯勒博士、大卫·格雷格博士、迪克森博士、皮尔森博士以及埃德加·霍利先生和艾拉·桑基先生都在演讲者之列。他去世的当天晚上，在普利茅斯教堂的祷告会上，现任牧师希利斯博士和前任牧师莱曼·阿伯特博士回顾了他的毕生事业。在接下来的主日，希利斯博士讲道，讲道中称他为"一小组杰出福音宣教士中的最后一位成员"：司布真、布鲁克斯、比彻和慕迪。

在各大学院和大学举行的追思礼拜中，耶鲁大学的追思会尤其引人注目。耶鲁神学院的乔治·费舍尔教授、几位当地牧师以及艾拉·桑基先生参加了此次追思会。

在纽约市，其中一场追思会由威廉·道奇先生主持。谈到这位相识、深爱四十年的挚友，道奇先生说道：

"在整个基督教会历史上，很少有人能像我们今天为此来感谢神的这位挚友一样，感动了那么多的人，影响了那么多的生命。我敢肯定，或毫不夸张地说，如果把所有被他引领走向更美好生命的人聚集在一起，六间这么大的礼堂都容不下。我们现在相聚一堂，衷心感谢神赐予如此辉煌而富有成果的人生，并祷告他的影响能够继续延续下去。他没有死；他已升华到更美好的生命。他今天活在我们中间，并将以他的榜样以及他的言传身教，继续在我们中间活着。

"慕迪先生皈依归正基督教的过程，就像圣保罗一样，明确、果断，并贯穿他的一生。从一开始，他的神学思想就非常简单明了。他的信条是：神爱世人，甚至将他的独生子赐给他们，叫一切信他的不致灭亡，反得永生（约 3：16）。他毕生以全部勇气、刚毅和力量宣讲这一信息，并且如此火热，以至无论他走到哪里，那里的人都深受影响。

"慕迪先生早期的工作也非常直接明了。我记得，四十多年前的一个主日早上，在芝加哥，我和他一起去一所简陋的小学校。那时，我才注意到这个人的特质：他的率直、朴素、善良、幽默，以及他个性中的刚毅，深得孩子们和父母的喜爱。

"有两个早期因素对他的人生影响最为直接。其一是来自YMCA弟兄般的友爱和帮助。整个一生，他一直认为，这是铸成他性格的一部分。他一生都是这些团体的热情朋友，竭尽所能地帮助他们。但对他影响更大、更深刻的，是他开始学习英文圣经的经历。

"他全身心投入研究圣经，并从中获得了两样东西：首先，他获得了詹姆斯王钦定本圣经那种明确、朴素、简明的盎格鲁-撒克逊式语言，这赋予他影响各地民众的巨大力量。其次，他得到了应许和警示的坚甲利兵，并终其一生运用这些武器，威力无比。他那直接明了的方式有着奇妙的作用。我可以举出无数个例子，清楚表明他是单刀直入，切中要害。

"我第一次在芝加哥遇见他时，知道他名字的人还很少。他去拜访一位重要的商人，也是芝加哥城里最有影响力的人物之一。拜访完走出去时，他转过身对那人说：'如果你是个基督徒，你会在这个正在发展的城市里产生多大的影响力！'那人多年来一直是某个教会的会员，但却很少有人知道（意即不是很积极的基督徒—译者）。而这次会面是那人的人生转折点。多年来，他一直是慕迪最好的朋友和助手。

"慕迪先生身上有一种刚阳气概，一种真诚，一种憎恶虚伪和纯粹宗教形式的特征。我所认识的人中，他有着最强烈、最高的热情，但这种热情被他那出色的普通常识调和。此外，他还具有一种非凡的，洞察人性的直觉。我们都知道他作为宣教士所取得的非凡成就；但那些最了解、最接近他的人都知道，他生命中最强大的力量，还是在于人与人之间的个人交谈。

"我听过的慕迪先生最伟大、最有力的讲道，是在某天晚上，半夜十二点半，发生在麦迪逊大道上。当时，我们刚从麦迪逊广场的一次大型布道会步行回来。我们有三四个人在一起。那天晚上，我们曾滞留在聚会的大厅里——有些人坚持要和慕迪先生谈话，寻求他的建议和帮助。一天的漫长工作下来，慕迪先生当时很累。突然，有一位先生从背后出现，问道：'慕迪先生，我该怎样接受基督，改变我的生活？'慕迪先生转过身，月光下，站在大街街角，用几句简短、明确、亲切、真诚的话语，把全部真理清楚地告诉了那人，使那人无法逃避接受基督。结果，从那天起，那人成了一个彻底改变的人。

"我很荣幸能参加他在伦敦干草市场剧院举行的一系列精彩的布道会。这些布道会是我所知道的最精彩的聚会。令我震惊的是，参加会议的会众中有许多受过良好教育、颇具教养的人。其中不乏文人墨客。他们完全不信教，来参加会议的唯一目的，就是听他简洁明了的英语短句——如今这种短句已不多使用。他在大学里的事工简直太出色了。当他去牛津剑桥大学，他们决心把他赶出镇去。他们不希望在那里听到这种谈话。但他的刚毅、直率和勇气征服了他们。那些改变了人生的年轻人，如今成为世界各地——凡英国所到之处——一股向善的力量，其数量之多，令我们惊叹不已。

"经他杰出事工所建立的学校，堪称其组织和执行力的典范。

我衷心希望这些学校能作为慕迪先生的纪念碑而传承下去。慕迪先生最让我感动的，是他极其谦卑的性格。他是我所认识的最有大师风范的人。他能像一位将军那样指挥、掌控、忠告其他人；这一点，我们都知道，因为充分展现在他举办的盛大集会上。但说到他本人，他又是一位极其谦卑的人。在麦迪逊广场盛大的集会期间，我有幸与他同住一间屋子。我从未听他谈论过自己。你根本不会想到他与那些盛大的集会有任何关联。有一次，他对朋友说：'我唯一的惊奇是，神竟然会用我这样的人作为器皿来做宣教事工。'"

西奥多·凯勒博士在这次会议上表达了对慕迪先生崇高的敬意，他说：

"本世纪美国最杰出的福音传道者已升天获得他辉煌的王冠。跟任何现代人相比，神赐给慕迪弟兄更大的恩赐——将救赎之爱的福音倾注到更多人的耳里和心中。司布真，以他非常出色的演讲方式，每周讲道一天；而慕迪则讲道六天，一周内就触及到四五万灵魂。

"正由于他是典型的美国人，他更受我们的爱戴。他身上有美国乡土味道，他的衣服上散发着主赐福的新英格兰田野的气息。如果要我举名十九世纪最典型的两位美国人，从默默无闻一路奋斗到具有深远的影响，是我们美国子民应该学习的模范爱国者和正义传道者，我会毫不犹豫地举名亚伯拉罕·林肯和德怀特·L·慕迪。

"当国家的生命需要得到保护、自由需要得到保障时，全能的神从肯塔基州的小木屋里呼召了一个穷小子；让他在苦难中长大，将广阔的西部作为他的大学，然后膏立他成为我们的摩西，带领我们穿过血一般的红海，到达自由的迦南地。同样，全能的神呼召康涅狄格河畔的一个农家男孩，只给了他一本书作为教育，让他充满基督耶稣的精神，然后差遣他作为救赎的使者，直到整个大不列颠都侧耳恭听。

"林肯和慕迪都拥有天赋的（永无一失）常识判断能力。他们从未犯过严重的错误。俩人同样精通朴素而有力的撒克逊语，这种语言是平民百姓的语言，也是班扬的语言，堪比辞藻华丽、口若悬河的所谓雄辩。林肯博大仁爱的心胸，对各种境遇的人充满同情，使他成为美国历史上最受爱戴的人。而慕迪那颗充满耶稣之爱的博大仁慈的心，使他成为一名悲情大师。他的讲道触动成千上万人内心的泪泉，在他的布道坛前，常常有众多的人放声哭泣。

"最后，林肯，这名解放者，手里捧着四百万个粉碎的锁链，升天领受他殉道者的冠冕。慕迪，这位将不朽的灵魂从罪恶枷锁中解放出来的解放者，几天前因艰巨的工作而殉道，升天，在荣耀之门受到了他从十字架引领到冠冕的千万人的欢迎。

"现在，让我说一件事，你们可能不知道，在一个主日，就在我们弟兄动身前往堪萨斯城前不久，他在纽约第五大道长老会教堂做了最后一次讲道。我想，在那次讲道中，不祥的阴影已经降临。他说了这句精彩的话。他说：'你们也许会在报纸上读到慕迪去世的消息。但事实并非如此。神赐予了我永生的礼物。'是的，是的，感谢神，慕迪正活着。慕迪活着；他的灵今天就在这个大厅里。我仿佛听到那号角般的声音在召唤纽约市的牧师和教会，通过这一次的祷告周，祈求一场烈火的洗礼，点燃这座城市，甚至点燃整个国家。"

大卫·巴雷尔[279]（David J. Burrell），大理石学院归正教会的牧师，说：

"三十一年前，我在芝加哥读神学的时候认识了慕迪先生。那时我还是个毛头青年，住在老法威尔大厅楼上的房间。慕迪先生在那

279　大卫·巴雷尔（David J. Burrell，1844-1926），美国牧师，基督教作家。

里布道，他的公寓就在我的楼下。老楼在火中燃烧。火从清晨开始燃起，一点一点地烧了一上午。我们想法子搬出一些个人物品，帮助一些病人逃到街上。最后，我终于摸索着跑到街上，没穿外套，也没戴帽子。大楼前面拉起了一条警戒线，慕迪先生就在那里。

"当时快到中午了。他胳膊下夹着一捆传单，向我招手说：'拿着这些，然后分发给这一大群人。帮帮我。'我看着传单，上面写着'我们美丽的大厅被火烧了。中午的会议将照常举行，地点在克拉克街卫理公会教堂。'

"'我们必须把这些传单给出去，'他说。

"'你的妻子呢？小女儿呢？'我问。

"'她们都安全。我已经看到她们了。'

"'你的个人物品呢？'

"'哦，别管它们了。我们中午的会议必须继续。'

"他永远是这样。我只有一件事（腓3：13）。他已经把这个思想留给我了。我们现在正在纪念他。若讨神喜悦，我要以我的牧师生活为他立一座纪念碑。为了纪念他，我要更加认真地做这一件事。"

巴克利博士[280]（J. M. Buckley）作最后的致辞，他说：

"我们的朋友在人们最需要他的时候去世——需要他继续主持那些精彩的圣经大会；期望他成为去除宗派活动的核心；需要他支持他所创立的教育机构；需要他培养更多充满他精神的基督教工人；需要他走遍全国，唤醒社区，打破传统主义的枷锁，唤醒和激发教会巨大的潜在力量，以唯一能够团结起来的方法团结基督徒——即坚定不移地相信福音的基本原则，并积极参与拯救灵魂的献身工作。就在此时此刻，仍然是一位年轻人，D. L. 慕迪被神召走了。

280　巴克利（J. M. Buckley，1836-1920），美国卫理公会牧师、作家、曾任《基督教倡导者》主编。

"神赐给慕迪先生惊人的体魄。康涅狄格州有个人非常崇拜慕迪先生，他坐在火车车厢里总是这样自娱自乐：慕迪先生每次进站时，他都会对人说：'你认识他吗？那是亨廷顿，本国最伟大的铁路工人。'那些从未见过亨廷顿的人，从不向他提出任何疑问。其他的时候，他会介绍说慕迪先生是一位西部法官。无论是亨廷顿，还是西部法官，大家都觉得他说得完全正确。他们看到慕迪先生那巨大的脑袋，魁梧的胸膛，迅速、激烈、直接的动作，显然是一个天生具有指挥能力的人。事后，当人们跟此人分手前，他总会告诉人们：'不是的，那不是亨廷顿先生；那是慕迪先生。'这愈发引起人们的好奇心。

"从外貌体型上看，许多人会把慕迪先生联想成其他人。但是，以'人'作为整体这个通常概念来说，D.L.慕迪绝不会让人联想到其他人。慕迪先生身上有着一种难以界定的个性，这种个性既无法在照片上显示出来，也无法以油画来描绘。

"他可以改进，这确实也是他的荣耀之一。从今天起，两百年后，高水平的评论家们将力证存在着两个慕迪。首先，他们会站起来，逐字逐句地模仿慕迪先生在芝加哥初出茅庐时使用的语言。然后，他们会将这些语言与他晚年高度改进的风格，做逐字逐句的比较。有些人说慕迪先生不是一位有修养的演说家。请注意德拉蒙德引用的那段话；德拉蒙德亲眼看到，当慕迪先生在伦敦讲到以利亚升天时，在场的几位议会演说家居然站起身来，抬头仰望天空，好像在追随这位升天的先知。就拿他约一年前，在这栋房子里对亚利马太的约瑟的颂词来说吧，离那边包厢不远的地方坐着一位主教，此人以判断力强而闻名，他说：'这是任何人都会为之自豪的杰作。'

"大约二十五年前，今天主持会议的这位先生（译者：威廉·道奇）坐在竞技场剧院的讲台上。当时，纽约因一位皇帝的造访而瞩目——一位拥有广阔疆土、有望成为世界上最伟大的帝国之一的皇帝——除非它成为永久的共和政体。我指的是巴西皇帝唐·佩德罗[281]（Dom Padro）。他走上讲台，坐在道奇先生腾出的座位上。

"三分之二的听众知道他是谁，但在场的主角是慕迪先生，他当时正在布道。他做了什么？他是否像许多人那样，在总统甚至国务卿出现时，显出奉承和谄媚的鞠躬？慕迪先生只字未提佩德罗，但在他的演讲中插入了这样的话：'你们将如何等待耶稣？你们将如何等待耶稣？皇帝拿钱买不到天堂，但作为耶稣的礼物，他可以白白得到它。'说完，他停顿了一下。佩德罗点头表示赞同。之后，佩德罗对写这篇报道的先生说：'这是一位值得聆听和相信的人。'

"慕迪先生有他自己的定见。我曾听他宣称，他愿意与所有相信自己是罪人并信靠基督的人相交；但是，他说，'神是我的帮助，我绝不会与否认我的神和救主耶稣基督的神性，并嘲笑祂的赎罪的人相交。'

"慕迪被告知他会死。那又怎么样？哦，他的死亡方式对教会来说是多大的祝福啊！我相信，为了教会和祂自己，神以一种特殊的方式（慕迪的死亡）表明，在耶和华眼中，看圣民之死极为宝贵（诗116：15）。这世上还有一种比不可知论、直白的不信更糟糕的东西，那就是一种具有实际效果的信仰：我们无法确定未来。

"在保罗的时代，就有人说：'我们就吃吃喝喝吧！因为明天要死了。'（林前15：32）啊哈，如果死后没有生命，我也愿意喝任何能让我对死浑然不觉的东西。但是听着！我听见从天上有声音说：'你要写下：从今以后，在主里面而死的人有福了！'圣灵说：'是的，他们息了自己的劳苦，做工的果效也随着他们。'（启14：13）"

281　应指唐·佩德罗二世（Dom Padro II，1825-1891），巴西帝国末代皇帝。

在那些简短谈到他们与慕迪先生的友谊，或者参加敬仰仪式的人中，有亚瑟·皮尔森博士、约翰·巴尔科姆·肖博士、威尔顿·梅尔·史密斯博士、迪克森博士，以及富尔顿·卡廷先生、艾拉·桑基先生和约翰·莫特先生。

北田神学院为慕迪先生举行的特别追思会，是在葬礼之后，学院的首个主日崇拜上举行。这样的追思会是再合适不过了。在过去那些首个主日崇拜的日子里，慕迪先生本人曾是致欢迎辞演讲者，常常带给听众一些新学期激动人心的信息。今天，肃静取代了他活着时的声音，证明肃静的感染力与他的演讲相比，同样强大。司可福牧师、约翰·威利斯·贝尔和学校理事们在会上简短地表达了敬意。最后，贝尔先生主持了奉献仪式。在对慕迪先生致以热情洋溢的个人敬意之后，贝尔先生邀请年轻女性们与神立约，过更高尚的生活。许多人对这一呼召做了响应。之后，有整整二十五人起立，表示愿意成为基督徒。大家深切地感受到，慕迪先生对他所爱的事工的热情在燃烧，他与众人依然同在。

之后的某一天，学生们举办了一次个人见证会。一位在福音事工中与慕迪先生关系密切的学生作了以下见证：

"我想特别谈谈祷告在他生命中所占的位子。最近，我一直在翻阅他写给我的信。这些信都是我在北田这些年收到的。几乎每封信都提到了祷告。有时，他写信请我为某个城市的事工祷告，准备好那里的土壤，来播下福音的种子。有时，他写信说他要演讲有关赎罪或圣灵的布道，请我祷告求神，使这些事在人们心中成为现实。他还会写信说，工作正在深入，他相信这是祷告的回应，他希望看到这美好的事工从大西洋到太平洋，遍及全地。

"我们大家都记得，每次他外出传福音的那个早晨，他总会来到这个小教堂，请我们为他祷告。就这样，我们亲眼目睹他的谦卑，以及他如何完全依靠神。神，对他来说，又真又实。他与神同行，因此无需绕道去跟神交通。我曾和他一起驾车行驶在北田附近僻静的小路上。路上我们正聊着天，他会突然停下来，像和朋友说话一样与神交谈。

"有时候，我们这些老师晚上受邀去他家做客。我们总是先讲一些有趣的故事；这下可好，正如你们所知，没有人比慕迪先生更喜欢听或讲一个好故事了。谈着谈着，话题会转到某个乡村小镇或我们镇上偏远地区的需求，最后，我们的夜晚总是以祷告结束。

"去年夏天，八月大会期间，一天下午，我在他家。他对我说：'今天，有一件最甜蜜的事落在我身上。今天早上，我感到有些烦恼，因为神学院的账目拖欠了，我们需要有一大笔钱来付账。现在大会在即，我不知道该如何筹集资金，所以，我只好把事情交托给主。今天下午，我驾车送一位女士去黑门山，她对我说："慕迪先生，我决定给你一万美元，供你学校使用，你想怎么用就怎么用。"我以为她要过一阵子后再给我钱，结果她当即就把这笔钱的支票给了我。这笔钱正是我脑袋里想要满足神学院目前需要的金额。主与我是如此的亲近。'

"慕迪先生的所有工作，都是以祷告开始、持续、结束。当我想到他留给我们的这项事工时，我意识到我们多么需要学习祷告这门功课，我祈求神将那施恩叫人恳求的灵（撒12：10）浇灌在我们身上。"

在黑门山举行的追思会的主题是"永生的力量"。追思会是在学校的新教堂举行。这座教堂是英国和美国的基督教朋友在慕迪先生六十周年诞辰之际赠送给学校的。当呼召让这股永生的力量作为生命中永恒的主宰时，几乎整个学校的学生都站了起来。这只不过是他的肉体死后直接完成的工作之一。难道有谁还能怀疑，间接地，这项工作从未停止过？

第四十八章

英国友人的悼词

如果将所有收到的那些心地善良朋友们的悼词都登出来，篇幅就会很大，需要很多的书册。故在此只登两篇；它们来自慕迪先生晚年的密友，他们与慕迪先生的关系特别密切。

迈耶牧师（**Rev. F. B. Meyer**）

D. L.慕迪常常让我想起一座山。它那险峻的山峰，因狂风暴雨，留下了无数的疤痕和沟壑，令游人望而却步。然而，在它那雄伟的怀抱中，却有着绵柔的山谷，从峰顶流淌下来的溪水滋润着翠绿的牧场。从很大程度上来说，他是一位极为强壮的男人。他的朋友几乎都是男的。他最开心的时候，就是当他仅对着男士们演讲那篇"种因得果"的著名讲道。那些有着坚强性格的人深受他的影响。如果他的朋友们聚在一起，话题几乎必然会转向慕迪；而假如他进到任何一群人中，他立刻成为这群人的中心，所有的思想和言语都会转向他。所有跟他关系密切的人都尊崇他为无冕之王，尽管他的王冠，如同匈人的王冠，是铁铸的（意即凡人-译者）。

唯有坚韧不拔的决心和意志力，才能让这个乡土气十足、不通文墨的年轻人，从芝加哥的老旧房，来到伦敦歌剧院。在那里，皇室贵族们殷切盼望他的演讲——粗犷、简洁、充满智慧，直截了当，并且锋利如双刃剑。他言如其人。他孤身一人，唯靠神的帮助；他粗通文墨，全仗不断研读圣经和观察人物而获得知识；他没有那些幸运的机遇——例如英俊的外表、优美的谈吐和大学教育——而其他人正是凭借这些机遇登上了处尊居显的高位，却一路向前跻身于他那时代的最前列，成为世界上最杰出的基督教人物之一。

他性格的魅力，在于他自然淳朴、毫无矫揉造作。或许正是他的性格，使他成功地度过他的职业生涯。他总是以某种方式来处理事项，这并非意味着他因循守旧。相反，这反而是他另辟蹊径、打破常规的理由。他完全不为既定的先例所动，也完全不在乎自己的方案是得赞赏还是贬斥。当他掌握了问题的难点后，他会运用自己认可的手法和常识去解决。他的创造力、对难点的迅速分析能力，以及他朴实的解决方案，都是无限制的。我常常把他处理疑难杂症的方法与他驾驶马车相比较，因为他总是径直向前，翻越树篱和土丘，爬上山坡，穿过溪流，冲下堤坝，踏过耕地。我在北田和他在一起的最后一天，他驾车带着我从会议厅出发，一路上崎岖不平，我时刻担心我们会翻车，但我们最终安全到达我们想要的出口。看来，这无疑是一条捷径。而他总是如此。如果他无法解开结，他就干脆剪断它们。

同时，他又绝对朴实谦卑。在我与他相处的无数个小时里，他从未流露出丝毫的矫揉造作。他从来不刻意引起别人的注意。他从未暗示过参加他布道会的人数之多，提及同他私下秘谈的有名人士，或者源自他的建议、或在他的管理下开启的事业。听起来仿佛他从未听说过D. L. 慕迪这个人，对他所取得的成就，比每日日报最普通的读者知道的还要少。和他在一起时，我常常问自己：难道此人能在世界上任何一个大城市里，每个月聚集并保持一万人吗？

　　他言行举止有时显得很唐突，这无疑是作为保护他极其温柔敏感的心灵的一种方法；就像牡蛎一样，长出坚固的壳来抵御海浪和岩石的冲击。他曾见到过，有些人因仰慕者的奉承而头脑发昏，或因世俗的柔情蜜意而意志软弱。他知道，个人因素很容易介入演讲者与那些他为基督的缘故而拯救的听众的利益之间。所以，他坚决不让人们依靠他，而是依靠神的话语——也就是他始终指引他们去依靠的话语。由于这样的缘故，他把自己包裹在一种看似粗犷、貌似无礼的外在举止中。只有当人群散去时，他才会抛开矜持，不惧被误解，坦诚地展现他那真实而温柔的自我。

　　如果要问，在英国和他自己的国家，其魅力的奥秘是什么，能够吸引一万到一万五千人连续数月全神贯注听他讲道，答案无疑在于他天性中的温柔与同情。他能讲精彩的故事，用精巧别致的幽默引起观众的笑声，讲述圣经故事时仿佛他曾经身临其中，然而，这些事实与他那从颤抖的声音发出，使无数观众感动落泪的悲情相比，不过是天平上的微尘而已。他的力量源于心灵，而非理智。当他讲话时，他仿佛是将手搭在听众的脉搏上，数着人们的心跳，触动着人们内心深处关于母亲、父亲、丧家之痛以及天堂的情感。

　　相比我认识的任何人，他更为他人着想。有多少次，北田的聚会因为某个衣衫褴褛的人没有座位而中途停下来！有多少次，他把自己家里的舒适环境免费提供给了生病或孤苦伶仃的学生！北田镇上任何人遭遇的麻烦都像是慕迪先生自己的；只见他驾着那辆著名的轻便马车，满怀恻隐之心，前往那些丧亲或受难的人的家中问候或给与帮助。正是由于这样的行事为人，大约五年前，当慕迪先生母亲去世时，社区里的罗马天主教会请教徒中的一位去牵着抬灵柩的马匹，这个请求当然得到了欣然接受。

　　去年八月，在北田，那是D. L. 慕迪看起来最令人悲痛的时候。整个漫长的夏日里，他深爱的小孙女，生命濒危。他一再要我恳求人们见到他时不要表示出同情，不然的话，他会彻底崩溃。而当我们祷告，求主使她能继续活下去时，他那强壮的身躯颤抖着，抽泣着！然而，神的计划总是最美好的，祂把小女孩带回了天家。这样，当祂召唤祂的仆人得赏赐时，小女孩届时能在天国迎接这位真挚地爱着她的坚强、真诚的生命。

直到我看到他和孙辈们在一起，我才领会他的慈爱有多么深厚。他常常用马车带着他们，或者把他们抱在怀里，四处走走。我记忆中最深刻的一件事，是在一个夏日。夕阳下，他和孩子们站在他母亲的墓旁，请求我们祷告，愿孩子们在未来的世纪里也能像她在本世纪里那样活着。小艾琳临终时，他常常守卫在她房间的窗下保持安静；会议期间，他会偷偷溜出去，听听有关小艾琳的最新消息；有时他会充当她小表弟的保姆和玩伴，让其他人能全身心地陪伴照顾她。当有个小孩子送给小艾琳一只小羊羔作为宠物时，他是倍受感动！我们亲眼见证了这一切：他当时真是非常感动！

他是一位杰出的基督教战略家。每当组织大型宣教（布道）活动时，他就感到无比快乐。例如，在芝加哥世博会期间，他占用了芝加哥最大的会场，参加聚会的福音传教士来自世界各地；又例如，在他晚年的时候，他推动了在古巴的美国驻兵中分发圣经、举办福音布道会的活动。他是美国基督教界的冯·毛奇[282]（Von Moltke）。他制定在纽约或波士顿这些大城市的冬季布道运动计划，租用大型中心建筑，每天举行两三场布道会，吸引记者和媒体的关注，并迅速扩展到城市的其他区域，直到整个社区都感受到基督教力量的影响。牧师们开放自己的教堂，回应他的

282　冯·毛奇，即赫尔穆特·冯·毛奇（Helmuth von Moltke，1800-1891），普鲁士和德意志帝国将领、军事家。

求助呼求。他组织提供皈依归正者的名单给各个教会。整个宣教运动都经他精心策划，以至于在他的领导作用下，教会的热情和积极性大大增强。

他是绝对的无所畏惧。我记得有一次，那是一个夏日的傍晚，他觉得自己应该告诉牧师和其他人一些令人难以接受的真理。此刻，仿佛就在我眼前，在他那宽敞的餐厅里，围坐了一大圈人，他精心准备的冰淇淋如纪念碑那样摆在那里。接着，他向那一大圈人说了一番话。其言辞直截了当、毫不掩饰，深深地刺痛了人们——而正是这样，才能激发人们灵魂生命的改变，成为良善。无论是在一大群人中，还是与个人相处，凡他认为正确的事情，他总是直言不讳，从不考虑对方是微笑还是皱眉头。

作为一个健谈者，他魅力十足。坐在他那朴实无华却舒适的房子的阳台上，俯瞰着康涅狄格山谷美丽的风景，他会讲给我听一个又一个奇妙的皈依故事。比如，有一天，我们正聊着天，一位先生驾着马车过来。他告诉我，那人年轻时，同他在芝加哥一家旅馆屋顶上的一次谈话，使那人皈依归正了基督。而那旅馆屋顶是他能找到的唯一安静的地方。或者，他会回忆起一些他认识的人的往事。他有着丰富的农业知识，游历广泛，观察细致，跟当时重大的基督教运动保持着密切的联系，而且，尤其喜欢向任何可能提供可靠信息的人提问题。

他是一位凯旋而归天家者，当他归天家故事传遍世界各地，感动了成千上万的人，使他们更加深入全然献身于服侍耶稣基督。他的声音沉寂下来，他的心脏已停止跳动，他身后留下了巨大的空白；但是，他已进入更高的服务，站在光明之子的最前列，他坚强而高尚的精神依然在为主的事工中熠熠发光，无论是疲惫，或是痛苦，都无法抑制或削弱他那神圣的激情。我能够如此深切地了解他，我认为，这是我一生中最大的荣幸。

坎伯·摩根牧师（Rev. G. Campbell Morgan）

我与德怀特·莱曼·慕迪的私人交往，按照日历计算，并不算长久。然而，若以菲利普·詹姆斯·贝利[283]（Philip James Bailey）所写的"我们应该以心跳来计算时间"的话，我可以声称我非常熟悉他；那是因为，我一生中最大的荣幸之一，就是能够在他人生最美好的年华里同他如此接近。

我第一次见到他是在一八八三年，他第二次宣访伯明翰期间。当时，宾利厅每天都挤满了热情激动、从周边地区乘火车而来的人群。我只和他谈过一次话。因此，那段日子他给我的印象，就是他一直处在繁忙的工作中。他不放过任何一个安排细节。一个空座位、所有门的开和关、唱圣诗时拖沓的倾向——所有这些他都记下来并给予纠正。然而，他绝不是一个为细节而吹毛数睫的人。他一生最大的热情是为基督赢得人心，只要细节对此有阻碍，或有帮助，那么对他来说都是重要的。

那段往事中，有两幅画面深深地铭刻在我的记忆中。第一幅画面是慕迪作为先知的情景，当时与会的听众之多，至少有两万多人，然而个个屏息静听，默不作声，甚感敬畏。他深知主是可畏的，所以劝人悔改归正（参林后 5：11）。我敢肯定，那天晚上，成千上万的人都直面自己可怕的罪孽，震惊不已，惶恐不安。

另一幅画面，是慕迪在结束关于"君王邀请参加羔羊婚筵"（参启 19：9）演讲时的场景。那天晚上，那"邀请参加羔羊婚筵"的恩典，以新的力量充满他。他天性中的情感渊源被触动，他站在众人面前，被主的怜悯所感动，温情切切、悲情楚楚——一个强壮的人泪眼汪汪。最后，他哭喊道："请那些接受邀请的人说'我愿意'。"整个大厅立刻响起一片呼声："我愿意。"此

283　菲利普·詹姆斯·贝利（Philip James Bailey，1816-1902），著名英国诗人。

后十三年，我再没见过他。但在这十三年里，他个性的力量对我的生命产生了难以估量的影响。

一八九六年，我第一次访问美国。当时，北田大会正在召开，我设法在北田呆了几个小时。我深夜抵达北田，找到住处后，我就就寝了。第二天对我来说是充实愉快的一天，也是让我大开眼界的一天。每到一处，慕迪先生都是个领军人物。他开朗、愉快，但又极其认真，所有的一切都听他指挥。会议间隙，他驾着马车带我绕着校园转了一圈。凡是有意思的地方、不同的建筑，他都会指出来，用几句话讲给我听它们的背景故事。当路过某间房子时，他说："人们有时会问我是怎么找到北田的。我告诉他们，是北田找到了我。我生在北田。"突然间，他勒住马，对路边的一群孩子说话。"你们今天吃了苹果吗？"他问。"没有呀，慕迪先生，"孩子们回答。"那就去我家，跟他们要苹果。告诉他们，你们想要多少就给多少。"然后孩子们就欢欢喜喜地跑去他家。他当然也随即非常开心地离开。接着，他驾着马车顺着一条狭窄的小路下去，穿过一扇门，来到一个正在田里干活的人面前。"比格洛，"慕迪先生说，"天气太热了，你干不了多少活。你知道，这么热的天，你一天的工钱就只能干半天的活。"我坐在他身边，瞧着这发生的一切，开始理解这人的伟大之处——他的生活面如此广阔，所以能够自然地触及各个不同生活层面的人。

应他的邀请，晚上的宣教会结束后，我和演讲者们在他家相聚。接下来，我第一次看到他扮演了一个新的角色——家庭主人。他坐在桌子的首位，主持谈话；同时，又像个小孩子，耐心单纯地听别人说的每句话。那天晚些时候，谈话的内容转向了最严肃的话题，即神子民的内在生活，以及对教会在民间工作的影响。当大家散去时，我去跟他道别——因为我明天要坐火车离开北田。"好的，"他说，"明天早上见。你十点钟要讲道。"这是我首次得到他要我讲道的通知。结果如何？就像其他人一样——那些比我更优秀的人，我非常乐意地按他所指示的作了讲道。这就是他的行事风格。讲完道后，我匆匆离开北田。但在北田那短暂的停留中，慕迪对我来说变得愈发不可或缺。他坚强、温柔、细致周到；从那天起，我不只是敬畏他，我爱他。

在这个即将划上句号的世纪，我视他为神赐予教会和世界最珍贵的礼物之一。他的价值在世上永远无法得到公正评价，因为世人的眼光是片面短暂的。但是，在彼岸，在完美的光照下，我们将会真正认识他。对我们中的一些人来说，天堂，因为有他的同在而更令人向往；地球，因着他所倾注的丰盛伟大的爱，而更值得我们去爱。哦，世界因他的离去留下如此大的空白！然而，他不希望我们因他的离去而沮丧不已，而是要我们紧紧依靠他所爱所侍奉的主的永恒同在。他已进入更高的侍奉。我们这些留在世上的人，要束紧真理的腰带，更加紧紧地抓住神的道。不久的将来，我们将在神羔羊的荣光中再次与他相遇。那时，我们一定会比以往爱他更深。

www.ingramcontent.com/pod-product-compliance
Lightning Source LLC
Chambersburg PA
CBHW071300140726
47996CB00005B/1569